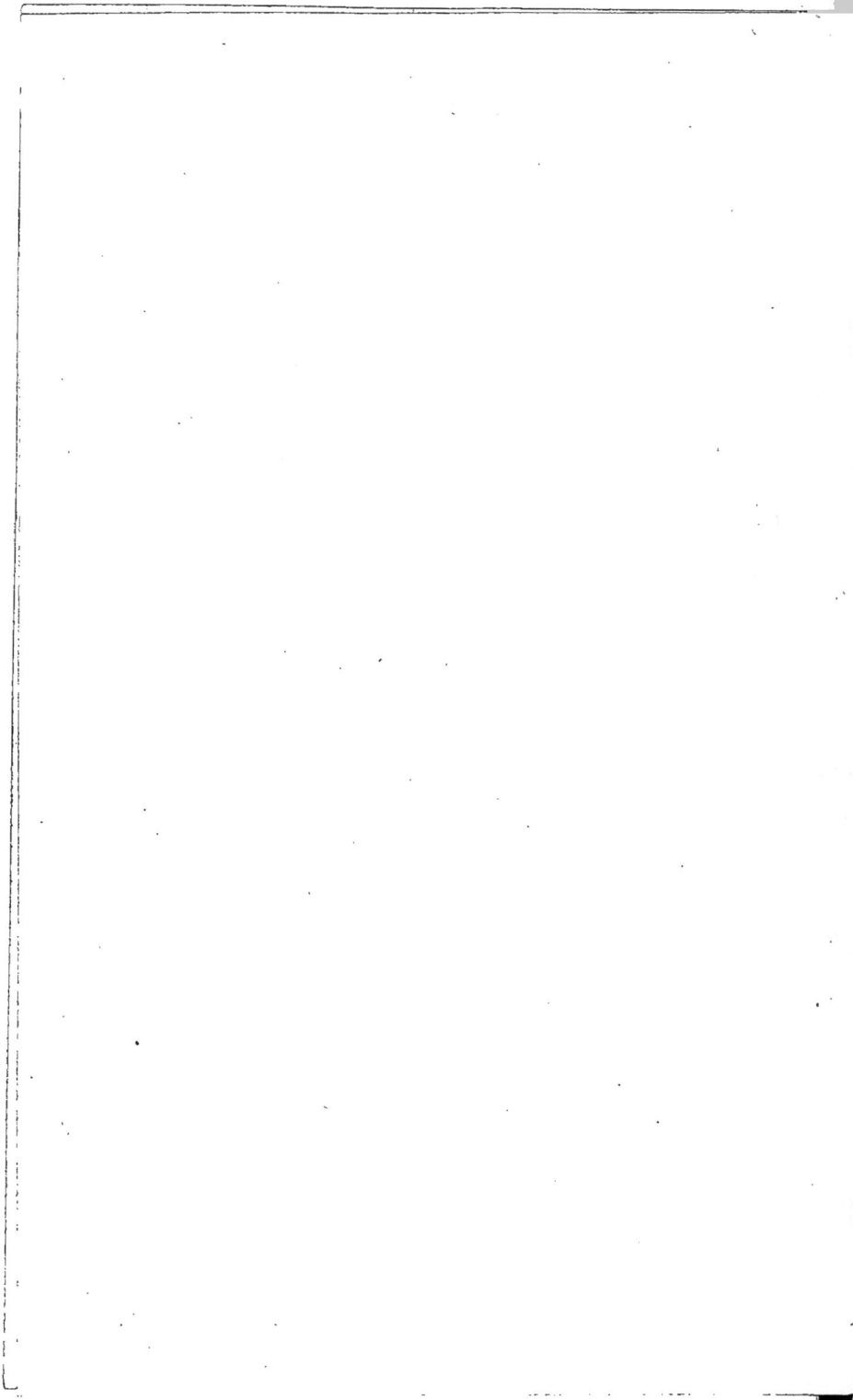

TRAITÉ

THÉORIQUE ET PRATIQUE

DES

TRAVAUX PUBLICS

PARIS. — IMPRIMERIE L. BAUDOIN ET Cᵉ, RUE CHRISTINE, 2

TRAITÉ

THÉORIQUE ET PRATIQUE

DES

TRAVAUX PUBLICS

COMPRENANT LES RÈGLES EN MATIÈRE

DE

Marchés, Travaux en régie,
Concessions de chemins de fer, Canaux, Ponts, Marais,
Dommages, Extraction de matériaux, Occupation temporaire,
Associations syndicales, Travaux de défense,
Curage, Irrigation, Chemins ruraux,
Plus-values ou bénéfices indirects,

PAR

E. PERRIQUET

AVOCAT AU CONSEIL D'ÉTAT ET A LA COUR DE CASSATION

TOME PREMIER

PARIS

IMPRIMERIE ET LIBRAIRIE GÉNÉRALE DE JURISPRUDENCE
MARCHAL, BILLARD et Cᵒ, IMPRIMEURS-ÉDITEURS
LIBRAIRES DE LA COUR DE CASSATION
Place Dauphine, 27

1883

AVANT-PROPOS

Nous avons, récemment, exposé les principes de droit applicables aux constructions particulières, en refondant le *Traité de la Législation des Bâtiments et Constructions*, publié par Frémy-Ligneville en 1848. Nous continuons la même œuvre en étudiant aujourd'hui la matière des travaux publics, matière qui tient dans le droit administratif une place importante, et qui reçoit un intérêt d'actualité de l'impulsion donnée à ces travaux depuis quelques années.

Le plan à suivre semble indiqué par la nature des choses.

Il est d'abord indispensable de déterminer les conditions sans l'accomplissement desquelles il n'y a pas de travail public (titre Ier); indispensable aussi de faire connaître les actes et formalités qui doivent précéder un tel travail (titre II).

A la suite de ces préliminaires, vient nécessairement en premier lieu l'examen des contrats passés pour l'exécution des travaux publics. Ce sont d'abord les marchés (titres III et IV). Notre point de départ est le cahier des clauses et conditions générales des ponts et chaussées, dont le texte se trouve intégralement rapporté dans le premier volume, ainsi que celui des clauses et conditions générales du génie. Une table spéciale permet de retrouver tous les articles de l'un et de l'autre de ces cahiers.

L'étude des contrats se continue dans le second volume, consacré aux concessions, concessions en général, concessions de chemins de fer, de canaux, de ponts, de marais (titre V); puis, aux souscriptions ou offres de concours des particuliers (titre VI).

Après les relations nées des contrats, viennent les rapports de l'Administration avec les tiers atteints par l'exécution des travaux. Ici se placent les dommages (titre VII), l'extraction des matériaux (titre VIII), l'occupation temporaire (titre IX).

Mais les travaux publics ne sont pas seulement pour la propriété privée une cause de préjudice. Ils peuvent être pour elle une cause de profit : nous l'avons déjà reconnu en traitant des concessions de desséchement de marais (ch. IV du titre V).

Le fait se produit dans deux situations différentes.

Certains travaux ont précisément pour but d'améliorer, ou même de conserver les propriétés privées. A ce point de vue, les plus-values ou bénéfices procurés aux propriétés ont reçu le nom de plus-values ou bénéfices *directs*. Le mode d'action ordinairement employé est l'initiative particulière, que l'Administration dirige, ou que, du moins, le législateur encourage. Tel est l'objet des associations syndicales, dont les efforts s'appliquent principalement aux travaux de 'défense contre la mer et les cours d'eau, à ceux de curage des rivières et à ceux d'irrigation ; une loi récente ajoute les travaux relatifs aux chemins ruraux. L'initiative particulière peut cependant faire défaut à la nécessité publique. L'État intervient alors, et fait ce que les associations n'ont pu ou voulu faire (titre X).

A côté des avantages retirés par la propriété privée des travaux publics exécutés dans son intérêt, il faut parler de ceux qui peuvent résulter pour elle des travaux d'utilité générale entrepris par l'Administration. Au point de vue indiqué tout à l'heure, ces bénéfices ou plus-values sont appelés *indirects* (titre XI).

Personne ne sera tenté de confondre la distinction de la plus-value directe et de la plus-value indirecte, entendues en ce sens général, avec la distinction de la plus-value résultant des travaux d'utilité générale, plus-value toujours indirecte par sa cause, en plus-value directe ou indirecte par son objet, c'est-à-dire se liant ou ne se liant pas, avec le travail occasionnant un dommage, assez intimement pour être opposée par voie de compensation à la réclamation d'indemnité motivée par ce dommage (titre II, n° 938).

Désirant être clair, nous avons simplifié la classification et réduit les divisions au strict nécessaire, afin d'éviter le morcellement des matières, et de faire que l'ensemble puisse être envisagé d'un coup d'œil; multiplié les renvois aux numéros de l'ouvrage, afin de faciliter les recherches et d'aider à la concordance des idées.

Désirant être exact, nous avons, pour les arrêts contenant de nombreux chefs, renvoyé à la page précise des recueils où se trouve le chef cité.

Désirant être utile, nous avons, autant que possible, rapporté les textes législatifs, de préférence à la paraphrase ou au résumé que nous en aurions pu faire; supprimé les discussions superflues; enfin, bien souvent, nous nous sommes effacé pour laisser la parole aux arrêts et reproduire les principales décisions du Tribunal des conflits, du Conseil d'État et de la Cour de cassation.

Les décisions du Tribunal des conflits sont au Recueil des arrêts du Conseil d'État, dont la page est indiquée, pour l'année 1873, à la 2e partie de ce recueil.

Les arrêts du Conseil d'État, au même recueil, comprenant, pour chacune des années 1821 et 1822, deux volumes.

Les arrêts de la Cour de cassation et les décisions des autres corps judiciaires, aux recueils Dalloz et Sirey.

On a indiqué le nom des parties, pour rendre les recherches faciles dans tout recueil.

TRAITÉ

DES

TRAVAUX PUBLICS

TITRE IER

PRÉLIMINAIRES

1

1. Les travaux publics sont les travaux exécutés, par l'administration ou par les personnes substituées à ses droits, dans l'intérêt des services publics, et en vertu d'une autorisation régulière.

Cette définition n'est que le résumé des conditions constitutives d'un travail public, conditions dans le détail desquelles il nous faut entrer immédiatement.

2. Mais d'abord, pour qu'il puisse être question de travail public, il faut qu'il y ait travail exécuté, soit par l'administration elle-même, soit pour son compte, et non livraison à l'administration de choses toutes faites. Dans ce dernier cas, il ne peut y avoir ni travail public, ni marché de travaux publics, ni même louage. Le contrat intervenu est une vente régie, quant à la forme, par des principes essentiellement différents de ceux qui gouvernent les marchés de travaux publics.

La vente d'objets destinés à toutes les administrations autres que celles de l'État est soumise à l'application des règles du droit commun en matière de vente. Les litiges qui s'élèvent à son occasion sont de la compétence des tribunaux.

La vente d'objets destinés aux services de l'État rentre dans ce qu'on appelle les marchés de fournitures ou, plus exactement, les fournitures et marchés. Elle est régie par les règles des fournitures et marchés; il est statué sur les contestations nées de cette vente par le ministre, sauf appel au Conseil d'État.

Au contraire, le louage d'ouvrage, s'il réunit les conditions qui nous restent à déterminer, suit les règles des marchés de travaux publics et donne lieu à la compétence du conseil de préfecture.

Nous disons : s'il réunit ces conditions. Dans le cas contraire, les règles du droit civil et la compétence civile s'appliquent, si le louage a été contracté avec une commune, un département ou un établissement public. S'il a été contracté avec l'État, le contrat rentre, suivant les cas, dans les fournitures et marchés (V. les arrêts cités *infrà*, n. 4) ou dans les contrats de droit commun soumis à l'application du droit civil et à la compétence judiciaire (V. *infrà*, n. 10).

Peu importe, au surplus, que le vendeur ou le fournisseur s'oblige à faire un travail, si ce travail présente une importance relativement peu considérable. Le travail est alors considéré comme l'accessoire de la chose vendue.

Tout ceci demande à être éclairci par des exemples.

3. Les autres conditions dont nous nous occuperons plus loin, étant d'ailleurs remplies, le Conseil d'Etat voit un travail public dans la construction et l'entreprise de chauffage du calorifère d'une préfecture (14 février 1839, *Borrani*, 140); dans le traité qui charge un entrepreneur de démolir les constructions existant sur les terrains destinés à l'ouverture d'une rue, et lui cède les matériaux à retirer de ces constructions (13 février 1874, *Dussaussoy*, 172); dans la fourniture à une commune et la mise en place d'une cloche (13 juin 1860,

Commune de Rigny, 464; 9 janvier 1867, *Dencausse*, 26;
27 décembre 1867, *Goussel*, 964). La Cour de cassation a reconnu le même caractère à l'érection d'une
statue sur une place publique (Req., 29 mars 1864,
Debay, S. 64, 1, 187).

Au contraire, il faut considérer comme simple fourniture, soumise aux règles du droit commun et à la
compétence des tribunaux, la vente à une commune
d'un buste qui doit être placé par les soins de cette
commune (2 février 1877, *Lefèvre-Deumier*, 123); celle
d'une cloche que le fondeur ne doit pas poser (3 mars
1876, *Dencausse*, 229); celle d'une horloge (7 septembre
1869, *Commune de Maxey*, 840), même avec quelques
travaux de peu d'importance (3 janvier 1873, *Ville de
Champagnole*, 13; V. encore trib. confl., 7 mai 1881,
Commune de Germaine, 479.)

4. Pour qu'il y ait marché de travaux publics, il
faut aussi que le travail présente une analogie suffisante
avec les travaux prévus par l'art. 4 de la loi du 28 pluviôse an VIII.

Cette vérité a été exprimée, dans des termes trop absolus, par une décision du tribunal des conflits (17 mai
1873, *Michallard*, 2, 103): « Cons. qu'il n'est pas permis
« de confondre avec des entrepreneurs de travaux pu-
« blics exécutant en leur nom et à leurs profits et risques
« personnels les travaux qu'ils ont soumissionnés ou
« dont ils ont traité, les personnes appelées à titre
« d'employés auxiliaires, à établir au nom et sous la
« responsabilité du maire, le recensement de la popu-
« lation de la ville qu'il administre; qu'un pareil tra-
« vail ne peut, sans faire violence à l'esprit comme à
« la lettre de l'art. 4 de la loi du 28 pluviôse an VIII,

« être rangé soit dans les travaux matériels de fouilles,
« de constructions, de terrassements, soit dans les tra-
« vaux intellectuels qui les préparent, les précèdent ou
« les suivent, que cet article a eu seuls en vue dans les
« diverses hypothèses qu'il prévoit ; que la convention
« qui règle les bases et les conditions de son accom-
« plissement ne constitue qu'un contrat de louage de
« services, dont aucune loi n'a enlevé la connaissance
« à l'autorité judiciaire. » (V. les décisions et arrêts
cités sous les numéros suivants.)

C'est ainsi que le Conseil d'Etat a considéré comme
simple fourniture le classement et la reliure des archives communales, avec fourniture de registres et numéros du *Bulletin des lois* manquants (10 janvier 1861,
Commune de Plagne, 21).

C'est encore ainsi que le Conseil d'Etat a statué, sur
décision du ministre et sans que l'affaire eût été portée
au conseil de préfecture, c'est-à-dire comme en matière
de fournitures et marchés, sur les contestations soulevées par l'impression du *Journal général de l'Instruction
publique* (15 décembre 1865, *Dupont*, 988); par l'impression du *Journal des Gardes nationales* (10 novembre
1876, *Lachaud*, 797); par celle du *Bulletin des Communes* (18 mai 1877, *Dalloz*, 480); par l'entreprise du
Journal officiel (20 avril 1877, *Wittersheim*, 344 et 359);
par le remplacement et la fourniture de poteaux télé-
graphiques (27 décembre 1865, *Norès*, 1025), et même
par la concession d'une ligne télégraphique (2 mars
1870, *Blackmore*, 225).

Disons seulement, en ce qui concerne les marchés
passés au nom de l'Etat, qu'il y a assimilation, sous le
rapport de la compétence, entre les ventes de choses

mobilières destinées aux services de l'Etat et les contrats passés avec les ministres, louages d'ouvrage,
transports, assurances, etc., dans l'intérêt des services
publics et pour des objets autres que les travaux publics
(V. le décret du 31 mai 1862, *infrà*, n. 66). En toutes
ces matières, le Conseil de préfecture n'a aucune compétence et la décision du ministre est déférée au Conseil
d'Etat.

5. Au surplus, la jurisprudence ne restreint pas la
qualification de travaux publics aux travaux de fouilles,
terrassements et constructions (V. *suprà*, n. 4).

Loin de là, elle voit des marchés de travaux publics
dans ceux qui sont passés pour l'exploitation du travail
des détenus dans les prisons, à raison de ce que les
entrepreneurs sont ordinairement chargés de la réparation des bâtiments, et de ce que les détenus accom-
plissent un travail public.

Nous pensons que cette règle n'est pas juridique.

La jurisprudence dont il s'agit date d'un arrêt du
27 mai 1816 (*Levacher-Duplessis*), rendu dans l'affaire
d'un simple fournisseur de pain (V. encore 3 mai 1839,
Selles, 260). Depuis ce temps, le conseil a reconnu
l'impossibilité de voir un entrepreneur de travaux publics dans un fournisseur de pain (17 janvier 1867,
Boulingre, 73) ou d'objets quelconques (14 février 1873,
Villorgeux, 171), et nous n'apercevons pas en effet
comment une fourniture a pu sembler travail public à
raison de ce qu'elle était faite à une prison. En est-il
du moins ainsi de l'entreprise ayant pour objet l'exploitation du travail des détenus? On dit que le travail
des détenus est un travail public. C'est confondre la ter-
minologie du Code pénal avec celle des lois adminis-

tratives : il est trop évident que la loi du 28 pluviôse an VIII n'est faite qu'en vue des travaux destinés au service public, et non des chaussures et objets confectionnés par les détenus et livrés au commerce. (V. la décision du tribunal des conflits, citée *suprà*, n. 4.) On ajoute que les entrepreneurs du travail dans les prisons sont ordinairement chargés de l'entretien des bâtiments occupés par eux : c'est prendre, pour caractériser le contrat, une circonstance purement accessoire et qui, d'ailleurs, ne s'y rencontre pas nécessairement.

La jurisprudence voit un marché de travaux publics dans l'entreprise d'éclairage d'une ville au gaz. Sans doute, ce marché a pour objet définitif une fourniture; mais il nécessite des fouilles et des travaux dans les rues et le tout est indivisible (26 février 1875, *Briqueville*, 187 ; 15 avril 1875, *Chenanzac*, 321 ; 14 février 1879, *Compagnie du Gaz de Melun*, 124 ; 14 novembre 1879, *Compagnie du Gaz d'Arles*, 681).

Une distinction avait été proposée, laissant à la compétence judiciaire les clauses réglant un partage de bénéfices entre la ville et la Compagnie (20 mars 1862, *Compagnie grenobloise*, 242 ; req. 24 juillet 1867, *Compagnie grenobloise*, S. 67, 1, 395). C'était introduire en cette matière une complication de juridiction fâcheuse et oublier l'indivisibilité certaine des clauses de l'acte. La distinction a été rejetée par le tribunal des conflits (11 décembre 1876, *Ville de Lyon*, 912 ; Cass. civ., 2 mars 1880, *Compagnie de l'Union des Gaz*, D. 80, 1, 230). Nous citerons la décision du tribunal des conflits, dont la doctrine rectifie celle de la décision citée *suprà*, n. 4 :

« Considérant qu'aux termes de l'article 4 de la loi

« du 28 pluviôse an VIII, les conseils de préfecture
« prononcent sur les difficultés qui peuvent s'élever
« entre les entrepreneurs de travaux publics et l'admi-
« nistration, concernant le sens et l'exécution des
« clauses de leurs marchés ; — considérant que cette
« disposition de la loi de l'an VIII est générale, qu'elle
« attribue compétence à la juridiction administrative à
« l'égard de toutes les contestations qui peuvent naître
« à l'occasion des marchés de travaux publics ; — con-
« sidérant qu'il n'est pas contesté que le caractère de
« marché de travaux publics appartienne au traité passé
« le 1er février 1855 entre la ville de Lyon et la Société
« anonyme d'Eclairage par le gaz de la Guillotière,
« traité par lequel la Ville accorde à la Compagnie une
« prorogation, pendant quarante-cinq ans, de la con-
« cession du service de l'éclairage, moyennant un prix
« ferme de 220,000 francs, et en outre à des condi-
« tions stipulées au profit de la Ville ; — considérant
« que l'art. 18 de ce traité, sur lequel est basée la de-
« mande formée par la ville de Lyon suivant exploit
« introductif d'instance du 4 août 1871, est une clause
« du marché, contenant stipulation au profit de la ville
« de Lyon d'une participation éventuelle aux bénéfices
« de l'exploitation ; que cette clause constitue une con-
« dition essentielle de la prorogation de concession
« faite par la ville à la Société anonyme d'Eclairage au
« gaz de la Guillotière ; qu'il suit de là que l'autorité
« administrative était seule compétente pour fixer entre
« les parties le sens de cette clause et les conditions
« de son application. »

7. Même règle pour les traités relatifs au nettoyage des
rues, dans lesquels il est impossible, en effet, de voir

autre chose que des louages d'ouvrage destinés à assurer un service public (10 février 1865, *Ville de Marseille*, · 57 ; 4 mai 1877, *Ville de Brest*, 414 ; 12 août 1879, *Krohn*, 611 ; 19 nov. 1880, *Jacob ben Kemoun*, 889.

8. Depuis longtemps, le Conseil d'État assimile à ces contrats les marchés pour le service des pompes funèbres (18 août 1825, *Terson*, 506 ; 30 mars 1844, *Dutil*, 185 ; 25 juin 1857, *Pector*, 521 ; 7 avril 1864, - *Pompes funèbres*, 324 ; 6 juin 1872, *Pompes funèbres*, 363 ; 26 janv. 1877, *Fabriques de Montpellier*, 91 ; 31 janv. 1879, *Vafflard*, 89 ; 2 juin 1879, *Fabriques de Paris*, 511 ; *contrà*, Paris, 6 août 1859, *Falcony*, D. 70, 2, 87). Ces marchés sont passés dans les mêmes formes que les marchés de travaux publics (décret 18 mai 1806, art. 15), et, de plus, ont pour but d'assurer un service public. Du moins, entre le concessionnaire et les particuliers, il n'existe qu'un contrat civil, du ressort de l'autorité judiciaire.

9. Même règle pour les marchés relatifs aux distributions d'eau (8 fév. 1878, *Pasquet*, 127 ; 22 fév. 1878, *Ville de la Châtre*, 193 ; 28 fév. 1879, *Ville de Melun*, 181 ; 12 août 1879, *Branellec*, 608 ; trib. confl. 20 déc. 1879, *Ville de Beaucaire*, 839).

10. Une autre condition doit être remplie pour que le louage d'ouvrage constitue un marché de travaux publics : il faut que le travail ait pour objet direct un service public.

On doit donc tenir pour travaux privés ceux qui ne touchent qu'aux biens patrimoniaux, champs, prés, bois, fermes, etc... Ici manque le caractère d'urgence et d'utilité immédiate qui motive la compétence du conseil de préfecture. (Trolley, t. 5, n. 2617 ; Serrigny,

t. 2, n. 673; Christophle, t. 1, n. 3; Aucoc, t. 7, n. 308).

Cette distinction est critiquée par M. Dufour, du moins à l'égard des travaux de l'État (t. 8, n. 235). L'attribution en ce qui concerne l'État, dit cet auteur, résulte d'une disposition aussi générale qu'absolue dans ses termes.

Les termes de la loi sont-ils si généraux? D'après l'art. 4 de la loi du 28 pluviôse an VIII, « le Conseil de « préfecture prononcera... sur les difficultés qui pour-« raient s'élever entre les entrepreneurs de *travaux* « *publics* et l'administration, concernant le sens ou « l'exécution des clauses de leurs marchés. » La loi n'explique pas ici ce que c'est qu'un travail public. Mais, plus loin, elle ajoute : « sur les demandes et con-« testations concernant les indemnités dues aux parti-« culiers à raison des terrains pris et fouillés pour la « confection *des chemins, canaux et autres ouvrages* « *publics.* » Les chemins et canaux, indiqués comme type de l'ouvrage public, semblent bien exclure, d'une manière générale, les travaux faits sur les propriétés patrimoniales. La loi du 16 septembre 1807, titre 7, formulant les principales règles en matière de travaux publics, ne parle que des canaux de navigation, ponts, rues et autres objets analogues (V. aussi, *suprà*, n. 4 et 6). Enfin, il est admis que le droit d'expropriation publique ne peut être exercé, même par l'État, dans l'intérêt des biens qu'il possède comme propriétaire, mais seulement dans l'intérêt des services publics. Il est donc logique de regarder comme allant de pair, ces idées de service public, d'expropriation publique, de travail public, et de considérer comme tra-

vaux privés ceux qui sont exécutés sur des biens patrimoniaux (Ducrocq, *Droit administratif*, t. 2, n. 315).

La jurisprudence a consacré cette manière de voir
indistinctement, qu'il s'agisse de l'État, des communes,
ou des établissements publics.

Ainsi, en ce qui concerne les communes, on doit
tenir pour travaux purement privés ceux d'arpentage ou
bornage de bois communaux (14 déc. 1877, *Com. de
Mont-Saint-Sulpice*, 991); et tous autres relatifs aux
biens patrimoniaux de la commune (29 août 1865, *Com.
de Montbéton*, 887 ; rej. civ. 15 avril 1872, *Com. de
Saint-Pierre-d'Albigny*, D. 72, 1, 170); même ceux de
nivellement de terrains destinés à être transformés
en voie publique, mais ne faisant pas encore partie de
cette voie (7 janv. 1858, *Fayolle*, 27).

En ce qui concerne l'État, il faut sans doute admettre que les travaux de reconstruction d'une manufac-
ture de tabacs sont des travaux publics; car ils ont
pour but d'assurer un service public, un service financier (17 mai 1855, *Klotz*, 356). Il en est de
même des travaux de reconstruction d'un établissement
thermal (celui de Néris), parce que cet établissement
est exploité dans l'intérêt de la santé publique, c'est-à-
dire encore d'un service public (8 mars 1866, *Lafond*,
230). Mais on ne peut voir que des travaux privés dans
ceux qui sont exécutés pour la délimitation du terrain
donné à bail par l'État à un particulier (21 août 1845,
Lagrange, 427), et même dans ceux qui ont pour objet l'ouverture d'une route de vidange destinée exclusivement à l'exploitation d'une forêt de l'État (2 mai
1873, *Min. fin. c. Barliac*, 371). Il n'en pourrait être
autrement que dans le cas où cette route aurait en

même temps une autre utilité et servirait, par exemple,
de chemin vicinal (3 juillet 1852, *Mercier*, 279).

Disons donc que tout louage d'ouvrage ainsi restreint
à un travail sur le domaine privé, administré par les
organes des pouvoirs publics, fût-ce même sur le domaine de l'État, ne constitue qu'un contrat de droit
commun, soumis aux règles du droit civil et à la compétence des tribunaux (V. *suprà*, n. 2).

11. De même, il faut considérer comme travail privé
celui qui ne touche pas à l'intérêt général, encore qu'il
soit exécuté sur les choses du domaine public. Tel est
celui auquel il est procédé sur ce domaine en vertu de
conventions passées avec un particulier, par exemple
pour la régularisation d'une prise d'eau, à lui con-
cédée sur une fontaine appartenant à une commune
(rej. civ. 12 août 1874, *Com. de Cravant*, D. 75, 1, 258).

12. Des exemples que nous avons donnés jusqu'ici,
il ressort assez clairement que les travaux publics ne
sont pas exclusivement les travaux destinés à assurer
les services publics de l'État.

Cette règle a d'abord été admise par le Conseil d'É-
tat du premier empire (24 juillet 1806, *Daussy*, Rép.
Dall., v° *Trav. pub.*, n. 1266; 7 fév. 1809, *Ville de Marseille*, Sir., C. N., 2° part., p. 17; 17 déc. 1809, *Millin*,
Sir., 2° part., p. 175; 12 mars 1811, *Vernier*, Sir., 2°
part., p. 444.

Puis, la règle contraire a fait, pendant quelques
temps, abandonner à l'autorité judiciaire toutes les
contestations relatives aux travaux des communes :
« Considérant que, dans l'espèce, il ne s'agit pas de
« travaux publics, mais d'un marché d'ouvrage entre
« une commune et un entrepreneur; considérant que

« les contestations auxquelles ledit marché peut don-
« ner lieu ne peuvent être jugées que par les tribunaux
« ordinaires, d'après les règles du droit commun »
(20 août 1821, *Ville de Poitiers*, 2. 321; 17 avril 1822,
Com. d'Anglès, 1, 344).

Ensuite, les arrêts ont attribué le caractère de travaux publics aux travaux adjugés dans les formes prescrites pour les travaux de l'État (25 déc. 1823, *Jullien*,
864; 24 mars 1824, *Dufour*, 183; 13 juillet 1825,
Bourguignon, 412; 27 oct. 1825, *Mathurel*, 643; 7 déc.
1825, *Pierron*, 720).

Bientôt, on a senti que la compétence ne pouvait être
réglée par la forme du contrat, et le Conseil a cher-
ché la raison de décider dans la nature des travaux,
l'approbation supérieure qui leur avait été donnée, la
surveillance qui avait présidé à leur exécution (25 avril
1828, *Urbain*, 392; 9 juin 1828, *Péraldi*, 510; 12 avril
1829, *Bazin*, 141; 31 déc. 1831, *Bénard*, 493; 16 déc.
1835, *Perrin*, 633; 9 nov. 1836, *François*, 484.

Aujourd'hui, il est reconnu que les travaux destinés à
assurer les services publics communaux présentent le
même caractère d'utilité générale que les travaux exécutés pour le compte de l'État, que la bonne et prompte
exécution doit en être assurée par les mêmes moyens,
et que les travaux communaux doivent, comme ceux de
l'État, jouir des prérogatives attachées à la qualité de
travaux publics.

13. Cette règle a été depuis longtemps proclamée
notamment en ce qui concerne les travaux de construction ou de réparation d'un hôtel de ville (19 juin
1850, *Baudrey*, 587; 18 nov. 1850, *Mazet*, 830; 10
janv. 1851, *Bergadieu*, 21);

Ceux d'une halle ou d'un marché (25 mars 1846, *Monduit*, 162 ; 8 sept. 1846, *Prieur*, 476), lors même que le marché embrasse, d'une manière indivisible, la concession des droits de place (24 juin 1870, *Couturier*, 791 ; req. 7 mai 1879, *Couturier*, D. 79, 1, 479);

Ceux d'une maison d'école (25 mars 1846, *Edely*, 157 ; 28 décembre 1848, *Giroy*, 713 ; 12 décembre 1868, *Clément*, 1007; Cass. civ., 12 juillet 1871, *Fabre*, D. 71, 1, 324);

Ceux d'une salle d'asile (même arrêt du 12 juillet 1871);

Ceux d'une église (trib. confl., 24 avril 1850, *Roger*, 392 ; Conseil d'État, 13 août 1850, *Dubois*, 759 ; 23 novembre 1850, *Meynadier*, 853 ; trib. confl., 22 novembre 1851, *Louvernay*, 685 ; Conseil d'État, 14 août 1852, *Marsille*, 393 ; 19 janvier 1854, *Fœlder*, 38 ; 1er mars 1860, *Bonnard*, 180 ; 27 juillet 1877, *Sénard*, 741 ; 15 janvier 1881, *Dasque*, 78 ; *contrà*, Cass. civ., 11 juin 1849, *Com. de Jullian*, D. 50, 5, 449). Peu importe que l'adjudication ait eu lieu devant le conseil de fabrique (28 juin 1855, *Com. de Saint-Just*, 478); ou même qu'il n'y ait pas eu d'adjudication (14 novembre 1879, *Bourgeois*, 696), ou que la construction n'ait été entreprise que par des habitants, s'ils étaient autorisés par le préfet (req. 31 décembre 1860, *Neyret*, D. 61, 1, 395). Mais la construction d'une église entreprise par des particuliers non autorisés, comme, au surplus, toute construction non autorisée, n'est pas un travail public (trib. confl., 18 avril 1850, *Preynat*, 369 ; Conseil d'Etat, 12 mai 1868, *Fabrique de Saint-Vincent-de-Paul*, 547; V. *infrà*, sur la nécessité générale de l'autorisation, n° 23);

Ceux d'un presbytère (19 avril 1859, *Godu*, 307 ; 11 août 1861, *Commune de Richerenches*, 713 ; trib. confl., 5 mars 1880, *Chagrot*, 242). Il n'en est pas ainsi de ceux de démolition d'un presbytère, s'ils ne se rattachent indivisiblement à ceux de sa reconstitution (7 mai 1862, *Commune de Doulaincourt*, 378);

Ceux d'un cimetière (trib. confl., 3 juillet 1850, *Manuel*, 644 ; 30 juin 1853, *Lambert*, 658) ;

Ceux d'une caserne de gendarmerie (14 août 1852, *Marsille*, 393 ; 20 février 1880, *Ville de Cannes*, 206);

Ceux d'un abattoir (2 mai 1845, *Ville de Bordeaux*, 219; 13 décembre 1861, *Ville de Saint-Germain-en-Laye*, 894; rej. civ., 27 février 1872, *Genella*, D. 72, 1, 76). La règle serait différente à l'égard des travaux relatifs à l'exploitation (Cass. civ., 29 janvier 1861, *Thiboust*, D. 61, 1, 122; V. sur la différence entre les travaux de construction et ceux d'exploitation, *infrà*, n. 670, 773, 979);

Ceux d'ouverture (trib. confl., 8 mai 1850, *Gautier*, 434); de nivellement et de pavage des rues (24 juillet 1845, *Teyssère*, 392 ; 30 mars 1846, *Durand*, 191 ; 18 décembre 1848, *Meunier*, 679 ; 9 janvier 1849, *de Montessuy*, 26 ; 9 avril 1849, *Lavallée*, 227; trib. confl., 27 mars 1850, *Thomassin*, 321 ; 3 avril 1850, *Mallez*, 329 ; 3 juillet 1850, *Pairel*, 642 ; V. les arrêts cités *infrà*, n. 903 et suivants); de construction de trottoirs (21 décembre 1849, *André*, 693). Ici s'applique la règle aux termes de laquelle les travaux exécutés en vertu de réquisitions de l'autorité militaire sont assimilés à ceux qui sont entrepris en vertu d'un marché (21 novembre 1873, *Barret*, 847). Mais les travaux exécutés par un particulier sur un terrain vendu par lui à une commune et destiné à faire un jour partie de la voie publique, restent travaux privés (20 décembre 1878, *Ville de Béziers*, 1071);

Ceux d'érection d'une statue sur une voie publique, imprimant le caractère de marché travaux publics au concours ouvert entre les artistes pour cette érection (req. 29 mars 1864, *Debay*, D. 64, 1, 232);

Ceux qui ont pour objet de faciliter l'écoulement des eaux des voies publiques (18 décembre 1848, *Meunier*, 679; 8 mars 1866, *Paillard*, 232);

Ceux de mise en état des promenades publiques (30 juillet 1857, *Liger*, 629). Mais il ne faut pas considérer comme travaux publics les constructions et établissements élevés par le locataire de partie d'une promenade (le Pré-Catelan, au bois de Boulogne) à ses frais et pour l'exploitation de son entreprise industrielle (16 avril 1863, *Berr*, 378);

Ceux qui sont exécutés sur les chemins ruraux (8 mars 1866, *Paillard*, 232; req. 6 janvier 1873, *Royer*, D. 74, 1, 97; 20 février 1874, *Dubuisson*, 178);

Ceux qui se rapportent aux ponts communaux (23 novembre 1851, *Dezairs*, 192; 20 décembre 1860, *Gironnet*, 794);

Ceux de conduite et de distribution d'eau dans une ville (trib. confl., 19 novembre 1851, *Charoy*, 680; Conseil d'Etat, 16 janvier 1862, *de Bourdeille*, 35; 30 janvier 1868, *Brocard*, 123; trib. confl., 20 décembre 1879, *Ville de Beaucaire*, 839; V. *suprà*, n. 9). Mais l'engagement d'établir une fontaine ou un lavoir public ne serait qu'un engagement civil, s'il se liait à un contrat civil et n'y tenait qu'une place tout à fait accessoire (21 novembre 1879, *Rolland*, 724). En tous cas l'établissement des branchements particuliers n'est qu'un travail privé (4 août 1876, *Ville de Paris c. Verbois*, 777). En tous cas encore, il ne faut pas confondre les rapports du concessionnaire avec la commune, qui dérivent d'un marché de travaux publics, et les relations du concessionnaire avec les particuliers, qui sont réglées par des accords privés et restent soumises à la compétence des tribunaux (30 janvier 1868, *Brocard*, 123 ; même date, *Pradier*, 125 ; V. *suprà*, n. 8) ;

Les marchés pour l'enlèvement des boues et immondices (V. *suprà*, n. 7) ;

Les marchés pour le service des pompes funèbres (V. *suprà*, n. 8) ;

Les traités pour l'éclairage au gaz (V. *suprà*, n. 6). Il est nécessaire de rappeler ici ce qui vient d'être dit au sujet des concessions relatives aux distributions d'eau. Entre le concessionnaire et les particuliers, il n'existe qu'un contrat de droit civil, dont l'appréciation appartient aux tribunaux (14 novembre 1879, *Compagnie du gaz d'Arles*, 681).

Mais le traité concédant simplement à une compagnie d'omnibus le droit de stationner sur la voie publique n'est pas un marché de travaux publics, parce qu'il ne répond pas à un service public incombant à la commune et ne constitue qu'une cession prévue par l'art. 31 de la loi du 18 juillet 1837 (Req. 28 février 1872, *Ville de Marseille*, D. 73, 1, 61 ; V. sur les concessions de tramways, *infrà*, n. 748 et suivants).

14. Aux travaux des communes, il faut assimiler ceux des fabriques, ayant pour objet d'assurer, dans des conditions équivalentes, un service public.

Sont donc travaux publics, ici comme pour les communes, les travaux de construction ou de réparation d'églises (27 mars 1848, *Deplace*, 322; 29 novembre 1855, *Barbe*, 696; 12 mai 1868, *Fabrique de Saint-Vincent-de-Paul*, 547).

Ce qui est vrai des fabriques est vrai des consistoires (28 juin 1855, *Consistoire israélite du Bas-Rhin*, 473).

15. Même règle pour les travaux des hospices (27 avril 1847, *Tortrat*, 93). Il faut donc voir des travaux publics dans les travaux de reconstruction d'un établissement thermal appartenant à un hospice (14 juillet 1876, *Commission de l'hospice de Bourbon-Lancy*, 693).

16. Les travaux des départements ont toujours été considérés comme travaux publics au même titre que ceux de l'État.

Au commencement du siècle, la personnalité du département était à peu près confondue avec celle de l'État. Elle n'a commencé à s'en distinguer qu'au temps où les divers organes des services publics avaient obtenu, sous le rapport qui nous occupe, les prérogatives d'abord réservées à l'État. Aussi l'art. 4 de la loi du 28 pluviôse an VIII n'a-t-il cessé d'être appliqué aux travaux des départements (7 juin 1826, *Diesse*, 290; 14 février 1837, *Borrani*, 140; 27 février 1849, *Buy*, 127; 10 mars 1869, *Dupuy-Chaffray*, 230).

17. Les travaux des établissements publics sont des travaux publics.

Mais il n'en est pas ainsi de ceux des établissements d'utilité publique.

Il existe une différence capitale entre les établissements publics et les simples établissements d'utilité publique : les premiers, faisant partie intégrante de l'organisation administrative de la France ; les seconds, simples créations particulières, sans lien avec cette organisation, mais présentant un caractère d'utilité générale qui permet au gouvernement de leur conférer la personnalité morale et le droit de posséder et d'acquérir. Les travaux des établissements publics sont donc travaux publics, s'ils réunissent les conditions que nous avons fait connaître. Les travaux des établissements d'utilité publique sont toujours des travaux privés.

Cette règle a été appliquée aux travaux de construction d'un musée destiné, par la société des Antiquaires de Picardie, à être ouvert au public (7 avril 1859, *Herzer*, 267 ; 19 janvier 1860, *Schulters*, 53).

18. A plus forte raison est-il impossible, en principe, de reconnaître le caractère de travaux publics à ceux qui sont l'œuvre de l'initiative privée, quelle qu'en puisse être l'utilité pour le public.

Ainsi, la construction d'une église à l'aide de souscriptions volontaires, et sous la direction d'une commission librement élue par les souscripteurs, ne saurait constituer un travail public (18 avril 1850, *Preynat*, 369 ; 12 mai 1868, *Fabrique de l'église de Saint-Vincent-de-Paul*, 547).

19. Cependant, la loi a conféré le caractère de travaux publics à certains travaux, présentant une utilité publique incontestable, mais qui, n'étant pas entrepris par des établissements publics, et n'ayant d'autre objet que l'amélioration ou la conservation des propriétés privées, ne constituaient auparavant que des travaux privés.

Citons les travaux de dessèchement des marais (L., 16 septembre 1807 ; *infrà*, n. 822 et suivants). Citons encore ceux d'assainissement et de mise en culture des landes de Gascogne (L., 19 juin 1857), et ceux de mise en valeur des marais et terres incultes appartenant aux communes (L., 28 juillet 1860, art. 3), dans le cas où, en présence du refus ou de l'abstention des communes, un décret du chef de l'Etat déclare l'utilité publique des travaux et en règle l'exécution (V. les lois précitées).

20. La loi a réglé pareillement, au point de vue qui nous occupe, la situation des associations syndicales, que la jurisprudence avait eu grand'peine à déterminer (V. L. 21 juin 1865; *infrà*, n. 1182 et suiv.).

Antérieurement à la loi de 1865, il existait trois sortes d'associations syndicales : les associations libres et non autorisées, pures sociétés civiles, ayant le plus souvent pour objet l'irrigation des terres ; les associations forcées, établies en matière de curage des rivières non navigables ni flottables, de dessèchement de marais et d'endiguement ; enfin les associations volontaires en même temps qu'autorisées, constituées en certains cas par un arrêté préfectoral (V. *infrà*, n. 1165 et suiv.).

Les associations forcées étaient assimilées aux établissements publics, et leurs travaux, sans difficulté, considérés comme travaux publics (1er décembre 1857, *digues de Balafray*, 681).

Les associations libres, simples sociétés civiles, dénuées de personnalité morale, n'avaient évidemment aucun titre pour réclamer une telle assimilation ; leurs travaux étaient des travaux privés.

Quant aux associations volontaires, mais autorisées, elles étaient trop loin de constituer des établissements publics pour que leurs travaux pussent invoquer les prérogatives créées en faveur des travaux de l'Etat. Mais le Conseil d'Etat avait tendu insensiblement à les faire participer à ces avantages, en exigeant d'abord comme condition la déclaration d'utilité publique (17 février 1865, *Canal de Carpentras*, 214) et enfin en admettant l'autorisation administrative comme équivalente à cette déclaration (23 août 1858, *Seyte*, 566; 10 avril 1860, *Durand*, 287; 16 mai 1860, *Deblieu*, 405).

21. La loi du 21 juin 1865 distingue trois sortes d'associations, bien qu'au premier abord elle semble n'en reconnaître que deux.

Ce sont d'abord les associations forcées que le gouvernement conserve le droit d'établir, à défaut d'associations libres ou autorisées, pour les travaux de curage, endiguement et dessèchement (L. 21 juin 1865, art. 26; V. *infrà*, n. 1215);

Ce sont ensuite les associations libres, qui peuvent se former pour l'exécution de huit catégories de travaux énumérées par la loi, à savoir ceux : 1° de défense contre les inondations; 2° de curage; 3° de dessèchement de marais; 4° d'ouvrages nécessaires à l'exploitation des marais salants; 5° d'assainissement; 6° d'irrigation et colmatage; 7° de drainage; 8° et de toutes autres améliorations agricoles ayant un caractère collectif (L. 21 juin 1865, art. 1er; V. *infrà*, n. 1185 et suiv.).

Ce sont enfin les associations autorisées, c'est-à-dire les associations pour les cinq premiers de ces huit objets, associations formées par le consentement de la majorité des intéressés représentant au moins les deux tiers de la superficie des terrains, ou par les deux tiers des intéressés, représentant plus de la moitié de la superficie, consentement auquel se joint un arrêté du préfet (L. 21 juin 1865, art. 8, 9 et 12; V. *infrà*, n. 1190 et suiv.).

Les travaux des associations autorisées sont des travaux publics (L. 21 juin 1865, art. 16 ; *suprà*, n. 1203).

A plus forte raison en est-il ainsi des travaux des associations forcées, auxquels ce caractère était reconnu avant la loi de 1865.

Les travaux des associations libres ne sont que des travaux privés (V. *infrà*, n. 1188).

La loi du 20 août 1881 a établi des règles analogues en matière de syndicats pour l'établissement et l'entretien des chemins ruraux (V. *infrà*, n. 1285 et suiv.).

22. Quand un travail remplit les conditions ci-dessus indiquées, peu importe qu'il soit exécuté directement par l'administration, ou par un entrepreneur ou concessionnaire. Le mode d'exécution adopté ne touche pas au caractère du travail et n'en altère pas la destination, qui est toujours d'assurer un service public. L'entrepreneur et le concessionnaire sont, dans une mesure plus ou moins large, substitués aux droits et aux devoirs de l'administration. Les travaux restent à leur égard ce qu'ils sont à l'égard de l'administration : des travaux publics (V. *infrà*, n. 620, 665, 738, 754, 765, 957 et suiv.).

23. Une dernière condition, dont l'accomplissement est nécessaire pour donner à un travail la qualité de travail public, c'est qu'il ait été autorisé par le pouvoir compétent (V. *infrà*, n. 25 et suiv.). Même en présence d'un acte d'autorisation, le travail exécuté en dehors des termes et des prévisions de l'acte d'autorisation n'est pas absolument un travail public. L'indemnité due pour le dommage causé par un tel travail est réglée par les tribunaux ordinaires. L'action intentée à fin de suppression de ce travail est portée devant ces tribunaux (28 mai 1868, *Avenue de l'Alma*, 612 ; Trib. confl., 1er mars 1873, *Deyroles*, 2, 77 ; Rej. civ., 2 juin 1875, *Ville de Lons-le-Saulnier*, D. 75, 1, 418 ; Trib. confl., 29 novembre 1879, *Balas*, 763 ; Rej. civ., 15 mars 1881, *Comm. de Vaison*, D. 81, 1, 356 ; Aucoc, t. 2, n. 741 ; V. *infrà*, n. 977 et 1113).

« Considérant, porte la décision du tribunal des
« conflits du 1er mars 1873, que les compagnies con-
« cessionnaires de chemins de fer ne peuvent, comme
« subrogées à l'État, invoquer la compétence adminis-
« trative que pour les litiges auxquels donnent lieu
« les travaux prévus par leur acte de concession ou qui
« ont été spécialement autorisés par un acte ultérieur
« de l'administration ;
« Qu'en l'absence de tout acte administratif qui leur
« imprime le caractère de travaux publics, les travaux
« exécutés par les compagnies sur les propriétés d'au-
« trui, même en vue d'un péril imminent, demeurent
« sous leur responsabilité personnelle et restent sou-
« mis à la juridiction des tribunaux civils ;
« Considérant que les travaux dont se plaignent les
« demandeurs ont été exécutés sur leurs propriétés par
« la Compagnie du chemin de fer de Paris à Lyon et de
« Lyon à la Méditerranée, sans qu'ils aient été auto-
« risés par l'administration ; que, dès lors, la demande
« en dommages formée contre la Compagnie du che-
« min de fer, en raison de ces travaux, relève de la
« juridiction des tribunaux civils. »

*2

Mais cette exigence d'une autorisation n'est admissible qu'à l'égard des tiers qui souffrent du travail exécuté. Entre l'administration et l'entrepreneur ou ceux qui tiennent sa place, l'autorisation n'a qu'une importance secondaire, et l'objet du travail suffit à le faire considérer comme travail public (Cass. civ., 28 juin 1853, *Vast*, D. 53, 1, 296 ; Nancy, 7 mars 1868, *Bastien*, D. 68, 2, 213 ; 27 juillet 1877, *Sénard*, 741 ; 14 novembre 1879, *Bourgeois*, 696 ; 16 décembre 1881, *Comm. de Plaisance*, 1013 ; V. *infrà*, n. 528).

24. Il peut y avoir doute à l'égard du caractère public ou privé d'un travail, et l'autorité judiciaire doit tenir ce caractère pour douteux, si l'administration invoque une interprétation d'actes administratifs contraire à l'interprétation que cette autorité croirait plausible. Autrement, il ne dépendrait que des tribunaux de retenir le contentieux des travaux publics (Concl. du comm. du gouv., sur 14 décembre 1857, *Étang de Rassuen*, 821).

Pour la même raison, le doute ne peut être levé que par l'autorité administrative (14 décembre 1847, *Étang de Rassuen*, 821 ; 7 décembre 1854, *Aussenac*, 948), c'est-à-dire par le Conseil de préfecture, puisque la question est contentieuse. En pareil cas, le tribunal saisi doit surseoir jusqu'à ce que l'interprétation ait été donnée (Trib. confl. 29 novembre 1879, *Balas*, 763 ; V. *infrà*, n. 534).

TITRE II

MESURES PRÉALABLES A L'EXÉCUTION

25. Avant tout, l'exécution des travaux publics est subordonnée à la nécessité d'une autorisation. Il faut que cette exécution satisfasse à un triple intérêt : celui des services publics, qui doit être apprécié par l'autorité la plus compétente; celui des finances de l'État, qui ne doivent pas être engagées à la légère ; celui des propriétaires atteints par les travaux, auxquels il ne faut demander que des sacrifices raisonnables et motivés. Si ces conditions ne sont remplies, il n'y a pas de raison suffisante pour que les règles du droit commun reçoivent une dérogation préjudiciable aux tiers et pour que l'exécution du travail soit assurée par l'application d'un droit exceptionnel (V. *suprà*, n. 23, et *infrà*, n. 977 et 1113).

Les principes sont différents, suivant qu'il s'agit de travaux neufs, de travaux de réparation ou de travaux d'entretien.

Occupons-nous d'abord de ceux qui sont de beaucoup les plus importants, les travaux neufs.

26. Les règles relatives à l'autorisation ont suivi les variations de nos institutions politiques, et le droit d'autorisation a été, pour les grands travaux, exercé par le pouvoir exécutif ou par le pouvoir législatif, suivant que la prédominance a appartenu à l'un ou à l'autre.

Sous le premier empire, les formes de l'expropriation, préalable nécessaire de tout grand travail public,

consistent : « ... 1° dans le décret impérial, qui seul
« peut ordonner des travaux publics ou achats de ter-
« rains ou édifices destinés à des objets d'utilité pu-
« blique. » Ainsi parle la loi du 8 mars 1810, art. 3.
Un avis du conseil d'Etat, du 18 août 1807, inséré
au *Bulletin des lois*, développe ce principe.

« La loi n'est autre chose qu'une règle commune à
« tous les citoyens ; elle établit les principes généraux
« sur lesquels reposent leurs droits politiques et civils.
« On a toujours regardé comme une garantie politique
« que la même autorité qui fait la loi ne fût pas char-
« gée de l'exécuter... Il est d'ailleurs impossible que
« la loi intervienne alors avec sûreté et dignité. Avec
« sûreté, parce que la question de fait dépend le plus
« souvent de connaissances locales, et que le Corps
« législatif n'est point organisé pour éclaircir et pour
« juger des questions de fait : la dignité de ce Corps
« en est blessée, parce qu'elle transforme les législa-
« teurs en simples juges, et le plus souvent encore,
« l'objet de ce jugement est-il du plus médiocre inté-
« rêt. » Nous retrouverons ces idées dans le rapport
de M. Troplong, commentaire du sénatus-consulte du
25 décembre 1852.

27. Sous le gouvernement de juillet, la loi du 21
avril 1832, fixant le budget des dépenses, porte,
art. 10 : « Nulle création, *aux frais de l'État, d'une*
« *route, d'un canal, d'un grand pont* sur un fleuve ou
« sur une rivière, d'un ouvrage important dans un
« port maritime, *d'un édifice ou d'un monument public,*
« ne pourra avoir lieu, à l'avenir, qu'en vertu d'une
« loi spéciale ou d'un crédit ouvert à un chapitre spé-
« cial du budget. »

Cette règle a été reproduite, avec quelques modifications de détail, par les deux lois sur l'expropriation,
du 7 juillet 1833, art. 3, et du 3 mai 1841, art. 3. Ce
dernier texte est ainsi conçu : « Tous *grands travaux*
« *publics*, routes royales, canaux, chemins de fer, cana-
« lisation de rivières, bassins et docks, entrepris *par*
« *l'Etat, les départements, les communes ou par compagnies*
« *particulières*, avec ou sans péage, avec ou sans subside
« du trésor, avec ou sans aliénation du domaine public,
« ne pourront être exécutés qu'en vertu d'une loi, qui
« ne sera rendue qu'après une enquête administrative.

« Une ordonnance royale suffira pour autoriser
« l'exécution des routes départementales, celles des
« canaux et chemins de fer d'embranchement de
« moins de vingt mille mètres de longueur, des ponts
« et de tous autres travaux de moindre importance.

« Cette ordonnance devra également être précédée
« d'une enquête. »

On voit la différence entre la loi de 1832 et celle de
1841. La seconde corrige l'exagération de la première
en restreignant l'intervention des Chambres aux travaux d'une importance véritablement considérable.
En revanche, elle étend aux travaux des départements,
des communes et des concessionnaires, la règle d'abord
établie exclusivement pour les travaux de l'Etat.

Est-il nécessaire de dire les raisons qui ont dicté les
dispositions des lois de 1833 et de 1841 ? Il est possible que l'application des lois à telle exigence de l'intérêt public soit un acte de pouvoir exécutif et non de
pouvoir législatif. Mais, depuis longtemps, on a senti
la nécessité de réserver aux mandataires directs de la
nation, avec le vote du budget, nombre d'attributions

étrangères à la confection des lois proprement dites. L'importance acquise par les travaux publics, leur influence sur le développement du commerce et de l'industrie, sur le budget de l'Etat, sur les intérêts des propriétaires, ne permettent pas qu'on s'en tienne aux conséquences d'un principe théorique et auquel rien ne commande de reconnaître une portée absolue.

28. La règle posée par la loi de 1810 n'en a pas moins été rétablie, avec quelques atténuations, par le sénatus-consulte du 25 décembre 1852, dont l'art. 4 était ainsi conçu :

« Tous les travaux d'utilité publique, notamment
« ceux désignés par l'art. 10 de la loi du 21 avril
« 1832 et l'art. 3 de la loi du 3 mai 1841, toutes les
« entreprises d'intérêt général, sont ordonnés ou auto-
« risés par décret de l'Empereur.

« Ces décrets sont rendus dans les formes prescrites
« par les règlements d'administration publique.

« Néanmoins, si ces travaux et entreprises ont pour
« condition des engagements ou des subsides du tré-
« sor, le crédit devra être accordé ou l'engagement
« ratifié par une loi avant la mise à exécution.

« Lorsqu'il s'agit de travaux exécutés pour le compte
« de l'Etat et qui ne sont pas de nature à devenir
« l'objet de concessions, les crédits peuvent être
« ouverts, en cas d'urgence, suivant les formes pres-
« crites pour les crédits extraordinaires : ces crédits
« seront soumis au Corps législatif dans sa plus pro-
« chaine session. »

Le sénatus-consulte de 1852 a été ainsi justifié par le rapport de M. Troplong :

« Le premier cas soulève une question de droit

« constitutionnel sur laquelle votre commission n'a
« pas longtemps hésité ; elle a considéré que la puis-
« sance législative n'avait été investie du droit de
« décréter les travaux et entreprises dont il s'agit, que
« parce qu'après la révolution de 1830, la forme du
« gouvernement avait fait définitivement pencher du
« côté des Chambres la prépondérance politique...
« Sans doute, le pouvoir d'exproprier est exorbitant
« du droit commun, et l'on ne saurait livrer la pro-
« priété privée aux caprices d'autorités subalternes ;
« mais le pouvoir central est placé si haut, et dans de
« telles conditions d'impartialité, qu'il est le juge le
« plus juste et le plus éclairé de l'utilité publique. Sans
« doute encore, les grands travaux demandent des
« vues d'ensemble et des combinaisons étendues :
« mais le pouvoir central n'est chargé d'administrer
« en grand que parce qu'il est excellemment posé pour
« les embrasser. Il reste donc dans son rôle d'admi-
« nistrateur suprême en dirigeant l'activité nationale
« vers les travaux qui développent la richesse du pays
« et mettent à côté des populations les véritables
« moyens de combattre la misère. »

Quant à la nécessité d'une loi pour le cas où les travaux donneraient lieu à un engagement ou à un subside du trésor, M. Troplong l'expliquait ainsi :

« On convient, cependant, que toutes les fois que
« ces travaux imposent à l'Etat des dépenses impré-
« vues, l'allocation des crédits appartient au pouvoir
« politique qui est appelé par la Constitution à voter
« l'impôt. Mais, notons-le bien, ce sont les frais du
« travail et non le travail en lui-même qui sont soumis
« à la sanction législative. Pour que l'équilibre soit

« conservé entre le pouvoir exécutif et le pouvoir
« législatif, il faut que le premier reste appréciateur
« libre, souverain, de l'utilité et de la direction du
« travail, comme l'autre reste juge en dernier ressort
« de la dépense : d'où il suit que, si l'Etat n'est pas
« constitué en dépense par ces entreprises, si, par
« exemple, elles sont concédées à des compagnies qui
« consentent à les conduire à fin sans engagement du
« trésor, la puissance législative est désintéressée et
« toute l'opération demeure dans le domaine exclusif
« du pouvoir exécutif. »

Le rapport ajoute que, « si les travaux ou entreprises
« ont pour conditions des engagements ou des subsides
« du trésor, le crédit devra être accordé par une loi
« avant la mise à exécution. Il serait, en effet, dange-
« reux que les travaux fussent commencés avant le
« vote législatif ; les finances de l'Etat pourraient être
« compromises par des entreprises précipitées. Le
« vote législatif qui viendrait ensuite manquerait d'une
« suffisante indépendance en présence des faits accom-
« plis. »

Enfin, et quant à l'ouverture des crédits d'urgence,
le rapport s'exprime en ces termes : « Nous avons
« prévu que certaines circonstances pourraient peser
« sur le gouvernement et exiger de lui une prompte
« action. En cas de guerre, de grands sinistres et
« autres faits de force majeure, un gouvernement vigi-
« lant ne saurait perdre dans une attente fatale un
« temps précieux... Mais nous ferons observer au
« Sénat que les exécutions d'urgence ne sauraient
« jamais avoir lieu pour les grands travaux et
« entreprises d'utilité publique concédés à des

« compagnies moyennant des engagements du tré-
« sor. »

29. Le rapporteur du sénatus-consulte de 1852
s'exagérait le manque de compétence du pouvoir législatif et l'infaillibilité du Chef de l'Etat. Il serait superflu
de le démontrer.

En effet, le gouvernement impérial lui-même reconnut la nécessité de rétablir le système de la loi de 1841.
D'après l'exposé des motifs de la loi du 27 juillet 1870,
les modifications apportées au régime politique du pays,
dans les années précédentes, étaient suffisantes pour justifier ce retour. La loi du 27 juillet 1870 est ainsi conçue :

Art. 1er. « Tous grands travaux publics, routes im-
« périales, canaux, chemins de fer, canalisation des
« rivières, bassins et docks, entrepris par l'Etat ou
« par compagnies particulières, avec ou sans subsides
« du trésor, avec ou sans aliénation du domaine public,
« ne pourront être autorisés que par une loi rendue
« après une enquête administrative.

« Un décret impérial, rendu en la forme des règle-
« ments d'administration publique et également pré-
« cédé d'une enquête, pourra autoriser l'exécution
« des canaux et chemins de fer d'embranchement de
« moins de vingt kilomètres de longueur, des lacunes
« et rectifications de routes impériales, des ponts et de
« tous autres travaux de moindre importance.

« En aucun cas, les travaux dont la dépense doit
« être supportée en tout ou en partie par le trésor, ne
« pourront être mis à exécution qu'en vertu de la loi
« qui crée les voies ou moyens ou d'un crédit préala-
« blement inscrit à un des chapitres du budget. »

En 1875 et 1877, les assemblées législatives ont été

saisies de projets de loi tendant à diminuer encore les
droits du pouvoir exécutif, en transférant à la légis-
lature l'autorisation des chemins de fer d'embranchement de moins de vingt kilomètres (V. pour les
chemins de fer d'intérêt local, *infrà*, n. 730).

Il va de soi que le gouvernement n'a jamais pu,
après avoir concédé un embranchement de moins de
vingt kilomètres, y ajouter un ou plusieurs tronçons, de
manière à former une grande ligne (Rapport de M. de
Talhouët au Corps législatif).

Mais la loi manque de précision, en ce qu'elle n'indique pas les travaux de *moindre importance*, dont l'autorisation appartient au Président de la République.
Faut-il ranger parmi ces travaux, par exemple, les
canaux de navigation et d'irrigation de moins de vingt
kilomètres autres que ceux d'*embranchement?* La question
s'est présentée sous la loi de 1841, à l'égard d'un canal
d'irrigation, qui ne se reliait à aucun travail préexis-
tant; le Conseil d'Etat a décidé « que, par leur nature
« et leur peu d'importance, les travaux compris au
« projet de l'ingénieur Zola rentraient dans la classe
« des travaux énoncés audit § 2, » c'est-à-dire que
l'autorisation par ordonnance royale était suffisante
(31 mars 1848, *Meyronnet de Saint-Marc*, 152). Dans
l'espèce, le canal n'avait que 17,500 mètres de long ;
mais ce n'était cependant pas un canal d'*embranchement*.

M. Aucoc estime d'une manière générale, que les
travaux non analogues, par leur nature, à ceux que la
loi de 1870 réserve à l'appréciation du législateur,
peuvent être autorisés par simple décret, par exemple,
les travaux d'endiguement des fleuves et torrents, de

3

desséchement de marais, de curage des cours d'eau non navigables ni flottables, d'irrigation et de colmatage (*Conférences*, t. 2, n. 575; *Revue critique de Législation et de Jurisprudence*, 1873).

Cette manière de voir rencontre un sérieux obstacle dans le texte du § 1er, exigeant cette autorisation pour *tous grands travaux publics,... canalisation de rivières*, etc., et dans son rapprochement avec le § 2, qui n'admet d'exception que pour les *canaux d'embranchement*, et dans lequel les *travaux de moindre importance* paraissent être les travaux moins considérables que les lacunes et rectifications de routes et les ponts. Elle n'en est pas moins en harmonie avec les principes et avec l'esprit de la loi de 1870. Evidemment, le législateur a voulu subordonner l'intervention législative à l'importance des travaux et à leur caractère d'utilité générale. Les travaux d'intérêt véritablement local peuvent sans inconvénient être abandonnés à l'autorisation du pouvoir exécutif et, dans le doute, ne doivent pas être considérés comme en ayant été distraits.

30. Quant aux travaux de réparations grosses et menues, l'ordonnance du 10 mai 1829, relative aux travaux des ponts et chaussées, porte : Art. 7 : « Les « projets de travaux neufs et de grosses réparations « seront, comme par le passé, soumis à l'approbation « du directeur général des ponts et chaussées ; mais, « lorsque l'estimation n'excédera pas cinq mille francs, « ils pourront être approuvés immédiatement par le « préfet, sur la proposition de l'ingénieur en chef. » L'autorisation du directeur des ponts et chaussées est, aujourd'hui, remplacée par celle du ministre des travaux publics. Art. 4 : « Les travaux d'entretien et de

« réparation ordinaire dépendant de l'administration
« des ponts et chaussées seront exécutés dans chaque
« département sous la direction des ingénieurs et
« l'autorisation du préfet. »

Des règles analogues existent pour les autres services,
et les travaux de réparation, suivant les cas, sont
autorisés par le ministre ou par les fonctionnaires placés
sous ses ordres.

31. Les travaux des départements, autrefois, étaient
votés par le Conseil général sur la proposition du préfet et soumis, d'après leur importance, à l'approbation
du Chef de l'Etat, à celle du ministre ou à celle du
préfet (L. 10 mai 1838; ordonnance du 29 mai 1830;
décret du 24 avril 1864).

Aujourd'hui, la matière est régie par la loi du 10
août 1871, où il est dit :

Art. 46. « Le Conseil général statue définitivement
sur les objets ci-après désignés : ...

« 6° Classement et direction des routes départemen-
« tales; projets, plans et devis des travaux à exécuter
« pour la construction, la rectification ou l'entretien
« desdites routes; désignation des services qui seront
« chargés de leur construction ou de leur entre-
« tien ;...

« 9° Projets, plans et devis de tous autres travaux à
« exécuter sur les fonds départementaux et désignation
« des services auxquels ces travaux seront confiés. »

Art. 81. « La Commission départementale;.. 2° dé-
« termine l'ordre de priorité des travaux à la charge
« du département, lorsque cet ordre n'a pas été fixé
« par le conseil général. »

Art. 54. « Le préfet, sur l'avis de la commission

« départementale, passe les contrats au nom du dépar-
« tement. »

Le préfet nomme les architectes départementaux
(Décret 25 mars 1852, art. 5, 7°).

32. En ce qui concerne les travaux communaux,
« les conseils municipaux règlent, par leurs délibéra-
« tions ; ... 3° les projets, plans et devis de grosses
« réparations et d'entretien, lorsque la dépense totale
« afférente à ces projets et aux autres projets de même
« nature, adoptés dans le même exercice, ne dépasse
« pas le cinquième des revenus ordinaires de la com-
« mune, ni, en aucun cas, une somme de cinquante
« mille francs...

« En cas de désaccord entre le maire et le conseil
« municipal, la délibération ne sera exécutoire qu'a-
« près approbation du préfet (L. 24 juillet 1867, art.
« 1er); et s'il s'agit d'une ville ayant plus de trois mil-
« lions de revenus et qu'il y ait désaccord entre le
« préfet et le conseil municipal, après une approbation
« donnée par le Chef de l'Etat. » (Art. 17).

Au surplus, « l'art. 18 de la loi du 18 juillet 1837
« est applicable aux délibérations prises par les con-
« seils municipaux en exécution des articles.... qui
« précèdent. » (Même loi, art. 6). Cet article 18 est
ainsi conçu : « Expédition de toute délibération sur un
« des chefs énoncés en l'article précédent est immé-
« diatement adressée par le maire au sous-préfet, qui
« en délivre ou fait délivrer récépissé. La délibération
« est exécutoire si, dans les trente jours qui suivent la
« date du récépissé, le préfet ne l'a pas annulée, soit
« d'office, pour violation d'une disposition de loi ou
« d'un règlement d'administration publique, soit sur

« la réclamation de la partie intéressée. Toutefois, le
« préfet peut suspendre l'exécution de la délibération
« pendant un autre délai de trente jours. »

Les travaux de réparation ordinaire ou de simple
entretien, dont la dépense n'excède pas 300 francs,
peuvent être ordonnés sans autorisation par le maire
(Décrets 10 brumaire an XIV, art. 5, et 17 juillet
1808).

Quant au surplus, le conseil municipal délibère sur
les objets suivants : « 6° Les projets de construction, de
« grosses réparations et démolitions, et en général
« tous les travaux à entreprendre. » (L. 18 juillet 1837,
« art. 19).

« Les délibérations des conseils municipaux sur les
« objets énoncés à l'article précédent sont adressées
« au sous-préfet. Elles sont exécutoires sur l'approba-
« tion du préfet, sauf les cas où l'approbation par le
« ministre compétent, ou par ordonnance royale, est
« prescrite par les lois ou par les règlements d'admi-
« nistration publique. » (Art. 20).

33. Les projets de travaux sur les chemins vicinaux
de grande communication et d'intérêt commun sont
approuvés par le conseil général (L. 10 août 1871, art.
46, 7°; circ. min. 9 août 1879, D. 79,5,97).

Les projets de travaux sur les chemins vicinaux
ordinaires sont approuvés par le préfet, et non par la
commission départementale (Décret 8 nov. 1873, D.
74, 3, 62), qui n'a que le droit de les classer (Loi 10
août 1871, art. 86; 7 août 1874, *Lussaguet*, 391 ; 20
déc. 1878, *Robert*, 1040 ; Cass. civ., 19 juillet 1880,
Com. de Noyelles, D. 80, 1, 413).

34. A l'égard des grands travaux des départements

comme à l'égard de ceux des communes, l'autorisation
et la déclaration d'utilité publique émanent toujours
du Chef de l'Etat. Le sénatus-consulte du 25 décembre
1852 s'y applique, et n'a pas été abrogé par la loi du
27 juillet 1870. L'art. 2 de cette loi porte :

« Il n'est rien innové, quant à présent, en ce qui
« touche l'autorisation et la déclaration d'utilité pu-
« blique des travaux publics à la charge des départe-
« ments et des communes. » (V. cep., *infrà*, n. 730).

Il n'est pas même nécessaire que le décret du Président de la République soit précédé d'un avis du
Conseil d'Etat (27 mars 1856, *de Pommereu*, 224;
16 août 1862, *de Legge*, 651; 25 mars 1881, *Trescases*,
344). Ce dernier arrêt est ainsi conçu :

« Considérant, d'une part, que le sénatus-consulte
« du 25 déc. 1852 et la loi du 27 juil. 1870 n'ont pas
« eu pour effet de modifier les formes dans lesquelles
    le pouvoir exécutif autorise les travaux publics com-
« munaux qu'il était antérieurement dans ses attribu-
« tions d'ordonner, et dans lesquels sont compris les
« travaux de translation de cimetière et d'établisse-
« ment de chemins d'accès auxquels s'applique le
« décret attaqué; qu'aucune disposition des lois anté-
« rieures ne prescrit que les actes portant déclaration
« d'utilité publique desdits travaux seront rendus, soit
« dans la forme des règlements d'administration pu-
« blique, après l'avis du Conseil d'Etat en assemblée
« générale, soit sur l'avis de la section de l'intérieur
« dudit Conseil ;

« Considérant, d'autre part, que l'art. 8 de la loi du
« 24 mai 1872 n'appelle le Conseil d'Etat à donner
« nécessairement son avis que sur les règlements d'ad-

« ministration publique et sur les décrets qu'une dis-
« position législative soumet expressément à l'examen
« préalable du Conseil d'Etat ; qu'il suit de là que les
« requérants ne sont pas fondés à demander l'annula-
« tion pour excès de pouvoirs du décret attaqué à rai-
« son de ce que ledit décret a été rendu sans être pré-
« cédé de l'avis du Conseil d'Etat ou de la section de
« l'intérieur dudit Conseil. »

35. Les travaux des hospices sont réglés par délibération de la commission de l'hospice, soumise, lorsque la dépense est supérieure à 3,000 francs, à l'avis
du conseil municipal et à l'approbation du préfet (L. 7
août 1851, art. 9 ; décret du 25 mars 1852, tableau
A, n. 55 et 56).

En ce qui concerne les travaux des fabriques, la délibération, soumise à l'autorité supérieure, est prise
par le conseil de fabrique (Décret 30 mai 1809, art. 37 ;
7 mai 1863, *Com. de Meudon*, 419), à moins que les
finances de la commune ne soient engagées, auquel
cas le consentement du conseil municipal est nécessaire
(Décret du 30 déc. 1809, art. 92 et suiv.).

L'autorisation des travaux intéressant les autres
établissements publics suit des règles analogues.

36. La mise à exécution de tout projet est précédée
des études préalables nécessaires pour la rédaction des
plans et devis. Il y a lieu à diverses opérations, tels que
nivellements, sondages, jaugeages, etc., rendant indispensable l'introduction des agents de l'administration
dans les propriétés privées.

Cette introduction est autorisée par un arrêté du
préfet, qui ne constitue qu'une permission, et qui, par
conséquent, ne crée aucun droit vis-à-vis de l'admi-

nistration et peut toujours être rapporté (7 avril 1859, *Renard*, 266).

Les circulaires ministérielles recommandent aux ingénieurs d'user des plus grands ménagements à l'égard de la propriété privée.

Les dommages qui peuvent résulter de ces travaux fondent une action en indemnité, conformément aux principes qui seront exposés *infrà*, n. 895.

37. Le droit, pour les agents de l'administration, de procéder aux opérations dont il s'agit, est incontestable, et consacré, notamment, par l'art. 438 du Code pénal ainsi conçu : « Quiconque, par voie de fait, se « sera opposé à la confection des travaux autorisés « par le gouvernement, sera puni d'un emprisonne- « ment de trois mois à deux ans, et d'une amende qui « ne pourra excéder le quart des dommages-intérêts « ni être au-dessous de 16 francs. Les moteurs subi- « ront le maximum de la peine. »

Ce texte, comme on le voit, ne fait aucune distinction entre les travaux préparatoires et les travaux définitifs. La Cour de cassation ajoute avec grande raison : « que si la déclaration d'utilité publique doit toujours « intervenir dans la forme d'une ordonnance royale, « il ne s'ensuit pas que les travaux préparatoires et « d'étude doivent être autorisés avec la même solen- « nité : que le contraire résulte même de la différence « qui existe entre les résultats de ces travaux et ceux « de la déclaration d'utilité publique ; qu'en effet, la « déclaration d'utilité publique entraîne nécessaire- « ment l'expropriation des terrains auxquels elle s'ap- « plique, tandis que les travaux dont il s'agit ne « portent aucune atteinte aux droits de propriété ; qu'il

« s'ensuit de là que les agents de la direction générale
« des ponts et chaussées sont suffisamment autorisés à
« s'y livrer lorsqu'ils sont munis des ordres de leurs
« supérieurs et de l'autorité administrative compétente,
« sauf la réparation et l'indemnité des torts et dom-
« mages que ces travaux pourraient causer, et à la
« charge par lesdits agents de la direction générale de
« justifier de leur qualité et de leur mission aux pro-
« priétaires des terrains sur lesquels ils s'exécutent ;
« que toute opposition par voie de fait à des opérations
« de cette nature, entreprises par des ingénieurs des
« ponts et chaussées, seront passibles des peines déter-
« minées par l'art. 438 du C. pénal. » (Cass. crim., 4
mai 1825, S. 8, 66 ; 3 mai 1834, *Bertrand*, S. 34,
1,574 ; Faustin Hélie et Chauveau, t. 6, n. 2584).

De son côté, le Conseil d'Etat a annulé, sur conflit,
une ordonnance de référé, rendue par le président d'un
tribunal, et interdisant la suite des opérations d'un
agent de l'administration (19 octobre 1825, *Berthelot*,
603).

38. Aux plans sont joints des mémoires explicatifs
« destinés à faire connaître l'objet ou le but du travail
« à entreprendre, les motifs de préférence qui ont
« guidé l'auteur dans la composition et le choix des
« moyens. » (Tarbé de Vauxclairs, *Dictionnaire des travaux publics*, vº Mémoires). Il résulte suffisamment de
cette définition « que ce genre de pièces a trait à la
« justification de l'entreprise et des voies et moyens
« proposés, qu'elles s'adressent à l'administration et
« ne gardent que peu d'importance pour l'exécution.»
(Dufour, t. 8, n. 14).

Il en est autrement du devis, du détail estimatif, de

l'avant-mêtré et du cahier des charges, qui, au cas
d'adjudication, sont, avec le procès-verbal d'adjudication, les pièces à consulter pour déterminer les obligations respectives de l'entrepreneur et de l'administration. Pour cette raison précisément, nous nous en
occuperons en parlant de la formation des marchés
(V. *infrà*, n. 118 et suiv.).

39. Après les travaux préparatoires viennent l'enquête et la déclaration d'utilité publique, exigées par
la loi du 27 juillet 1870 (V. *suprà*, n. 29). L'accomplissement de ces formalités est indistinctement nécessaire, soit que l'importance des travaux rende nécessaire une autorisation législative, soit qu'il suffise de
l'autorisation du Chef de l'Etat (L. 27 juillet 1870,
art. 1er).

L'enquête dont il s'agit ne doit pas être confondue
avec la seconde enquête, ayant pour but la détermina-
tion précise des terrains qui seront acquis par l'administration. Cette seconde enquête intéresse particulièrement la propriété privée, et les formes en sont réglées
par les art. 4 et suivants de la loi du 3 mai 1841. Elle
rentre dans la matière de l'expropriation, dont nous ne
nous occupons pas ici.

Mais nous devons parler de la première enquête,
préalable nécessaire de la déclaration d'utilité publique,
enquête ayant pour but d'établir cette utilité et la convenance générale des expropriations qu'elle nécessite.

40. Les formes de l'enquête ont été déterminées
par l'ordonnance du 18 février 1834, rendue en exécution de l'art. 3 de la loi du 7 juillet 1833 et complétée par l'ordonnance du 15 février 1835.

L'enquête s'ouvre sur un avant-projet « où l'on fera

« connaître le tracé général de la ligne des travaux,
« les dispositions principales des ouvrages les plus im-
« portants, et l'appréciation sommaire des dépenses. »
(Ord. 18 févr. 1834, art. 1er). « Il y est joint un mé-
« moire descriptif, indiquant le but de l'entreprise et
« les avantages qu'on peut s'en promettre. » (Art. 3).

« Il sera formé, au chef-lieu de chacun des départe-
« ments que la ligne des travaux devra traverser, une
« commission de neuf membres au moins et de treize
« au plus, pris parmi les principaux propriétaires de
« terres, de bois, de mines, les négociants, les arma-
« teurs et les chefs d'établissements industriels. Les
« membres et le président de cette commission seront
« désignés par le préfet dès l'ouverture de l'enquête. »
(Art. 4).

« Des registres destinés à recevoir les observations
« auxquelles pourra donner lieu l'entreprise projetée,
« seront ouverts, pendant un mois au moins et quatre
« mois au plus, au chef-lieu de chacun des départe-
« ments et des arrondissements que la ligne des tra-
« vaux devra traverser. » (Art. 5). « Lorsque la ligne
« des travaux relatifs à une entreprise d'utilité publique
« devra s'étendre sur le territoire de plus de deux
« départements, les pièces de l'avant-projet qui servi-
« ront de base à l'enquête ne seront déposés qu'au
« chef-lieu de chacun des départements traversés. »
(Ord. 15 février 1835). « Les pièces qui, aux termes
« des art. 2 et 3, doivent servir de base à l'enquête,
« resteront déposées pendant le même temps et aux
« mêmes lieux. » (Ord. 18 fév. 1834, art. 5).

Aux termes du même art. 5, « la durée de l'ouver-
« ture des registres sera déterminée, dans chaque cas

« particulier, par l'administration supérieure. » Mais le décret du 13 avril 1861, sur la décentralisation administrative, porte : « Les préfets statueront sur les « divers objets dont voici la nomenclature : ... 3° fixa- « tion de la durée des enquêtes à ouvrir dans les formes « déterminées par l'ordonnance du 18 février 1834, « lorsque les enquêtes auront été autorisées en principe « par le ministre, et sauf le cas où les enquêtes doivent « être ouvertes dans plusieurs départements sur un « même projet. » (Art. 2). « Cette durée, ainsi que « l'objet de l'enquête, seront annoncés par des « affiches. » (Ord. 1834, art. 5).

« A l'expiration du délai qui sera fixé en vertu de « l'article précédent, la commission mentionnée à « l'art. 4 se réunira sur le champ ; elle examinera les « déclarations consignées aux registres de l'enquête ; « elle entendra les ingénieurs des ponts et chaussées « et des mines employés dans le département ; et après « avoir recueilli, auprès de toutes les personnes qu'elle « jugerait utile de consulter, les renseignements dont « elle croira avoir besoin, elle donnera son avis motivé, « tant sur l'utilité de l'entreprise que sur les diverses « questions qui auront été posées par l'administra- « tion. »

« Ces diverses opérations, dont elle dressera procès- « verbal, devront être terminées dans un nouveau délai « d'un mois. » (Art. 6). Et même, « si la ligne des « travaux n'excède pas les limites de l'arrondissement « dans lequel ils sont situés, le délai de l'ouverture « des registres et du dépôt des pièces sera fixé au plus « à un mois et demi et au moins à vingt jours. » En ce cas, « la commission d'enquête se réunira au chef-

« lieu de l'arrondissement et le nombre de ses mem-
« bres variera de cinq à sept. » (Art. 10).

41. Ces formalités, ainsi qu'on l'a dit plus haut,
doivent être remplies à l'égard des travaux dont l'autorisation appartient au gouvernement, comme à l'égard
de ceux qui sont approuvés par le pouvoir législatif
(Loi du 27 juillet 1870, art. 1er). Mais l'observation
n'en est pas nécessaire à l'égard des travaux d'entretien
et de réparation ordinaire, qui, aux termes de l'art. 4
de l'ordonnance du 10 mai 1829, sont exécutés dans chaque département sous l'autorité du préfet (V. *suprà*,
n. 30). Elle ne l'est pour les travaux de réparation, que
s'ils sont équivalents à une reconstruction (Aucoc, t.
2, n. 677).

Faut-il de plus la restreindre aux travaux dont l'évaluation est supérieure à 5,000 fr. ?

L'affirmative était certaine avant la loi de 1841.
L'ordonnance du 27 mai 1829, art. 8, n'exigeait l'enquête que pour les travaux neufs « de grande dimension». Mais la loi du 3 mai 1841, art. 3, est venue dire :
une ordonnance suffira pour « tous *autres travaux de*
« *moindre importance*. Cette ordonnance devra également être précédée d'une enquête. » D'où l'on a conclu que l'enquête était exigée pour les travaux même
les moins importants (Christophle, t. 1, n. 134).

Nous ne saurions accepter cette manière de voir. Le
sens des expressions *travaux de moindre importance*,
qu'on retrouve au surplus dans la loi de 1870, est d'a-
vance restreint par les premiers mots de l'art. 3 de la
loi de 1841 : *Tous grands travaux publics...* L'art. 3 de
la loi de 1841 n'a pas été fait pour les travaux au-
dessous de 5,000 fr., et l'on ne voit pas la nécessité

d'une enquête pour des travaux si peu considérables.

42. L'enquête en matière de travaux communaux est soumise à des formes plus simples que celles de l'ord. 18 février 1834. L'ordonnance du 23 août 1835 établit ces nouvelles formes, « considérant que cette « ordonnance (celle de 1834), s'appliquant aux travaux « projetés dans un intérêt général, prescrit des forma- « lités dont quelques-unes seraient sans objet ou « incomplètes en ce qui concerne les travaux d'intérêt « purement communal ou même départemental. »

L'ordonnance du 23 août 1835 porte :

Art. 2. « L'enquête s'ouvrira sur un projet où l'on « fera connaître le but de l'entreprise, le tracé des « travaux, les dispositions principales des ouvrages et « l'appréciation sommaire des dépenses. »

Art. 3 : « Ce projet sera déposé à la mairie pendant « quinze jours, pour que chaque habitant puisse en « prendre connaissance ; à l'expiration de ce délai, un « commissaire désigné par le préfet, recevra à la mai- « rie, pendant trois jours consécutifs, les déclarations « des habitants sur l'utilité publique des travaux pro- « jetés. Les délais ci-dessus prescrits pour le dépôt des « pièces à la mairie et pour la durée de l'enquête, « pourront être prolongés par le préfet. Dans tous les « cas, ces délais ne courront qu'à dater de l'aver- « tissement donné par voie de publication et d'affi- « ches.

« Il sera justifié de l'accomplissement de cette for- « malité par un certificat du maire. »

Art. 4. « Après avoir clos et signé le registre de ces « déclarations, le commissaire le transmettra immédia- « tement au maire, avec son avis motivé et les autres

« pièces de l'instruction qui auront servi de base à
« l'enquête.

« Si le registre d'enquête contient des déclarations
« contraires à l'adoption du projet, ou si l'avis du
« commissaire lui est opposé, le conseil municipal sera
« appelé à les examiner, et émettra son avis par une
« délibération motivée, dont le procès-verbal sera
« joint aux pièces. Dans tous les cas, le maire adressera
« immédiatement les pièces au sous-préfet, et celui-ci
« au préfet, avec son avis motivé. »

Art. 5. « Le préfet, après avoir pris, dans les cas
« prévus par les règlements, l'avis des Chambres de
« commerce et des Chambres consultatives des arts-et-
« manufactures dans les lieux où il en est établi,
« enverra le tout à notre ministre de l'intérieur avec
« son avis motivé, pour, sur son rapport, être statué
« par nous sur la question d'utilité publique des tra-
« vaux, conformément aux dispositions de la loi du 7
« juillet 1833. »

Art. 6. « Lorsque les travaux n'intéresseront pas
« exclusivement la commune, l'enquête aura lieu, sui-
« vant leur degré d'importance, conformément aux
« art. 9 et 10 de l'ordonnance du 18 février 1834. »

Cependant l'ordonnance de 1835 est seule applicable
et l'enquête doit avoir lieu suivant les règles établies
pour les travaux communaux, lorsque l'expropriation
au profit d'une commune a lieu sur le territoire d'une
autre commune, par exemple pour l'établissement d'un
cimetière. Sans doute l'expropriation porte sur une
seconde commune; mais il est toujours vrai de dire
que les travaux ne sont entrepris que dans l'intérêt
d'une commune (28 janv. 1858, *Hubert*, 87) : « Con-

« sidérant qu'aux termes des art. 1ᵉʳ et 6 de l'ordon-
« nance du 23 août 1835, les formes prescrites pour
« les enquêtes par l'ordonnance du 18 fév. 1834 ne
« sont applicables aux travaux d'intérêt communal
« que dans le cas où ces travaux, entrepris dans un
« intérêt collectif, s'étendent sur le territoire de plu-
« sieurs communes qui concourent à leur exécu-
« tion. »

43. Après l'enquête intervient la déclaration d'utilité publique. On a vu qu'elle résulte généralement de
l'acte qui autorise les travaux et qui est d'ordinaire
une loi ou un décret du Chef de l'Etat, suivant la distinction consacrée par la loi du 27 juillet 1870 (V. *suprà*,
n. 29 et, pour les chemins vicinaux, n. 33).

Même en ce qui concerne ces chemins, la déclaration d'utilité publique est prononcée par le Chef de
l'Etat, quand il s'agit de l'acquisition, non plus de
terrains nus, mais de propriétés bâties : « Lorsque
« l'occupation de terrains bâtis est jugée néces-
« saire pour l'ouverture, le redressement ou l'élargis-
« sement d'une rue formant le prolongement d'un
« chemin vicinal, l'expropriation a lieu conformément
« aux dispositions de la loi du 3 mai 1841 combinées
« avec celles des cinq derniers paragraphes de l'art. 16
« de la loi du 21 mai 1836. Il est procédé de la même
« manière lorsque les terrains bâtis sont situés sur
« le prolongement d'un chemin vicinal en dehors
« des agglomérations communales. » (Loi 8 juin
1864).

Il n'est pas nécessaire que la déclaration d'utilité
publique contienne l'énonciation exacte des noms
des propriétaires compris dans le périmètre des tra-

vaux (1ᵉʳ juin 1849, *Ponts-Asnières de la Châtaigneraie*, 290).

44. Bien que la loi reste muette à cet égard, il est admis que la déclaration d'utilité publique ne peut intervenir que dans l'intérêt des services publics remis aux mains de l'administration.

Aussi l'intervention du pouvoir législatif a-t-elle paru nécessaire pour régulariser l'expropriation, toutes les fois qu'elle a été projetée dans un intérêt général, mais étranger aux services publics (V. la loi du 13 avril 1850, autorisant l'expropriation totale des propriétés insalubres ; le décret du 26 mars 1852, autorisant l'administration à comprendre dans l'expropriation la totalité d'un immeuble dont partie seulement est destinée à l'ouverture d'une rue, lorsque les parties restantes n'ont pas une étendue ou n'ont pas une forme qui permette d'y élever des constructions salubres ; la disposition du même décret, permettant l'expropriation des immeubles restant en dehors des alignements, lorsqu'elle est nécessaire pour la suppression d'anciennes voies publiques jugées insalubres ; la loi du 22 juin 1854, autorisant l'expropriation des terrains nécessaires pour donner à l'avenue de l'Impératrice, à Paris, une largeur de 120 mètres, consacrée en partie à l'établissement de jardins ; la loi du 22 juillet 1856, art. 12, autorisant l'expropriation des sources d'eaux minérales exploitées d'une manière insuffisante ; les lois du 28 juillet 1860 et du 8 juin 1864, sur l'expropriation des terrains en montagne qui doivent être gazonnés ou reboisés, etc. ; V. aussi Aucoc, t. 2, n. 823 et suiv.).

45. Il est également admis que la déclaration d'utilité publique ne peut être prononcée qu'en faveur de

4

l'Etat, des départements et des communes, ou encore
des concessionnaires qui leur sont substitués. Car
l'Etat, le département et la commune sont les seules
manifestations de la puissance publique, en faveur de
laquelle a été créé le droit d'expropriation (Ducrocq,
Droit administratif, t. 2, n. 809). Cette règle est confirmée par la loi du 24 juillet 1873, qui a été nécessaire
pour autoriser l'archevêque de Paris à acquérir les
terrains destinés à la construction d'une église sur la
butte Montmartre, à Paris. Elle souffre exception à
l'égard des associations syndicales autorisées ; le chef
de l'Etat peut déclarer d'utilité publique les travaux
entrepris par ces associations (L. 21 juin 1865, art.
18 ; V. *infrà*, n. 1204, 1221).

46. L'expropriation ne s'applique qu'aux immeubles (V. *infrà*, n. 985), et même qu'à la dépossession
des immeubles (V. *infrà*, n. 875 et suiv.). Les formalités dont nous venons de parler sont donc spéciales à
cette dépossession.

47. Aucun recours contentieux n'est admissible
contre l'appréciation de l'utilité publique, qui appartient d'une manière souveraine, au gouvernement aussi
bien qu'au législateur (26 avril 1847, *Boncenne*, 243 ;
1ᵉʳ juin 1849, *Ponts-Asnières de la Châtaigneraie*, 290 ;
26 février 1870, *Gérard*, 194).

Aucun recours n'est même possible, soit en la forme,
soit au fond, ni contre la déclaration d'utilité publique,
ni contre les actes qui en ont été la conséquence, si
cette déclaration a été prononcée par une loi (20 mai
1843, *Ville de Saint-Germain*, 235). Il ne reste à la
personne lésée que le droit d'en appeler, par voie de
pétition, au législateur mieux informé.

Mais le recours pour excès de pouvoir est ouvert devant le conseil d'État contre l'acte portant déclaration d'utilité publique, si cette utilité a été proclamée par une autorité incompétente, par exemple si elle l'a été par le chef de l'Etat quand elle devait l'être par le législateur (31 mars 1848, *Meyronnet de Saint-Marc*, 152). En effet, tout acte d'incompétence, émanant d'une autorité administrative, est entaché d'excès de pouvoir et doit, à ce titre, être annulé par le conseil d'État (Loi des 7, 14 octobre 1790, art. 3; L. 24 mai 1872, art. 9; V. *infrà*, n. 551, 587 et suiv.).

Le recours est également fondé, si les formes prescrites par la loi n'ont pas été observées, par exemple, si l'enquête n'a pas eu lieu (27 avril 1847, *Boncenne*, 243; 9 juin 1849, *de Carton*, 335; 27 mars 1856, *de Pommereu*, 224; 28 janv. 1858, *Hubert*, 87; 22 nov. 1878, *de l'Hôpital*, 927; V. encore 10 mai 1851, *d'Inguimbert*, 348). Car le Conseil d'Etat considère les formes imposées à l'exercice des pouvoirs administratifs comme étant en quelque sorte, dans ce qu'elles ont de substantiel, la condition et la limite de ces pouvoirs. Il s'ensuit que l'acte intervenu au mépris de ces formes est considéré comme entaché d'excès de pouvoir (V. *infrà*, n. 551, 587 et suiv.)

Enfin, il y a lieu au recours pour excès de pouvoir, si la déclaration d'utilité publique a été prononcée en vue d'un objet autre que ceux qui peuvent la légitimer, nous voulons dire si elle n'a pas été rendue dans l'intérêt d'un service public. On lit dans un récent arrêt : « sur le moyen tiré de ce que les travaux dont il s'agit « ne pouvaient être déclarés d'utilité publique : consi- « dérant que le décret attaqué avait pour objet de dé-

« clarer d'utilité publique l'agrandissement des ate-
« liers d'Oullins, affectés au service du chemin de fer
« de Paris à Lyon et à la Méditerranée; qu'il a été pré-
« cédé des formalités prescrites par les lois et règle-
« ments sur la matière ; et qu'ainsi les requérants ne
« sont pas fondés à demander l'annulation pour excès
« de pouvoir par application des lois des 7-14 octobre
« 1790 et 24 mai 1872 » (22 nov. 1878, *de l'Hôpital*,
927 ; V. *infrà*, n. 551, 587 et suiv.).

48. Le recours contre la déclaration d'utilité publique, bien que fondé, est irrecevable après une expropriation consommée par jugement ayant force de
chose jugée, c'est-à-dire ne pouvant plus être attaqué
devant la Cour de cassation. En effet, ce recours n'aurait
d'effet utile que s'il pouvait faire tomber le jugement,
et le jugement est à l'abri de toute critique (26 décembre 1873, *Garret*, 974 ; 13 février 1874, *André et
Champetier*, 165 ; 11 février 1876, *Ch. de fer de Lyon*,
153 ; 31 mai 1878, *Touchy*, 526 ; rej. civ., 17 décembre 1877, *Touchy*, D. 78,1,52).

49. L'autorité judiciaire ne saurait examiner la
déclaration d'utilité publique aux points du vue qui
viennent d'être indiqués.

Son rôle se borne à vérifier s'il y a eu observation
des formalités prescrites par l'art. 2 du titre 1er et par
le titre 2 de la loi du 3 mai 1841 (Rej. civ., 9 fév. 1863,
Barenne-Delcambre, D. 63,1,254; 14 nov, 1876, *Ch.
de fer de Lyon*, D. 77,1,70 ; 9 avril 1877, *Haineque
de Saint-Senoch*, D. 77,1,469; Cass. civ., 27 janv. 1880,
Delouis, D. 80,1,164 ; rej. civ., 24 août 1881, *Phily*,
D. 31,1,376.

« Attendu, porte ce dernier arrêt, qu'en matière

« d'expropriation pour cause d'utilité publique, les
« tribunaux doivent se borner à vérifier si toutes les
« formalités prescrites par l'art. 2 et par le tit. 2 de
« la loi du 3 mai 1841 ont été remplies ; —Attendu, en
« fait, que les pièces visées au jugement attaqué cons-
« tatent l'accomplissement de toutes ces formalités ;
« — qu'à la vérité, l'expropriation n'a été prononcée
« qu'après l'expiration du délai imparti à la compa-
« gnie concessionnaire par le décret qui a déclaré l'u-
« tilité publique des travaux à exécuter ; — Mais at-
« tendu que les conditions relatives au délai dans
« lequel l'expropriation devait être accomplie par la
« compagnie substituée aux droits de l'État n'intéres-
« saient que l'État dans ses rapports avec cette compa-
« gnie ; — Que l'inexécution de ces conditions n'infir-
« mait pas la valeur du décret déclaratif de l'utilité
« publique, et, par conséquent, ne pouvait faire obs-
« tacle à ce que ce décret servît de base au jugement
« d'expropriation. »

50. La déclaration d'utilité publique est applicable
aux travaux qu'elle désigne explicitement, et de plus à
ceux qui sont la conséquence immédiate du travail
qu'elle autorise. Elle ne saurait s'étendre à des ouvrages
qui ne sont pas un accessoire et une suite nécessaire
de ce travail. A l'égard de ces derniers, un nouvel acte
déclaratif de l'utilité publique est nécessaire (Cass. civ.,
8 janv. 1873, *Champlagarde*, D. 73,1,9 ; 25 juillet
1877, *Roudières*, D. 77,1,471).

La déclaration d'utilité publique est seulement un
préalable, et n'a d'autre effet que de rendre l'expropriation possible. Elle n'altère pas entre les mains des
propriétaires le droit de disposer de leur propriété (Pa-

ris, 4 mars 1824, *Préfet de la Seine*, Dall. *Rép.*, v° **Ex-propriation**, n. 96).

51. Il est nécessaire de mentionner ici la législa-tion relative aux travaux mixtes, c'est-à-dire aux ouvrages de nature à modifier ou à compromettre le système de défense du pays.

L'ordonnance du 31 mai 1776 porte « qu'il ne sera « fait à l'avenir dans les provinces frontières aucune « construction d'ouvrages, soit par l'administration des « provinces et villes, soit même par les ingénieurs des « ponts et chaussées, soit que ces constructions soient « relatives aux ports marchands, aux routes et canaux, « que les projets n'en aient été communiqués au secré-« taire d'État de la guerre. »

En conséquence, la loi du 19 juillet 1771, art. 6, établit, pour discuter les projets de routes et commu-nications sur les frontières, et les ouvrages à faire dans les ports, une commission mixte, formée de commis-saires des corps des ponts et chaussées et du génie. Mais bientôt, on reconnut que les intérêts civils n'é-taient pas suffisamment garantis par l'appréciation des ingénieurs et des officiers du génie, particulièrement disposés à s'inquiéter de ce qu'exige la défense du pays.

Plusieurs actes ont successivement réorganisé la commission mixte des travaux publics (V. Décrets des 20 juin 1810, 28 décembre 1828, 15 juillet 1841 ; loi 7 avril 1851 ; Décrets des 16 août 1853, 15 mars 1862, 3 mars 1874 et 8 sept. 1878).

52. La commission mixte est composée ainsi qu'il suit :

Quatre conseillers d'Etat, dont un président de la

commission ; deux inspecteurs généraux du génie militaire ; un inspecteur général de l'artillerie ; deux inspecteurs généraux des autres armes ; deux inspecteurs généraux des ponts et chaussées ; un officier général de la marine ; un inspecteur général, membre du conseil des travaux maritimes. Le président et les membres sont nommés par le Président de la République (Loi 7 avril 1851, art. 5).

La commission est nécessairement consultée sur les travaux qui doivent être exécutés dans la zone frontière, et aussi dans le rayon des places fortes. La zone frontière est délimitée par un règlement d'administration publique (aujourd'hui le décret du 8 sept. 1878), et peut être réduite par simple décret (Loi 7 avril 1851, art, 1, 3 et 4). Le rayon des places fortes est, au point de vue des travaux mixtes, le rayon le plus étendu des servitudes militaires (Décret 16 août 1853); il comprend même, dans la zone frontière, un myriamètre autour des places et postes militaires (Décret 3 mars 1874).

53. Les travaux mixtes sont énumérés par l'art. 3 du décret du 8 septembre 1878, dont voici les termes :

« § 1er. — *Dans toute l'étendue de la zone frontière.*

« 1° Les travaux concernant : Les routes nationales
« et départementales; les chemins de fer de toute
« nature ; les cours d'eau navigables ou flottables, ainsi
« que les canaux de navigation, avec leurs chemins de
« halage et de contre-halage ; les ponts à établir sur

« ces cours d'eau pour le service des voies de commu-
« nication de toute espèce, lorsqu'ils ont plus de six
« mètres d'ouverture entre culées ; les ports militaires
« et de commerce, les havres, les rades et les mouil-
« lages ; les phares, les fanaux et les amers; les écluses
« de navigation et de chasse et les autres ouvrages
« analogues d'intérêt public, tels que digues, bàtar-
« deaux, épis, enrochements, ponts tournants ou
« autres, quais, bassins, jetées, brise-lames, etc.; les
« dessèchements des lacs, étangs et marais, quand ils
« sont exécutés, concédés ou autorisés par le gouver-
« nement;

« 2° Les défrichements des forêts et des bois appar-
« tenant à l'Etat, aux communes ou aux établissements
« publics ;

« 3° Dans les enceintes fortifiées, les alignements
« et le tracé des rues ou des chemins qui servent de
« communications directes entre les places publiques,
« les établissements militaires et les remparts ;

« 4° Dans toutes les villes fortifiées et autres, les
« alignements et le tracé des rues, des chemins, des
« carrefours et des places qui bordent les établisse-
« ments de la guerre ou de la marine, ou qui sont con-
« sacrés par le temps et l'usage aux exercices et aux
« rassemblements des troupes, le tracé des rues ou des
« chemins qui servent de communications directes
« entre les gares des chemins de fer et les établisse-
« ments militaires;

« 5° Les passages des portes d'eau et des portes de
« terre, dans la traversée des fortifications des places
« de guerre et des postes militaires ;

« 6° Les modifications à apporter, dans un inté-

« rêt civil, aux arsenaux, aux casernes, aux maga-
« sins et aux autres établissements militaires ;

« 7° Les travaux de fortifications ou de bâtiments
« militaires dont l'exécution apporterait des change-
« ments aux routes, aux chemins, aux canaux et autres
« ouvrages d'intérêt civil ou maritime compris dans
« le présent article ;

« 8° Les questions relatives à la jouissance, à la po-
« lice ou à la conservation des ouvrages ayant à la
« fois une destination civile et une destination mili-
« taire ;

« Les affaires d'un caractère purement administratif
« qui sont les accessoires d'affaires principales du res-
« sort de la commission, telles que les remises mu-
« tuelles de jouissance de terrains et la répartition
« entre les services intéressés de l'exécution des tra-
« vaux mixtes et des dépenses de ces travaux.

« § 2. *Dans les territoires réservés de la zone frontière.*

« Outre les affaires ci-dessus énumérées, celles qui
« concernent : 1° Les travaux des chemins vicinaux de
« toutes classes, des chemins ruraux et ceux des
« chemins forestiers, tant dans les bois et dans les
« forêts de l'État que dans ceux des communes ou
« des établissements publics ; 2° le défrichement des
« bois des particuliers, mais seulement dans les ter-
« ritoires spéciaux délimités par les décrets des 31 juil-
« let 1861 et 3 mars 1874.

« § 3. *Dans le rayon des enceintes fortifiées.*

« Outre les affaires énumérées aux paragraphes 1 et
« 2, celles qui concernent : 1° Les travaux des canaux
« et rigoles d'alimentation, d'irrigation et de dessè-
« chement, avec leurs francs-bords ; 2° les travaux
« des marais salants et de leurs dépendances, lors-
« qu'ils doivent faire l'objet d'une concession ou d'une
« autorisation préalable du gouvernement ; 3° les
« concessions des lais et relais de la mer, celles des
« dunes, des lagunes et celles des accrues, atterrisse-
« ments et alluvions dépendant du domaine de l'État,
« mais seulement au point de vue des conditions à im-
« poser ou des réserves à faire dans l'intérêt de la
« défense du territoire ; 4° les concessions d'enro-
« chements ou d'endiguements à la mer ou sur le
« rivage ; 5° les concessions et les règlements d'eau de
« moulins et autres usines, toutes les fois que les mo-
« difications qui peuvent en être la suite, à l'égard du
« régime des eaux, sont de nature à exercer une in-
« fluence sur les inondations défensives. »

L'art. 8 du décret du 16 mars 1853 apporte à ces
règles une dérogation consacrée par le décret de
1878.

« Sont exceptés des prescriptions de l'article qui pré-
« cède : Les travaux d'entretien ou de réparation,
« c'est-à-dire ayant uniquement pour objet de conser-
« ver un ouvrage ou de le remettre dans l'état où
« il était précédemment, sans modification à cet
« état. »

D'un autre côté, l'art. 6 du décret du 8 sept. 1878

permet aux directeurs du génie de prononcer l'ex-
onération des chemins vicinaux, ruraux et forestiers.

« Pour accélérer l'expédition des affaires concer-
« nant les chemins vicinaux, les chemins ruraux et les
« chemins forestiers, le préfet du département ou le
« conservateur des forêts peut faire dresser, toutes les
« fois qu'il le juge convenable, avant même qu'il ait
« été procédé aux études de détail, une carte d'en-
« semble du tracé de ceux de ces chemins dont l'ou-
« verture ou l'amélioration est projetée et ne pourrait
« être exécutée sans l'assentiment du service militaire.
« Cette carte est transmise, avec une note explicative,
« s'il y a lieu, au directeur du génie, lequel, après avoir
« pris l'avis des chefs du génie compétents, est auto-
« risé à donner immédiatement, et sans autres forma-
« lités, son adhésion à tous ceux de ces tracés qui lui
« paraissent sans inconvénient pour son service. Les
« chemins ainsi exonérés peuvent être immédiatement
« entrepris et librement entretenus dans les condi-
« tions spécifiées à l'article 8 du décret du 16 août
« 1853. Les autres ne peuvent être exécutés avant
« d'avoir été soumis aux formalités prescrites pour
« l'instruction des affaires mixtes. »

54. Les affaires comportent deux degrés d'instruction, à moins qu'elles ne fassent l'objet d'un projet de
loi ou d'une adhésion directe (Décret 16 août 1853,
art. 11).

Quant au premier degré, l'art. 12 du même décret
indique les chefs de service, chefs du génie, comman-
dants et sous-directeurs de l'artillerie, ingénieurs ordinaires des ponts et chaussées, officiers de marine,

sous-inspecteurs et gardes généraux des forêts, qui doivent tenir à ce sujet des conférences et y entendre les intéressés (V. encore art. 13 à 15 ; et décret du 8 sept. 1878, art. 4).

55. Vient ensuite l'instruction au second degré, qui résulte de l'examen et de l'échange d'observations des directeurs de l'artillerie, des fortifications, majors généraux de la marine dans les ports militaires, ingénieurs en chef des ponts et chaussées, directeurs des travaux hydrauliques et des bâtiments civils de la marine, inspecteurs des forêts et directeurs des domaines. Il est procédé exceptionnellement à une conférence, si l'un d'eux la réclame (Décret du 16 août 1853, art. 13).

S'il y a entente entre les chefs de service, et que les travaux ne soient ni signalés par une autorité supérieure comme nuisibles, ni à faire sur un terrain affecté au service dont l'adhésion est nécessaire, chaque chef de service peut adhérer à l'exécution (art. 18).

S'il n'y a pas entente entre les chefs de service, l'affaire est renvoyée après avis du comité des fortifications et autres conseils spéciaux et est terminée s'il y a accord entre eux. Sinon, la commission mixte est appelée à donner son avis. Enfin, il est statué par le ministre duquel dépend le service qui a présenté le projet lorsque les ministres intéressés sont d'accord, et, dans le cas contraire, par le chef de l'État (art. 18 à 21).

L'instruction aux deux degrés peut, dans certains cas, être remplacée par une instruction sommaire (V. Décret 8 septembre 1878, art. 5).

TITRE III

MARCHÉS OU ENTREPRISES

56. Il existe plusieurs modes d'exécution des travaux publics : le travail à la journée ; la régie, soit simple, soit intéressée ; l'entreprise ; enfin la concession.

Nous parlerons d'abord du mode le plus fréquemment usité, c'est-à-dire de l'entreprise (V. *infrà*, n. 58 à 601); puis de la régie et du travail à la journée (V. *infrà*, n. 602-606). Enfin nous nous occuperons des concessions (V. *infrà*, n. 607 à 857).

57. L'entrepreneur est celui qui se charge d'exécuter un ouvrage dans l'une ou l'autre des prévisions de l'art. 1787, C. civ., ainsi conçu : « Lorsqu'on charge « quelqu'un de faire un ouvrage, on peut convenir qu'il « fournira seulement son travail ou son industrie, ou « bien qu'il fournira aussi la matière. »

En droit civil, on discute la question de savoir si le contrat ayant pour objet, tout à la fois, un travail et une fourniture de matériaux, est un pur louage, ou comprend tout à la fois un louage et une vente ; nous nous sommes prononcé dans ce dernier sens (*Législation des bâtiments*, t. 1, n, 36).

Cette distinction n'est pas admise en droit administratif ; le contrat, dans son ensemble, est considéré comme un marché de travaux publics.

CHAPITRE Ier

FORMATION DES MARCHÉS

58. Au point de vue de leurs conditions constitutives, les marchés de travaux publics se divisent en trois espèces : la marché à forfait, le marché sur série de prix, et le marché à l'unité de mesure.

59. Le marché *à forfait* est ainsi défini et réglé par l'art. 1793, C. civ. : « Lorsqu'un architecte ou un « entrepreneur s'est chargé de la construction à for- « fait d'un bâtiment, d'après un plan arrêté et convenu « avec le propriétaire du sol, il ne peut demander « aucune augmentation de prix, ni sous le prétexte de « l'augmentation de la main-d'œuvre ou des maté- « riaux, ni sous celui de changements ou d'augmen- « tations faits sur ce plan, si les changements ou aug- « mentations n'ont pas été autorisés par écrit, et le prix « convenu avec le propriétaire. »

Ce contrat est usité en droit civil (V. *Législation des bâtiments*, t. 1, n. 3 et suivants). C'est que les particu- liers, dont les ressources sont généralement limitées, tiennent avant tout à être fixés sur la dépense des con- structions qu'ils entreprennent.

Au contraire, l'Etat met au-dessus de la question de dépense la nécessité de rester maître de son œuvre et de la modifier jusqu'au dernier moment, suivant les exigences de l'intérêt public.

Les communes, les départements et les établisse- ments publics se placent généralement au même point de vue, bien que d'une manière moins ab- solue.

60. Quoi qu'il en soit, le marché à forfait, lorsqu'il se produit en matière de travaux publics, reste soumis à l'observation de la règle posée par l'art. 1793 (31 août 1837, *Département des Deux-Sèvres*, 451 ; 6 jan- vier 1853, *Com. de Brigneul*, 19; V. pour le cas de tra- vaux imprévus, *infrà*, n. 264).

61. Dans le marché *sur série de prix*, on établit simplement à l'avance les prix de chaque nature d'ouvrage. L'administration en fait exécuter la quantité dont elle a besoin. Et, seulement après les travaux terminés, on en fixe le métré pour conuaître la somme due.

Ce genre de marché est employé pour les entreprises qui donnent lieu à la confection de travaux de terrassement ou de maçonnerie, dans des conditions peu variables, surtout lorsque les quantités ne peuvent être évaluées d'avance. Il a été adopté pour le service du génie. Il est usité pour les travaux d'établissement des lignes ferrées et les travaux en rivière exécutés par les ponts et chaussées.

Mais l'incertitude qui subsiste au sujet de la dépense totale et des bénéfices peut avoir, pour l'administration comme pour l'entrepreneur, les conséquences les plus contraires aux prévisions formées.

62. Le marché à *l'unité de mesure* a pour but de parer à cet inconvénient. A côté de la série des prix, il indique la quantité des ouvrages à exécuter, sauf une certaine latitude abandonnée à l'administration. Par là, les deux contractants sont fixés sur l'importance approximative de leurs obligations.

Ce marché est employé pour les travaux neufs des ponts et chaussées.

63. Sous le rapport de la forme, les marchés peuvent être passés, soit par adjudication, soit de gré à gré.

Bien avant 1789, on avait senti que la concurrence et la publicité sont, en général, les meilleurs moyens de garantir l'intérêt des finances de l'État et la bonne exécution des travaux. Plusieurs actes du pouvoir royal en avaient introduit le principe, notamment, dans le service des ponts et chaussées (V. arrêt du conseil du 10 septembre 1602, relatif aux réparations du pont de Nevers ; règlement du 13 janvier 1605 sur les fonctions du grand voyer et de ses lieutenants ; déclaration du roi des 21 février 1608, 13 février 1688 et 7 juin 1808 ; Vignon, *Etudes sur l'histoire des voies publiques en France ;* Christophle, t. 1, n. 147 ; Aucoc, t. 2, n. 631).

L'arrêté du Directoire du 19 ventôse an xi (10 mars 1803) a déterminé les formes de l'adjudication des travaux des ponts et chaussées, de la navigation et des ports maritimes (V. Duvergier, *Collection des lois*, 1829, p. 181).

64. La loi de finances du 31 janvier 1833 porte, art. 12 : « Une ordonnance royale réglera les forma-« lités à suivre à l'avenir dans tous les marchés passés « au nom du gouvernement ».

Cette ordonnance a été rendue le 4 décembre 1836. Son art. 1er est ainsi conçu : « Tous les marchés au nom « de l'Etat seront faits avec concurrence et publicité, « sauf les exceptions mentionnées en l'article sui-« vant. »

Cet article est à peu près textuellement reproduit par les art. 45 de l'ordonnance du 31 mai 1838, et 69 du décret du 31 mai 1862, sur la comptabilité publique (V. *infrà*, n. 66).

65. Nous reviendrons tout à l'heure sur les exceptions au principe. Le principe est l'adjudication, et l'on doit tout d'abord se demander quelle est la valeur d'un marché de gré à gré passé par le ministre dans un des cas où l'adjudication est prescrite par l'ordonnance de 1836.

Dans une première opinion, le marché est entaché d'une nullité d'ordre public, opposable par l'entrepreneur comme par l'Etat. Car l'ordonnance de 1836 exige formellement une adjudication. Cette ordonnance est obligatoire au même titre que la loi en vertu de laquelle elle a été rendue. Les formalités qu'elle impose n'ont pas uniquement pour but de protéger les intérêts du trésor, mais aussi de permettre l'accès des adjudications à tous ceux qui remplissent les conditions voulues. Il n'y a donc pas lieu d'appliquer l'art. 1125, aux termes duquel la nullité peut être invoquée seulement par l'incapable, et non par la personne qui a contracté avec lui. Il faut s'en tenir aux art. 1131, portant que : « l'obligation sans cause, ou sur une fausse cause, ou « sur une cause illicite, ne peut avoir aucun effet » ; et 1133, ajoutant : « La cause est illicite, quand elle est « prohibée par la loi, quand elle est contraire aux « bonnes mœurs ou à l'ordre public » (27 février 1845, *Giraud*, 80 ; Christophle, t. 1, n. 151 et suiv.).

Dans un second système, on répond : L'ordonnance de 1836 a eu pour but principal de défendre les intérêts de l'Etat. Si l'accès des adjudications doit être permis à tous ceux qui remplissent les conditions exigées, il n'en est ainsi que lorsqu'il y a adjudication. En dehors de ce cas, il n'est pas possible de supposer que l'ordonnance ait voulu conférer à un particulier le droit de peser sur les résolutions de l'administration et de jeter le désordre dans les services publics. En réalité, l'Etat est bien un incapable, et il ne peut donc y avoir ici qu'une nullité relative, établie exclusivement au profit de l'État (4 juillet 1873, *Lefort*, 612 ;

Aucoc, t. 2, n. 640; Périer, *Marchés de fournitures*, n. 31).

· « Considérant, porte l'arrêt du 4 juillet 1873, que
« la demande du sieur Lefort devant le conseil privé
« (de l'île de la Réunion), constitué en conseil du con-
« tentieux administratif, avait pour objet : 1º de faire
« annuler le marché de gré à gré passé entre le directeur
« de l'intérieur de la Réunion et le sieur Lahuppe pour
« l'impression du journal et du Bulletin officiel de la
« colonie, ainsi que pour la fourniture de tous les ou-
« vrages de typographie et de réglure nécessaires aux
« divers services de la colonie ; 2º de faire ordonner
« la mise en adjudication de ladite fourniture ; que
« cette demande était fondée sur ce que, en violation
« des dispositions des règlements susvisés, ledit mar-
« ché n'aurait pas été passé avec concurrence et publi-
« cité ;

« Mais considérant que les dispositions des règle-
« ments précités qui exigent que tous les marchés, sauf
« dans les cas d'exception spécialement déterminés,
« soient mis en adjudication, ont pour objet d'établir
« des garanties dans l'intérêt, soit de l'Etat, soit de la
« colonie ; que, dès lors, l'inobservation de ces dispo-
« sitions, dont se plaint le sieur Lefort, ne saurait
« ouvrir à son profit un recours par le voie conten-
« tieuse. »

Antérieurement à l'ordonnance de 1836, le Conseil
d'Etat avait décidé que l'adjudication n'était pas exigée
à peine de nullité, puisqu'elle n'était pas prescrite
par la loi (3 juin 1831, *Saint-Brix*, 223 ; 28 février
1834, *Méjean*, 147). Le Conseil d'Etat est revenu à
cette manière de voir par un récent arrêt (18 mai 1877,

Dalloz, 480). Dans l'espèce, il s'agissait de savoir si le traité, passé de gré à gré par le ministre de l'intérieur, pour l'impression du Bulletin des communes, était obligatoire pour l'État. L'arrêt se prononce pour l'affirmative. « Considérant que les dispositions géné-
« rales de l'ordonnance du 23 juillet 1823 et les dis-
« positions spéciales du décret du 27 décembre 1871,
« aux termes desquelles l'Imprimerie nationale est
« chargée des travaux d'impression qu'exige le ser-
« vice des divers ministères et spécialement de l'im-
« pression du Bulletin des communes, ne sont pas
« d'ordre public, mais constituent seulement des
« règles d'ordre intérieur et d'administration, dont
« l'inobservation ne peut être invoquée par l'Etat,
« vis-à-vis du tiers qui a contracté avec lui, comme
« une cause de nullité du contrat ; qu'il en est de même
« des dispositions réglementaires qui portent que,
« sauf dans certains cas d'exception déterminés, les
« marchés passés au nom de l'État doivent être faits
« avec publicité et concurrence ; qu'ainsi, le fait par le
« ministre, sous l'autorité duquel est placé le service
« du Bulletin des communes, d'avoir recours, pour
« assurer ce service, à un marché de gré à gré, passé
« avec un particulier, ne saurait constituer une nullité
« du contrat opposable au sieur Paul Dalloz, qui a
« traité avec le représentant de l'État. »

En effet, l'ordonnance de 1836 ne parle pas de nullité. L'art. 12 de la loi du 31 janvier 1833, dont nous avons rapporté le premier paragraphe, contient un second paragraphe ainsi conçu : « Il sera fourni chaque
« année aux deux Chambres un état sommaire de
« tous les marchés de cinquante mille francs et au-

« dessus, passés dans le courant de l'année échue. Les
« marchés inférieurs à cette somme, mais qui s'élève-
« raient ensemble pour des marchés de même nature
« à cinquante mille francs et au-dessus, seront portés
« sur ledit état. » L'observation de l'art. 11 a donc
pour sanction, d'après la loi elle-même, la responsabilité ministérielle. Il est permis de douter que l'ordonnance en ait ajouté une autre. Evidemment, on s'expo-
serait à désorganiser les services publics en admettant
ici la nullité absolue. Mais, évidemment aussi, il est
contraire à l'équité d'opposer à l'entrepreneur une
nullité relative. Il faut, de plus, se demander s'il est
conforme aux véritables intérêts de l'Etat d'admettre
entre lui et l'entrepreneur une inégalité de situation
peu justifiée. Nous ne le croyons pas et nous estimons,
en conséquence, que le marché n'est pas nul.

66. Ainsi que nous l'avons dit plus haut, le principe
de l'adjudication reçoit exception en certains cas. Ces
cas ont été déterminés par l'ordonnance du 4 décembre
1836, dont la disposition a été reproduite par l'ordonnance du 31 mai 1838, et par l'art. 69 du décret du
31 mai 1862, sur la comptabilité publique.

L'art. 68 a posé le principe : « Tous les marchés au
« nom de l'Etat sont faits avec concurrence et publi-
« cité, sauf les exceptions mentionnées en l'article
« suivant : »

L'art. 69 fait connaître les exceptions, qui se rapportent plus à la matière des fournitures qu'à celle des
marchés. Il n'en est pas moins nécessaire de rapporter
intégralement ce texte :

« Il peut être traité de gré à gré :

« 1° Pour les fournitures, transports et travaux, dont

« la dépense totale n'excède pas dix mille francs, ou,
« s'il s'agit d'un marché passé pour plusieurs années,
« dont la dépense annuelle n'excède pas trois mille
« francs ;

« 2° Pour toute espèce de fournitures, de transports
« ou de travaux, lorsque les circonstances exigent
« que les opérations du gouvernement soient tenues
« secrètes. Ces marchés doivent préalablement avoir
« été autorisés par le Président de la République sur
« un rapport spécial ;

« 3° Pour les objets dont la fabrication est exclusi-
« vement attribuée à des porteurs de brevet d'invention
« ou d'importation ;

« 4° Pour les objets qui n'auraient qu'un possesseur
« unique ;

« 5° Pour les ouvrages et les objets d'art et de pré-
« cision dont l'exécution ne peut être confiée qu'à des
« artistes éprouvés ;

« 6° Pour les exploitations, fabrications et fourni-
« tures qui ne sont faites qu'à titre d'essai ;

« 7° Pour les matières et denrées qui, à raison de leur
« nature particulière et de la spécialité de l'emploi au-
« quel elles sont destinées, sont achetées et choisies
« aux lieux de production, ou livrées sans intermé-
« diaire par les producteurs eux-mêmes ;

« 8° Pour les fournitures, transports ou travaux
« qui n'ont été l'objet d'aucune offre aux adjudications,
« ou à l'égard desquels il n'a été proposé que des prix
« inacceptables ; toutefois, lorsque l'administration a
« cru devoir arrêter et faire connaître un maximum
« de prix, elle ne doit pas dépasser ce maximum ;

« 9° Pour les fournitures, transports et travaux qui,

« dans le cas d'urgence évidente, amenée par des
« circonstances imprévues, ne peuvent pas subir les
« délais des adjudications ;

« 10° Pour les affrètements passés au cours des
« places par l'intermédiaire des courtiers et pour les
« assurances sur les chargements qui s'ensuivent ;

« 11° Pour les achats de tabac ou de salpêtre indi-
« gène, dont le mode est réglé par une législation spé-
« ciale ;

« 12° Pour le transport des fonds du trésor. »

Enfin, aux termes de l'art. 3 de l'ordonnance de
1836, « les adjudications relatives à des fournitures, à
« des travaux, à des exploitations et fabrications qui
« ne pourraient être sans inconvénients livrées à une
« concurrence illimitée, pourront être soumises à des
« restrictions qui n'admettront à concourir que des
« personnes préalablement reconnues capables par
« l'administration et produisant les titres justificatifs
« exigés par le cahier des charges. »

67. Parlons maintenant des formes dans lesquelles
peuvent être passés les marchés. Nous nous occuperons des marchés de gré à gré d'abord, et, ensuite,
des adjudications.

« Les marchés de gré à gré sont, quant à la forme,
« abandonnés aux règles du droit commun.

« Ils auront lieu :

« 1° Soit sur un engagement souscrit à la suite d'un
« cahier des charges ; 2° soit sur soumission souscrite
« par celui qui propose de traiter ; 3° soit sur corres-
« pondance, suivant les usages du commerce.

« Il pourra y être suppléé par des achats faits sur
« simple facture, pour les objets qui devront être livrés

« immédiatement, et dont la valeur n'excédera pas
« cinq cents francs » (Ordonnance du 4 décembre
« 1836, art. 12).

Quant aux personnes qui peuvent représenter l'Etat,
le même article porte : « Les marchés de gré à gré
« seront passés par nos ministres ou par les fonction-
« naires qu'ils auront délégués à cet effet....

« Les marchés de gré à gré passés par les délégués
« d'un ministre, et les achats qu'ils auront faits, se-
« ront subordonnés à son approbation, à moins, soit
« de nécessité résultant de force majeure, soit d'une
« autorisation spéciale ou dérivant des règlements :
« circonstances qui devront être relatées dans lesdits
« marchés ou dans les décisions approbatives des
« achats » (V. sur les conséquences légales de l'approbation ou du refus d'approbation, *infrà*, n. 97 et suiv.).

68. Aux termes de l'art. 1er du cahier des clauses
et conditions générales des ponts et chaussées, « tous
« les marchés relatifs à l'exécution des travaux dépen-
« dant de l'administration des ponts et chaussées,
« qu'ils soient passés dans la forme d'adjudications
« publiques ou qu'ils résultent de conventions faites
« de gré à gré, sont soumis, en tout ce qui leur est
« applicable, aux dispositions suivantes » (suivent
les prescriptions relatives au certificat de capacité, au
cautionnement et aux frais du marché ; V. *infrà*, n. 86,
89, 127).

Il résulte de là que ces prescriptions sont applicables aux marchés de gré à gré, à supposer, bien
entendu, que le cahier des charges ait été accepté
expressément ou implicitement par l'entrepreneur.
Car ce cahier n'est ni une loi, ni un décret rendu en

exécution de la loi, mais seulement un arrêté du ministre des travaux publics.

69. La même observation s'applique à la plupart des marchés, par exemple, à ceux du génie. L'art. 1ᵉʳ des clauses et conditions du génie porte : « Tous les marchés « relatifs à l'exécution des travaux dépendent du service « du génie, qu'ils soient passés sous la forme d'adju- « dication ou qu'ils résultent de conventions faites de « gré à gré, sont soumis, en tout ce qui leur est appli- « cable, et sauf dérogations insérées dans les cahiers « des charges spéciales à chaque entreprise, aux dis- « positions suivantes... »

Parlons maintenant de l'adjudication.

70. L'adjudication peut avoir lieu, soit aux enchères, soit au rabais.

Pour les travaux des ponts et chaussées, elle se fait ordinairement au rabais.

Pour les travaux du génie, elle peut avoir lieu, soit aux enchères, soit au rabais (clauses et conditions gé- nérales du génie, art. 3; V. *infrà*, n. 75).

71. Une première formalité a pour but d'avertir les entrepreneurs qui seraient dans l'intention de se pré- senter à l'adjudication.

« L'avis des adjudications à passer sera publié, sauf « les cas d'urgence, un mois à l'avance, par la voie des « affiches et par tous les moyens ordinaires de publicité.

« Cet avis fera connaître : 1° le lieu où l'on pourra « prendre connaissance du cahier des charges ; 2° les « autorités chargées de procéder à l'adjudication ; 3° le « lieu, le jour et l'heure fixés pour l'adjudication » (Ordonnance 4 décembre 1836, art. 6; V. encore ord. 31 mai 1838, art. 50).

Il est d'usage que les adjudications les plus importantes soient annoncées dans les journaux, particulièrement dans le *Journal officiel*.

72. Devant quel fonctionnaire a lieu l'adjudication?

Pour les travaux des ponts et chaussées, « les paquets seront reçus cachetés par le préfet, le conseil de préfecture assemblé, en présence de l'ingénieur en chef » (Ord. 10 mai 1829, art. 11). « Dans certaines
« circonstances, et lorsqu'il ne s'agira que de travaux
« d'entretien ou de réparations ordinaires, ou de tra-
« vaux neufs dont la dépense n'excédera pas quinze
« mille francs, le préfet pourra déléguer au sous-pré-
« fet la faculté de passer l'adjudication au chef-lieu de
« la sous-préfecture. Le sous-préfet suivra les formes
« et les dispositions ci-dessus indiquées : il sera as-
« sisté du maire du chef-lieu de la sous-préfecture, de
« deux membres du conseil d'arrondissement et d'un
« ingénieur ordinaire » (art. 19).

Pour les travaux du génie, « la séance d'adjudica-
« tion est présidée par le maire, assisté du chef du
« génie et d'un fonctionnaire de l'intendance mili-
« taire » (clauses et conditions du génie, art. 4 ; V. *in-fra*, n. 85).

Parlons maintenant des soumissions.

73. Les soumissions sont verbales ou écrites.

Les soumissions sont ordinairement verbales, lorsque l'adjudication se fait aux enchères (V. cep. *infra*, n. 75, l'art. 3 des clauses et conditions générales du génie).

Dans les autres cas, elles sont écrites. L'art. 7 de l'ord. du 4 décembre 1836 porte à ce sujet : « Les
« soumissions devront toujours être remises cachetées

« en audience publique. Lorsqu'un maximum de ra-
« bais aura été arrêté d'avance par le ministre ou le
« fonctionnaire qu'il aura délégué, ce maximum devra
« être déposé cacheté sur le bureau, à l'ouverture de
« la séance. »

Dans le service des ponts et chaussées, « toute sou-
« mission qui ne sera pas exactement conforme au mo-
« dèle adopté sera nulle et non avenue » (Ord. 10 mai
1829, art. 16).

Un arrêt a appliqué ici l'art. 24 de la loi du 13 brumaire an VII, qui fait défense aux administrations publiques de rendre aucun arrêté sur un acte non écrit
sur papier timbré du timbre prescrit ou non visé
pour timbre. Il a déclaré la soumission nulle (4 février
1876, *Boyer*, 100). En principe, il y a seulement lieu
à application de l'amende.

74. Une circulaire du ministre des travaux publics,
du 30 septembre 1878, permet l'envoi des soumissions
par lettre chargée. Il est utile de connaître les termes
de cette circulaire :

« Monsieur le Préfet, les règles édictées par les
« ordonnances des 10 mai 1829 et 4 décembre 1836,
« pour les adjudications publiques, ont été inspirées
« par la préoccupation d'assurer la sincérité absolue
« du concours et surtout de mettre l'administration à
« l'abri de tout soupçon de faveur ou de partialité.
« La pratique en a, en général, confirmé la sagesse ;
« mais, en ce qui concerne le dépôt des soumissions,
« elle a révélé un inconvénient sur lequel mon attention
« a été appelée.

« D'après l'ordonnance de 1829, les paquets conte-
« nant les soumissions et les certificats de capacité

« sont reçus cachetés par le Préfet, le conseil de pré-
« fecture assemblé, en présence de l'ingénieur en
« chef. Ils sont immédiatement rangés sur le bureau
« et reçoivent un numéro dans l'ordre de leur présen-
« tation. L'ordonnance de 1836 dit, à son tour, que
« les *soumissions doivent toujours être remises cachetées*
« *en séance publique*, et le règlement général sur la
« comptabilité publique du 31 mars 1862 reproduit
« textuellement cette disposition.

« Tout se passe ainsi au grand jour, en présence
« des intéressés; mais on fait remarquer qu'il peut
« arriver et qu'il arrive, en effet, qu'ainsi rassemblés
« à la préfecture, à la même heure, les concurrents en
« profitent pour s'entendre aux dépens de l'Etat. Ils
« présentent leurs dispositions réciproques, et quel-
« quefois se coalisent pour écarter la concurrence.
« Quelques entrepreneurs fréquentent même les adju-
« dications sans aucun désir d'y prendre part, et uni-
« quement avec l'intention de se faire acheter leur
« abstention.

« L'article 412 du Code pénal punit, il est vrai, d'un
« emprisonnement de 15 jours à 3 mois, et d'une
« amende de 100 à 5,000 fr. ceux qui auraient troublé
« la liberté des enchères ou soumissions, et ceux qui,
« par dons ou promesses, auraient écarté les entrepre-
« neurs. L'ordonnance du 4 décembre 1836 contient
« de son côté une clause de surenchère analogue à
« celle des ventes judiciaires d'immeubles, qui permet
« à l'administration de recevoir, pendant un délai d'au
« plus 30 jours, des offres et rabais sur le prix d'adju-
« dication ; d'autre part, enfin, l'adjudication ne de-
« vient définitive, dans la plupart des cas, qu'après

« l'approbation ministérielle. Mais ces diverses pré-
« cautions restent le plus souvent impuissantes, et l'on
« peut craindre que le règlement adopté pour le dépôt
« des soumissions ne facilite l'entente entre les entre-
« preneurs...

« J'ai décidé, en conséquence, Monsieur le Préfet,
« qu'il y aura lieu, à l'avenir, d'insérer, dans les
« affiches annonçant l'adjudication, à la suite de l'ar-
« ticle relatant les conditions du dépôt des paquets,
« telles que les prescrivent les ordonnances de 1829 et
« 1836, la disposition suivante :

« Les concurrents pourront toutefois faire parvenir
« leurs soumissions, avec les pièces exigées par l'art.
« 10 de l'ordonnance du 10 mai 1829, par lettre
« chargée, au Préfet, avant le jour de l'adjudication.
« Cette lettre chargée devra porter extérieurement
« une mention indiquant la nature du contenu et aver-
« tissant qu'elle ne doit pas être ouverte avant l'adju-
« dication. Les lettres chargées ainsi parvenues au
« Préfet seront déposées par lui sur le bureau, après
« la remise des paquets des autres concurrents en
« séance publique.

« Dans les départements où il est d'usage de recueil-
« lir les paquets dans une boîte, il conviendra de
« stipuler, en outre, dans les affiches, d'une part, que
« l'emploi de ce moyen demeure facultatif et ne fait
« pas obstacle à ce que les entrepreneurs qui n'en
« auraient pas profité soient admis à remettre leurs
« soumissions entre les mains du Préfet, en séance
« publique et jusqu'au dernier moment, et, d'autre
« part, que, dans ce cas, la boîte, déposée sur le bureau
« au commencement de la séance, ne devra être ou-

« verte qu'après la remise des soumissions en séance
« publique. »

75. L'art. 3 des clauses et conditions générales du
génie règle ainsi la forme des soumissions :

« Chaque candidat doit préparer, pour le jour de
« l'adjudication, deux plis cachetés et numérotés, por-
« tant son nom sur l'enveloppe.

« Le pli n° 1 contient les différentes pièces mention-
« nées à l'article qui précède.

« Le pli n° 2 renferme seulement la soumission,
« laquelle doit être faite sur papier timbré, à peine
« d'encourir l'amende prononcée par la loi.

« Dans cette soumission qui doit être conforme au
« modèle annexé sous le n° 2, le candidat, après avoir
« déclaré connaître parfaitement le présent cahier des
« clauses et conditions générales, le cahier des charges
« spéciales à l'entreprise, ainsi que les prix portés
« au bordereau, stipule un rabais ou une surenchère
« unique sur l'ensemble de ces prix, et non sur cha-
« cun d'eux en particulier, non plus que sur plusieurs
« d'entre eux réunis.

« Ce rabais ou cette surenchère s'exprime par unités
« ou demi-unités pour cent ; d'abord en toutes lettres,
« puis en chiffres, entre parenthèses.

« Si une fraction autre qu'une demi-unité se trouvait
« dans une soumission, on la ramènerait à l'unité ou
« à la demi-unité par l'addition, dans le cas de la
« surenchère, et par la soustraction, en cas de rabais,
« d'une quantité moindre qu'une demi-unité. »

76. Les soumissions doivent être accompagnées de
certaines pièces.

« Les cahiers des charges détermineront la nature

« et l'importance des garanties que les fournisseurs ou
« entrepreneurs auront à produire, soit pour être
« admis aux adjudications, soit pour répondre de
« l'exécution de leurs engagements. Ils détermineront
« aussi l'action que l'administration exercera sur ces
« garanties, en cas d'inexécution de ces engagements »
(Ord. 1836, art. 5).

77. L'art. 2 des clauses et conditions générales des
ponts et chaussées porte à ce sujet :

« Nul n'est admis à concourir aux adjudications,
« s'il ne justifie qu'il a les qualités requises pour
« garantir la bonne exécution des travaux. A cet effet,
« chaque concurrent est tenu de fournir un certificat
« constatant sa capacité et de présenter un acte régulier
« de cautionnement ou au moins un engagement en
« bonne et due forme de fournir le cautionnement :
« l'engagement doit être réalisé dans les huit jours de
« l'adjudication. »

L'art. 3 ajoute : « Les certificats de capacité sont
« délivrés par des hommes de l'art. Ils ne doivent pas
« avoir plus de trois ans de date au moment de l'adju-
« dication. Il y est fait mention de la manière dont les
« soumissionnaires ont rempli leurs engagements, soit
« envers l'administration, soit envers les tiers, soit
« envers les ouvriers, dans les travaux qu'ils ont
« entrepris, surveillés ou suivis. Ces travaux doivent
« avoir été faits dans les dix dernières années.

« Les certificats de capacité sont présentés, huit
« jours au moins avant l'adjudication, à l'ingénieur en
« chef, qui doit les viser à titre de communication.

« Il n'est pas exigé de certificat de capacité pour la
« fourniture des matériaux destinés à l'entretien des

« routes en empierrement, ni pour les travaux de
« terrassement dont l'estimation ne s'élève pas à plus
« de 20,000 fr. »

Ajoutons que la soumission est placée sous un second
cachet (Ord. 1829, art. 10).

78. Pour les travaux du génie, le cahier des charges
est plus exigeant.

« Nul n'est admis à y concourir : ·

« 1° S'il ne produit un acte de naissance, ou tout
« autre acte authentique, constatant qu'il est Français ;
« ou si, étant étranger, mais légalement domicilié en
« France, il n'est pourvu d'une autorisation spé-
« ciale délivrée par le ministre de la guerre ;

« 2° S'il ne justifie de sa moralité par un certificat
« du maire de la commune où il est domicilié ;

« 3° S'il ne présente une caution personnelle,
« pourvue d'un semblable certificat et produisant, de
« plus, un acte sur papier timbré, par lequel elle s'en-
« gage solidairement avec le soumissionnaire. Les
« noms, domicile et qualité de la caution doivent être
« indiqués au chef du génie en même temps que lui est
« demandée l'autorisation de concourir dont il sera
« question ci-après :

« 4° S'il ne justifie, au moyen d'un certificat éma-
« nant du tribunal de commerce auquel ressort la
« commune dans laquelle il est domicilié, qu'il n'a
« jamais été déclaré en faillite, ou qu'il a, du moins,
« obtenu sa réhabilitation. Cette même justification
« est exigée de la caution ;

« 5° Si, dans le cas où un dépôt de garantie est
« exigé par le cahier des charges spéciales, il ne justi-
« fie, par un récépissé de versement, que ce dépôt a

6

« été effectué par lui, conformément aux instructions
« en vigueur sur les cautionnements ;

« 6° Enfin, s'il n'a obtenu du chef du génie une
« autorisation de concourir. En vue d'obtenir cette
« autorisation, les candidats doivent présenter au chef
« du génie, cinq jours au moins avant l'adjudication,
« un certificat de capacité délivré par un homme de
« l'art, dans les trois années qui auront précédé l'adju-
« dication, et constatant de quelle manière le soumis-
« sionnaire a rempli ses engagements, soit envers l'ad-
« ministration, soit envers les ouvriers, dans les tra-
« vaux qu'il a exécutés, surveillés ou suivis. Ce certi-
« ficat n'est point exigible dans le cas d'une fourni-
« ture.

« Les femmes, les septuagénaires, les interdits, les
« majeurs pourvus d'un conseil judiciaire, ainsi que
« les mineurs, ne sont point autorisés à concourir aux
« adjudications, non plus qu'à servir de caution »
(Clauses et conditions du génie, art. 2).

79. En ce qui concerne les adjudications restreintes
des bâtiments civils et des palais nationaux, un arrêté
du ministre des travaux publics, du 9 avril 1878, porte
ce qui suit :

« Le ministre des travaux publics, vu le para-
« graphe 2 de l'article 39 du règlement de comptabi-
« lité du 18 décembre 1867 contenant les dispositions
« suivantes : Les adjudications publiques relatives à
« des fournitures, à des travaux, à des exploitations ou
« fabrications qui ne peuvent être livrées sans in-
« convénient à une concurrence illimitée sont sou-
« mises à des restrictions qui n'admettent à concourir
« que des personnes reconnues capables par l'admi-

« nistration et produisant les garanties exigées par les
« cahiers des charges ; considérant qu'il est de l'inté-
« rêt commun et des entrepreneurs que le choix des
« concurrents à admettre aux adjudications restreintes
« définies ci-dessus soit entouré de toutes les garan-
« ties désirables ;

« Arrête :

« Art. 1er. Il est institué une commission chargée
« d'examiner l'honorabilité, la solvabilité et la capa-
« cité des entrepreneurs qui se présenteront pour
« prendre part aux adjudications restreintes du ser-
« vice des bâtiments civils et des palais nationaux.

« Art. 2. Cette commission est composée : du se-
« crétaire général du ministère des travaux publics,
« président ; du directeur des bâtiments civils et des
« palais nationaux, vice-président ; d'un délégué du
« tribunal de commerce ; d'un délégué de la Banque
« de France ; d'un délégué de la préfecture de police ;
« d'un délégué de la préfecture de la Seine ; d'un
« inspecteur général des ponts et chaussées ou d'un
« ingénieur en chef ; d'un inspecteur général ou d'un
« architecte des bâtiments civils et des palais natio-
« naux. Les deux contrôleurs principaux attachés à la
« direction des bâtiments civils et palais nationaux
« rempliront les fonctions de secrétaires de cette com-
« mission, avec voix consultative.

« Art. 3. Cette commission dressera, dans la
« deuxième quinzaine des mois de mars, juin, sep-
« tembre et décembre, la liste des entrepreneurs admis
« à prendre part aux adjudications pendant le tri-
« mestre suivant. Les entrepreneurs qui désireront

« être admis seront tenus d'en faire la demande dans
« la première quinzaine des mois ci-dessus indiqués,
« en joignant à leur demande les certificats exigés par
« l'article 3 du cahier des charges générales. Les en-
« trepreneurs seront informés de la décision inter-
« venue sur leur demande ; ceux dont le concours
« n'aura pas été accepté pourront retirer immédiate-
« ment leurs certificats.

« Art. 4. Les dispositions du cahier des charges
« générales qui pourraient être contraires au présent
« arrêté, seront considérées comme de nul effet. »

80. Voici maintenant comment se termine l'adjudication dans le service des ponts et chaussées :

« Les paquets seront reçus cachetés par le préfet, le
« conseil de préfecture assemblé, en présence de l'in-
« génieur en chef. Ils seront immédiatement rangés
« sur le bureau et recevront un numéro dans l'ordre
« de leur présentation » (Ord. 1829, art. 11).

« A l'instant fixé pour l'ouverture des paquets, le
« premier cachet sera rompu publiquement, et il sera
« dressé un état des pièces contenues sous ce premier
« cachet. L'état dressé, les concurrents se retireront
« de la salle de l'adjudication, et le préfet, après avoir
« consulté les membres du conseil de préfecture et
« l'ingénieur en chef, arrêtera la liste des concurrents
« agréés » (art. 12).

« Immédiatement après, la séance redeviendra pu-
« blique : le préfet annoncera sa décision. Les sou-
« missions seront alors ouvertes publiquement, et le
« soumissionnaire qui aura fait l'offre d'exécuter les
« travaux aux conditions les plus avantageuses sera
« déclaré adjudicataire » (art. 13).

81. Des incidents peuvent survenir..

« Néanmoins, si les prix de la soumission excédaient
« ceux du projet annoncé, le préfet sursoirait à l'ad-
« judication ; il en rendrait compte au directeur géné-
« ral des ponts et chaussées (au ministre des travaux
« publics), qui lui transmettrait des instructions con-
« formes aux circonstances » (art. 14).

« Enfin, « dans le cas où plusieurs soumissionnaires
« auraient offert le même prix, et où ce prix serait
« le plus bas de ceux portés dans les soumissions, il
« sera procédé, séance tenante, à une réadjudication,
« soit sur de nouvelles soumissions, soit à extinction,
« entre les soumissionnaires seulement » (Ord., 4 déc.
1836, art. 8).

Aux termes d'une circulaire du ministre des travaux
publics, du 31 juillet 1877, si la réadjudication,
comme l'adjudication, donne lieu à plusieurs soumissions offrant le même rabais maximum, l'adjudicataire
doit être désigné par le tirage au sort. M. Aucoc re-
grette que cette disposition n'ait pas été édictée par
décret du chef de l'Etat (t. 2, n. 635). On pourrait, en
effet, soutenir que le cas est déjà prévu et réglé autrement par l'art. 8 que nous venons de citer. Cependant,
si la réadjudication amène indéfiniment plusieurs soumissions offrant un rabais maximum, on ne voit pas
d'autre moyen d'arriver à un résultat. L'art. 8 de
l'ordonnance de 1836 ne prescrit, d'ailleurs, qu'une
réadjudication.

82. « Les résultats de chaque adjudication seront
« constatés par un procès-verbal relatant toutes les
« circonstances de l'opération » (Ord., 4 déc. 1836,
art. 9).

83. « Les adjudications et réadjudications seront
« toujours subordonnées à l'approbation du ministre
« compétent, et ne seront valables et définitives qu'a-
« près cette approbation, sauf les exceptions spéciale-
« ment autorisées et rappelées dans le cahier des
« charges » (Même ordonnance, art. 11).

Par exception, « les préfets statueront sur.... les
« divers objets dont suit la nomenclature.... 1° appro-
« bation des adjudications autorisées par le ministre
« pour travaux imputables sur les fonds du trésor ou
« des départements, dans tous les cas où les soumis-
« sions ne renferment aucune clause extracondition-
« nelle et où il n'aurait été présenté aucune réclama-
« tion ou protestation ; 2° approbation des prix supplé-
« mentaires pour des parties d'ouvrages non prévues
« au devis, dans le cas où il ne doit résulter de ces
« ouvrages aucune augmentation dans la dépense »
(Décret du 13 avril 1861, art. 2, 1° et 2°).

84. L'ordonnance de 1836 a laissé de côté, à raison
des résultats peu satisfaisants qu'elle avait produits, la
règle de l'arrêté du 19 ventôse an XI, exigeant que
l'adjudication définitive fût précédée d'une adjudication préparatoire.

Toutefois, son art. 10 porte : « Il pourra être fixé,
« par le cahier des charges, un délai pour recevoir des
« offres de rabais sur le prix de l'adjudication. Si,
« pendant ce délai, qui ne devra pas dépasser trente
« jours, il est fait une ou plusieurs offres de rabais
« d'au moins dix pour cent chacune, il sera procédé à
« une réadjudication entre le premier adjudicataire et
« l'auteur ou les auteurs des offres de rabais, pourvu
« que ces derniers aient, préalablement à leurs offres,

« satisfait aux conditions imposées par le cahier des
« charges pour pouvoir se présenter aux adjudications. »

85. L'ordonnance de 1836 est générale et, par conséquent, applicable à tous les services.

Pour celui du génie, elle est complétée par l'art. 4
des clauses et conditions générales : « La séance d'ad-
« judication est présidée par le maire, assisté du chef
« du génie et d'un fonctionnaire de l'intendance
« militaire.

« A l'ouverture de la séance sont déposés sur le
« bureau : Le cahier des clauses et conditions géné-
« rales des marchés du service du génie ;

« Le cahier des charges spéciales de l'entreprise ;

« Le bordereau des prix ;

« L'instruction spéciale sur les cautionnements à
« fournir par les entrepreneurs des travaux du service
« du génie ;

« La liste des candidats autorisés à concourir par le
« chef du génie, en exécution du paragraphe 6 de
« l'art. 2 ;

« Enfin, lorsqu'il y a lieu, dans un pli cacheté, une
« expédition ou une copie certifiée de la décision mi-
« nistérielle qui fixe la limite que, dans l'intérêt du
« Trésor, les offres des soumissionnaires ne doivent
« pas dépasser pour être acceptables ;

« A l'appel de son nom sur la liste mentionnée ci-
« dessus, chaque candidat remet immédiatement au
« maire les deux plis cachetés indiqués à l'article pré-
« cédent, et déclare, de vive voix, avoir pris une par-
« faite connaissance du cahier des clauses et conditions
« générales, du bordereau des prix ci-dessus, et des
« autres conditions du marché.

« Les pièces contenues sous chacun des plis numé-
« rotés font d'abord l'objet d'une vérification de la
« part des fonctionnaires qui tiennent la séance.

« Est exclu du concours tout candidat qui, avant le
« commencement du dépouillement, n'a pas déposé
« les deux plis exigés, ou dont les pièces renfermées
« sous le pli numéroté 1 ne sont pas jugées régulières ;
« dans ce dernier cas, toutes les pièces qui concernent
« le candidat lui sont rendues immédiatement, y
« compris le pli 2, non décacheté.

« Les soumissions des candidats qui ont été main-
« tenus sont ensuite ouvertes et lues à haute voix ;
« celles qui ne contiennent pas les indications du mo-
« dèle mentionné à l'article 3, ou dans lesquelles se
« trouvent soit des offres partielles, soit des conditions
« contraires, en totalité ou en partie, au cahier des
« clauses et conditions générales ou à celui des charges
« spéciales, sont considérées comme nulles et non ave-
« nues et leurs signataires sont rayés du nombre des
« concurrents. S'il n'a pas été fixé de limite aux rabais
« ou aux surenchères, celui des concurrents qui a fait
« l'offre la plus avantageuse est déclaré adjudicataire ;
« si une limite existe, l'adjudication n'est prononcée
« qu'autant que l'offre y satisfait.

« Quand plusieurs concurrents se trouvent dans le
« cas d'avoir fait, à la fois, l'offre la plus avantageuse,
« il est procédé, séance tenante, entre ces concurrents,
« à une nouvelle adjudication, par voie de soumissions
« cachetées.

« Si ces concurrents se refusent à faire de nouvelles
« offres, ou si les nouvelles offres ne diffèrent pas en-
« core entre elles, le sort en décide.

« Si le ministre a fixé une limite de rabais ou de
« surenchère, le candidat qui a fait l'offre la plus avan-
« tageuse dans les limites fixées est déclaré adjudica-
« taire. Si aucune des offres ne rentre dans ces limites,
« lesquelles doivent rester ignorées des soumissionnai-
« res, il peut être procédé, séance tenante, à une nou-
« velle adjudication entre les concurrents, par voie de
« soumissions cachetées.

« Toute difficulté survenant pendant l'adjudication
« est examinée immédiatement, et vidée, à la majorité
« des voix, par les fonctionnaires qui tiennent la
« séance.

« Enfin, l'adjudicataire et sa caution sont dans
« l'obligation de signer, séance tenante, la minute du
« procès-verbal d'adjudication, l'exemplaire du cahier
« des clauses et conditions générales, le cahier des
« charges spéciales et le bordereau des prix déposés
« sur le bureau, pièces que signent aussi les fonction-
« naires ci-dessus désignés. Toutefois, la commission
« reste juge des empêchements qui pourraient se pro-
« duire à cet égard, et fixe les délais dans lesquels les
« formalités devront être remplies. »

86. Il nous faut maintenant entrer dans le détail
des formalités qui viennent d'être indiquées.

Parlons d'abord du certificat de capacité.

Dans le service des ponts et chaussées, l'exigence de
ce certificat a dû être supprimée pour la fourniture de
matériaux destinés à l'entretien des routes et pour les
travaux de terrassement des ponts et chaussées dont
l'évaluation ne dépasse pas 20,000 fr.; la simplicité du
travail et la facilité de la vérification la rendaient inutile.

L'ingénieur ou l'architecte n'est pas tenu de délivrer le certificat qui lui est demandé. Il ne peut être contraint ni à donner une attestation favorable qui répugnerait à sa conscience, ni à fournir une appréciation préjudiciable qui ne pourrait qu'engager sa responsabilité. En ce sens, un arrêt du Conseil d'État, rendu sur le recours pour excès de pouvoir formé contre le refus de certificat émanant d'un maire, décide « que le « refus dont il s'agit ne constitue qu'un acte purement « administratif, fait par ce fonctionnaire dans la limite « de ses pouvoirs » (19 août 1835, *Culhat-Chassis*, 521).

Il n'en serait autrement que si des circonstances particulières pouvaient donner à un tel refus le caractère d'un dol ou d'une faute lourde (V. Alger, 7 juillet 1874, B..., D.76. 2, 218).

Ce n'est également que dans des circonstances exceptionnelles que l'entrepreneur pourrait exercer une action en responsabilité à raison des énonciations préjudiciables contenues dans le certificat (V. 29 novembre 1878, *Letestu*, 956).

L'ingénieur en chef « ne peut refuser le visa qui lui « est demandé ; mais la connaissance qu'il acquiert « ainsi, avant l'adjudication, des noms des entrepre- « neurs, lui permet de prendre, sur chacun d'eux, les « renseignements à l'aide desquels il pourra lui-même « éclairer le bureau chargé de prononcer sur l'admis- « sion des concurrents » (Circ. du ministre des travaux publics du 21 novembre 1866).

Le visa n'est pas, au surplus, une formalité essentielle, dont l'absence puisse entraîner la nullité de l'adjudication (9 janvier 1868, *Servat*, 12).

L'appréciation du certificat, c'est-à-dire de l'aptitude

du soumissionnaire, appartient au pouvoir discrétionnaire de l'administration (25 novembre 1829, *Accolas*,
441 ; 9 janvier 1843, *Chovelon*, 13).

87. On peut soutenir que la production du certificat
est une des formalités substantielles dont la violation
rend l'adjudication annulable. La doctrine contraire a
été admise par le Conseil d'Etat (29 novembre 1866,
Gris, 1085). Mais l'importance du certificat est reconnue par l'arrêt postérieur du 9 janvier 1868 (*Servat*,
12), admettant, comme équivalent du visa, la déclaration
verbale faite par l'ingénieur en chef, qu'il était prêt à
attester personnellement la capacité de l'entrepreneur
(V. les conclusions du commissaire du gouvernement
dans cette affaire ; Châtignier et Barry, p. 27 ; v, *infrà*,
n. 103 et suiv.).

88. Les observations qui viennent d'être présentées
au sujet du certificat de capacité sont généralement applicables aux travaux du génie.

On a vu que le certificat n'y est pas exigé à l'égard
des fournitures (Clauses et conditions générales, art. 2 ;
V. *supra*, n, 78).

Il semble bien que le certificat ne soit pas absolument nécessaire, puisqu'il n'est indiqué que comme
condition exigée pour obtenir l'autorisation de concourir du chef du génie, et que cette autorisation est un
acte du pouvoir discrétionnaire.

Sous ce rapport, les exigences des clauses et conditions générales s'expliquent notamment par cette considération : que les travaux du génie ont pour objet
la défense nationale et ne peuvent donc être confiés
qu'à des entrepreneurs offrant des garanties toutes
particulières.

89. L'entrepreneur doit à l'État une garantie de l'exécution des travaux.

L'ordonnance de 1829, relative aux travaux des ponts et chaussées, exigeait un cautionnement, ou au moins une promesse de cautionnement (art. 10), cautionnement mobilier ou immobilier, à la volonté du soumissionnaire, et n'excédant pas le trentième de l'adjudication (art. 20).

Les règles relatives au cautionnement ont été, dans l'intérêt de l'État, modifiées par les art. 2 et 4 du cahier des charges de 1866, conformément à l'art. 5 de l'ordonnance de 1836 (V. suprà, n. 76).

Nous avons déjà rapporté le texte de l'art. 2 (V. suprà, n. 77). L'art. 4 est ainsi conçu :

« Le cahier des charges détermine, dans chaque cas « particulier, la nature et le montant du cautionnement « que l'entrepreneur doit fournir.

« S'il ne stipule rien à cet égard, le cautionnement « est fait soit en numéraire, soit en inscriptions de « rente sur l'État, et le montant en est fixé au tren- « tième de l'estimation des travaux, déduction faite de « toutes les sommes portées à valoir pour dépenses « imprévues et ouvrages en régie et pour indemnités « de terrain.

« Le cautionnement reste affecté à la garantie des « engagements contractés par l'adjudicataire jusqu'à « la liquidation des travaux. Toutefois, le ministre « peut, dans le cours de l'entreprise, autoriser la res- « titution de tout ou partie du cautionnement. »

90. Le cautionnement garantit « la bonne exécution « des travaux (Clauses et conditions générales, art. 2). « Il reste affecté à la garantie des engagements con-

« tractés par l'adjudicataire jusqu'à la liquidation défi-
« nitive des travaux » (art. 4), et nullement jusqu'à
l'expiration de la responsabilité décennale. Aussi
est-ce à bon droit que cet art. 4 « n'a jamais été inter-
« prété et appliqué en vue de la responsabilité à
« laquelle sont soumis les entrepreneurs de construc-
« tions par l'art. 1792, C. civ. » (2 décembre 1858,
Belond, 693 ; Pau, 5 avril 1865, *Soubirous*, D.65, 2, 175;
V. sur la responsabilité décennale, *infrà*, n. 500 et
suiv.).

91. Le cautionnement n'est pas frappé par le privilège des ouvriers et fournisseurs de l'entrepreneur. Il
n'est exigé que dans l'intérêt de l'administration (Req.,
31 juillet 1849, *Debrousses*, D.49, 1, 197 ; V. sur le
privilège, *infrà*, n. 445 et suiv., n. 454).

On verra bientôt qu'il en est autrement pour les travaux du génie (V. *infrà*, n. 95).

92. Le cautionnement en numéraire est déposé à la
caisse des dépôts et consignations ou à celle d'un tréso-
rier général, qui en doit l'intérêt à trois pour cent par
an, à partir du soixante-unième jour du versement (Loi
28 nivôse an XIII, art. 2).

Si le cautionnement est en rentes, la valeur en est
calculée au pair et les arrérages touchés pour le compte
de l'entrepreneur. Il n'est pas nécessaire que les rentes
soient au porteur ou transférées; le dépôt du titre
donne satisfaction au cahier des charges (28 janvier
1836, *Séguin*, 49). Des obligations trentenaires ne sauraient, régulièrement, être déposées à la place des
rentes qu'il exige ; mais il a été jugé que le retard
apporté à la réalisation complète d'un cautionnement
par la nécessité de remplacer par des rentes quelques

obligations trentenaires fournies pour le compléter, ne fait pas obstacle au cours du délai d'un an, après lequel l'ajournement de travaux adjugés donne à l'entrepreneur le droit de réclamer une indemnité (13 juin 1873, *Min. trav. pub. c. Compoinville*, 551). La rente peut être vendue pour assurer l'exécution des engagements de l'entrepreneur.

Le cautionnement immobilier résulte d'une hypothèque qui peut être consentie devant notaire, ou plus simplement par acte passé entre l'entrepreneur et le préfet, hypothèque soumise à l'inscription et aux règles ordinaires des hypothèques.

Le cautionnement peut encore consister dans un engagement personnel pris par un tiers. Mais « il appar-« tient à l'administration d'apprécier si les engage-« ments, produits par les soumissionnaires, peuvent « être admis, par application de l'art. 2 des clauses et « conditions générales, pour tenir lieu d'un acte régu-« lier de cautionnement » (12 janvier 1877, *Guernet*, 57).

Notons ici que la jurisprudence refuse aux cautions de l'entrepreneur toute qualité, soit « pour venir de-mander l'annulation ou la réformation des actes qui dérivent du marché » (14 juillet 1830, *Jouvenel*, 367), « soit pour réclamer la résiliation de l'entreprise, soit pour en critiquer le compte » (15 mars 1849, *Rouvillois*, 152; V. *infrà*, n. 410).

93. Ainsi qu'on l'a dit plus haut, le cautionnement ne garantit l'exécution des obligations de l'entrepreneur que jusqu'à la réception définitive (V. *suprà*, n. 90). Par conséquent, du jour de cette réception, le cautionnement n'a plus d'objet.

Il en est de même, nous l'avons vu, lorsque le ministre autorise cette restitution au cours de l'entreprise (Clauses et conditions générales des ponts et chaussées, art. 4; *suprà*, n. 88).

Aux termes du décret du 25 mars 1852, art. 4, tableau D, 12°, il appartient au préfet de statuer sur les matières suivantes :

« Autorisation de la mainlevée des hypothèques
« prises sur les biens des adjudicataires ou de leurs
« cautions, et du remboursement des cautionnements
« après la réception définitive des travaux. »

S'il s'agit d'une hypothèque, la radiation en est requise du conservateur, sur le vu d'un arrêté du préfet.

Si le cautionnement a été fait en rente ou en numéraire, les formalités du retrait sont réglées par les art. 15 et suivants de l'ordonnance du 3 juillet 1816 (V. pour l'influence du retrait du cautionnement sur la recevabilité des réclamations, 14 janvier 1839, *Hémery*, 48; 16 mars 1870, *Sogno*, 302; V. aussi *infrà*, n. 419).

94. Pour les travaux du génie, nous savons que l'art. 2 exige une *caution personnelle* qui s'engage solidairement avec le soumissionnaire (V. *suprà*, n. 78). L'art. 7 règle, de plus, ce qui a trait au *cautionnement matériel* :

« Lorsqu'un cautionnement matériel est exigé par
« le cahier des charges, l'entrepreneur et sa caution
« sont soumis, en ce qui les concerne, aux disposi-
« tions des instructions spéciales sur la matière. »

« Pendant la durée de l'entreprise, le ministre peut,
« sur un rapport du chef du génie appuyé par le di-
« recteur, autoriser la restitution de tout ou partie du

« cautionnement dans le cas où, par suite d'une dimi-
« nution dans l'importance des travaux ou de leur état
« d'avancement, cette restitution serait jugée sans
« inconvénient.

« Le cautionnement, tel qu'il se trouve constitué
« au moment du règlement général et définitif des
« travaux, reste affecté pendant un an à la garantie des
« engagements contractés par l'entrepreneur, tant
« envers l'administration qu'envers les ouvriers, sous-
« traitants et fournisseurs, dans l'ordre des privilèges
« reconnus par la loi. »

Les instructions spéciales dont il s'agit ici ont été
arrêtées de concert par les ministres de la guerre et
des finances, le 17 octobre 1872. Elles règlent tout ce
qui a trait à la réalisation et au retrait du cautionnement. Il en résulte de plus, à la différence de ce qui
se passe dans le service des ponts et chaussées, que le
cautionnement ne peut consister en rentes au porteur.
Si le cautionnement est immobilier, l'hypothèque est
établie par acte passé devant un notaire, celui du ministère de la guerre à Paris et, dans les départements,
celui qui est choisi par l'entrepreneur ou sa caution
(Barry, *Clauses et conditions du génie*, p. 19).

95. Le privilège des ouvriers et fournisseurs frappe
ici le cautionnement. Cette règle, contraire à celle que
la jurisprudence admet pour les travaux des ponts et
chaussées, a été établie par les décrets des 13 juin et
12 décembre 1806, que rappelle l'art. 7 (V. l'art. 70
des Clauses et conditions générales du génie, *infrà*,
n. 559).

96. L'État a sur les immeubles des entrepreneurs
une hypothèque en vertu de l'art. 3 de la loi du 4 mars

1793, portant ce qui suit : « Quoique les marchés
« soient passés par des actes sous signature privée, la
« nation aura néanmoins hypothèque sur les immeu-
« bles appartenant aux fournisseurs ou à leurs cautions
« à compter du jour où les ministres auront accepté
« leurs marchés » (V. encore loi 28 octobre, 5 novembre 1790).

Aux termes des arrêts de la Cour suprême, il y a là
une hypothèque générale ; non légale, mais conven-
tionnelle tacite ; enfin subordonnée à la nécessité
d'une inscription indiquant le montant de l'adjudication ; hypothèque n'exigeant nullement la confection d'un acte notarié (Cass., civ. 12 janvier
1835, *Préfet des Basses-Pyrénées c. de Gayrosse*, S. 35,
1, 11 ; 3 mai 1843, *Etat c. Séguin*, D. 43, 1, 267 ;
rej. civ. 9 juin 1847, *Trésor public c. Séguin*, D. 53,
1, 306).

L'administration n'est pas dans l'usage d'invoquer
cette garantie sur laquelle, par conséquent, il serait
superflu d'entrer dans plus de détails.

97. L'approbation ministérielle, nous avons eu
déjà l'occasion de le dire, est une condition nécessaire
de la validité des marchés (V. *suprà*, n. 83).

Les clauses et conditions générales des ponts et
chaussées portent en conséquence : « L'adjudication
« n'est valable qu'après l'approbation de l'autorité
« compétente. L'entrepreneur ne peut prétendre à
« aucune indemnité dans le cas où l'adjudication n'au-
« rait pas été approuvée » (art. 5).

98. L'approbation de l'autorité compétente est,
dans toute la force du terme, un acte administratif,
abandonné complètement à sa libre appréciation. Il

7

lui appartient de la donner ou de la refuser sans devoir
compte de son refus à personne, bien que l'adjudicataire soit lié à partir de l'adjudication.

Ce refus ne saurait donc faire l'objet d'un recours
pour excès de pouvoir devant le Conseil d'Etat (31
août 1830, *Nel*, 399 ; 21 mai 1840, *Gouffier*, 145 ; 17
janvier 1849, *Cosse*, 53 ; 26 juillet 1854, *Malboz*, 704 ;
13 février 1874, *Dussaussoy*, 171) ; et il ne saurait
davantage être question de recours contre la nouvelle
adjudication passée au profit d'un autre entrepreneur
(25 mai 1832, *Colin*, 281).

L'arrêt du 13 février 1874 porte : « Considérant
« que l'adjudication à laquelle il a été procédé par la
« ville de Lille, à la date du 25 janvier 1870, n'avait
« pas seulement pour objet la vente de matériaux ap-
« partenant à la ville, mais que les adjudicataires s'en-
« gageaient, en outre, sous la surveillance et la direction
« de l'administration expressément réservées, à dé-
« molir des îlots bâtis et à déblayer dans un bref délai
« les terrains nécessaires pour la rue de la Gare ; que,
« dans ces circonstances, l'entreprise devait être con-
« sidérée comme ayant le caractère d'une entreprise
« de travaux publics communaux, dont l'adjudication
« n'était susceptible de devenir définitive qu'en vertu
« d'une approbation ultérieure de l'autorité préfecto-
« rale ; que l'arrêté par lequel le préfet du Nord, par
« application de l'art. 10 ci-dessus visé de l'ordon-
« nance du 14 novembre 1837, s'est refusé à approu-
« ver l'adjudication à laquelle il avait été procédé,
« constituait, dès lors, un acte de pure administration
« qui n'était pas de nature à être déféré au Conseil
« d'Etat par la voie contentieuse ; que, d'ailleurs, au

« cas où les réquérants auraient prétendu que les mo-
« difications apportées au cahier des charges de la
« seconde adjudication leur feraient grief, ledit arrêté
« ne faisait pas obstacle à ce qu'ils pussent contester
« devant qui de droit la régularité de cette adjudica-
« tion, s'ils s'y croyaient fondés; qu'il suit de là que le
« recours n'est pas recevable. »

Du moins, il n'appartient pas à l'administration de
substituer à l'adjudicataire un des autres soumissionnaires. Son droit se borne à refuser son approbation à
l'adjudication intervenue, ce qui entraîne nécessité de
procéder à une nouvelle adjudication (26 janvier 1877,
Toinet, 109).

99. On s'était demandé si le refus d'approbation
permettait à l'adjudicataire évincé de réclamer une
indemnité. En ce sens, on disait que les affiches et
publications constituent, de la part de l'administration,
une offre que l'adjudicataire a pu accepter; que l'Etat
est engagé, et que, d'après les termes de l'art. 1142 C.
civ., « toute obligation de faire ou de ne pas faire se
« résout en dommages-intérêts, en cas d'inexécution de
« la part du débiteur » (Dufour, 2e éd., t. 5, n. 637).

Il était facile de répondre : l'offre de l'administration est conditionnelle; l'administration ne s'engage
que sous la réserve de l'approbation ministérielle, et
ce, avec l'adhésion du soumissionnaire; le refus d'approbation est ainsi conforme à son droit et fait tomber
son engagement, qui était subordonné à la réalisation
de la condition ; l'adjudicataire ne peut donc invoquer
la violation d'une obligation qui s'est trouvée mise à
néant. Cette manière de voir est consacrée par l'art. 5
du cahier des charges.

100. Le cahier des charges de 1833 autorisait
l'administration à introduire des changements au projet. L'entrepreneur ne pouvait se retirer que s'il résultait de ces modifications une différence de plus d'un
sixième sur le prix total. Vivement critiquée, cette
clause n'a pas été reproduite par le cahier de 1866. Il
est donc bien entendu que le ministre ne peut que
donner son approbation ou la refuser, sans approuver
le projet en en changeant les conditions.

L'administration conserve cependant la faculté de
modifier le marché dans une certaine mesure (V. *infrà*,
n. 174 et suiv.).

101. Les règles relatives à l'approbation s'appliquent aux travaux du génie : « L'adjudication n'est
« valable qu'après avoir reçu l'approbation du mi-
« nistère de la guerre, laquelle demeure expressément
« réservée. L'adjudicataire ne peut prétendre à au-
« cune indemnité dans le cas où l'adjudication n'est
« pas approuvée (Clauses et cond. du gén., art. 5).

102. L'adjudication peut être attaquée pour irrégularité, soit que les formes nécessaires n'aient pas été
observées, soit que l'adjudicataire ait été dispensé de
l'observation des conditions exigées.

103. On a soutenu que ces conditions et formalités
étaient établies dans l'intérêt général, et qu'il n'appartenait donc pas aux particuliers d'en invoquer la
violation. Cette doctrine semblerait même avoir été
admise, dans son application au certificat de capacité,
par un arrêt du 29 novembre 1866 (*Gris*, 1085), dont
nous avons déjà parlé (V. *suprà*, n. 87).

Elle n'est pas admissible. « Il est certain », a dit
M. le commissaire du gouvernement Aucoc, dans

l'affaire Servat, « qu'il y aurait des avantages consi-
« dérables à placer tous les concurrents qui se pré-
« sentent à une adjudication sur le pied d'une égalité
« complète et à faire de la violation d'une des forma-
« lités quelconques de l'adjudication une cause de
« nullité. Les concurrents sont appelés, par les af-
« fiches, à prendre part à l'adjudication : ils font des
« démarches, des études ; ils préparent des capitaux,
« ils déposent des cautionnements. L'administration
« ne peut pas, après les avoir détournés de leurs af-
« faires en leur annonçant qu'elle suivra certaines
« formes pour les adjudications, violer elle-même ces
« formalités. Le Conseil a plusieurs fois admis qu'il y
« aurait lieu de déclarer nulles des adjudications dans
« lesquelles l'administration aurait dispensé un con-
« current des formes onéreuses qu'elle imposait à
« d'autres, par exemple le dépôt préalable d'un cau-
« tionnement. Cette circonstance peut, en effet, influer
« sur les offres de rabais faites par les concurrents.
« Il serait juste de considérer également comme nulle
« toute adjudication dans laquelle les formes essen-
« tielles auraient été violées, sans avoir à rechercher
« quelle influence aurait pu avoir la violation de ces
« formes » (V. conclusions dans l'affaire *Servat*,
9 janvier 1868, au Recueil des arrêts du Conseil,
p. 12).

Le Conseil déclare, en termes généraux, dans une
affaire où l'adjudicataire n'avait pas régulièrement déposé son cautionnement, « que les requérants sont
« recevables, en tant qu'ils attaquent ladite ordon-
« nance comme approuvant une adjudication irrégu-
« lière » (28 janvier 1836, *Séguin*, 48).

Dans une autre, où il s'agissait d'une adjudication de fournitures, matière régie, comme l'adjudication de travaux publics, par l'ordonnance du 4 décembre 1836, le réclamant prétendait que la soumission n'était pas conforme au cahier des charges. L'arrêt porte « que si, « aux termes de l'art. 11 de l'ordonnance du 4 dé- « cembre 1836, un adjudicataire de fournitures ne « peut obliger le ministre compétent à approuver l'ad- « judication qui aurait été passée à son profit, il n'en « a pas moins qualité pour se pourvoir contre toute « décision ministérielle qui validerait une adjudication, « au profit de son concurrent, en violation du cahier « des charges » (26 juillet 1851, *Martin*, 537).

Un arrêt du 1ᵉʳ mars 1866 admet en principe comme prescrits à peine de nullité de l'adjudication la publi- cité de l'adjudication et de l'ouverture des soumissions, comme aussi la réception des soumissions jusqu'à l'heure indiquée par le cahier des charges : « Considé- « rant que si, lors de l'adjudication qui a eu lieu le « 17 nov. 1864, au ministère de la marine, à Paris, « d'une fourniture de sangsues pour les hôpitaux ma- « ritimes, la boîte destinée à recevoir les soumissions « a été fermée une heure avant le temps fixé par les « conditions du marché, il résulte de l'instruction, « d'une part, que cette mesure avait été prise par « l'administration afin d'éviter toute confusion entre « les soumissions déposées pour la fourniture dont il « s'agit et celles qui devaient l'être le même jour pour « l'adjudication d'une autre fourniture, et, d'autre « part, qu'un agent de l'administration est resté « jusqu'à l'heure indiquée près de ladite boîte afin de « recueillir les soumissions, et que celle du sieur Mar-

« tin a été remise à cet agent sans réclamation ; que
« dans ces circonstances, c'est avec raison que la com-
« mission des marchés a refusé de recevoir, après l'ad-
« judication prononcée, la nouvelle soumission pré-
« sentée par le sieur Martin ; considérant, en outre,
« que si le sieur Martin allègue que l'adjudication n'a
« pas eu lieu publiquement, cette allégation n'est
« accompagnée d'aucune justification, et que notre
« ministre de la marine déclare que l'adjudi-
« cation a eu lieu en séance publique, et que
« l'ouverture des soumissions cachetées a eu lieu en
« présence du public » (1er mars 1866, *Martin*,
200)..

Il est vrai que l'arrêt du 29 nov. 1866 porte, à l'égard
du certificat de capacité : « Considérant qu'ils (les
« requérants) fondent leur pourvoi sur ce que, con-
« trairement aux prescriptions du cahier des charges,
« les entrepreneurs qui ont été déclarés adjudicataires,
« n'auraient pas produit les certificats énoncés à l'art. 3
« du cahier des charges, et auraient dû, par suite,
« être exclus de l'adjudication ; mais, considérant que
« cette clause a été insérée dans le cahier des charges
« dans l'intérêt exclusif de l'administration, qu'elle était
« étrangère aux rapports des soumissionnaires les uns
« avec les autres et ne constituait pas un droit à leur pro-
« fit, mais uniquement une garantie pour l'administra-
« tion ; que, dès lors, les requérants ne sont pas rece-
« vables à se plaindre de ce que les prescriptions qu'elle
« contenait n'auraient pas été observées » (29 novembre 1866, *Gris*, 1085). « Cet arrêt paraît avoir
« décidé que, dans le cas où les formalités dont l'inob-
« servation était relevée étaient établies dans l'intérêt

« exclusif de l'administration sans être de nature à
« exercer une influence sur la situation respective des
« concurrents, le pourvoi n'était pas recevable. Mais
« il n'est pas vraisemblable que telle ait été la pensée
« du conseil. La qualité d'un réclamant devant la
« justice dépend de deux conditions. Il faut avoir un
« intérêt personnel à la décision que l'on demande ;
« il faut que cet intérêt ait le caractère d'un droit ac-
« quis et que l'on invoque une disposition de la lé-
« gislation ou d'un contrat. Si les deux conditions sont
« réunies, le pourvoi est recevable » (Concl. de M. le
com. du gouv. Aucoc, dans l'affaire Servat, 68, p. 12).
Le Conseil d'Etat a adopté cette manière de voir.

L'arrêt du 9 janvier 1868 considère en principe,
comme prescrit à peine de nullité de l'adjudication, le
visa de l'ingénieur en chef sur le certificat de capacité :
« Considérant que le sieur Servat, dont la soumission
« admise par le bureau était la plus avantageuse après
« celle du sieur Dessollier, soutient que l'adjudication
« tranchée en faveur de ce dernier aurait dû être an-
« nulée comme irrégulière, par les motifs que sa sou-
« mission n'était accompagnée ni des certificats de
« capacité revêtus du visa de l'ingénieur en chef,
« ni... ; mais, considérant... que si les certificats pro-
« duits par le sieur Dessolier n'étaient pas revêtus du
« visa de l'ingénieur en chef, il résulte des énoncia-
« tions du procès-verbal de la séance qu'au moment
« où cette omission a été signalée à l'ouverture de la
« séance publique, l'ingénieur en chef a déclaré, non
« seulement qu'il était prêt à délivrer le visa, mais
« encore qu'il pouvait témoigner de la capacité et de
« la solvabilité du sieur Dessolier, qui avait antérieure-

« ment exécuté des travaux sous ses ordres » (9 janvier 1868, *Servat*, 12).

104. De tout ceci, il faut conclure que l'irrégularité de l'adjudication en entraîne certainement la nullité, lorsqu'elle porte sur ses conditions essentielles. Mais, il ne faut pas le perdre de vue, le Conseil d'Etat se réserve le droit d'examiner si l'irrégularité a préjudicié au soumissionnaire qui réclame (Aucoc, t. 2, n. 637 ; Châtignier et Barry, p. 27).

105. Les entraves à la liberté des enchères sont punies par l'art. 412, C. pénal, ainsi conçu :

« Ceux qui, dans les adjudications de la propriété,
« de l'usufruit ou de la location des choses mobilières
« ou immobilières, *d'une entreprise,* d'une exploitation
« ou d'un service quelconque, auront *entravé ou trou-*
« *blé la liberté des enchères* ou des soumissions, par voies
« de fait, violences ou menaces, soit avant, soit pen-
« dant les enchères ou les soumissions, seront punis
« d'un emprisonnement de quinze jours au moins, de
« trois mois au plus, et d'une amende de cent francs
« au moins et de cinq mille francs au plus.

« La même peine aura lieu contre ceux qui, par
« dons ou promesses, auront écarté les enchérisseurs »
(art. 412, Code pénal).

« Ce texte « comprend toutes les espèces d'adjudi-
« cation, quelle que soit la nature des choses mises en
« vente ; non seulement des domaines nationaux, mais
« des biens particuliers ; non seulement des immeubles,
« mais des choses mobilières, des entreprises, des
« services divers qui sont soumissionnés par la voie
« des enchères » (Chauveau et Hélie, *Théorie du Code pénal,* t. 5, n. 2349).

La Cour de cassation l'applique aux marchés des travaux publics (23 nov. 1849, J. Pal. 51, 1, 381).

106. Les marchés des départements suivent les mêmes règles que les marchés de l'Etat. Ainsi que nous avons eu l'occasion de le dire, la personnalité du département est restée longtemps absorbée dans celle de l'Etat, et les travaux des départements ont été considérés comme travaux publics, même à l'époque où ceux des communes et des établissements publics n'avaient pas obtenu cette assimilation (V. *suprà*, n. 16).

« Le préfet, sur l'avis conforme de la commission « départementale, passe les contrats au nom du dé- « partement » (Loi 10 août 1871, art. 54).

107. Quant aux travaux des communes et des établissements publics, l'ordonnance du 14 novembre 1837 reproduit les principales dispositions de l'ordonnance du 4 décembre 1836.

Le principe est posé par l'art. 1er : « Toutes les en- « treprises pour travaux et fournitures au nom des « communes et des établissements de bienfaisance « seront données avec concurrence et publicité, sauf « les exceptions ci-après. » L'art. 2 indique les exceptions : « Il pourra être traité de gré à gré, sauf appro- « bation par le préfet, pour les travaux et fournitures « dont la valeur n'excédera pas trois mille francs. Il « pourra également être traité de gré à gré, à quelque « somme que s'élèvent les travaux et fournitures, mais « avec l'approbation du ministre de l'intérieur : 1º pour « les objets dont la fabrication est exclusivement attri- « buée à des porteurs de brevets d'invention ou d'im- « portation ; 2º pour les objets qui n'auraient qu'un « possesseur unique ; 3º pour les ouvrages et les objets

« d'art et de précision dont l'exécution ne peut
« être confiée qu'à des artistes éprouvés ; 4° pour
« les exportations, fabrications et fournitures qui
« ne seraient faites qu'à titre d'essai ; 5° pour les
« matières et denrées qui, à raison de leur nature
« particulière et de la spécialité de l'emploi auquel
« elles sont destinées, doivent être achetées et choi-
« sies aux lieux de production ou livrées sans inter-
« médiaires par les producteurs eux-mêmes ; 6° pour
« les fournitures et travaux qui n'auraient été l'objet
« d'aucune offre aux adjudications et à l'égard desquels
« il n'aurait été proposé que des prix inacceptables ;
« toutefois, l'administration ne devra pas dépasser le
« maximum arrêté conformément à l'art. 7 ; 7° pour
« les fournitures et travaux qui, dans le cas d'urgence
« absolue et dûment constatée, amenés par des cir-
« constances imprévues, ne pourraient pas subir les
« délais des adjudications » (comparer l'ord. du 4 déc.
« 1836 et le décret de 1862, *suprà*, n. 66 et suiv.).

L'art. 3 reproduit formellement la faculté de restreindre le nombre des soumissionnaires, admise par
l'art. 3 de l'ord. du 4 déc. 1836 (V. *suprà*, n. 66).

108. En ce qui concerne les formalités à suivre,
l'art. 5 de l'ordonnance de 1837 reproduit l'art. 6 de
l'ordonnance de 1836, relatif aux publications (V. *suprà*, n. 71).

L'art. 7 modifie de la manière suivante l'exigence
de l'art. 7 de l'ord. 1836, relative aux soumissions
(V. *suprà*, n. 73) : « Les soumissions devront tou-
« jours être remises cachetées en audience publique.
« Un maximum de prix ou un minimum de rabais,
« arrêté d'avance par l'autorité qui procède à l'adju-

« dication, devra être déposé cacheté sur le bureau à
« l'ouverture de la séance ».

L'art. 9 ajoute : « Dans le cas où plusieurs sou-
« missionnaires auraient offert le même prix, il sera
« procédé, séance tenante, à une adjudication entre
« les soumissionnaires seulement, soit sur de nou-
« velles soumissions, soit à extinction des feux (art. 8).
« Les résultats de chaque adjudication seront constatés
« par un procès-verbal relatant toutes les circons-
« tances de l'opération (comparer les art. 8 et 9 de
« l'ord. 4 déc. 1836, *suprà*, n. 81 et 82).

109. Les garanties à exiger des entrepreneurs sont
indiquées en ces termes : « Les cahiers des charges
« détermineront la nature et l'importance des garan-
« ties que les fournisseurs ou les entrepreneurs auront
« à produire, soit pour être admis aux adjudications,
« soit pour répondre de l'exécution de leurs enga-
« gements ; ils détermineront aussi l'action que
« l'administration exercera sur ces garanties, en cas
« d'inexécution de ces engagements. Il sera toujours
« nécessairement stipulé que tous les ouvrages exécu-
« tés par les entrepreneurs en dehors des autorisations
« régulières demeureront à la charge personnelle de
« ces derniers, sans répétition contre les communes et
« établissements » (art. 4). « Les cautionnements à
« fournir par les adjudicataires seront réalisés à la
« diligence des receveurs des communes et des éta-
« blissements de bienfaisance » (art. 5 ; V. *suprà*,
n. 86, 89 et suiv.).

Les lois relatives à l'hypothèque de l'Etat ne sont pas
applicables aux marchés des communes (**V.** *suprà*,
n. 96).

110. Quant à l'approbation, l'art. 10 porte :
« Les adjudications seront toujours subordonnées à
« l'approbation du préfet, et ne seront valables et
« définitives, à l'égard des communes et établisse-
« ments, qu'après cette approbation » (V. *suprà*,
n° 97 et suiv.)

En ce qui concerne les villes ayant au moins trois
millions de revenus, la loi du 24 juillet 1867, art. 16,
contient une disposition particulière :

« Les traités à passer pour l'exécution, par entre-
« prise, des travaux d'ouverture des nouvelles voies
« publiques et de tous autres travaux communaux
« déclarés d'utilité publique, dans lesdites villes, sont
« approuvés par décrets rendus en Conseil d'Etat.

« Il en est de même des traités portant concession,
« à titre exclusif, pour une durée de plus de trente
« années, des grands services municipaux desdites
« villes, ainsi que des tarifs et traités relatifs aux
« pompes funèbres. »

111. Bien entendu, le cahier des charges des ponts
et chaussées n'est pas de plein droit applicable aux travaux des communes. Il peut être invoqué par les communes et par les entrepreneurs, seulement lorsque les
parties s'y sont référées (17 février 1859, *Ville de
Bayonne*, 137 ; 7 avril 1859, *Ville de Périgueux*, 270).

CHAPITRE II

EFFETS GÉNÉRAUX DES MARCHÉS

112. *Nature du contrat.*
113. Il est commutatif et à titre onéreux.

112. Nous venons de voir comment se forment les marchés.

Avant de passer en revue les diverses obligations qui en résultent, soit à la charge de l'entrepreneur, soit à la charge de l'administration, il est nécessaire de parler des effets généraux du contrat, et de faire connaître les diverses sources des obligations des parties.

113. Si l'on recherche la nature du marché de travaux publics, on y reconnaît tout d'abord un contrat à titre onéreux, conformément à la définition de l'art. 1106, C. civ. : « Le contrat à titre onéreux est

« celui qui assujettit chacune des parties à donner ou à
« faire quelque chose. »

C'est bien à tort qu'on l'a, dans l'occasion, qualifié
de contrat aléatoire, à raison de ce qu'il fait courir à
l'entrepreneur des chances de gain ou de perte souvent considérables. L'art. 1104, C. civ., porte : « Il
« (le contrat) est *commutatif*, lorsque chacune des
« parties s'engage à donner ou à faire une chose qui
« est regardée comme l'équivalent de ce qu'on lui
« donne ou de ce qu'on fait pour elle. Lorsque l'équi-
« valent consiste dans la chance de gain ou de perte
« pour chacune des parties, le contrat est aléatoire. »
Cet article est complété par l'art. 1964 : « Le contrat
« aléatoire est une convention réciproque dont les
« effets, quant aux avantages et aux pertes, soit pour
« toutes les parties, soit pour l'une ou plusieurs
« d'entre elles, dépendent d'un événement incertain.
« Tels sont : le contrat d'assurance; le prêt à la grosse
« aventure; le jeu et le pari; le contrat de rente
« viagère. »

Il est bien évident que la chance de gain ou de perte
offerte à l'entrepreneur n'est pas l'équivalent de ce
qu'il donne et de ce qu'il paie. Cet équivalent consiste
dans un prix. Le marché de travaux publics ne res-
semble d'ailleurs en rien aux contrats énumérés par
l'art. 1964. Il est, par conséquent, commutatif et non
aléatoire.

114. Les rapports réciproques de l'administration
et de l'entrepreneur sont déterminés, dans le silence
de la convention, par les art. 1787 à 1799 du Code
civil, mais dans le silence de la convention seulement.

A proprement parler, la convention, c'est le marché, ou, pour prendre le cas plus fréquent, le procès-verbal d'adjudication ; car l'adjudication est la forme habituellement employée pour la passation des marchés de travaux publics (V. *suprà*, n. 63 et suiv.). Mais le marché, le procès-verbal d'adjudication, du moins, ne contient pas, ordinairement, les stipulations des parties. Il ne constate que leur adhésion aux conditions posées par l'administration dans les pièces qui ont été mises à la disposition de l'entrepreneur et dont il a pris connaissance. Ce sont ces pièces qui prévoient la plupart des difficultés auxquelles pourra donner lieu l'exécution du travail.

115. L'art. 6 des clauses et conditions générales des ponts et chaussées énumère les pièces remises aux entrepreneurs de ce service :

« Aussitôt après l'approbation de l'adjudication, le « préfet délivre à l'entrepreneur, sur son récépissé, « une expédition vérifiée par l'ingénieur en chef et dû- « ment légalisée, du devis, du bordereau des prix et « du détail estimatif, ainsi qu'une copie certifiée du « procès-verbal d'adjudication et un exemplaire im- « primé des présentes clauses et conditions générales.

« Les ingénieurs lui délivrent, en outre, gratuite- « ment, une expédition certifiée des dessins et autres « pièces nécessaires à l'exécution des travaux. »

116. De toutes ces pièces, la plus importante est le devis ou cahier des charges spéciales de l'entreprise. « Le devis est la description détaillée et circonstanciée « de toutes les parties d'un travail à adjuger ; c'est la « base du contrat projeté entre l'administration et l'en- « trepreneur. C'est d'après le texte du devis que l'on

« juge le plus grand nombre des contestations aux-
« quelles peut donner lieu l'exécution du travail »
(Tarbé de Vauxclairs, *Dictionnaire des travaux publics*).

117. Le devis se réfère aux clauses et conditions
générales adoptées par l'administration (V. *infrà*,
n. 126).

118. Pour déterminer la manière dont les travaux
doivent être exécutés, il n'y a pas lieu de se reporter aux
projets, avant-projets et mémoires. Ces pièces ne sont
rédigées que pour l'usage des agents de l'administration. Mais il faut combiner les dispositions du devis
avec celles du procès-verbal d'adjudication qui, souvent, en rectifie les énonciations (10 juin 1839, *Min.
trav. publ. c. Berdoly*, 361).

On ne peut faire prévaloir contre le devis les indications contenues, par exemple, dans le détail estimatif
(10 avril 1867, *Hospices de Vesoul*, 385), ou dans le
bordereau des prix (20 juin 1867, *Godbarge*, 592).

119. Le bordereau des prix est, dans le service des
ponts et chaussées, la pièce capitale depuis la circulaire
du ministre des travaux publics du 10 juillet 1858.

Jusqu'à cette époque, les prix du marché étaient
souvent les prix indiqués dans le détail estimatif.

« Des difficultés », dit la circulaire précitée, « qui
« se sont élevées dans plusieurs départements, au sujet
« du règlement des comptes des travaux exécutés pour
« le service des ponts et chaussées, ont démontré la
« nécessité : 1° de faire porter désormais le rabais
« souscrit, dans les soumissions des entrepreneurs, sur
« l'analyse des prix plutôt que sur les prix du détail
« estimatif, comme on l'a généralement fait jusqu'à
« présent ;

8

« 2° de modifier en conséquence la rédaction de
« l'analyse des prix ;

« 3° d'adopter, en outre, un modèle pour les sou-
« missions des entrepreneurs, en exécution de l'art. 16
« de l'ordonnance de 1829.

« Après avoir examiné la question en conseil géné-
« ral des ponts et chaussées, j'ai reconnu, avec le conseil, qu'il y a lieu de substituer les deux formules
« ci-jointes à l'analyse des prix et au modèle de sou-
« mission aujourd'hui en usage dans le service des
« ponts et chaussées.

« La formule suivie jusqu'à ce jour pour l'analyse
« des prix renferme déjà une colonne pour les prix
« d'application distingués des prix élémentaires ; mais,
« du moment où cette pièce acquiert une importance
« nouvelle, il convient de lui donner une forme de na-
« ture à prévenir toute erreur et tout malentendu. On
« l'a, à cet effet, scindée en deux parties entièrement
« distinctes.

« La première, et la plus importante, désignée sous
« la dénomination de *bordereau des prix*, servira de
« base aux adjudications. Les prix seront énumérés
« sans aucun détail, sans le mélange d'aucun chiffre
« étranger qui puisse former confusion.....

« La seconde partie, sous le simple titre de *renseigne-*
« *ments*, comprend les sous-détails et les calculs au
« moyen desquels les ingénieurs sont arrivés à l'éta-
« blissement des prix. Il est bien évident qu'en géné-
« ral il doit y avoir concordance entre les deux parties;
« mais si, par exception, ce fait ne se réalise pas, la
« formule adoptée avertit clairement les entrepreneurs
« que les prix du bordereau sont seuls applicables. »

Une circulaire du 12 avril 1881 va plus loin : « J'ai
« décidé », y est-il dit, « qu'à l'avenir, les renseigne-
« ments sur la composition des prix ne seraient plus
« compris parmi les pièces remises aux adjudicataires.
« Ils continueront, d'ailleurs, à être fournis à l'ap-
« pui des projets d'exécution, à titre de justification des
« prix du bordereau. »

120. L'état estimatif est « l'état détaillé de l'estima-
« tion des dépenses à faire pour l'exécution d'un tra-
« vail projeté; c'est un compte que se rend d'avance
« l'auteur du projet, afin d'éclairer l'administration
« ou le propriétaire sur l'importance des obligations
« qu'il contractera sous le rapport des dépenses, dans
« le cas où il adopterait le projet » (Tarbé de Vauxclairs,
« *Dict. des trav. pub.*, v° Détail estimatif).

Depuis la circulaire précitée du 10 juillet 1858, l'entrepreneur ne saurait, en principe, invoquer le détail
estimatif à l'appui de ses prétentions. Le Conseil a jugé
« qu'en admettant que les énonciations du détail esti-
« matif ne fussent pas conformes au devis, ces énon-
« ciations ne sauraient prévaloir contre les stipulations
« formelles du devis » (16 décembre 1864, *Nercam*,
1018).

Mais le détail estimatif peut évidemment être invoqué, lorsque le procès-verbal d'adjudication s'y réfère
expressément. Cette règle a été consacrée lorsque le
détail estimatif avait une importance que la circulaire
de 1858 lui a enlevée (24 avril 1856, *Vanni*, 324). Elle
est encore exacte aujourd'hui.

121. Les mêmes observations sont applicables à
l'*avant-métré*, indiquant les quantités d'ouvrages à adjuger. Cette pièce a pour but de faire connaître exacte-

ment à l'administration le travail qui sera l'objet de l'entreprise. Elle ne peut, en général, être invoquée par l'entrepreneur ni contre lui.

Au contraire, l'avant-métré devient un des éléments du contrat et peut être invoqué par l'une et l'autre partie, lorsqu'il est dit au cahier des charges que les proportions de l'avant-métré serviront de base au décompte (23 janvier 1868, *Giordano*, 80; 13 février 1868, *Avril et Isouard*, 162; v. encore 26 décembre 1868, *Artigue*, 1091).

Il faut ajouter avec MM. Châtignier et Barry, que ces pièces « jouent un rôle important dans l'application « des art. 30, 31, 32 et 33, lorsqu'il s'agit de décider « si les travaux ont été augmentés ou diminués de « plus du sixième; si les changements ordonnés ont « eu pour résultat de modifier de plus d'un tiers l'im- « portance de certaines natures d'ouvrages; enfin, si « la dépense des travaux restant à exécuter se trouve « augmentée d'un sixième par suite de la variation du « prix survenue au cours de l'entreprise » (Commentaire des clauses et conditions générales des ponts et chaussées, sur l'art. 6).

122. Les dessins et autres pièces nécessaires à l'exécution des travaux, tels que plans et profils, ne sont pas des titres pour les parties, si le cahier des charges ne s'y réfère formellement (19 décembre 1873, *Min. trav. publ. c. Clément*, 943).

S'il s'y réfère, l'entrepreneur a, de toute évidence, le droit et le devoir de les suivre.

123. A l'égard de ces pièces comme de toutes autres, disons encore que celles-là seules sont obligatoires, dont l'entrepreneur a donné récépissé conformément à l'art. 6 du cahier des charges (10 décembre 1875, *Joret*, 1002). Mais une erreur matérielle dans la copie du cahier des charges ne saurait modifier les observations connues et acceptées par lui (7 juillet 1876, *Legrand*, 661).

« Considérant, porte cet arrêt, qu'il résulte de l'art.
« 17 du cahier des charges annexé au procès-verbal
« d'amodiation de la carrière dite de la Petite-Folliée,
« que le sieur Legrand, entrepreneur de travaux pu-
« blics, s'est engagé à exécuter au-devant de la mairie
« de la commune de Nauton et successivement pendant
« huit années, à partir de 1865, 80 mètres carrés de
« pavage; que le sieur Legrand allègue, il est vrai,
« qu'une partie de ces obligations n'est pas reproduite
« dans la copie du cahier des charges à lui délivrée
« après l'adjudication par le maire de Nauton; mais
« qu'une erreur matérielle commise dans une copie ne
« saurait modifier les obligations connues et accep-
« tées par l'entrepreneur, et qu'il n'est pas contesté
« que le sieur Legrand ait eu connaissance, au moment
« de l'adjudication, des dispositions du cahier des
« charges originel, tel qu'il est produit au dossier. »

124. Nous avons essayé de formuler, d'une ma-nière générale, les règles qui doivent présider à la combinaison et à l'interprétation des pièces indiquées par l'art. 6. Ces règles ne doivent pas être entendues dans un sens trop absolu. En définitive, c'est l'inten-tion des parties qu'il faut rechercher, et les circonstances peuvent, suivant les cas, assigner à telle ou telle pièce une influence qu'elle n'a pas ordinairement.

125. Dans le service du génie, la nature spéciale des travaux a conduit à ne communiquer aux adjudicataires que les pièces et renseignements strictement nécessaires. Le cahier des clauses et conditions générales porte :

Art. 11 : « Le cahier des charges fait connaître :

« 1° Le montant du dépôt de garantie et du caution-« nement, dans le cas où il est exigé ; dans le cas con-« traire, mention est faite de cette dispense ;

« 2° Le montant des fonds que l'entrepreneur et sa « caution doivent mettre au service de l'entreprise, à « titre de fonds de roulement, indépendamment des « dépenses d'installation prévues par les art. 25 et « 26, et des avances ou retenues stipulées à l'article « 64 ;

« 3° La limite supérieure des paiements à effectuer « sur feuilles de dépense, pendant chaque exercice ;

« 4° Le montant approximatif des frais d'adjudica-« tion et d'impression prévus par les deux premiers « paragraphes de l'art. 6 ci-dessus. »

Art. 12. « Ce même cahier des charges fait égale-« ment connaître le montant des diverses natures « d'ouvrages exécutés pendant les trois dernières « années qui ont précédé l'adjudication en ce qui con-« cerne les travaux d'amélioration ou d'entretien.

« Cette indication n'ouvre, d'ailleurs, à l'entrepre-« neur aucun droit à indemnité, pour le cas où les « fonds alloués chaque année, à ce titre, pendant son « marché, seraient supérieurs ou inférieurs à la « moyenne des sommes ainsi obtenues.

« Sauf autorisation exceptionnelle du Ministre, les « candidats ne peuvent prétendre à la communication « d'aucun document, notamment en ce qui concerne « les sous-détails qui ont servi à l'établissement des

« prix du bordereau, l'évaluation des travaux à faire,
« ou les plans et croquis y relatifs. »

126. Le cahier des charges est, comme nous l'avons vu, la loi des parties (V. *suprà*, n. 117). Les principales administrations se sont attachées à rédiger, en profitant des leçons de l'expérience, un cahier des charges modèle, auquel se réfère celui de chaque adjudication, à part les modifications nécessitées par l'entreprise spéciale à laquelle il se rapporte.

Les clauses et conditions générales des ponts et chaussées ont été fixées une première fois en 1811, une seconde en 1833. A cette époque, on ne s'était pas assez préoccupé de cette vérité, aujourd'hui incontestée pour l'administration comme pour les entrepreneurs, qu'un marché de travaux publics est un contrat. On n'avait pas encore bien compris que l'Etat et l'entrepreneur doivent être maintenus sur un pied d'égalité quant à l'exercice de leurs droits, sauf la nécessité de sauvegarder en toute occasion l'intérêt public. Plusieurs clauses étaient d'une rigueur excessive, et avaient donné lieu aux plus vives critiques (V. Christophle, t. 2, n. 593). Mais l'administration a reconnu, depuis longtemps, que le maintien des anciennes traditions n'était pas conforme à l'intérêt bien entendu de l'Etat. Une troisième rédaction, modifiée dans un sens équitable, a été approuvée par arrêté du Ministre des travaux publics du 26 novembre 1866.

Ce cahier a servi de type aux cahiers modèles adoptés par les autres administrations et parmi lesquels nous citerons ceux du génie, des bâtiments civils, des palais nationaux, de l'artillerie et de la marine.

Les explications présentées dans cet ouvrage ont

pour base les clauses et conditions générales des ponts et chaussées, dont nous avons eu soin de reproduire textuellement tous les articles. Nous avons également reproduit tous les articles des clauses et conditions générales du génie.

127. « L'entrepreneur verse à la caisse du tréso-
« rier-payeur général, le montant des frais du marché.
« Ces frais, dont l'état est arrêté par le préfet, ne
« peuvent être autres que ceux d'affiche et de publica-
« tion, ceux de timbre et d'expédition du devis, du
« bordereau des prix, du détail estimatif et du procès-
« verbal d'adjudication, et le droit fixe d'enregistre-
« ment de 1 fr. » (Clauses et conditions générales des ponts et chaussées, art. 7).

128. L'art. 51 de la loi du 28 avril 1816, établissant un droit proportionnel de 1 pour 100, n'est applicable qu'aux marchés des départements, communes et établissements publics.

Quant aux marchés de l'Etat, le droit d'enregistrement, d'abord droit fixe de 1 fr., d'après l'art. 73 de la loi du 15 mai 1818, porté ensuite à 2 fr., par la loi du 15 mai 1850, a été transformé, par la loi du 28 avril 1872, en droit fixe gradué.

Cette loi porte : « Art. 1er. La quotité du droit fixe
« d'enregistrement …sera déterminée ainsi qu'il suit…
« 9° les adjudications et marchés pour constructions,
« réparations, entretien, approvisionnements et four-
« nitures, dont le prix doit être payé directement par
« le trésor public, et les cautionnements relatifs à ces
« adjudications et marchés, par le prix exprimé ou par
« l'évaluation des objets.

« Art. 2. Le taux du droit établi par l'article précé-

« dent est fixé ainsi qu'il suit : à cinq francs pour les
« sommes ou valeurs de cinq mille francs et au-dessous,
« et pour les actes ne contenant aucune énonciation
« de sommes ou valeurs supérieures, ni dispositions
« susceptibles d'évaluation ; à dix francs pour les som-
« mes ou valeurs supérieures à cinq mille francs, mais
« n'excédant pas dix mille francs ; à vingt francs pour
« les sommes ou valeurs supérieures à dix mille francs,
« mais n'excédant pas vingt mille francs ; et ensuite à
« raison de vingt francs par chaque somme ou valeur
« de vingt mille francs ou fraction de vingt mille
« francs. »

129. Le droit n'est dû que sur « le prix exprimé »,
c'est-à-dire le prix fixé par le procès-verbal, et diminué
du rabais, et non sur ce prix augmenté du sixième.

Il est vrai que l'administration peut augmenter la
masse des travaux jusqu'à concurrence du sixième
(art. 30 des Clauses et conditions générales ; *infrà*,
n. 178). Mais il n'y a là qu'une obligation éventuelle.
Et la jurisprudence a consacré, en d'autres matières, la
règle que le droit n'est dû immédiatement que sur les
obligations pures et simples, et qu'il peut être réclamé
sur les obligations éventuelles, seulement lorsque l'é-
vénement vient à se réaliser (V., en matière de promesse de prêt, req. 11 novembre 1846, *Ville de Saint-
Quentin*, D. 46, 1, 348 ; Cass. civ., 3 avril 1854, *Soyer-
Vasseur*, D. 54, 1, 151 ; req. civ., 7 novembre 1859,
Maillard, D.59, 1, 493 ; d'ouverture de crédit, Cass. civ.,
2 avril 1845, *Ribeyrol*, D.45, 2, 200 ; de cautionnement,
req. 19 janvier 1869, *Société néerlandaise*, D.70, 1, 393 ;
Châtignier et Barry, p. 38).

130. L'administration peut exiger un supplément

de droit, lorsque le prix définitif des travaux excède l'évaluation résultant du marché (Req. 29 décembre 1875, *Fortin-Hermann*, D. 76, 1, 126).

Mais ce supplément n'est pas dû sur les travaux supplémentaires non prévus au marché, c'est-à-dire n'ayant pour titre qu'une convention verbale, non atteinte par les dispositions de la loi (Rej. civ., 4 avril 1864, *Joly*, D. 64, 1, 298).

Le supplément peut être réclamé pendant trente ans (Req. 28 février 1856, *Pector*, D. 57, 1, 101).

131. Les frais de l'adjudication doivent être remboursés à l'entrepreneur lorsque l'entreprise est résiliée par le fait de l'administration (25 juillet 1873, *Bessan*, 697).

132. Des règles analogues s'appliquent aux travaux « du génie : « Tous les frais d'adjudication sont à la « charge de l'entrepreneur, et le montant doit en être « acquitté, entre les mains de chaque ayant droit, « dans les huit jours qui suivent la notification de la « décision ministérielle qui approuve le marché.

« Il en est de même des frais d'impression du cahier « des charges spéciales et du bordereau des prix, « ainsi que des extraits de ces pièces nécessaires au « service pendant la durée du marché ; outre une « expédition du procès-verbal d'adjudication, il est « seulement remis sans frais à l'entrepreneur un certain nombre d'exemplaires du cahier des clauses et « conditions générales et exemplaires de l'instruction « sur les cautionnements, suivant ce qui est fixé à cet « égard par le cahier des charges spéciales.

« Dans les vingt jours qui suivent la notification de « l'approbation ministérielle, l'entrepreneur est tenu

« de faire viser pour valoir timbre et de faire enregis-
« trer à ses frais la minute du procès-verbal d'adjudi-
« cation, ainsi que le cahier des charges spéciales et le
« bordereau des prix.

« Sont également à ses frais le timbre et l'enregis-
« trement des additions qui viendraient à être faites au
« bordereau des prix pendant la durée du marché,
« ainsi que les exemplaires, expéditions ou extraits,
« timbre et enregistrement du cahier des clauses et
« conditions générales, dont il ferait usage à l'appui
« d'une demande quelconque faite en justice ou devant
« toute autre autorité constituée.

« Les droits à percevoir en vertu des deux para-
« graphes qui précèdent sont déterminés par les tarifs
« en vigueur au moment de l'enregistrement » (Cl. et
cond. gén. du génie, art. 6).

133. Les clauses et conditions générales du génie
contiennent, en ce qui concerne la durée des marchés,
des clauses toutes particulières.

Art. 8. « Les adjudications portent, soit sur l'en-
« semble des travaux à exécuter aux fortifications et
« aux bâtiments militaires compris dans la circon-
« scription déterminée par le cahier des charges spé-
« ciales, soit sur un ouvrage nettement déterminé, tel
« qu'un fort ou tout autre établissement militaire, ca-
« serne, hôpital, manutention, etc.

« Dans le premier cas, le marché part du commen-
« cement de l'année indiquée dans le cahier des char-
« ges et embrasse généralement les travaux de six
« exercices, avec faculté réciproque de résiliation à
« l'expiration du premier ternaire.

« Dans le second cas, à moins d'exception nette-

« ment formulée dans le cahier des charges spéciales,
« le marché n'expire qu'après la liquidation des
« comptes relatifs aux ouvrages qu'il concerne, et sa
« durée, quelle qu'elle soit, ne comporte pas la faculté
« de résiliation à l'expiration d'un ternaire.

« La durée d'un exercice, en ce qui concerne l'exé-
« cution des travaux, peut se prolonger jusqu'au 31
« janvier de l'année suivante. »

Art. 9. « Lorsque, pour une cause quelconque, une
« nouvelle adjudication n'a point été passée à l'époque
« fixée pour l'expiration du marché, ou si, à cette
« époque, le Ministre n'a point encore approuvé le
« marché qui doit suivre, l'entrepreneur sortant est
« tenu, sur l'ordre du chef de génie, de continuer
« tout ou partie de son service jusqu'au 1er avril sui-
« vant, au plus tard. Les travaux faits par lui dans ces
« conditions lui sont payés d'après le marché qui
« expire, à moins qu'il n'obtienne la nouvelle entre-
« prise, auquel cas leur payement a lieu aux prix et
« aux conditions du marché qui lui est le plus avan-
« tageux. »

Art. 10. « Le cahier des charges spéciales fixe la
« somme au delà de laquelle, pour des constructions
« neuves comprises dans la circonscription à laquelle
« il s'applique, l'administration se réserve expressé-
« ment le droit de passer un marché particulier.

« Dans ce cas, comme dans celui d'un ouvrage dé-
« terminé, le marché expire généralement aussitôt
« après la liquidation des comptes relatifs aux ouvrages
« qu'il concerne. Sa durée peut aussi être calculée de
« manière à ce qu'il prenne fin avec le marché géné-
« ral.

« Dans l'un et l'autre cas, elle ne comporte pas de
« division en ternaires. »

CHAPITRE III

OBLIGATIONS DE L'ENTREPRENEUR

134. Après avoir indiqué les effets généraux des marchés, nous allons passer en revue les obligations respectives des parties; d'abord celles de l'entrepreneur; ensuite celles de l'administration.

Il est bien entendu qu'il ne s'agit pas ici d'une division rigoureuse des matières, division qui serait impossible. A l'occasion des obligations de l'entrepreneur, il nous arrivera plus d'une fois de parler des obligations de l'administration et réciproquement. De même, il est bien évident que les matières traitées dans les titres qui suivent se réfèrent aux obligations de l'entrepreneur ou de l'administration : ainsi en est-il de la mise en régie, de la résiliation, de la réception, de la responsabilité décennale, etc...

135. La première obligation de l'entrepreneur dérive de la nature même de son contrat. Accepté à raison de la confiance qu'il inspire personnellement, il n'est pas en droit de se substituer un autre entrepreneur.

Les clauses et conditions générales des ponts et chaussées de 1833 lui défendaient même absolument de le faire. Le cahier de 1866 le lui permet, s'il obtient le consentement de l'administration.

« L'entrepreneur ne peut céder à des sous-traitants
« une ou plusieurs parties de son entreprise sans le
« consentement de l'administration. Dans tous les
« cas, il demeure personnellement responsable, tant
« envers l'administration qu'envers les ouvriers et les
« tiers.

« Si un sous-traité est passé sans autorisation, l'ad-
« ministration peut, suivant les cas, soit prononcer la
« résiliation pure et simple de l'entreprise, soit pro-
« céder à une nouvelle adjudication à la folle-enchère
« de l'entrepreneur. » (art. 9).

136. Avant 1866, on avait soutenu que la nullité était d'ordre public et pouvait être proposée, non seulement par l'administration, mais encore par l'entrepreneur et même par le sous-traitant (Rennes, 19 février 1849, *Lhommedé*, D. 50, 2, 17). La Cour de cassation, au contraire, avait reconnu dans le sous-traité une simple infraction à un contrat, ne présentant en soi rien de contraire aux lois, aux bonnes mœurs, ni à l'ordre public (Req. 8 juin 1863, *Billotte*, D. 64, 1, 293). Cette doctrine est consacrée par l'art. 9, indiquant la sanction : l'administration seule est maîtresse de mettre fin au traité, de le résilier, de prononcer la réadjudication à la folle-enchère de l'entrepreneur (V. sur la résiliation, *infrà*, n. 317 et suiv.; et sur la réadjudication à la folle-enchère de l'entrepreneur, *infrà*, n. 319).

137. En fait, et comme l'attestent dans leurs considérants plusieurs des arrêts qui vont être cités, l'administration ne s'oppose pas à ce qu'un entrepreneur prenne des associés et des sous-traitants, et ne refuse pas d'entrer en relations avec eux pour l'exécution des travaux.

138. Il n'en est pas moins vrai qu'il ne saurait y avoir substitution régulière, du moment que le consentement de l'administration fait défaut. Qu'elle invoque ou non la résiliation, les arrêts décident que les associés, sous-traitants, cautions et cessionnaires, n'ont pas qualité pour discuter le décompte, et déclarent non recevables les réclamations judiciaires par lesquelles ils l'attaquent (11 février 1834, *min. trav. pub. c. Raquin*, 136 ; 12 février 1841, *Best*, 61 ; 15 mars 1849, *Rouvillois*, 153 ; 6 mars 1856, *Corduriès*, 184 ; 10 février 1859, *Brenon*, 120 ; 16 mai 1872, *Coiret*, 321 ; 10 février 1873, *Dousset* et *Artigues*, 37). Cependant, un arrêt

a admis le cessionnaire des droits d'un entrepreneur
à critiquer le décompte devant le conseil de préfecture
et le Conseil d'Etat (15 juin 1870, *Mathieu*, 772 ; V.
aussi *infrà*, n. 410).

« Le Conseil d'Etat, dit M. Aucoc, paraît avoir pensé
« qu'il y avait lieu de distinguer entre le droit, qui
« appartient aux créanciers ou sous-traitants de l'en-
« trepreneur, de réclamer, en son lieu et place, lorsque
« leur qualité n'est pas contestée, le paiement du
« montant des travaux, d'après le décompte réguliè-
« rement réglé (Voir l'arrêt du 9 août 1870, *Ramon-*
« *Zorilla*), et le droit de discuter contre l'administra-
« tion les éléments d'un décompte qui, d'après la
« procédure spéciale organisée par les clauses et con-
« ditions générales, doit être soumis par parties à
« l'entrepreneur, au domicile qu'il a dû élire dans ce
« but, et qui ne peut être l'objet d'une revision que si
« une réclamation dûment motivée a été présentée
« dans un délai très bref. Le droit de discussion des
« éléments du décompte dans ces conditions lui a sans
« doute paru une action exclusivement attachée à la
« personne » (*Conférences*, t. 2, n. 643).

139. L'art. 9 porte que, dans tous les cas, c'est-à-
dire autorisé ou non, l'entrepreneur est responsable
envers les tiers comme envers l'administration.

L'art. 4 du cahier de 1833 ne parlait pas des tiers.
Il disait simplement : « Pour que les travaux ne soient
« pas abandonnés à des spéculateurs inconnus ou
« inhabiles, l'entrepreneur ne pourra céder tout ou
« partie de son entreprise; si l'on venait à découvrir
« que cette clause a été éludée, l'adjudication pourrait
« être résiliée et, dans ce cas, il serait procédé à une

« nouvelle adjudication à la folle-enchère de l'entre-
« preneur. »

En présence de cet art. 4 et de l'art 11, dont il sera
parlé tout à l'heure, la Cour de cassation reconnaissait
aux juges du fait le pouvoir de déclarer l'entrepreneur
général tenu, envers les fournisseurs et ouvriers, de
toutes les obligations contractées par les sous-traitants
(Req. 7 juin 1846, *Foriel*, D. 46, 1, 334; 7 février
1867, *Fouilloux*, D. 67, 1, 108). Ce dernier arrêt
porte : « Attendu, en droit, qu'aux termes de l'art. 4
« du règlement de 1833, il est interdit aux adjudica-
« taires des travaux de l'Etat de céder tout ou partie
« de l'entreprise, et que l'art. 11 du même règlement
« les oblige à faire l'achat, la fourniture, le transport
« à pied d'œuvre, la façon, la pose et l'emploi de tous
« les matériaux, ainsi qu'à solder les salaires et peines
« d'ouvriers, les commis et autres agents dont ils
« peuvent avoir besoin pour assurer la solide et
« bonne exécution des ouvrages ; attendu qu'aux termes
« de l'art. 1121 du Code Nap., on peut stipuler au
« profit d'un tiers, lorsque telle est la condition d'une
« stipulation que l'on fait pour soi-même ; — Attendu
« que, de la généralité des termes employés dans les
« deux articles précités du règlement de 1833, le ju-
« gement attaqué a pu conclure que l'Etat, en inter-
« disant aux entrepreneurs de ses travaux tout sous-
« traité et en les obligeant de faire personnellement
« tous les achats de matériaux, n'avait pas entendu
« stipuler seulement pour lui-même, mais qu'il avait
« aussi voulu assurer aux tiers, qui seraient appelés à
« concourir par des fournitures à l'exécution des tra-
« vaux, le bénéfice des conditions de capacité, de mo-

« ralité et de solvabilité qu'il exige de ses entrepre-
« neurs ; qu'en interprétant ainsi la clause du contrat
« intervenu entre l'État et l'adjudicataire des travaux,
« le jugement attaqué a pu condamner les demandeurs
« en cassation à payer le prix des bois destinés à
« l'entreprise et reçus pour y être employés, sans
« violer l'art. 1797, C. Nap. ni aucune loi » (V.
« encore rej. civ. 5 mars 1872, *Berthezène*, D. 72, 1,
439).

Cette jurisprudence s'applique *à fortiori* sous notre
art. 9, qui déclare formellement l'entrepreneur *responsable envers les tiers*.

140. Les Clauses et conditions générales du génie
consacrent des principes analogues, et en organisent la
mise en pratique d'une manière spéciale. Ce qu'elles
interdisent, ce n'est pas seulement la cession du marché : c'est aussi la remise à un tiers de la direction des
travaux (art. 13).

« Il n'est reconnu qu'un seul et unique entrepre-
« neur pour tous les ouvrages et pour toutes les four-
« nitures dont les prix sont portés au bordereau du
« marché.

« L'entrepreneur ne peut transmettre à qui que ce
« soit la gestion et l'exécution des travaux, sauf, toute-
« fois, dans des cas de maladie ou de force majeure
« dûment constatés.

« Dans ce cas, le suppléant ne peut entrer en
« fonction qu'autant qu'il est agréé par le directeur,
« sur la proposition du chef du génie, et qu'il justifie
« des pouvoirs qui lui sont donnés par l'entrepreneur.
« Le suppléant est alors soumis aux mêmes obligations
« personnelles que l'entrepreneur : ce dernier et sa

« caution restent, néanmoins, responsables de la
« bonne exécution des ouvrages.

« L'entrepreneur peut, d'ailleurs, avec l'agrément
« du chef du génie, déléguer un ou plusieurs de ses
« commis pour la prise des attachements, des métrés
« et des pesées, ainsi que pour la signature des ins-
« criptions sur les carnets et les registres. Cette délé-
« gation ne peut être donnée que par un acte authen-
« tique.

« Enfin, l'entrepreneur ne peut sous-traiter pour
« aucune espèce de travaux dépendant de son marché
« qu'avec le consentement écrit du chef du génie ;
« dans tous les cas, il demeure personnellement res-
« ponsable, ainsi que sa caution, tant envers l'admi-
« nistration qu'envers les ouvriers et les tiers.

« Si un sous-traité est passé sans autorisation, l'ad-
« ministration peut, suivant les cas, soit prononcer la
« résiliation pure et simple, conformément à l'art. 65
« (V. infrà, n. 342), soit procéder à la passation d'un
« marché aux risques et périls de l'entrepreneur. Les
« effets de ce marché sont régis par l'article 55, § 2
« et 3 » (V. infrà, n. 307).

« Dans le cas où une société a obtenu l'adjudication
« des travaux, elle ne peut être représentée, vis-à-vis
« le service du génie, que par un délégué unique,
« muni, à cet effet, des pouvoirs nécessaires, et soumis
« à toutes les obligations ci-dessus. Ce délégué doit
« être, au préalable, agréé par le chef du génie ; il
« doit être remplacé sur la réquisition du directeur. »

141. L'entrepreneur est tenu de résider sur les
lieux.

« Pendant la durée de l'entreprise, l'adjudicataire

« ne peut s'éloigner des travaux qu'après avoir fait
« agréer par l'ingénieur un représentant capable de le
« remplacer, de manière qu'aucune opération ne puisse
« être retardée ou suspendue à raison de son absence.

« L'entrepreneur accompagne les ingénieurs dans
« leurs tournées toutes les fois qu'il en est requis »
(Clauses et cond. gén. des ponts et ch., art. 12).

L'ancien art. 5 ne lui permettait de s'éloigner, avec
autorisation, que *pour affaires de son marché*. Le nouveau texte a tempéré cette exigence.

142. L'art. 12 n'indique pas de sanction. Mais un arrêt porte « qu'il résulte de l'instruction qu'un an environ
« après l'époque fixée pour l'achèvement des travaux,
« le sieur Moneron était loin de les avoir terminés ;
« que lesdits travaux n'avaient pas subi une augmen-
« tation de plus d'un dixième ; que des acomptes ont
« été régulièrement versés à l'entrepreneur ; qu'il a été
« dûment averti avant la mise à exécution de la régie,
« *et qu'enfin il a abandonné ses chantiers sans l'autorisation*
« *des ingénieurs ; que, dès lors, c'est avec raison que le*
« *Conseil de préfecture a validé ladite régie et en a maintenu*
« *les conséquences à la charge de l'entrepreneur* » (1ᵉʳ février 1851, *Moneron*, 89).

143. A l'obligation de résider sur les lieux se rattache d'abord celle d'accompagner les ingénieurs dans
leurs tournées, inscrite également dans l'art. 12, puis
une autre obligation, ainsi formulée par l'art. 8 :

« L'entrepreneur est tenu d'élire un domicile à pro-
« ximité des travaux et de faire connaître le lieu de ce
« domicile au préfet. Faute par lui de remplir cette
« obligation dans un délai de quinze jours, à partir de
« l'approbation de l'adjudication, toutes les notifica-

« tions qui se rattachent à son entreprise sont valables
« lorsqu'elles ont été faites à la mairie de la commune
« désignée à cet effet par le devis ou par l'affiche de
« l'adjudication » (Cl. et cond. gén. des ponts et
ch., art. 8).

Le Conseil d'Etat a jugé que « cette élection ne
« devait avoir d'effet que pour la durée des travaux
« soumissionnés, » et qu'ainsi la transmission à la
mairie d'une décision du conseil de préfecture, après
l'achèvement des travaux, n'avait pu faire courir le
délai de trois mois fixé par l'art. 11 du décret du 22
juillet 1806 pour le dépôt d'un recours au Conseil
d'Etat (5 décembre 1873, *Martin et Bourdillon*, 916).

144. L'obligation de résider sur les lieux et celle
d'élire domicile à proximité sont reproduites par l'art.
14 des clauses et conditions générales du génie :

« Pendant toute la durée du marché, l'entrepreneur
« est tenu de faire sa résidence habituelle dans la place
« ou à proximité des travaux que le marché concerne;
« il est réputé y avoir élu domicile pour tout ce qui a
« trait à son entreprise.

« Il ne peut s'absenter, *même pour les affaires de son*
« *service*, sans l'agrément du chef du génie, et, toutes
« les fois qu'il en reçoit l'ordre de cet officier, il doit
« se présenter au bureau du génie, ou se rendre sur les
« ateliers.

« Si le même marché concerne plusieurs localités,
« l'entrepreneur doit résider dans celle que lui désigne
« le cahier des charges spéciales, et avoir, en outre,
« sur les points où cela est jugé nécessaire par le chef
« du génie, un principal commis ou suppléant, soumis,
« à cet effet, aux dispositions des 3° et 4° paragraphes

« de l'article précédent » (V. aussi l'art. 13, *suprà*, n. 140).

145. L'entrepreneur doit prendre ses matériaux dans les carrières désignées par l'administration.

En principe, « les matériaux sont pris dans les lieux « indiqués au devis. L'entrepreneur y ouvre, au « besoin, des carrières à ses frais.

« Il est tenu, avant de commencer les extractions, « de prévenir les propriétaires suivant les formes dé- « terminées par les règlements.

« Il paye, sans recours contre l'administration, en « se conformant aux lois et règlements sur la matière, « tous les dommages qu'ont pu occasionner la prise ou « l'extraction, le transport et le dépôt des matériaux.

« Dans le cas où le devis prescrit d'extraire des « matériaux dans des bois soumis au régime forestier, « l'entrepreneur doit se conformer, en outre, aux « prescriptions de l'art. 145 du Code forestier, ainsi « que des art. 172, 173 et 175 de l'ordonnance du « 1er août 1827, concernant l'exécution de ce Code.

« L'entrepreneur doit justifier, toutes les fois qu'il « en est requis, de l'accomplissement des obligations « énoncées dans le présent article, ainsi que du paie- « ment des indemnités pour l'établissement de chan- « tiers et chemins de service » (Cl. et cond. gén. des ponts et ch., art. 19).

146. L'art. 26 des Clauses et conditions générales du génie établit des règles analogues.

« Est pareillement aux frais de l'entrepreneur l'ou- « verture des carrières nécessaires aux besoins de « l'entreprise, que les lieux d'extraction soient, ou « non, fixés par le cahier des charges spéciales.

« Avant de commencer les extractions, l'entrepre-
« neur est tenu de prévenir les propriétaires, suivant
« les formes déterminées par les règlements.

« Il paie sans recours contre l'administration, et en
« se conformant aux lois et règlements sur la matière,
« tous les dommages qu'ont pu occasionner la prise
« ou l'extraction, le transport et le dépôt des maté-
« riaux.

« Il supporte également, sans recours, les indem-
« nités pour détérioration de propriétés, pour chômage
« d'usines, pour rétablissement de communications
« interceptées, enfin pour tout dommage quelconque
« résultant des travaux.

« Dans le cas où le cahier des charges spéciales
« prescrit d'extraire des matériaux dans des bois sou-
« mis au régime forestier, l'entrepreneur doit se con-
« former, en outre, aux prescriptions de l'article 145
« du Code forestier, ainsi que des articles 172, 173 et
« 175 de l'ordonnance du 1er août 1827, concernant
« l'exécution de ce Code.

« Enfin, l'entrepreneur doit justifier, toutes les fois
« qu'il en est requis par le chef du génie, de l'accom-
« plissement des obligations énumérées dans le présent
« article, ainsi que du paiement des indemnités pour
« établissement de chantiers et chemins de service. »

147. La règle de l'art. 26 des Clauses et conditions
générales du génie reçoit exception dans le cas indiqué
par l'art. 33 des mêmes clauses.

« Lorsque l'exécution des travaux oblige à traverser
« des terrains militaires amodiés ou à occuper tempo-
« rairement ces terrains par des dépôts de matériaux
« ou des ateliers, l'État prend à sa charge les indem-

« nités à payer aux fermiers pour les dommages qui
« leur sont causés. Dans ce cas, le chef du génie pré-
« cise la position et l'étendue des passages et des em-
« placements dont l'entrepreneur peut faire usage: si ce
« dernier dépasse les limites indiquées, les dommages
« qui en résultent sont mis à son compte.»

148. Le titre VIII de cet ouvrage est entièrement consacré à la matière de l'extraction des matériaux. Nous
ne pouvons donc que renvoyer, pour ce qui concerne
les rapports de l'entrepreneur avec les propriétaires,
aux développements présentés, *infrà*, n. 1086 et suiv.

149. Aux termes de l'art. 12 des clauses et conditions générales des ponts et chaussées, « l'entrepreneur
« ne peut livrer au commerce, sans l'autorisation du
« propriétaire, les matériaux qu'il a fait extraire dans
« les carrières exploitées par lui en vertu du droit qui
« lui a été conféré par l'administration » (V. l'art. 27
des Clauses et cond. gén. du génie, *infrà*, n. 154).

Les questions relatives à cette interdiction sont examinées sous le titre VIII (*infrà*, n. 1092).

150. L'administration peut prescrire, et l'entrepreneur peut demander que les matériaux soient
pris dans des carrières autres que celles qui sont indiquées au devis. Examinons successivement ces deux
situations.

« Si l'entrepreneur demande à substituer aux car-
« rières indiquées dans le devis d'autres carrières four-
« nissant des matériaux d'une qualité que les ingénieurs
« reconnaissent au moins égale, il reçoit l'autorisation
« de les exploiter, et ne subit, sur les prix d'adjudication,
« aucune réduction pour cause de diminution des frais
« d'extraction, de transport et de taille des matériaux »

(Clauses et cond. génér. des ponts et chaussées, art. 20).

151. L'entrepreneur ne peut recourir par la voie contentieuse contre le refus d'autorisation (10 août 1850, *Lance*, 751; 10 mai 1878, *Chêne*, 437). Sans doute, l'art. 20 dit, et l'ancien art. 9 § 7 disait : *il reçoit l'autorisation* : ce qui paraît impliquer le droit de la demander et de l'obtenir. Mais il s'agit d'une dérogation au contrat, et cette dérogation suppose que les matériaux soient *d'une qualité que les ingénieurs reconnaissent au moins égale* : ce qui ne permet pas de contester leur appréciation devant le conseil de préfecture.

152. L'autorisation obtenue confère à l'entrepreneur un droit qu'on ne peut lui enlever. Si la nouvelle carrière est plus rapprochée des travaux, il profite de l'économie du transport (22 février 1855, *Andrieu*, 172; 16 juillet 1875, *Genevière*, 698), comme il en profiterait s'il s'agissait de la construction d'un chemin vicinal et que le transport se fît au moyen des prestations en nature (18 janvier 1845 , *Santin* , 20).

153. L'usage de cette autorisation ne saurait du moins, en aucun cas, motiver une demande d'indemnité contre l'administration. C'est donc à l'entrepreneur de payer, par exemple, les frais de découverte de l'ancienne carrière qu'il a fallu abandonner (16 août 1843, *Biesson*, 453) ou la somme due au propriétaire chez lequel il a été autorisé à extraire des matériaux (16 août 1860, *Plagnol*, 664).

A peine est-il nécessaire d'ajouter qu'il ne saurait être question de réclamer à l'Etat l'augmentation de dépense causée par l'exploitation d'une carrière, si elle avait eu lieu sans autorisation de l'ingénieur (19 avril 1859, *Fournier*, 314).

154. Rapportons ici les art. 27 et 28 des Clauses et conditions générales du génie, réglant tout ce qui touche à l'approvisionnement des matériaux.

« Aussitôt que l'entrepreneur a reçu du chef du « génie l'ordre d'exécuter un ouvrage déterminé, il « doit faire tous les approvisionnements nécessaires « pour que les travaux se continuent sans interrup- « tion et soient terminés dans le délai qui lui aura « été fixé.

« Les matériaux approvisionnés doivent être tou- « jours de la qualité prescrite par le cahier des « charges ou par les ordres, et de premier choix, dans « l'espèce, à moins que le marché ne spécifie, à cet « égard, des conditions particulières.

« Lorsque le bordereau, le cahier des charges ou « les ordres citent explicitement le lieu de provenance, « la fabrique ou la marque des objets à fournir, l'en- « trepreneur ne peut en substituer d'autres, même « sous prétexte de qualité supérieure, sans que le chef « du génie ait autorisé, par écrit, cette substitu- « tion.

« Dans le cas où l'entrepreneur a ainsi obtenu l'au- « torisation de substituer une ou plusieurs carrières « à celles indiquées par le cahier des charges ou par « le bordereau, il ne subit, sur les prix de l'adjudica- « tion, aucune réduction pour cause de diminution des « frais d'extraction, de transport et de taille.

« Il n'est d'ailleurs déposé sur les ateliers que des « matériaux à employer dans les travaux de l'entre- « prise ; ces matériaux ne peuvent être mis en œuvre

« qu'après avoir été vérifiés et acceptés provisoirement
« par les officiers du génie. Une fois ainsi acceptés, ils
« ne peuvent plus être enlevés qu'avec le consentement
« du chef du génie. Nonobstant cette acceptation pro-
« visoire, et jusqu'à l'expiration du délai de garantie,
« ils peuvent, en cas de surprise, de mauvaise qualité,
« d'avaries provenant du fait de l'entrepreneur, ou de
« malfaçon, être rebutés par les officiers du génie, et
« ils sont alors remplacés par l'entrepreneur.

« L'entrepreneur doit enlever des chantiers, dans un
« délai déterminé par le chef du génie, les matériaux
« refusés ; faute de quoi cet officier peut faire trans-
« porter ces matériaux partout où il le juge convenable,
« les faire, au besoin, déposer sur un terrain pris à
« cet effet en location, et même les faire jeter dans
« les remblais, le tout aux frais de l'entrepreneur,
« et sans que ce dernier puisse élever aucune récla-
« mation.

« C'est à l'entrepreneur seul qu'incombent toutes
« les mesures à prendre et toutes les dépenses à faire
« pour la conservation des matériaux par lui approvi-
« sionnés pour les besoins de son entreprise, et sus-
« ceptibles de se détériorer, par une cause quelconque,
« avant leur mise en œuvre.

« La reprise de tout ou partie de ces matériaux, à
« l'expiration du marché, n'est obligatoire, ni pour
« l'État, ni pour l'entrepreneur entrant, excepté dans
« le cas prévu à l'art. 68 ci-après, et dans celui où le
« cahier des charges spéciales du nouveau marché
« fait mention de cette obligation, et indique la quan-
« tité de matériaux auxquels elle s'applique, ainsi que
« leur valeur.

« L'entrepreneur ne peut d'ailleurs livrer au com-
« merce, sans l'autorisation du propriétaire, les maté-
« riaux provenant de carrières exploitées par lui en
« vertu du droit qui aura pu lui être conféré par l'ad-
« ministration. »

155. L'art. 28 des Clauses et conditions générales
du génie ajoute :

« On entend par matériaux approvisionnés par
« ordre ceux qui font l'objet d'un ordre écrit spécial
« indiquant qu'ils sont faits pour le compte de l'État et
« fixant leur quantité et leur nature.

« Une fois vérifiés et reçus par les officiers du gé-
« nie, ils sont déposés dans les lieux indiqués par le
« chef du génie.

« Ceux d'entre eux qui n'ont pu trouver leur emploi
« pendant la durée du marché sont repris, aux prix
« de l'ancien bordereau, ou de gré à gré si ce borde-
« reau ne les mentionne pas, par l'entrepreneur entrant,
« suivant ce qui est indiqué par le cahier des charges
« du nouveau marché, à moins qu'ils ne soient au
« dessus des besoins présumés de la nouvelle entre-
« prise. Dans ce cas, le département de la guerre
« fait l'acquisition de tout ce qui dépasse ces besoins.

« L'entrepreneur sortant peut, toutefois, les con-
« server pour son usage, avec le consentement du
« chef du génie, et sous la restriction portée au der-
« nier paragraphe de l'article précédent. Il doit,
« dans ce cas, les faire enlever immédiatement. »

156. L'administration peut prescrire à l'entrepreneur l'exploitation de nouvelles carrières.

Sous le cahier des charges des ponts et chaussées de
1833, elle pouvait changer les lieux d'extraction, si la

bonne exécution des travaux l'exigeait. Le changement devait être signifié à l'entrepreneur, qui pouvait accepter les nouveaux prix offerts par les ingénieurs, ou les refuser à charge de déduire ses motifs dans les dix jours. S'il refusait, l'administration était autorisée à considérer l'extraction et le transport comme ne faisant pas partie de l'entreprise, et à les adjuger à un autre soumissionnaire. Le refus de l'entrepreneur, n'étant que l'exercice d'un droit, ne pouvait motiver une mise en régie (10 décembre 1846, *Castex*, 544). En sens inverse, l'administration ne lui devait aucune indemnité pour le bénéfice dont il était privé ; car elle aussi n'avait fait qu'user de son droit en adjugeant cette partie du travail à un autre entrepreneur (10 septembre 1855, *Troye*, 626). Si l'entrepreneur acceptait, il y avait lieu à fixation de nouveaux prix. Telles étaient les règles consacrées par l'ancien art. 9 et donnant lieu à de nombreuses difficultés.

Le nouveau cahier des charges y a coupé court en établissant une règle uniforme, et, de plus, commune à l'extraction de matériaux dans de nouvelles carrières et à l'exécution de travaux imprévus (V. *infrà*, n. 249) :

« Lorsqu'il est jugé nécessaire d'exécuter des ou-
« vrages non prévus ou d'extraire des matériaux dans
« des lieux autres que ceux qui sont désignés dans les
« devis, les prix en sont réglés d'après les éléments de
« ceux de l'adjudication, ou par assimilation aux ou-
« vrages les plus analogues. Dans le cas d'une impos-
« sibilité absolue d'assimilation, on prend pour terme
« de comparaison les prix courants du pays.

« Les nouveaux prix, après avoir été débattus par

« les ingénieurs avec l'entrepreneur, sont soumis à
« l'approbation de l'administration. Si l'entrepreneur
« n'accepte pas la décision, il est statué par le Conseil
« de préfecture » (Cl. et cond. gén. des ponts et ch.,
art. 29 ; v. sur l'application de l'art. 29 aux travaux
imprévus, *infrà*, n. 249).

157. Parlons maintenant de l'emploi des matériaux.

« Les matériaux doivent être de la meilleure qualité
« dans chaque espèce, être parfaitement travaillés, et
« mis en œuvre conformément aux règles de l'art ; ils
« ne peuvent être employés qu'après avoir été vérifiés
« et provisoirement acceptés par l'ingénieur ou ses
« préposés. Nonobstant cette réception provisoire et
« jusqu'à réception définitive des travaux, ils peuvent,
« en cas de surprise, de mauvaise qualité ou de mal-
« façon, être rebutés par l'ingénieur, et ils sont alors
« remplacés par l'entrepreneur » (Cl. et cond. gén. des
ponts et ch., art. 22 ; v. art. 27 des cl. et cond. gén. du
génie, *suprà*, n. 154).

Ainsi, il appartient aux ingénieurs de rebuter les
matériaux de mauvaise qualité ou mal employés, et les
conséquences du rebut, s'il est exercé à bon droit,
restent à la charge de l'entrepreneur : il ne saurait,
par exemple, réclamer les droits d'octroi et de transport des matériaux rebutés (2 juin 1837, *Hayet*, 227).
Mais l'administration n'a que le droit de les rebuter, non de les déprécier. Elle devrait une indemnité
si elle imprimait sur les matériaux une marque de
nature à en diminuer la valeur (5 juin 1846, *Jobert*,
327).

158. Au surplus, la question de savoir si les maté-

10

riaux ont été rebutés à bon droit est éminemment contentieuse.

Déjà, sous le cahier des charges de 1833, le Conseil
d'État considérait l'entrepreneur comme recevable à
réclamer une indemnité au cas de rebut mal fondé
(31 juin 1843, *Blandeau*, 323; 2 juin 1837, *Hayet*,
227; 5 juin 1846, *Jobert*, 327). Et cependant, l'ancien art. 15 aurait pu s'entendre en sens contraire; on
y lisait « qu'il serait statué par l'administration ce
« qu'il appartiendrait ».

Plus de doute possible aujourd'hui. L'art. 22 n'a
point reproduit ce membre de phrase, et l'art. 50 porte
que, notamment dans le cas prévu par l'art. 22, le Conseil de préfecture sera saisi des réclamations de l'entrepreneur (V. art. 50 et 51, *infrà*, n. 255 et 558).

Le recours par la voie contentieuse est donc ouvert.
Mais il peut devenir non recevable. Il le deviendrait si
l'entrepreneur, après avoir d'abord contesté l'ordre des
ingénieurs, s'était ensuite soumis sans réserve à l'appréciation de l'ingénieur en chef, et que celui-ci, après
avoir visité les matériaux, eût déclaré la plainte non
fondée (18 août 1857, *Bacanain*, 666.

159. Citons ici l'art. 48 des clauses et conditions
générales du génie, relatif à la confection d'objets mobiliers.

« Dans la confection des ouvrages d'ameublement
« ou de serrurerie, des outils, des ustensiles et autres
« objets analogues, l'entrepreneur est tenu de suivre
« exactement les modèles, qui lui sont fournis par l'État
« et sont déposés dans les magasins du génie. Toute
« pièce non conforme à ces modèles peut être re-
« jetée.

« L'entrepreneur est tenu, en outre, de faire mar-
« quer, à ses frais, avec un fer chaud, des lettres G M,
« et, au besoin, du millésime de l'année de leur con-
« fection, tous ceux des meubles, outils, ustensiles et
« autres objets qu'il livre, pour lesquels le chef du
« génie juge que cette mesure peut être utile,

« Les marques sont fournies par l'État et déposées
« au bureau du génie ; elles ne sont jamais appliquées
« avant la réception des objets. »

160. Nous venons d'examiner le cas où les matériaux sont de mauvaise qualité ou mal employés. Ils
peuvent aussi présenter des dimensions ou des dispositions non conformes au devis. Cette hypothèse, comme
celle d'un défaut de conformité résultant des ouvrages
mêmes, est prévue par l'art. 23 des clauses et conditions
générales des ponts et chaussées :

« L'entrepreneur ne peut de lui-même apporter
« aucun changement au projet.

« Il est tenu de faire immédiatement, sur l'ordre
« des ingénieurs, remplacer les matériaux ou recon-
« struire les ouvrages dont les dimensions ne seraient
« pas conformes au devis.

« Toutefois, si les ingénieurs reconnaissent que
« les changements faits par l'entrepreneur ne sont
« contraires ni à la solidité ni au goût, les nouvelles
« dispositions peuvent être maintenues ; mais alors
« l'entrepreneur n'a droit à aucune augmentation de
« prix, à raison des dimensions plus fortes ou de la
« valeur plus considérable que peuvent avoir les ma-
« tériaux ou les ouvrages. Dans ce cas, les métrages
« sont basés sur les dimensions prescrites par le devis.
« Si, au contraire, les dimensions sont plus faibles ou

« la valeur des matériaux moindre, les prix sont ré-
« duits en conséquence. »

161. Ainsi, point d'indemnité si l'entrepreneur a
employé des matériaux, par exemple des bois, de
dimensions plus considérables que celles qui étaient
prescrites par le devis (18 août 1857, *Courrière*, 663).
Il en est de même, si l'entrepreneur a employé du bois
neuf au lieu de vieux bois (30 juin 1843, *Blandeau*,
323).

162. Cette règle a été appliquée lorsque les dimensions supérieures à celles du devis avaient été données,
non plus aux matériaux, mais bien aux ouvrages (10 novembre 1876, *Serratrice*, 798). Le Conseil- d'État a
aussi refusé toute indemnité à un entrepreneur qui, du
consentement de l'administration, avait « substitué aux
« cintres tels qu'ils étaient prévus au projet, des appa-
« reils différents qui comportaient l'emploi d'une
« quantité de bois plus considérable, mais qui lui
« permettaient de faire usage de matériaux qu'il avait
« à sa disposition » (9 janvier 1874, *Letestu*, 34).

On peut cependant citer, comme décision d'espèce,
motivée sur des circonstances toutes particulières, un
arrêt du 24 novembre 1876 (*Min. trav. pub. c. Gianoli*,
840) :

« Considérant qu'il résulte de l'instruction que le
« sieur Gianoli a employé, dans les piédroits des pon-
« ceaux et aqueducs, un cube de pierre de taille supé-
« rieur à celui qui avait été prévu au devis, et que cet
« excédent ne lui a été payé que comme maçonnerie
« ordinaire ; que, dans les circonstances où a eu lieu
« cet emploi, qui a augmenté la solidité des ouvrages et
« profité ainsi à l'État, c'est avec raison que le Conseil

« de préfecture a décidé, conformément à l'avis du
« tiers expert, que l'entrepreneur était fondé à récla-
« mer une plus-value de ce chef. »

163. Si, au contraire, l'entrepreneur emploie des
matériaux de dimensions plus faibles, le prix est rigoureusement réduit : « Considérant que, si le devis de
« l'entreprise portait que les pavés fournis par l'entre-
« preneur seraient payés au mille, il résulte de l'ins-
« truction que ces pavés n'avaient pas la dimension
« prescrite de 19 à 21 centimètres ; que, dès lors,
« c'est avec raison que l'ingénieur a établi le prix
« d'après le nombre de pavés contenus dans chaque
« mètre carré, et non plus au mille » (14 juillet 1848,
Prévost, 453). Mais la réduction n'est pas possible si le
fait de l'administration a privé l'entrepreneur des
moyens de vérification auxquels il avait droit d'après le
devis (10 mars 1859, *Manot*, 189).

164. L'art. 27 formule une obligation générale qui
sert de sanction à celle de faire bon emploi des matériaux.

« Lorsque les ingénieurs présument qu'il existe dans
« les ouvrages des vices de construction, ils ordonnent,
« soit en cours d'exécution, soit avant la réception dé-
« finitive, la démolition et la reconstruction des ouvra-
« ges présumés vicieux.

« Les dépenses résultant de cette vérification sont à
« la charge de l'entrepreneur, lorsque les vices de
« construction sont constatés et reconnus. »

Les dépenses restent donc à la charge de l'administration, avec les conséquences dommageables de la
mesure, si le Conseil de préfecture reconnaît que la
vérification a été ordonnée à tort.

165. L'art. 37 des clauses et conditions générales du génie indique également les obligations de l'entrepreneur en ce qui concerne l'emploi des matériaux.

« L'entrepreneur est tenu, pendant la durée de son
« marché, de faire exécuter, aux conditions dudit
« marché, et dans toute l'étendue de la circonscription
« indiquée au cahier des charges spéciales, tous les
« travaux qui lui sont ordonnés par le service du génie,
« quels que soient les fonds sur lesquels ces travaux
« doivent être payés.

« Dans tous les cas, il est obligé de se conformer
« aux ordres et instructions des officiers du génie pour
« la marche à suivre dans l'exécution des travaux,
« pour l'importance des moyens à employer en hom-
« mes, en machines et en matériaux, ainsi que pour
« l'emplacement de dépôts d'approvisionnements.

« Il ne peut, sans le consentement du chef du génie,
« arrêter ni modifier la distribution, sur les ateliers,
« des commis, maîtres ouvriers et piqueurs.

« Il doit faire exécuter les travaux avec tout le soin
« possible, suivant les règles de l'art, sans jamais don-
« ner les maçonneries à faire à la tâche, et en se
« conformant à toutes les indications du cahier des
« clauses et conditions générales, ainsi qu'aux condi-
« tions particulières de son marché.

« Il est tenu, dans l'exécution des ouvrages, de
« suivre exactement les plans, profils, élévations, di-
« mensions, cotes, pentes et alignements qui lui sont
« donnés par les officiers du génie.

« Enfin, il doit rendre les ouvrages faits et parfaits
« aux époques qui lui sont fixées par le registre d'or-
« dres.

« L'entrepreneur doit également se conformer aux
« changements qui peuvent lui être prescrits par les
« officiers du génie, au cours de l'exécution des tra-
« vaux ; mais ces changements doivent lui être prescrits
« par écrit, et l'entrepreneur doit faire toutes réserves
« pour le cas où ces changements seraient de nature à
« lui ouvrir un droit à l'indemnité mentionnée au troi-
« sième paragraphe de l'article 69 ci-après (V. *infrà*,
« n. 209).

   « L'entrepreneur est dans l'obligation de faire dé-
« molir immédiatement, à ses frais, les ouvrages ou les
« parties d'ouvrages qui sont mal construits, ou dans
« lesquels on a fait emploi de mauvais matériaux.

   « Doivent être également démolis et rebutés les
« ouvrages qui, quoique bien construits, sont de di-
« mensions différentes de celles qui avaient été ordon-
« nées, ainsi que ceux qui ont été exécutés en y faisant
« entrer des matériaux autres que ceux qui avaient été
« désignés, à moins, toutefois, que le chef du génie
« ne reconnaisse que la faute commise est sans incon-
« vénient ; dans ce dernier cas, les ouvrages dont les
« dimensions sont plus fortes que celles qui avaient
« été prescrites, et ceux dont la qualité est supérieure
« à ce que portaient les commandes, ne sont inscrits
« et payés que suivant les dimensions ou les qualités
« ordonnées, tandis qu'on n'inscrit et qu'on ne paye,
« au contraire, qu'en raison de leurs qualités et de
« leurs dimensions effectives, les ouvrages dont les
« dimensions ou les qualités sont inférieures à celles
« qui avaient été fixées.

   « Enfin, lorsque le chef du génie présume qu'il
« existe, dans un ouvrage ou partie d'ouvrage, des

« vices d'exécution ou des matériaux défectueux qu'on
« ne peut découvrir à simple vue, il peut, soit pendant
« la durée même des travaux, soit ultérieurement,
« jusqu'à l'expiration du délai de garantie, ordonner
« la démolition et la reconstruction de cet ouvrage ou
« partie d'ouvrage. Les dépenses résultant de cette
« opération sont au compte de l'entrepreneur, toutes
« les fois que la démolition ordonnée fait découvrir
« des vices de construction ou des matériaux défec-
« tueux; elles sont au compte de l'État, dans le cas
« contraire.

« Les réclamations auxquelles pourrait donner lieu,
« de la part de l'entrepreneur, l'application des dis-
« positions qui précèdent, sont réglées conformément
« aux prescriptions de l'article 70 ci-après » (V. cet
article, *infrà*, n. 559).

166. Des dispositions spéciales règlent l'emploi des
matériaux appartenant à l'État.

« Dans le cas où l'entrepreneur a à démolir d'anciens
« ouvrages, les matériaux sont déplacés avec soin, pour
« qu'ils puissent être façonnés de nouveau et em-
« ployés s'il y a lieu » (Cl. et cond. gén. des ponts et
« chaussées, art. 24).

167. L'art. 38 des clauses et conditions générales
du génie porte également :

« L'entrepreneur doit faire exécuter les travaux de
« démolition avec soin, et de façon à assurer la con-
« servation des matériaux qui en proviennent; il est
« tenu de remplacer à ses frais ceux de ces matériaux
« qui sont brisés ou détériorés par la faute de ses
« ouvriers ou de ses agents. »

168. « Lorsque les ingénieurs jugent à propos

« d'employer des matières neuves ou de démolition
« appartenant à l'Etat, l'entrepreneur n'est payé que
« des prix de main-d'œuvre et d'emploi, d'après
« les éléments des prix du bordereau, rabais déduit »
(Cl. et cond. génér. des ponts et chaussées, art. 26).

C'est assez dire que l'entrepreneur ne peut réclamer
d'indemnité pour manque à gagner sur les fournitures
supprimées (3 mars 1860, *Fagot*, 203).

Mais l'art. 26 « ne s'étend qu'aux cas où il n'y est
« pas dérogé par le cahier des charges spécial de l'en-
« treprise ».

Il a donc été jugé, à l'occasion de travaux faits pour
une ville et bien que le cahier des charges se référât
aux clauses et conditions générales des ponts et chaussées, « que l'entreprise ayant principalement pour
« objet des fournitures de matériaux, la faculté pour
« la ville d'invoquer l'application de l'art. 26, qui mo-
« difierait profondément les conditions de l'entreprise,
« ne saurait résulter que d'une disposition formelle
« qui n'est pas insérée au cahier des charges » (14 juin
1878, *Divert*, 583).

169. Les clauses et conditions générales du génie
règlent le même point par leur art. 29 :

« L'entrepreneur est tenu, quand il en reçoit l'ordre,
« d'employer dans les travaux, de préférence à ceux
« qu'il a en approvisionnement, les matériaux appar-
« tenant à l'Etat, que ces matériaux soient neufs ou
« qu'ils proviennent de démolitions ou de fouilles. Il
« n'a droit, pour cette substitution, et quelle qu'en
« soit l'importance, à aucune indemnité ; il n'est payé
« que des frais de main-d'œuvre et d'emploi, d'après
« les conditions du marché.

« L'entrepreneur est responsable de ces matériaux
« dès qu'ils lui ont été livrés, et il doit remplacer, à
« ses frais, ceux qui ont été détériorés par sa faute ou
« par celle de ses agents.

« Les prix portés au bordereau pour les ouvrages
« exécutés en matériaux à l'Etat supposent ces maté-
« riaux rendus à pied d'œuvre.

« Sont réputés à pied d'œuvre les matériaux qui ne
« se trouvent pas à plus de deux relais de 30 mètres du
« pied de la construction. »

170. En droit civil, « la propriété d'un trésor ap-
« partient à celui qui le trouve dans son propre fonds :
« si le trésor est trouvé dans le fonds d'autrui, il appar-
« tient pour moitié à celui qui l'a découvert, et pour
« l'autre moitié au propriétaire du fonds. Le trésor est
« toute chose cachée ou enfouie sur laquelle per-
« sonne ne peut justifier sa propriété » (Art. 716, C.
civ.).

L'art. 25 des clauses et conditions générales des
ponts et chaussées déroge à cette règle : « L'adminis-
« tration se réserve la propriété des matériaux qui se
« trouvent dans les fouilles et démolitions faites dans
« des terrains appartenant à l'Etat, sauf à indemniser
« l'entrepreneur de ses soins particuliers.

« Elle se réserve également les objets d'art et de toute
« nature qui pourraient s'y trouver, sauf indemnité à
« qui de droit. »

171. La même règle est formulée par l'art. 39 des
clauses et conditions générales du génie.

« Le département de la guerre se réserve la pro-
« priété des matériaux qui se trouvent dans les fouilles
« et démolitions faites dans les terrains appartenant à

« l'Etat, sauf à indemniser l'entrepreneur de ses soins
« particuliers.

« Il se réserve également les objets d'art et de toute
« nature qui pourraient s'y rencontrer, sauf indemnité
« à qui de droit. »

172 « L'entrepreneur doit commencer les travaux
« dès qu'il en a reçu l'ordre de l'ingénieur (Cl. et cond.
génér. des ponts et chaussées, art. 10).

Il doit les commencer aussitôt, mais pas plus tôt.
Nous allons voir en effet qu'il doit se conformer aux
ordres de l'ingénieur (V. la suite de l'art. 10, *infrà*,
n. 174).

173. Mais, pas plus ici qu'ailleurs, il ne doit y
avoir abus, et l'administration ne saurait imposer à
l'entrepreneur un délai plus long que celui qu'il a dû
raisonnablement prévoir. « Si le droit de fixer l'époque
« du commencement des travaux est réservé aux ingé-
« nieurs, cette disposition ne fait pas obstacle à ce
« qu'il soit alloué une indemnité à l'entrepreneur dans
« le cas où, par suite d'une faute imputable à l'admi-
« nistration, l'entrepreneur a été empêché de commen-
« cer ses travaux pendant un laps de temps dépassant
« considérablement les délais qui avaient pu être prévus
« par les parties au moment de l'adjudication » (4 juillet 1872, *Agustinetty*, 419 ; V. encore 27 juillet 1870,
Administration générale de l'Assistance publique, 956 ;
29 novembre 1872, *Artigue*, 676 ; 2 mai 1873, *Min.
des trav. pub. c. Monjalon*, 383 ; 26 décembre 1873,
Serratrice et Agustinetty, 979 ; 13 mars 1874, *Monjalon*,
267 ; 26 février 1575, *Agustinetty*, 204).

Ajoutons que l'ajournement des travaux pour plus
d'une année donne à l'entrepreneur le droit de deman-

der la résiliation de son marché avec indemnité (Cl. et cond. génér. des ponts et chaussées, art. 34; V. *infrà*, n. 327).

174. Dans les principes généraux du droit, l'entrepreneur est tenu, et seulement tenu d'exécuter les travaux prévus par le marché, conformément aux conditions de ce marché. Les exigences particulières des travaux publics nécessitaient une dérogation à cette règle.

L'art. 10 des clauses et conditions générales des ponts et chaussées continue en ces termes : « Il (l'en-« trepreneur) se conforme strictement aux plans, pro-« fils, tracés, ordres de service, et, s'il y a lieu, aux « types et modèles qui lui sont donnés par l'ingénieur « ou par ses préposés, en exécution du devis.

« L'entrepreneur se conforme également aux chan-« gements qui lui sont prescrits pendant le cours du « travail, mais seulement lorsque l'ingénieur les a « ordonnés par écrit et sous sa responsabilité. Il ne « lui est tenu compte de ces changements qu'autant « qu'il justifie de l'ordre écrit de l'ingénieur » (V. aussi l'art. 37 des cl. et cond. génér. du génie, *suprà*, n. 165, et l'art. 35, *infrà*, n. 185).

Il doit s'y conformer, lors même qu'il s'agirait, non de simples modifications, mais d'ouvrages non prévus (art. 29; V. *infrà*, n. 249). Nous verrons bientôt quelles sont les limites du droit de l'administration (V. *infrà*, n. 176 et suiv).

175. Ainsi, l'entrepreneur doit obéissance aux *ordres écrits des ingénieurs*. Il peut certainement, nous allons l'expliquer, discuter ces ordres quand ils sont donnés en violation de ses droits. Mais il ne lui appartient pas de vérifier s'ils sont conformes à la bonne exécution des travaux. Le droit d'apprécier les intérêts de l'Etat, comme aussi la régularité des opérations, appartient exclusivement à l'ingénieur, qui l'exerce sous sa responsabilité.

C'est ainsi que, dans une affaire intéressant le service des forêts, l'arrêt déclare « que l'entrepreneur « était tenu de se conformer aux ordres de l'inspecteur « voyer chargé de la direction des travaux, sans qu'il « eût à vérifier préalablement si ces ordres étaient ré- « gulièrement donnés ; d'où il suit que les dépenses « extraordinaires qu'ils ont pu occasionner ne sauraient « être mises à la charge de l'entrepreneur, sauf à l'admi- « nistration des forêts à poursuivre, s'il y a lieu, contre « son agent, les effets de la responsabilité stipulée par « l'art. 6 du cahier des charges » (31 janv. 1838, *Ministère des finances c. Chérion*, 67).

176. Le droit, pour l'administration, d'exiger des changements au devis, est limité sous plusieurs rapports.

En premier lieu, l'art. 10 est inapplicable si le travail imposé à l'entrepreneur ne constitue pas une modification ou un complément du travail qui a fait l'objet de l'entreprise, mais bien un travail nouveau et étranger à son marché.

Quelques exemples sont nécessaires pour montrer ce qu'il faut entendre par travail nouveau.

Un sieur Roche s'était rendu adjudicataire de la construction d'un pont pour la ville de Montpellier, et s'était engagé à effectuer les travaux nécessaires pour le libre écoulement des eaux et le raccordement du pont avec les chemins vicinaux. La ville ayant voulu le

contraindre à l'exécution d'autres travaux, un arrêt du
3 mai 1837 a décidé « que si, depuis lors, la ville de
« Montpellier a fait établir, avec l'autorisation de l'ad-
« ministration, des trottoirs ou contre-allées qui em-
« pêchent l'écoulement naturel des eaux et interrom-
« pent l'accès aux chemins vicinaux, et qui nécessitent
« de nouveaux travaux, l'adjudicataire ne peut être
« obligé à effectuer ces travaux non prévus, ni imposés
« par le cahier des charges » (3 mai 1837, *Roche*,
n. 157).

L'augmentation de longueur et de profondeur d'une
tranchée peut en faire un travail nouveau : « Considé-
« rant que la faculté, réservée par l'art. 8 du cahier des
« charges ci-dessus visé à l'administration, d'imposer
« aux entrepreneurs, en cours d'exécution des travaux,
« des changements au devis, sauf règlement ultérieur
« des prix, ne lui permettait pas de substituer un nou-
« veau projet au projet primitif; considérant qu'il
« résulte de l'instruction qu'au cours d'exécution des
« travaux entrepris par les sieurs Piot et Branget, il a
« été reconnu que les tranchées, destinées à recevoir
« la conduite d'eau, auxquelles le devis n'assignait
« qu'une profondeur de 3ᵐ,60 sur une longueur de
« 700 mètres, et de 1ᵐ,20 sur le surplus du parcours
« dont la longueur entière est de 6070 mètres, devaient
« en réalité avoir une profondeur de 6 à 9 mètres sur
« une longueur de 1500 à 1800 mètres environ; que,
« par suite, il était nécessaire, pour prévenir les éboule-
« ments dans les tranchées, d'établir sur leurs talus un
« système de blindage qui n'avait pas été prévu, et que
« la maçonnerie des regards et les tuyaux des conduites
« d'eau, pour résister à une masse de terre plus con-

« sidérable, devaient recevoir une plus grande épais-
seur. » La résiliation a été prononcée (13 juin 1860,
Ville d'Auxonne, 468).

De même, le raccordement d'une route à un chemin
vicinal peut, suivant les circonstances, être considéré
comme un travail nouveau pour celui qui n'a soumissionné que la construction de la route (26 décembre
1873, *Serratrice et Agustinetty*, 980).

A plus forte raison est-il évident que les prix de l'adjudication d'un ouvrage ne peuvent être invoqués pour
un ouvrage absolument distinct.

Par exemple, on ne peut imposer à l'adjudicataire
d'une écluse les prix de son adjudication pour la construction d'une autre écluse à l'égard de laquelle il n'y
pas eu de convention (4 mai 1825, *Alloard*, 241) ; et
il n'a pas été possible de considérer comme applicable
à des travaux entrepris en 1871 et sans contrat, pour
les fortifications de Paris, les prix précédemment acceptés par l'entrepreneur pour l'entretien des chaussées
pavées et empierrées de la ville (3 décembre 1875, *Min.
de la guerre c. Dehaynin*, 980).

En sens inverse, à l'occasion de la construction d'une
écluse, dont la longueur avait été portée de 120 à 160
mètres, et la largeur de 12 à 16, il a été jugé « que si
« ces modifications apportées au devis primitif ont fait
« l'objet d'une enquête et d'un décret, ces formalités,
« prescrites en vertu de la loi du 3 mai 1841 pour
« constater l'utilité de l'agrandissement du lit de la
« Saône, ne sauraient être considérées comme impli-
« quant la substitution d'un projet nouveau au travail
« qui avait fait l'objet de l'entreprise (19 juin 1874,
« *Caillat et Tissier*, 597).

177. Si l'administration a le droit d'autoriser des changements au devis, elle ne peut du moins exercer ce droit qu'à charge d'indemnité.

Nous parlerons des indemnités dues pour changements en exposant les obligations de l'administration (*infrà*, n. 243 et suiv.).

On verra plus loin que l'augmentation de plus du sixième dans la masse des travaux permet à l'entrepreneur de demander la résiliation (Cl. et cond. des ponts et chaussées, art. 30, et *infrà*, n. 178 et 351); que la diminution de plus du sixième lui donne droit à une indemnité qu'il peut faire régler par le Conseil de préfecture (art. 31, et *infrà*, n. 356 et suiv.); enfin, que la modification de certaines natures d'ouvrages, en plus ou en moins, quand elle dépasse un tiers, le rend également fondé à réclamer une indemnité (art. 32 et *infrà*, n. 182 et suiv.).

178. L'administration n'est pas seulement en droit de modifier les détails d'exécution du travail : la dérogation à l'art. 1794 du Code civil va jusqu'à lui permettre de modifier, en plus ou en moins, la masse, c'est-à-dire la quantité de travail. Mais ce droit ne s'exerce que dans une certaine limite.

« En cas d'augmentation dans la masse des travaux, « l'entrepreneur est tenu d'en continuer l'exécution « jusqu'à concurrence d'un sixième en sus du montant « de l'entreprise. Au delà de cette limite, l'entrepre- « neur a droit à la résiliation de son marché (Cl. et cond. gén. des ponts et chaussées, art. 30).

« En cas de diminution dans la masse des ouvrages, « l'entrepreneur ne peut élever aucune réclamation « tant que la diminution n'excède pas le sixième du

« montant de l'entreprise. Si la diminution est de plus
« du sixième, il reçoit, s'il y a lieu, à titre de dédom-
« magement, une indemnité qui, en cas de contesta-
« tion, est réglée par le Conseil de préfecture » (art.
31).

179. Nous examinerons les conséquences de l'augmentation et de la diminution de la masse des travaux
au delà du sixième, en traitant de la résiliation (**V.**
infrà, n. 351 et suiv.).

Mais nous devons faire remarquer de suite que la
diminution du sixième, aussi bien que l'augmentation
du sixième, est pour l'entrepreneur une cause de résiliation. L'art. 31, qui vise le cas de diminution, ne
parle cependant que d'indemnité. Mais le cahier des
charges de 1833 accordait le droit à la résiliation dans
les deux cas (art. 39); et la circulaire du 23 novembre
1866 déclare que l'administration n'a point entendu
innover sur ce point.

180. En présence du texte des art. 30 et 31, il est
bien certain que l'augmentation et la diminution du
sixième, donnant lieu à résiliation ou à indemnité,
doivent être calculées sur la masse des travaux, et non
sur telle ou telle portion de l'entreprise, sur telle ou
telle nature d'ouvrages (25 avril 1867, *Delsol*, 408).

Il ne faut pas confondre avec l'augmentation de la
masse des travaux l'augmentation de dépense résultant
de ce que la classification définitive des déblais n'est
pas conforme à la classification de l'avant-métré, classification établie provisoirement et devant, aux termes
du devis, être vérifiée et déterminée au fur et à mesure
de l'exécution des travaux. Si la dépense prévue est
par là augmentée d'un sixième, la masse des travaux

11

est toujours la même, et il n'y a pas lieu d'appliquer l'art. 30 (19 février 1857, *Bresseau*, 158).

On verra bientôt, du reste, que la modification de l'importance des natures d'ouvrages ouvre un droit à indemnité, lorsque les quantités prescrites diffèrent de plus d'un tiers des quantités portées à l'état estimatif (art. 32 ; v. *infrà*, n. 182).

181. La faculté d'imposer à l'entrepreneur l'augmentation ou la diminution des travaux n'a été donnée à l'administration que pour assurer une exécution conforme aux intérêts généraux, et nullement dans un intérêt financier. Il ne saurait donc être question de diminuer la masse des travaux dans les conditions de l'art. 32, lorsque l'entrepreneur a demandé la résiliation, et dans l'unique but de diminuer d'un sixième l'indemnité qui peut lui être due. L'entrepreneur aurait droit à indemnité pour ce fait (7 janvier 1876, *Hospices de Bordeaux*, 24).

182. Les modifications apportées au projet peuvent enfin, sans avoir pour effet une augmentation ou diminution de plus d'un sixième, bouleverser les calculs de l'entrepreneur si, tels ouvrages étant plus avantageux et tels autres moins avantageux ou même désavantageux, il y a augmentation de ceux-ci et diminution de ceux-là.

Ici encore, l'équité réclamait la réparation du préjudice causé par la dérogation apportée au droit commun. Le nouvel art. 32 des clauses et conditions générales des ponts et chaussées lui donne satisfaction :

« Lorsque les changements ordonnés ont pour ré-
« sultat de modifier l'importance de certaines natures
« d'ouvrages, de telle sorte que les quantités prescrites

« diffèrent de plus d'un tiers, en plus ou en moins,
« des quantités portées au détail estimatif, l'entrepre-
« neur peut présenter, en fin de compte, une demande
« en indemnité, basée sur le préjudice que lui auraient
« causé les modifications apportées à cet égard dans
« les prévisions du projet » (V., comme application,
11 mai 1870, *Vertut*, 569 ; 5 décembre 1873, *Roques*,
915 ; 3 août 1874, *Leglos et Moret*, 837 ; 7 avril
1876, *Redon*, 376 ; 21 février 1877, *Bru et Plantade*,
1040).

183. L'art. 32 suppose une modification résultant
des ordres de l'administration et non d'un fait acciden-
tel. On a donc vu l'indemnité refusée lorsque, par
exemple, la classification définitive des déblais par
application du devis donnait une augmentation ou une
diminution de plus d'un tiers relativement à la classification provisoirement établie par l'avant-métré (23
décembre 1876, *Chevalier*, 959 ; v. dans une situation
analogue, en ce qui concerne les art. 30 et 31, 19 février 1857, *Bresseau*, 158, et *suprà*, n. 180).

La raison de cette jurisprudence est que les art. 30,
31 et 32 sont, purement et simplement, le correctif du
droit de faire des changements au devis, droit conféré
à l'administration par l'art. 19 (V. *suprà*, n. 174).

184. L'entrepreneur présente sa demande *en fin de
compte* (art. 32). Il n'a donc pas de réserves à faire
(V. dans un cas analogue, 21 décembre 1877, *Département de Seine-et-Marne*, 981).

185. En ce qui concerne le service du génie, la
difficulté de prévoir d'avance les travaux à exécuter a
fait établir, d'une manière générale, la règle que tous
les ordres sont inscrits sur un registre tenu par les

officiers du génie, et que leur communication à l'entrepreneur est constatée.

L'art. 35 est ainsi conçu : « Les ordres et les ins-
« tructions donnés à l'entrepreneur, pour tout ce qui
« concerne le service de l'entreprise et l'exécution des
« travaux, sont inscrits sur un registre établi à cet
« effet, coté et parafé par le directeur du génie de la
« place.

« Les ordres sont donnés par le chef du génie, ou,
« à son défaut, par l'officier chef d'atelier. Ils pré-
« cisent les dimensions et la provenance des maté-
« riaux à employer, visent les articles de la deuxième
« partie du cahier des clauses et conditions générales
« applicables à l'exécution des travaux qu'ils con-
« cernent, et indiquent les numéros du bordereau qui
« seront appliqués au payement de l'ouvrage.

« Chaque nouvel ordre est aussitôt présenté, et, au
« besoin, notifié administrativement à l'entrepreneur,
« qui est tenu de le dater et de le signer. Dans le cas
« où les indications qu'il contient donneraient lieu à des
« observations de l'entrepreneur, celui-ci devra les for-
« muler dans un délai de cinq jours ; faute de quoi il
« sera réputé les avoir consenties avec toutes leurs
« conséquences.

« Le délai de cinq jours court à partir de la présen-
« tation ou de la notification administrative prévue par
« le paragraphe précédent. Le visa du chef du génie
« doit précéder cette notification, dans le cas où l'ordre
« contesté émane de l'officier chef d'atelier. »

186. Dans le même ordre d'idées, l'art. 36 des
clauses et conditions générales du génie ordonne la
prise d'attachements préalables à tout travail.

« Aucun ouvrage ne doit être exécuté sans que les
« cotes de niveau, les mesures de dimensions et les
« autres indications nécessaires aux métrés, surtout
« celles que l'exécution des travaux doit faire dispa-
« raître, aient été relevées par l'officier chef d'atelier,
« en présence de l'entrepreneur, rapportées, avec leur
« date, sur le registre d'attachements ouvert à cet effet,
« et signées par cet officier et l'entrepreneur. Ce re-
« gistre est coté et parafé par le directeur du génie,
« et déposé au bureau du génie de la place.

« Dans le cas où l'entrepreneur aurait fait exécuter,
« sans prévenir en temps opportun l'officier du génie,
« un travail dont les cotes ou les dimensions ne pour-
« raient plus être vérifiées, cet officier peut faire faire
« des fouilles ou faire démolir telles parties de l'ou-
« vrage qu'il jugera nécessaire, en vue de s'assurer
« que les cotes ou dimensions sont bien celles qui au-
« raient été prescrites ; le tout aux frais de l'entrepre-
« neur, et sans qu'il soit fondé à réclamer, de ce fait,
« aucune indemnité.

« L'entrepreneur est invité, par la voie de l'ordre,
« à signer le registre d'attachements. Lorsqu'il s'y re-
« fuse ou ne le signe qu'avec réserves, un délai de dix
« jours lui est accordé, à dater de cet ordre, pour for-
« muler, par écrit, ses observations. Passé ce délai, les
« attachements sont censés acceptés par l'entrepre-
« neur et avoir été signés par lui sans réserves. »

187. L'entrepreneur contracte des obligations de
divers genres en ce qui concerne ses ouvriers.

Parlons d'abord de ses obligations envers l'administration.

« Le nombre des ouvriers de chaque profession est

« toujours proportionné à la quantité d'ouvrage à faire.
« Pour mettre l'ingénieur à même d'assurer l'accom-
« plissement de cette condition, il lui est remis, pério-
« diquement et aux époques par lui fixées, une liste
« nominative des ouvriers » (Cl. et cond. gén. des
ponts et chaussées, art. 14).

Si l'entrepreneur a été mis en demeure d'en employer
un nombre excessif, il peut réclamer un prix supplémentaire (6 juillet 1865, *Lann*, 703).

188. « L'entrepreneur ne peut prendre pour com-
« mis et chefs d'atelier que des hommes capables de
« l'aider et de le remplacer au besoin dans la conduite
« et le métrage des travaux.

« L'ingénieur a le droit d'exiger le changement ou
« le renvoi des agents et ouvriers de l'entrepreneur
« pour insubordination, incapacité, ou défaut de pro-
« bité.

« L'entrepreneur demeure, d'ailleurs, responsable
« des fraudes ou malfaçons qui seraient commises par
« ses agents et ouvriers dans la fourniture et dans
« l'emploi des matériaux » (Cl. et cond. gén. des ponts
et chaussées, art. 13).

Ni l'ingénieur, ni ses supérieurs hiérarchiques, à
qui la réformation de sa décision peut toujours être
demandée, n'ont le droit d'exiger que l'entrepreneur
cède à un fondé de pouvoirs la direction du travail
qu'il a soumissionné (Concl. du com. du gouv. sur
6 mars 1874, *Avon*, 236).

189. L'art. 18 des clauses du génie reproduit,
d'une manière générale, les dispositions des art. 13 et
14 que nous venons d'examiner, tout en se montrant
moins exigeant sous certains rapports :

« L'entrepreneur est tenu d'avoir un nombre suffi-
« sant de commis, de bons appareilleurs, de maîtres
« ouvriers et de piqueurs intelligents, qui soient en
« état de l'aider dans l'organisation des ateliers, ainsi
« que dans la conduite des travaux ; il doit avoir éga-
« lement des ouvriers et des moyens de transport en
« assez grand nombre pour pouvoir procéder, active-
« ment et sans interruption, à l'exécution des ou-
« vrages. »

190. Les clauses et conditions générales du génie
imposent à l'entrepreneur une obligation toute particulière, celle d'employer des soldats, des prisonniers
de guerre et des condamnés militaires.

« Art. 20. Les soldats et les prisonniers de guerre,
« ainsi que les condamnés militaires, peuvent être
« employés, par ordre, à l'exécution des travaux :

« Au compte de l'Etat, par motif d'économie ou
« d'urgence d'exécution, notamment quand il y a in-
« suffisance d'ouvriers civils dans la localité ;

« Au compte de l'entrepreneur, lorsque, faute par
« celui-ci d'avoir réuni le nombre de travailleurs né-
« cessaire, le chef du génie lui impose des ouvriers
« militaires, afin que les travaux puissent être termi-
« nés en temps utile.

« Les ouvriers militaires employés par ordre donnent
« lieu à des dispositions spéciales qui font l'objet des
« articles 30 et 59 ci-après (V. *infrà*, n. 191 et 197).

« Leur emploi n'ouvre, en tout cas, à l'entrepreneur,
« aucun droit à indemnité. »

191. Dans cette situation, l'art. 30 des mêmes
clauses du génie impose à l'entrepreneur la fourniture
des outils nécessaires :

« L'entrepreneur est tenu, quand il en est requis
« par le chef du génie, de fournir aux ouvriers mili-
« taires employés par ordre, et d'entretenir en bon
« état, les outils, machines, engins et agrès de toute
« espèce qui leur sont nécessaires ; il lui est alloué, à
« cet effet, un prix de location que fixe le bordereau. »

192. Les clauses et conditions du génie imposent
aussi à l'entrepreneur l'obligation d'employer, dans
certains cas, les travailleurs que l'autorité militaire
s'est procurés par voie de réquisition. Elles règlent ce
qui concerne le salaire de ces ouvriers et l'influence de
leur emploi sur l'exécution du marché :

« Art. 21. Lorsque des travaux indispensables exigent
« la plus grande célérité, et que les ouvriers de l'entre-
« preneur, joints aux travailleurs que la garnison peut
« fournir, sont insuffisants, les autorités civiles, sur la
« réquisition du chef du génie ou du directeur, doivent,
« conformément à la loi du 10 juillet 1791, article 24
« du titre VI, employer tous les moyens légalement pra-
« ticables qui sont en leur pouvoir, pour procurer le
« supplément d'ouvriers nécessaires ; ces autorités
« fixent en même temps le salaire de ces ouvriers, dont
« le payement peut alors donner lieu à l'établissement
« d'une régie, si l'entrepreneur en fait la demande.

« Si l'entrepreneur ne réclame pas la régie, il n'a
« pas droit à la résiliation de son marché, quel que soit
« le surenchérissement de la main-d'œuvre, et il sup-
« porte, seul et sans recours, la différence de prix entre
« les journées tarifées au bordereau et celles payées
« aux ouvriers requis. »

193. Aux termes de l'art. 16 des clauses et conditions générales des ponts et chaussées, « une retenue

« d'un centième est exercée sur les sommes dues à l'en-
« trepreneur à l'effet d'assurer, sous le contrôle de
« l'administration, des secours aux ouvriers atteints de
« blessures ou de maladies occasionnées par les tra-
« vaux, à leurs veuves et enfants, et de subvenir aux
« dépenses du service médical.

« La partie de cette retenue qui reste sans emploi à
« la fin de l'entreprise est remise à l'entrepreneur. »

Cette retenue, étant une charge de l'entreprise, doit
porter sur l'ensemble des travaux exécutés, y compris
ceux à raison desquels l'entrepreneur a obtenu des
allocations supplémentaires (10 juillet 1874, *Lann*,
666).

194. Disons à ce sujet qu'une loi du 11 juillet 1868
a créé : « 1° Une caisse d'assurance ayant pour objet de
« payer, au décès de chaque assuré, à ses héritiers ou
« ayants droit une somme déterminée, suivant les bases
« fixées à l'art. 2 ci-après ; 2° une caisse d'assurance
« en cas d'accidents, ayant pour objet de servir des
« pensions viagères aux personnes assurées qui, dans
« l'exercice de travaux agricoles ou industriels, seront
« atteintes de blessures entraînant une incapacité per-
« manente de travail, et de donner des secours aux
« veuves et enfants mineurs des personnes assurées
« qui auront péri par suite d'accidents survenus dans
« l'exercice desdits travaux » (art. 1er).

Un règlement d'administration publique, du 10 août
1868, a été rendu pour l'exécution de cette loi. Il porte
notamment que « les propositions d'assurance sont re-
« çues, à Paris, à la Caisse des dépôts et consignations,
« et, dans les départements, par les trésoriers-payeurs
« généraux et par les receveurs particuliers des finances.

« Elles sont également reçues par les percepteurs des
« contributions directes et les receveurs des postes.
« Elles sont toujours accompagnées d'un versement qui
« comprend la prime entière, si l'assurance a lieu par
« prime unique, et la première annuité, si elle a lieu
« par primes annuelles » (art. 2).

195. Parlons maintenant des obligations de l'entrepreneur envers ses ouvriers.

Le cahier des charges de 1833 énonçait purement
et simplement celle de leur payer les salaires convenus.
Celui de 1866 veut que les salaires soient payés au
moins tous les mois, comme le sont les acomptes versés
à l'entrepreneur aux termes de l'art. 44 (V. *infrà*,
n. 414).

« L'entrepreneur paye les ouvriers tous les mois, ou
« à des époques plus rapprochées, si l'administration
« le juge nécessaire.

« En cas de retard régulièrement constaté, l'admi-
« nistration se réserve la faculté de faire payer d'office
« les salaires arriérés sur les sommes dues aux entre-
« preneurs, sans préjudice des droits réservés, par la
« loi du 26 pluviôse an II, aux fournisseurs qui auraient
« fait des oppositions régulières » (Cl. et cond. gén.
des ponts et chaussées, art. 15).

Cette faculté n'est réservée qu'à l'égard des ouvriers.
Elle n'existe donc pas vis-à-vis des fournisseurs. Quant
au privilège, il en sera question plus loin (V. *infrà*,
n. 445 et suiv.).

196. Les clauses et conditions du génie obligent
aussi l'entrepreneur à payer ses ouvriers à intervalles
réguliers, et même plus promptement que ne le font
les clauses des ponts et chaussées, bien que l'entrepre-

neur n'ait pas droit, comme pour les travaux des ponts
et chaussées, à l'obtention d'acomptes mensuels (V.
infrà, n. 420).

Elles prescrivent certaines formalités qui doivent
précéder le payement d'office :

« Art. 19. Tous les quinze jours, au moins, l'entre-
« preneur doit payer intégralement ce qui est dû aux
« ouvriers; il ne peut, nonobstant tout usage con-
« traire, exercer des retenues sur les salaires dont il
« est convenu avec eux, si ce n'est en cas d'opposition
« ou pour se rembourser des avances qu'il leur aurait
« faites.

« Les payements sont individuels, et se font les di-
« manches et les jours de fête pendant la matinée, ou
« les jours de travail aux heures de repos.

« Le chef du génie s'assure de la plus ou moins
« grande régularité avec laquelle s'effectuent ces paye-
« ments. En cas de retard de plus d'une quinzaine, il
« invite, par la voie de l'ordre, l'entrepreneur à se
« libérer. Huit jours après, si les réclamations per-
« sistent, le directeur peut, sur le rapport du chef du
« génie, autoriser celui-ci à faire payer d'office tout ou
« partie des salaires arriérés, sur les sommes dues à
« l'entrepreneur, sans préjudice des droits réservés
« par la loi aux fournisseurs qui auraient fait des op-
« positions régulières. »

197. Le mode de payement des ouvriers militaires
est réglementé par l'art. 59 des clauses et conditions
générales du génie.

« Les sommes dues aux soldats et aux prisonniers
« de guerre, ainsi qu'aux condamnés militaires, em-
« ployés par ordre sur les travaux, sont payées aux

« conseils d'administration des corps auxquels ils
« appartiennent, ou au chef de détachement.

« Lorsque ces payements ne donnent pas lieu à des
« mandats du directeur, l'entrepreneur est tenu de les
« effectuer, sur la production d'états d'émargement,
« dressés par les officiers du génie et signés par la
« partie prenante.

« Si les ouvriers militaires travaillant par ordre
« sont au compte de l'Etat, le montant de la feuille
« d'émargement acquittée par l'entrepreneur est porté
« au compte de ce dernier. Il lui est tenu compte,
« d'ailleurs, aux prix du bordereau ou à l'estimation,
« des fournitures de matériaux ou autres objets qu'il
« reçoit l'ordre de faire aux ouvriers militaires.

« Si ces ouvriers sont employés par ordre, au compte
« de l'entrepreneur, dans des travaux qui doivent être
« payés à ce dernier à la journée, le montant de la
« feuille d'émargement est porté en compte à l'entre-
« preneur sans l'addition d'aucun bénéfice ou indem-
« nité.

« Enfin, si des ouvriers militaires travaillant par
« ordre, au compte de l'entrepreneur, sont employés à
« des ouvrages qui doivent être payés au métré à ce
« dernier, on porte en compte à l'entrepreneur, outre
« le montant de la feuille d'émargement, sans l'addi-
« tion d'aucune indemnité, la dépense de l'ouvrage
« résultant de l'application des prix du bordereau,
« comme si cet ouvrage avait été fait par des ouvriers
« civils ; mais on déduit de la somme ainsi calculée
« autant de fois les 3/5 du prix d'une journée d'ouvrier
« civil, qu'il a été employé de journées d'ouvriers mili-
« taires. »

198. L'art. 23 des clauses et conditions générales du génie ajoute, en ce qui concerne les difficultés entre l'entrepreneur, ses agents et ouvriers, une disposition analogue à la prescription générale de l'art. 70 des mêmes clauses (V. *infrà*, n. 559).

Art. 23. « Dans le cas où l'entrepreneur, ses agents
« ou ses ouvriers, ont des difficultés les uns à l'égard
« des autres, au sujet de salaires ou de travaux relatifs
« au marché, ils sont tenus, avant d'avoir recours aux
« tribunaux, d'en référer au chef du génie, qui les con-
« cilie s'il le peut. »

199. « Il est interdit à l'entrepreneur de faire tra-
« vailler les ouvriers le dimanche et jours fériés. Il ne
« peut être dérogé à cette règle que dans le cas d'ur-
« gence et en vertu d'une autorisation écrite ou d'un
« ordre de service de l'ingénieur » (Clauses et conditions générales des ponts et chaussées, art. 11, al. 2).

200. Cette disposition est reproduite par l'art. 45 des clauses et conditions générales du génie : « Aucun tra-
« vail n'a lieu, sur les ateliers, les dimanches et jours
« fériés, à moins que, pour cause d'urgence ou pour
« toute autre circonstance exceptionnelle, le chef du
« génie ne le prescrive ou ne l'autorise. »

201. Enfin, l'entrepreneur répond des accidents éprouvés par ses ouvriers pendant l'exécution des tra-
vaux, toutes les fois que ces accidents ont eu pour cause, soit une faute active, soit un manque de précaution ou de surveillance de sa part (Art. 1382 et 1383, C. civ. ; v. notamment, Cass. civ. 28 janvier 1841, *Reygasse*, D. 41. 1. 271 ; req. 9 février 1857, *Legrand*, D. 57. 1. 220 ; rej. civ. 13 janvier 1868, *Odiot*, D. 68. 1. 13 ; 23 juillet 1868, *Nachon*, 807). C'est l'application des

règles du droit commun. Nous reviendrons sur ce point
en étudiant la matière des dommages (V. *infrà*, n. 932
et 986).

202. Les clauses et conditions générales du génie
stipulent, en ce qui concerne les accidents survenus
aux ouvriers, la responsabilité exclusive de l'entrepreneur : ce qui ne saurait, évidemment, donner lieu à
une fin de non-recevoir opposable par l'Etat aux ouvriers (V. *infrà*, n. 957 et suiv.):

« Art. 24. L'entrepreneur reste seul responsable,
« vis-à-vis des ouvriers ou des familles, des accidents
« survenus pendant l'exécution des travaux.

« Le directeur du génie peut, d'ailleurs, sur la pro-
« position du chef du génie, solliciter du ministre, en
« faveur d'ouvriers ou d'employés blessés sur les tra-
« vaux, un secours en rapport avec le temps pendant
« lequel ils se sont trouvés dans l'impossibilité de tra-
« vailler.

« Il peut également demander des secours en faveur
« des familles nécessiteuses d'ouvriers tués sur les
« travaux ou morts des suites des blessures qu'ils y
« auraient reçues.

« Les ouvriers civils peuvent être traités dans les
« hôpitaux militaires; l'entrepreneur est tenu d'ac-
« quitter le montant des journées de traitement, d'a-
« près les décomptes établis par le service de l'inten-
« dance. En cas de non-payement dans les huit jours
« qui suivent la notification administrative de ce dé-
« compte, le montant en sera retenu sur le premier
« acompte à délivrer à l'entrepreneur. »

203. En ce qui concerne encore les ouvriers, les
clauses et conditions générales du génie contiennent

des dispositions particulières à la police des travaux :

« Art. 22. Les commis, maîtres-ouvriers, piqueurs
« et ouvriers de toute espèce sont soumis, sur les ate-
« liers, à la police des agents militaires ; dans les cas
« graves motivant l'arrestation d'aucuns d'eux, ils sont
« remis entre les mains de l'autorité judiciaire, con-
« formément aux dispositions des articles 22 et 23 du
« titre VI de la loi du 10 juillet 1791.

« Le chef du génie peut, dans tous les cas, ordon-
« ner le renvoi immédiat de ceux qui ne sont pas de
« bonne conduite sur les ateliers, qui manquent d'assi-
« duité au travail, qui sont peu propres à l'ouvrage
« auquel ils sont employés, ou qui donnent lieu à des
« plaintes.

« Aucun ouvrier, les manœuvres exceptés, ne peut
« être renvoyé des ateliers sans le consentement du
« chef du génie. »

204. L'entrepreneur supporte les faux frais de
l'entreprise, c'est-à-dire les dépenses accessoires nécessitées tant par la préparation que par l'exécution
des travaux :

« L'entrepreneur sera tenu de fournir à ses frais
« les magasins, équipages, voitures, ustensiles et
« outils de toute espèce nécessaires à l'exécution des
« travaux, sauf les exceptions stipulées au devis.

« Sont également à sa charge l'établissement des
« chantiers et chemins de service et les indemnités y
« relatives, les frais de tracé des ouvrages, les cor-
« deaux, piquets et jalons, les frais d'éclairage des
« chantiers s'il y a lieu, et généralement toutes les
« menues dépenses et tous les faux frais relatifs à l'en-

« treprise » (Cl. et cond. gén. des ponts et ch., art. 18).

205. L'énumération n'est et ne pouvait être qu'incomplète. On peut encore citer les ateliers et bureaux, et, d'après la jurisprudence :

Les échafauds (14 août 1852, *Geoffroy*, 393);

Les ponts de service nécessaires pour exécuter les ponts suspendus (17 juillet 1860, *Erard*, 536);

Les bassins à chaux, à moins que l'entrepreneur n'ait été obligé par l'administration à faire des approvisionnements de chaux extraordinaires (12 février 1841, *Best*, 61);

Les dépenses faites par l'entrepreneur du perfectionnement d'une route pour disposer les matériaux de manière à tenir la route libre (7 mars 1834, *Min. trav. pub. c. Palazzi*, 172);

Les dépenses nécessaires pour aller chercher des matériaux à grande distance (3 avril 1841, *Min. de la guerre c. Puyoo*, 134);

Les frais de couverture des matériaux (14 août 1852, *Geoffroy*, 393);

Les cintres élevés pour construire les arceaux des portes et des croisées (9 août 1865, *Langlade*, 788). L'arrêt précité admet qu'il peut y avoir doute à l'égard des cintres beaucoup plus considérables des voûtes des caves, et s'appuie, pour les laisser à la charge de l'entrepreneur, sur le devis stipulant, dans l'espèce, qu'ils seraient fournis sans indemnité. En tous cas, l'opération de cintrage donne lieu à indemnité quand elle est importante et imprévue. Il a été jugé, à l'occasion de la réparation des murs des tranchées de souterrains et dérivations, « que ces cintres, composés de pièces de

« charpente soigneusement assemblées, ne peuvent
« être assimilés, ni aux équipages et ustensiles mis à
« la charge de l'entrepreneur par l'art. 10 des clauses
« et conditions générales (de 1833), ni aux échafau-
« dages également mis à la charge de l'entrepreneur
« par l'art. 19 du devis spécial à l'entreprise ; que
« l'emploi de ces cintres n'avait pas été prévu au devis,
« et qu'il résulte de l'instruction que la nécessité de
« les employer ne s'est révélée qu'en cours d'exécu-
« tion des travaux ; que dans ces circonstances, le
« sieur Gariel est fondé à demander qu'il lui soit
« tenu compte du prix des cintres » (6 juillet 1863,
Gariel, 521 ; v. décision analogue à l'occasion d'opérations de cintrage imprévues, nécessitées par la modification des travaux de construction d'un pont, 20 juillet
1877, *Comm. de Martigues*, 727).

L'entrepreneur n'est tenu de payer sans indemnité, ni les frais d'enlèvement de détritus de matériaux,
soumis à des recoupes pour lesquelles il a obtenu une
indemnité spéciale (20 juin 1865, *Dagieu*, 637) ; ni les
bois fournis pour soutenir les parois des fouilles, quand
ils ne sont pas prévus au marché (10 novembre 1876,
Serratrice, 801 ; 1er décembre 1876, *Primet*, 857) ; ni,
peut-on dire d'une manière générale, les objets donnant lieu à une dépense importante, qui n'a pas été prévue par le cahier des charges, ou par le devis.

Quant aux chemins de service, qui sont formellement
mis à la charge de l'entrepreneur par l'art. 18 des
clauses et conditions générales, l'Etat lui doit une
indemnité s'il en tire profit, soit avant, soit après les
travaux (23 novembre 1850, *Mourier*, 863 ; 23 décembre 1852, *Maget*, 656 ; 11 décembre 1874, *Démonet*, 987).

12

L'entrepreneur ne peut réclamer d'indemnité pour les droits de navigation sur les matériaux qui font partie des frais de transport (22 avril 1868, *Niclotte*, 479).

206. Les droits d'octroi, il est à peine nécessaire de le dire, doivent être payés par l'entrepreneur, qui est responsable du défaut de payement (18 janvier 1844, *Ville d'Avignon*, 29). Quant au point de savoir qui doit les supporter définitivement, il doit être résolu d'après l'intention des parties.

Plusieurs fois, il a été accordé de ce chef indemnité à l'entrepreneur, parce que, dans la pensée des ingénieurs, il ne devait pas supporter les droits d'octroi (12 août 1854, *Jourdan*, 790; 17 janvier 1873, *Jacquot*, 77); parce que ces droits n'étaient pas entrés dans la composition du prix, et qu'il résultait de l'instruction qu'ils n'avaient pas été mis à sa charge (27 novembre 1856, *Seive*, 670).

Au contraire, l'indemnité a été refusée dans d'autres affaires, où le prix avait été fixé pour les matériaux rendus sur le chantier (15 avril 1858, *Sarrat*, 307); ou avait été calculé sur la valeur des matériaux (7 juin 1865, *Driot*, 619; v. encore 2 mai 1873, *Min. trav. pub. c. Monjallon*, 384; 23 avril 1875, *Péquart*, 372).

La même règle est applicable aux droits de douane (23 avril 1875, *Péquart*, 372).

La question devient plus délicate au cas où le marché, à l'occasion duquel est réclamée l'indemnité, a été conclu précisément avec la commune au profit de laquelle ont été perçus les droits d'octroi. Sans doute, il n'est pas permis à une commune de modifier indirectement, par l'établissement d'une taxe, le contrat conclu par elle, et la ville de Paris a dû rembourser, à l'entrepreneur de la construction des trottoirs, les droits d'octroi établis sur les asphaltes après l'exécution du traité (10 juin 1868, *Comp. des asphaltes*, 649; 8 janv. 1875, *Ville de la Basse-Terre*, 6).

Mais il ne faudrait pas aller jusqu'à exonérer un entrepreneur de sa quote-part normale dans les charges imposées aux habitants de la ville. C'est en ce sens que la restitution des droits sur le coke a été refusée à des compagnies d'éclairage au gaz, lorsque ces droits avaient été établis, soit antérieurement à leur traité, soit postérieurement, mais dans des circonstances qui ne pouvaient prêter à la critique (7 avril 1874, *Comp. du gaz de Wazemmes*, 336; 3 juillet 1874, *Comp. du gaz de Saint-Malo*, 624).

207. Que dire des subventions spéciales?

Avant la loi du 21 mai 1836, les subventions spéciales pour dégradations aux chemins vicinaux n'étaient pas dues par les entrepreneurs de travaux publics : « Considérant que l'art. 7 de la loi du 28 « juillet 1824 n'assujettit à des subventions particu- « lières pour la réparation des chemins vicinaux que « les propriétaires ou entrepreneurs qui dégradent les- « dits chemins par leurs exploitations de mines, de « carrières, de forêts ou de toute autre entreprise in- « dustrielle, et que l'exécution de travaux publics effec- « tués par des entrepreneurs agissant au lieu et place « de l'Etat ne saurait être considérée comme une « entreprise de cette nature » (19 décembre 1838, *Guémy*, 691 ; v. encore 24 avril 1837, *Min. trav. pub.*, 147).

L'art. 14 de la loi du 21 mai 1836 porte, au contraire, qu'il pourra y avoir lieu à imposer des subventions spéciales, « toutes les fois qu'un chemin vicinal, « entretenu à l'état de viabilité par une commune, sera « habituellement ou temporairement dégradé par des « exploitations de mines, de carrières, de forêts, ou de « toute entreprise industrielle appartenant à des parti- « culiers, à des établissements publics, à la commune, « ou à l'Etat ».

L'entrepreneur doit donc payer les subventions spéciales, et sans recours. Le Conseil d'Etat n'admet pas à l'égard de ces subventions la distinction qu'il a consacrée en matière d'octroi. Il a décidé à l'occasion de travaux communaux, mais en termes absolus applicables à toute entreprise de travaux publics : « que le « payement des subventions spéciales imposées au sieur « Colin faisait partie de son entreprise, et qu'aucune « clause de son marché ne l'autorise à réclamer de « l'administration leur remboursement » (4 février 1858, *Colin*, 127).

208. Nous avons eu déjà l'occasion de parler des frais de l'adjudication. Ils restent à la charge de l'entrepreneur (V. *suprà*, n. 127).

209. Les clauses et conditions générales du génie règlent ainsi ce qui se rapporte aux faux frais :

« Art. 25. L'entrepreneur est tenu d'établir ou « de fournir à ses frais les magasins, hangars, équi- « pages, voitures ou autres moyens de transport, ma- « chines, ustensiles, instruments et outils de toute « espèce nécessaires à la bonne et prompte exécution « des travaux, au tracé et au profilement des ou- « vrages, à leur métré et à la réception des fournitures.

« Sont également à sa charge l'établissement des
« chantiers et chemins de service, ainsi que les in-
« demnités y relatives, les frais de tracé des ouvrages,
« les frais d'éclairage des chantiers, les subventions
« spéciales pour dégradations aux chemins vicinaux et
« autres, et généralement, toutes les menues dépenses,
« tous les faux frais relatifs à l'entreprise, tous les
« moyens et tous les débours, même non prévus au
« cahier des charges ou au bordereau, reconnus néces-
« saires par le chef du génie, au cours du marché,
« pour l'exécution normale des travaux objets du con-
« trat. Les frais d'acquisition du matériel et d'instal-
« lation des chantiers ne peuvent être prélevés sur le
« fonds de roulement ; ils n'entrent pas non plus dans
« le compte des avances ou retenues stipulées à l'ar-
« ticle 64.

« La reprise du matériel à l'expiration du marché
« n'est obligatoire ni pour l'État, ni pour l'entrepre-
« neur entrant, excepté dans le cas spécifié à l'article
« 68 ci-après, et dans celui où le cahier des charges
« spéciales du nouveau marché fait mention de cette
« obligation et indique la valeur du matériel auquel
« elle s'applique. Ce matériel ne peut, d'ailleurs, être
« diminué, au cours de l'entreprise, qu'avec l'agré-
« ment du chef du génie. »

L'art. 6 des clauses du génie est également relatif
aux faux frais :

« Les droits nouveaux, ou suppléments de droits
« de douane, d'octroi et autres, établis pendant la
« durée du marché sur les matériaux employés dans
« l'exécution des travaux ordonnés, sont portés en
« compte à l'entrepreneur sur la production des quit-

« tances qui lui auront été délivrées par les agents
« préposés à la perception de ces droits.

« Dans les cas de suppression ou de diminution de
« ces mêmes droits, les prix du bordereau concernant
« les matériaux ou autres objets soumis à ces droits,
« ainsi que ceux des ouvrages dans lesquels entrent
« ces matériaux ou objets, seront réduits, soit au
« moyen d'une convention amiable approuvée par le
« Ministre, soit d'après des expertises contradictoires
« approuvées de la même manière.

« Si, pendant la construction d'un ouvrage, des
« changements ordonnés par écrit, autres, toutefois,
« que ceux pouvant résulter de l'emploi prévu par
« l'art. 29 de matériaux appartenant à l'Etat, étaient
« de nature à porter préjudice aux intérêts de l'entre-
« preneur, celui-ci recevrait une indemnité dans la-
« quelle on tiendrait compte, au prix du marché,
« des sommes dues pour les travaux faits et de
« celles qui résulteraient des changements prescrits ;
« elle ne pourrait, dans aucun cas, être basée sur
« les éventualités de bénéfice que l'entrepreneur
« aurait pu réaliser si ces changements n'avaient pas
« eu lieu.

« Il n'est dû à l'entrepreneur aucune indemnité ni
« pour le droit de patente auquel il est assujetti par la
« loi, ni pour les constructions, les changements ou
« les suppressions d'ouvrages, de canaux, de routes,
« de chemins, etc., qui surviendraient pendant la
« durée du marché, et qui nuiraient à ses transports, à
« la facilité du débarquement de ses matériaux ou à
« la marche des usines, ni, enfin, pour aucun cas autre
« que ceux spécifiés ci-dessus. »

210. L'art. 31 des clauses et conditions générales du génie fait à ces règles une exception dont il limite les effets :

« L'Etat ne prête de locaux ou de terrains pour les « besoins de l'entreprise qu'à titre tout à fait excep-« tionnel, et quand le cahier des charges spéciales « précise les locaux et les terrains à prêter.

« Dans ce cas, le prêt a toujours lieu à charge d'é-« vacuation, sans indemnité, à la première réquisition « du chef du génie. L'entrepreneur supporte toutes « les réparations, quelles qu'elles soient.

« L'entrepreneur répond de l'incendie des bâtiments « qui lui sont prêtés, à moins qu'il ne prouve que « l'incendie est arrivé par cas fortuit ou force majeure, « ou par vice de construction, ou que le feu a été com-« muniqué par une maison voisine.

« Un état descriptif des lieux est dressé par un ad-« joint du génie, vérifié et signé par l'entrepreneur, « et visé par le chef du génie ; aucun changement ne « peut y être apporté sans la permission par écrit de « cet officier ; si l'entrepreneur en a fait, il est tenu, « au premier avis, de faire rétablir les lieux dans leur « état primitif.

« A l'expiration du marché, l'entrepreneur doit « évacuer les locaux et terrains de l'Etat dont il dis-« pose, y faire exécuter les réparations de toute nature « reconnues nécessaires, et remettre le tout au service « du génie ; faute par lui d'avoir complètement satis-« fait à ces dispositions, il est procédé d'office à leur « exécution, sur l'ordre du chef du génie, et par les « moyens que cet officier indique. »

211. Une autre dérogation admise par le même

cahier se rapporte au prêt à l'entrepreneur d'outils appartenant à l'Etat.

« Art. 32. En cas d'urgence, il peut être prêté à « l'entrepreneur, sur son récépissé, des outils appar- « tenant à l'Etat. Dans ce cas, l'entretien de ces outils « est à la charge de l'entrepreneur, auquel il est fait, « en outre, sur la dépense des travaux calculée au prix « du bordereau, une déduction établie d'après un prix « d'estimation pour location, arrêté de concert entre « lui et le chef du génie, et approuvé par le direc- « teur. »

212. L'art. 47 des clauses et conditions du génie formule encore à la charge de l'entrepreneur certaines obligations accessoires :

« Après l'achèvement de chaque ouvrage exécuté au « prix du marché, l'entrepreneur est tenu de faire « enlever, à ses frais, les échafaudages, ponts de ser- « vice, et, généralement, tout ce qui a servi à l'exécu- « tion des travaux.

« Il doit pareillement, à son compte, faire enlever « les décombres et les transporter aux endroits qui « lui sont désignés, boucher les trous d'échafaudages, « les fosses à chaux, etc., et faire partout place nette.

« S'il s'agit de démolitions ou d'ouvrages exécutés à « l'économie, ou au compte de l'Etat, l'enlèvement « des décombres et celui des échafaudages qui ont été « spécialement établis pour ces démolitions ou ces « ouvrages incombent au Département de la guerre. »

213. Les épuisements, bâtardeaux et travaux ana- logues, dont l'importance ne peut être appréciée avant les travaux, s'exécutent ordinairement en régie.

Sous le cahier des charges des ponts et chaussées de

1833, les dépenses des épuisements imprévus devaient être constatées par attachement et sur des contrôles tenus sous la surveillance de l'ingénieur (art. 23). La jurisprudence considérait ces formalités comme étant de rigueur (15 décembre 1846, *Pluvinet*, 555 ; 30 juillet 1857, *Bourdon*, 619 ; V. cep. 10 janvier 1856, *Nepvauët*, 54).

Quant au payement, les dépenses étaient remboursées à l'entrepreneur avec un quarantième en sus pour restitution de ses avances, et, en outre, deux quarantièmes lorsque les travaux nécessitaient des outils, soins, frais de conduite, fournitures et entretien de machines (art. 24).

L'art. 17 des clauses de 1866 pose une règle plus simple, en partant de l'idée que l'entrepreneur n'a plus à procurer les ouvriers, mais seulement le matériel :

« S'il y a lieu de faire des épuisements ou autres « travaux dont la dépense soit imputable sur la somme « à valoir, l'entrepreneur doit, s'il en est requis, four- « nir les outils et machines nécessaires pour l'exécu- « tion des travaux.

« Le loyer et l'entretien du matériel lui sont payés « au prix de l'adjudication. »

Les travaux ainsi exécutés par les soins et aux frais de l'administration peuvent causer un préjudice à l'entrepreneur, par exemple, à raison de l'insuffisance de hauteur des bâtardeaux, de leur construction non conforme aux règles de l'art, de ce que les machines employées aux épuisements ne fonctionnent pas régulièrement, etc. En pareil cas, l'entrepreneur peut réclamer une indemnité (19 février 1868, *Beau*, 182 ; 1er juin 1870, *Grias*, 693 ; 16 juin 1876, *Grias*, 578).

214. Le système abandonné par le cahier des charges des ponts et chaussées a été maintenu par les clauses et conditions du génie, dont l'art. 58 est ainsi conçu :

« Dans le cas de travaux ou de fournitures non pré-
« vus au bordereau des prix, et à faire par d'autres
« que par l'entrepreneur, ce dernier est tenu, sur
« l'ordre du chef du génie, de faire les démarches né-
« cessaires pour procurer les ouvriers ou les fournis-
« seurs dont on a besoin, et, ultérieurement, d'ac-
« quitter, à l'époque qui lui sera fixée, le montant de
« ces travaux et de ces fournitures, sur la production
« de feuilles de dépense ou de payement visées, à cet
« effet, par le chef du génie.

« L'Etat se charge toujours de se procurer et de
« payer directement les ouvriers et les fournisseurs,
« quand le total de la dépense doit excéder 1,000 francs.

« Dans les autres cas, lorsque l'entrepreneur inter-
« vient, il est dans l'obligation, avant d'effectuer le
« payement des feuilles de dépense, de s'assurer sous
« sa responsabilité :

« 1° Que l'arrêté de la dépense est mis en toutes
« lettres ;

« 2° Que l'acquit est donné par la personne même
« désignée sur la feuille, par ses héritiers ou ayants
« cause, ou par son fondé de pouvoirs ; dans ces deux
« derniers cas, la feuille de payement doit être accom-
« pagnée des pièces notariées qui constatent les droits
« des héritiers ou ayants cause, ou d'une expédition
« de la procuration consentie par le titulaire.

« En cas de doute ou de difficultés, l'entrepreneur
« doit surseoir au payement, et prendre les instructions
« du chef du génie.

« Les feuilles de dépense ne sont portées en compte,
« à l'entrepreneur, qu'après qu'elles ont reçu l'acquit
« des parties prenantes, et que lui-même a signé le
« certificat apposé à la fin de chaque feuille, attestant
« que les payements ont été effectués par lui.

« Le payement des feuilles de dépense constitue une
« charge de l'entreprise, et ne donne lieu à l'allocation
« d'aucune indemnité ; mais le montant des payements
« de l'espèce n'est pas soumis à la retenue de garantie
« déterminée ci-après, et est remboursé intégralement
« à l'entrepreneur, dans le plus bref délai possible.

« Le montant total des dépenses sur feuilles de paye-
« ment à faire, pendant le cours de chaque exercice, et
« par chaque adjudicataire, ne pourra, dans aucun cas,
« dépasser la somme fixée, à cet effet, au cahier des
« charges spéciales, sauf le consentement écrit de l'en-
« trepreneur. »

215. L'entrepreneur répond, envers les tiers, des
dommages causés *par son fait* dans l'exécution des travaux, et dont l'art. 18 des clauses et conditions générales des ponts et chaussées donne un exemple quand il
parle des chantiers et chemins de service et des *indemnités y relatives* (V. *suprà*, n. 204).

216. Ceci ne comprend pas, bien entendu, les dommages résultant du plan même des travaux. Si, par
exemple, la réfection d'une voie publique nuit
aux accès d'une propriété, si la construction d'un
viaduc, d'un remblai, prive une maison de jour et
d'air, ou expose ses caves à l'inondation, si l'exhaus-
sement du niveau d'une rivière noie les terres d'un
riverain ou les roues d'une usine, si la prise d'eau destinée à alimenter un canal met un moulin en chômage,

il y a là, sans doute, un dommage susceptible de donner lieu à indemnité (V. *infrà*, n. 893 et suiv.). Mais ce dommage n'est en rien imputable à l'entrepreneur, qui n'est donc pas tenu de le réparer.

Sans doute, l'obligation de payer l'indemnité pourrait, en pareil cas, être à la charge d'un concessionnaire. C'est que les obligations, comme les droits du concessionnaire, sont autrement étendus que ceux de l'entrepreneur (V. *infrà*, n. 617, 620, 665).

Sans doute encore, l'entrepreneur peut participer à la responsabilité si, par sa faute, il a aggravé les dommages, conséquences directes et inévitables de l'exécution des travaux. Si, par exemple, chargé des travaux de nivellement d'une rue, il a mis cinq ans à faire le travail qu'il s'était engagé à terminer en dix mois, et que le propriétaire d'une maison ait été, pendant tout ce temps, privé de l'entrée principale de sa maison, l'indemnité qui lui est due doit être mise, pour partie, à la charge de l'entrepreneur (14 juillet 1876, *Lejeune*, 691).

En dehors de circonstances exceptionnelles analogues, l'indemnité pour dommages résultant de l'exécution du plan reste à la charge de l'administration (3 décembre 1875, *David*, 946).

217. Il en est autrement, et l'entrepreneur est directement responsable envers les propriétaires, lorsque le dommage est la conséquence de sa faute, c'est-à-dire d'un fait ou d'une négligence à lui imputable et contraire au droit. C'est l'application pure et simple de l'art. 1382, C. civ. : « Tout fait quelconque de l'homme « qui cause à autrui un dommage, oblige celui par la « faute duquel il est arrivé, à le réparer. » « Chacun est

« responsable du dommage qu'il a causé, non seule-
« ment par son fait, mais encore par sa négligence ou
« son imprudence » (art. 1383; v. comme application,
19 novembre 1875, *dame Zeig*, 928).

A cet égard, il ne peut y avoir lieu de distinguer
entre le préjudice causé à l'Etat et le préjudice causé à
une personne quelconque. L'entrepreneur répond des
accidents survenus à l'ouvrage qu'il est chargé de réparer, comme de tous autres (23 décembre 1845, *Des-
tève*, 591).

218. La règle est la même, lorsque la faute ou la
négligence émane des employés de l'entrepreneur :
« On est responsable, non seulement du dommage que
« l'on cause par son propre fait, mais encore de celui
« qui est causé par le fait des personnes dont on doit
« répondre » (art. 1384, C. civ.).

219. L'entrepreneur est enfin responsable, si le
préjudice est la conséquence de l'exécution normale
de ses obligations.

Ainsi, lorsque des dommages ont été causés aux propriétés voisines par l'emploi de la mine, l'indemnité
est à la charge de l'entrepreneur, si l'usage de la mine
a été prévu par le devis (7 mai 1852, *Alazard*, 149).
L'administration ne pourrait être responsable que si cet
usage n'avait pas été prévu par le devis, et qu'il fût
possible de considérer les accidents survenus comme des
cas de force majeure (V. sur la force majeure, *infrà*,
n. 266 et suiv.).

Ainsi encore, l'entrepreneur est seul responsable des
dommages résultant de l'extraction de matériaux sur
les propriétés particulières (Clauses et conditions générales des ponts et chaussées, art. 19 ; v. *suprà*, n. 148

et *infrà*, n. 1125); des dommages résultant de l'établissement des chantiers et chemins de service (art. 18 et 19 ; v. *suprà*, n. 204 et suiv.).

A ces divers points de vue, l'exécution des obligations de l'entrepreneur est assurée par la retenue du dixième de garantie (Clauses et conditions générales des ponts et chaussées, art. 48 ; v. *infrà*, n. 417).

Nous aurons l'occasion de revenir sur ces divers points en étudiant spécialement la matière des dommages (V. *infrà*, n. 955 et suiv.).

220. « L'entrepreneur est tenu d'observer tous les « règlements qui sont faits par le préfet, sur la propo- « sition de l'ingénieur en chef, pour le bon ordre des « travaux et la police des chantiers » (Clauses et conditions générales des ponts et chaussées, art. 11 ; v. l'art. 22 des clauses et conditions générales du génie, *suprà*, n. 203).

L'art 29 du cahier de 1833 reconnaissait à l'ingénieur en chef le pouvoir de faire lui-même les règlements nécessaires : le visa du préfet était seulement exigé. Aujourd'hui, les règlements sont proposés par l'ingénieur et arrêtés par le préfet, ce qui est plus conforme aux principes, qui réservent aux ingénieurs le conseil et au préfet la décision.

Sous le cahier de 1833, les règlements pouvaient avoir pour objet, non seulement le bon ordre des travaux, mais l'exécution des clauses du devis. Le pouvoir réglementaire du préfet n'existe plus qu'au premier de ces points de vue, et non au second.

221. L'ancien art. 29 considérait exclusivement comme obligatoires pour l'entrepreneur les règlements qui ne lui imposaient pas de nouvelles charges; et un arrêt admet, comme pouvant donner lieu à indemnité, cette circonstance « que les ingénieurs ne se sont pas « bornés à prescrire, ainsi qu'ils en avaient le droit, « les mesures nécessaires pour prévenir le retour des « accidents auxquels avait donné lieu l'emploi des « mines sèches sur le chantier du sieur Fabre, mais « qu'ils lui ont interdit d'une manière absolue l'emploi « d'un procédé habituellement usité dans les travaux « de la nature de ceux qu'il avait à exécuter, et qu'ils « lui ont imposé l'obligation d'effectuer les déblais « d'après un mode spécial déterminé par eux » (2 juin 1866, *Fabre*, 596).

L'art. 11 ne porte pas que les règlements ne devront pas imposer de nouvelles charges, mais il ne permet pas les règlements ayant pour objet l'inexécution des clauses du devis, ce qui donnerait un fondement à l'action en indemnité, et même au recours pour excès de pouvoir contre l'arrêté du préfet.

222. C'est au même ordre d'idées que se rattache l'art. 34 des clauses et conditions générales du génie : « L'entrepreneur est tenu d'établir, sans avoir droit à « une indemnité, des clôtures provisoires sur la voie « publique, aux abords de ses chantiers, lorsque cette « mesure est jugée nécessaire par l'autorité civile, « comme aussi de prendre, à ses frais, toutes les dis- « positions que prescrivent les règlements de police et « de voirie. »

223. Nous avons terminé ce qui se rapporte aux obligations de l'entrepreneur et, nécessairement, à cette occasion, examiné bien des questions relatives aux obligations de l'administration.

Nous allons maintenant étudier particulièrement les

obligations de l'administration. Sur plus d'un point, il
suffira de nous référer aux développements déjà présentés en parlant des obligations de l'entrepreneur.

CHAPITRE IV

OBLIGATIONS DE L'ADMINISTRATION

224. Parmi les obligations de l'administration se présente, en premier lieu, celle de faire exécuter par l'entrepreneur tous les travaux qui lui ont été adjugés.

L'administration ne saurait distraire une partie de ces travaux pour les donner à un autre entrepreneur ou les faire exécuter directement. Il y a lieu, du moins, en pareil cas, de faire application de l'art. 1794 C. civ. : « Le maître peut résilier, par sa seule volonté, le « marché à forfait, quoique l'ouvrage soit déjà com- « mencé, en dédommageant l'entrepreneur de toutes « ses dépenses, de tous ses travaux, et de tout ce qu'il « aurait pu gagner dans cette entreprise. »

Le Conseil d'État a consacré cette règle par un grand nombre d'arrêts (30 juin 1859, *Bernard*, 459 ; 8 mars 1860, *Fagot*, 204 ; 28 juillet 1864, *Genève-Brault*, 708 ; 13 août 1867, *Comm. de Dangé*, 763 ; 13 février 1868, *Avril et Isouard*, 164 ; 14 mai 1875, *Mergou et Mayen*, 484 ; 23 mai 1877, *Min. de l'int. c. Gérard*, 486). De ces arrêts, le plus grand nombre décide que l'entrepreneur a droit à une indemnité équivalente au préjudice éprouvé par lui. Plusieurs fixent cette indemnité au dixième de la dépense. Les derniers allouent à l'entrepreneur une indemnité « en représentation du bénéfice dont il a pu être privé » : ce qui nous paraît plus conforme aux principes.

225. Il ne s'agit ici, bien entendu, que des travaux compris au devis : l'administration conserve sa pleine et entière liberté pour tous autres (19 août 1832, *Gui-*

not, 490; 31 décembre 1838, *Ville de Bourges*, 714;
18 août 1857, *Bacanain*, 667).

La prohibition, nous l'avons dit, s'étend aux travaux
que l'administration ferait exécuter en régie comme à ceux
qu'elle confierait à un entrepreneur (14 juin 1878, *Divert*,
585). Il en est ainsi, lors même qu'elle s'est réservé la
faculté de faire exécuter les travaux en régie, si elle a
usé de cette faculté dans une mesure contraire à l'intention des parties. « Car cette réserve, pour ne pas cons-
« tituer de la part de l'entrepreneur un abandon com-
« plet de tous les droits qu'il tient de son marché, doit
« être entendue en ce sens seulement, que l'administra-
« tion pourra restreindre, dans une certaine mesure,
« l'importance des travaux à exécuter par l'adjudica-
« taire, lorsqu'elle y trouvera avantage et économie »
(29 novembre 1872, *Artigue*, 677).

On a déjà vu que, par exception, l'Etat se réserve la
faculté de faire employer les matières neuves ou de démolition qui lui appartiennent, et que l'entrepreneur
est seulement payé des frais de main-d'œuvre et d'emploi, d'après les éléments des prix du bordereau, rabais
déduit (V. *suprà*, n. 168 et 169).

226. L'art. 40 des clauses et conditions générales
du génie réserve à l'administration le droit de traiter,
pour les travaux imprévus, avec d'autres que l'entrepreneur. Mais celui-ci doit avoir la préférence, à égalité
d'offres.

« Les ouvrages dont les prix ne figurent pas au
« bordereau sont payés à l'entrepreneur, ainsi qu'il
« sera dit ci-après, à l'estimation, à l'économie ou à
« forfait.

« Toutefois, l'Etat se réserve la faculté de traiter de

« gré à gré, pour ces ouvrages, avec d'autres que l'en-
« trepreneur, celui-ci ayant droit seulement à la préfé-
« rence, à égalité d'offres. Ces ouvrages peuvent éga-
« lement faire l'objet d'une adjudication spéciale,
« auquel cas l'entrepreneur est soumis, comme les
« autres candidats, aux règles établies pour ces opéra-
« tions. »

227. En pareil cas, les ouvrages peuvent donner
lieu, soit à un marché sur série de prix, soit à un travail à la journée, soit à un marché à forfait. Les articles 41, 42 et 43 des clauses et conditions générales
du génie contiennent des règles pour les trois hypothèses.

L'article 41 s'occupe des ouvrages à l'estimation :

« Les prix à l'estimation se règlent à l'avance, entre
« le chef du génie et l'entrepreneur, par unité d'objet,
« de mesure ou de poids.

« Ils sont obligatoires pour l'entrepreneur, toutes
« les fois qu'ils peuvent se calculer à l'aide de prix
« élémentaires portés au bordereau.

« A défaut de ces éléments, ils sont établis au moyen
« d'une analyse, basée sur des résultats d'expériences
« et sur les prix courants de la localité. Ils sont calculés
« de manière à pouvoir subir, comme ceux du borde-
« reau, le rabais ou la surenchère résultant de l'adju-
« dication; ils ne sont, d'ailleurs, valables qu'après
« avoir été approuvés par le directeur du génie.

« Quand il sont convenus pour toute la durée du
« marché, ils sont inscrits à la suite du bordereau,
« avec un numéro d'ordre; en outre, s'ils ont été
« l'objet de quelques conditions particulières, ces con-
« ditions sont ajoutées au cahier des charges spéciales.

« Chacune de ces additions doit être visée pour valoir
« timbre et enregistrée aux frais de l'entrepreneur.

« En cas d'urgence, le chef du génie peut obliger
« l'entrepreneur à exécuter un ouvrage déterminé au
« prix d'estimation. Si ce prix n'a pu être fixé à l'a-
« miable, le travail est néanmoins commencé à l'é-
« poque indiquée, et payé d'après un prix fixé provi-
« soirement par le directeur du génie. Le prix définitif
« est déterminé, le plus tôt possible, d'après les règles
« de la jurisprudence administrative. »

228. L'article 42 parle des ouvrages à l'économie
ou à la journée :

« Les ouvrages à l'économie ou à la journée sont
« ceux qui, n'ayant pas de prix au bordereau, ou ne
« pouvant s'en déduire, s'exécutent au moyen d'ou-
« vriers dont les journées sont payées à l'entrepre-
« neur aux prix du marché ou à prix convenu. »

229. L'article 43 est relatif aux ouvrages à forfait :

« Les ouvrages à forfait ne diffèrent de ceux à l'esti-
« mation qu'en ce que les prix non prévus au borde-
« reau sont arrêtés en bloc. Ce mode de payement
« n'est, d'ailleurs, admissible que lorsqu'il est impos-
« sible d'établir un détail d'analyse, et que, de plus,
« le chef du génie ne juge pas qu'il soit dans l'intérêt
« de l'Etat d'avoir recours à l'exécution du travail à la
« journée.

« Les prix à forfait doivent être établis de manière
« à être passibles du rabais ou de la surenchère résul-
« tant de l'adjudication ; et comme ceux à l'estimation,
« ils ne sont valables qu'après avoir reçu l'approbation
« du directeur. »

230. Enfin, l'art. 44 des clauses et conditions

générales du génie réserve à l'Etat le droit absolu de
traiter avec d'autres dans certains cas particuliers :

« En tout état de cause, l'Etat se réserve expressé-
« ment la faculté de passer des marchés avec d'autres
« que l'entrepreneur :

« 1° Pour les objets dont la fabrication est exclusi-
« vement attribuée à des porteurs de brevet d'inven-
« tion, de perfectionnement ou d'importation ;

« 2° Pour ceux qui n'auraient qu'un possesseur
« unique ;

« 3° Pour les ouvrages et les objets d'art et de pré-
« cision dont l'exécution ne peut être confiée qu'à
« des ouvriers spéciaux ou à des artistes éprouvés ;

« 4° Enfin, pour les matières qui, à raison de leur
« nature particulière et de la spécialité de l'emploi
« auquel elles sont destinées, sont achetées et choisies
« aux lieux de production, ou livrées, sans intermé-
« diaires, par les producteurs eux-mêmes. »

231. L'administration n'est pas seulement tenue de
faire exécuter les travaux par l'adjudicataire ; elle doit
aussi les faire exécuter dans le délai convenu.

Lorsqu'elle ordonne la cessation absolue des travaux,
l'entreprise est immédiatement résiliée (Cl. et cond.
gén. des ponts et chaussées, art. 34, v. *infrà*, n. 327).

L'entrepreneur peut également demander la résiliation du marché, lorsque l'administration prescrit l'a-
journement pour plus d'une année (art. 34, v.
eod.).

Dans un cas comme dans l'autre, une indemnité peut
lui être allouée (art. 34).

Ajoutons que la suspension, le simple ralentissement
des travaux, même avant la déclaration de cessation

absolue ou d'ajournement, peuvent donner lieu à indemnité (V. *infrà*, n. 333).

Nous développerons ces règles en nous occupant de la matière de la résiliation, à laquelle elles se lient intimement (*infrà*, n. 325 et suiv.).

232. L'administration doit payer à l'entrepreneur les prix du marché (V. pour les travaux du génie, *suprà*, n. 226 à 229).

Pour les travaux des ponts et chaussées, les prix sont fixés dans la pièce intitulée *Bordereau des prix*. Mais il importe de distinguer les deux parties de ce bordereau.

La première partie, ou bordereau proprement dit, sert de base à l'adjudication et énumère les prix sans détail ni explication. La seconde partie comprend sous ce titre : *Renseignements,* les sous-détails et calculs qui ont servi à établir les prix. La première partie seule est applicable. La seconde n'est qu'un renseignement et n'oblige ni l'Etat ni l'entrepreneur (V. *suprà*, n. 119 et 120).

Aux termes de l'art. 42 des clauses des ponts et chaussées, « l'entrepreneur ne peut, sous aucun pré- « texte, revenir sur les prix du marché qui ont été « consentis par lui » (V. Cl. et cond. gén. du génie, art. 57, *infrà*, n. 242).

Cette règle n'est que la reproduction de l'art. 1134, C. civ. : « Les conventions légalement formées tiennent « lieu de loi à ceux qui les ont faites. Elles ne peuvent « être révoquées que de leur consentement mutuel ou « pour les causes que la loi autorise. » L'ancien art. 11 ajoutait fort justement que l'entrepreneur a dû se rendre préalablement un compte exact des prix, et est

censé avoir refait et vérifié tous les calculs d'appréciation.

Cette règle doit cependant être combinée avec les
principes généraux sur l'interprétation des contrats, et,
particulièrement, avec le principe de bon sens proclamé
par l'art. 1156 C. civ. : « On doit, dans les conventions,
« rechercher quelle a été la commune intention des
« parties contractantes, plutôt que de s'arrêter au sens
« littéral des termes. »

233. Ce qui résulte d'abord de là, c'est que, pour
tout ouvrage, l'entrepreneur a droit à un prix.

Vainement on dirait que le devis ne contient aucune
prévision à l'égard d'un ouvrage ; que l'entrepreneur
peut retirer de son exécution un avantage indirect, et
que cette exécution doit donc être gratuite. On répondrait « qu'une obligation de cette nature ne se présume
« pas et ne peut résulter que de stipulations expresses »
(4 janvier 1878, *Hunebelle*, 28). Le prix doit être établi
d'après celui des ouvrages les plus analogues.

234. D'un autre côté, pour que le prix du bordereau soit applicable et obligatoire, il faut que le bordereau contienne véritablement un prix fait pour le
travail dont il s'agit. S'il ne contient que des prix faits
pour des travaux différents, bien que s'en rapprochant
dans une certaine mesure, ces prix ne sauraient être
applicables et il y a lieu d'en établir d'autres.

« Considérant, porte un arrêt, que les voûtes doi-
« vent être construites avec des pierres de Bourg de
« 60 centimètres de queue ; et qu'il est reconnu par
« l'ingénieur en chef que ces pierres à peu près car-
« rées, de 60 centimètres de côté et de 38 à 40 d'é-
« paisseur, exigent un travail spécial d'extraction et

« une qualité supérieure, pour que le levage à ces
« dimensions puisse s'effectuer, tandis que le prix n° 41
« du bordereau a été calculé comme pour les voûtes
« de décharge exécutées derrière les anciens quais ver-
« ticaux, voûtes où l'on avait employé la pierre de
« Laroque et de Bourg en doublerons; que de ce qui
« précède, il suit que la contestation qui s'est élevée
« entre le sieur Monet et l'administration ne portait
« pas sur le cas d'erreur ou d'omission prévu par l'ar-
« ticle 11 (ancien), précité des clauses et conditions
« générales et que, dès lors, il n'y a pas lieu d'opposer
« à l'entrepreneur la fin de non-recevoir tirée de cet
« article » (4 juillet 1872, *Hunebelle*, 414).

235. La conséquence logique de l'article 42, c'est
le refus constant, opposé par l'administration et la
jurisprudence, d'accueillir les réclamations des entrepreneurs lorsqu'elles sont fondées sur la deuxième
partie du bordereau intitulée *Renseignements* ou sur le
sous-détail. De ce refus, on peut citer de nombreux
exemples.

Ainsi, en ce qui concerne le prix des matériaux,
l'entrepreneur ne peut, en présence du prix fixé par le
bordereau, demander une augmentation à raison de ce
que la carrière est située à une distance plus grande
que la distance supposée par la seconde partie du bordereau (4 juin 1852, *Chovelon*, 223 ; 11 août 1869,
Dar, 801 ; 5 décembre 1873, *Roques*, 915) ; ou de ce
qu'on a omis, dans le calcul du prix, un des éléments
de ce prix (22 juin 1843, *Laperrière*, 299), par exemple,
le prix de l'emmétrage des moellons (23 décembre
1852, *Micé*, 659), ou les droits d'octroi (9 mai 1873,
Min. trav. pub. c. Monjallon, 384), ou le ciselage des

moellons piqués (13 février 1874, *Crété*, 168 ; v. encore 6 juin 1844, *Lesellier*, 339 ; 28 décembre 1849, *Rambour*, 728).

236. En ce qui concerne les déblais, il n'est pas possible de soutenir que leur prix fixé par relai horizontal de 30 mètres, doit être fixé par relai en rampe de 20 mètres (7 mai 1857, *Aubert*, 388; v. 4 juillet 1872, *Tissier*, 412); ni que ce prix, établi en vue de l'extraction, du transport et des indemnités dues aux propriétaires pour emprunts de déblais, ne comprend pas ces indemnités (11 août 1869, *Dar*, 801 ; 20 février 1874, *Colas*, 212; ni que le prix fixé pour les travaux de curage et de déroctage d'un port, n'est pas applicable à des blocs de nature granitique (29 mars 1851, *Caron*, 232); ni que le prix fixé pour extraction de rochers vifs en masse compacte ne comprend pas des roches granitiques et porphyriques (14 juin 1855, *Dixmier*, 422; v. 25 février 1841, *Lesguer*, 85).

En ce qui concerne le prix de la maçonnerie, lorsque le bordereau détermine le prix de la maçonnerie hydraulique, il n'est pas possible de contester le prix du mortier hydraulique qui sert à l'établir (7 janvier 1869, *Flasselière*, 13).

Nous parlerons plus loin des suppléments de prix dus pour difficultés imprévues (V. *infrà*, n. 240 et 241), et pour travaux imprévus (V. *infrà*, n. 251 et suiv.).

237. Si l'entrepreneur ne peut contester en eux-mêmes les éléments à l'aide desquels ont été composés les prix du bordereau, il ne peut non plus réclamer contre les erreurs matérielles commises dans la composition de ces prix, par exemple contre les erreurs d'addition.

En vain, il prétendrait demander et non contester les prix du bordereau. On lui répondrait qu'il a dû vérifier les calculs et baser sa soumission sur le prix exact; que son rabais a été offert sur ce prix et qu'il eût été plus considérable si ce prix eût été supérieur (20 février 1835, *Min. de l'intérieur, c. Rinjard*, 147; 7 juin 1836, *Min. trav. pub. c. Melchior*, 278; 22 juin 1843, *Laperrière*, 299; 24 janvier 1867, *Agnus*, 102; 20 juin 1867, *Godbarge*, 594; v. aussi 9 février 1860, *Dupeu*, 112; 25 avril 1867, *Pinelli*, 405; 26 février 1875, *Min. trav. pub. c. Truffau*, 203; 16 juin 1875, *Bay*, 695; 10 novembre 1876, *Serratrice*, 799; v. sur les erreurs matérielles relevées dans les décomptes, *infrà*, n. 409).

Aussi bien que l'entrepreneur, l'administration est non recevable à se prévaloir du sous-détail ou des renseignements pour faire modifier les prix du bordereau (6 juin 1844, *Lesellier*, 339; 16 novembre 1854, *Appay*, 878).

238. L'entrepreneur ne saurait demander aucune indemnité pour le renchérissement de la main-d'œuvre ou des matériaux : il y a là un événement dont la possibilité a dû entrer dans ses prévisions (28 décembre 1858, *Marcelin*, 101; 16 décembre 1864, *Nercam*, 1017; 7 juin 1865, *Driot*, 620; v. pour le cas d'augmentation des prix au delà du sixième, *infrà*, n. 361 et suiv.).

239. L'entrepreneur n'a pas droit à indemnité à raison de ce que l'administration lui a retiré les travaux les plus avantageux de son entreprise en lui laissant seulement ceux qui ne doivent donner qu'un bénéfice moindre ou même nul, si le devis autorisait l'adminis-

tration à suivre cette manière d'agir (2 février 1854,
Saint-Guily, 77 ; v. pour le cas de modifications dans
la nature des ouvrages, *suprà*, n. 182 et suiv.).

240. L'entrepreneur ne peut enfin, au moins d'une
manière générale et en faisant valoir la simple raison
d'équité; réclamer une indemnité à raison du surcroît
de travail que lui ont imposé des difficultés imprévues.
La circulaire du 23 juillet 1851 a répondu : « Si un
« entrepreneur réalise des bénéfices exagérés, l'admi-
« nistration n'a pas et ne peut avoir le droit d'exiger
« la revision du prix et de diminuer le gain qui a été
« fait sur elle ; si, au contraire, l'entrepreneur essuie
« des pertes, il ne peut exiger que l'administration
« vienne à son aide; autrement, les conditions de pu-
« blicité et de concurrence seraient tout à fait illu-
« soires, les marchés ne seraient plus sérieux, et en
« définitive, l'Etat, qui ne profiterait jamais des spécu-
« lations heureuses, supporterait presque toujours les
« conséquences des mauvaises. » C'est dans cet ordre
d'idées encore que le marché des travaux publics a été
qualifié de contrat aléatoire. On a vu que cette qualification est absolument inexacte en droit (*suprà*, n. 113).
Ce qui est vrai, c'est que tous les contrats ont, dans
leurs résultats possibles, quelque chose d'aléatoire, et
que le marché des travaux publics est sujet à des risques particuliers.

Un grand nombre d'arrêts ont donc consacré ce
principe, que les difficultés imprévues ne donnent pas
lieu à indemnité (22 octobre 1830, *Lancesseur*, 490 ;
15 février 1833, *Tempier*, 110 ; 6 juin 1834, *Tisserand*,
375 ; 19 mars 1835, *Merle*, 365 ; 22 mai 1835, *Min.
comm. et trav. pub. c. Magny*, 380 ; 6 janvier 1837,

Chabert, 3 ; 31 août 1837, *Dép. des Deux-Sèvres*, 456 ;
19 juin 1838, *François*, 338 ; 26 mai 1841, *Roger-Ber-doly*, 211 ; 29 juin 1844, *Sicaud*, 405 ; 17 septembre
1844, *Lespinasse*, 587 ; 29 mars 1851, *Caron*, 232 ; 14
juin 1855, *Dixmier*, 422 ; 30 juin 1859, *Bernard*, 458 ;
9 avril 1868, *Martine*, 406 ; 20 février 1874, *Colas*,
212 ; 28 janvier 1876, *Haudost-Sauvage*, 96 ; 10 no-vembre 1876, *Serratrice*, 801 ; 21 janvier 1881, *Lau-rent*, 97). Citons ce dernier arrêt :

« Considérant qu'aux termes de l'art. 22 du devis
« général du marché, l'entrepreneur devait, avant de
« déposer sa soumission, se rendre compte de l'exacti-
« tude du prix du projet, étudier notamment sur place
« les sondages à ciel ouvert exécutés par les soins de
« l'administration, et, s'ils lui paraissaient insuffisants,
« faire lui-même les sondages qui paraîtraient néces-
« saires ; que, dans tous les cas, l'entrepreneur, par le
« fait même de sa soumission, était réputé avoir une
« parfaite connaissance du terrain et considéré comme
« acceptant les prix des déblais à forfait, avec tout
« l'aléa qu'ils comportaient et ne devait pas être admis
« à réclamer ultérieurement contre ces prix, quelle que
« fût la nature du terrain fouillé et quelles que fussent
« les difficultés de toute sorte qu'il aurait rencontrées
« dans l'exécution des terrassements ; qu'aux termes
« du même article, le prix comprenait toutes mains-
« d'œuvre ou sujétions, que le déblai s'effectuât à la
« pioche, au pic ou à la main ; à sec, dans l'eau et à la
« drague ; qu'aux termes de l'article 25 du devis parti-
« culier relatif au souterrain du Bilair, tous les déblais
« exécutés dans le tunnel, quelles que fussent leur na-
« ture et leur sujétion, devaient être payés au prix uni-

« formé porté au n° 3 du bordereau, soit 7 fr. 18 c. le
« mètre cube ; qu'aux termes de l'article 33 du même
« devis particulier, le prix n° 3 du bordereau était fixé
« à forfait et constituait un marché aléatoire dont l'en-
« trepreneur acceptait expressément toutes les chances
« bonnes ou mauvaises, conformément à l'article 22
« du devis général ; que l'administration ne garantis-
« sait en aucune façon ni le nombre, ni l'emplacement,
« ni la profondeur de ses puits ou tranchées de son-
« dages ; que, par le fait même du dépôt de sa soumis-
« sion, l'entrepreneur déclarait accepter le marché
« aléatoire avec toutes ses conséquences et ne pouvoir
« plus être admis à réclamer après coup pour dureté
« imprévue des terrains, abondance des eaux ou tous
« autres motifs ; qu'il résulte des dispositions ci-dessus
« de son marché que le sieur Laurent n'était pas rece-
« vable à demander la fixation d'un nouveau prix pour
« les déblais à raison, soit de l'insuffisance des son-
« dages, soit de la dureté imprévue du terrain et de
« l'emploi de la mine ; que, dès lors, c'est avec rai-
« son que le Conseil de préfecture a rejeté la réclama-
« tion. »

241. Mais l'application du principe a ses limites. On
l'a dit plus haut : si les conventions font la loi des
parties, elles doivent être appliquées de bonne foi
(art. 1134), et l'on doit s'attacher au sens plutôt
qu'aux mots (art. 1156). « Tout fait quelconque de
« l'homme qui cause à autrui un dommage, oblige
« celui par la faute duquel il est arrivé à la ré-
« parer » (art. 1382). « Il n'y a pas de consen-
« tement valable si le consentement n'a été donné
« que par erreur » (art. 1109) ; « l'erreur est une

« cause de la nullité de la convention lorsqu'elle tombe
« sur la substance même de la chose qui en est l'objet »
« (art. 1110).

Les règles consacrées par ces articles ont été admises
par la jurisprudence dans la mesure du possible. « Toutes
« les fois que le Conseil d'Etat a cru reconnaître, dans
« les circonstances de la cause, que les faits qui se ren-
« contraient dans l'exécution étaient sensiblement dif-
« férents de ceux qui avaient été prévus par l'Etat et
« l'entrepreneur au moment de la conclusion du mar-
« ché, il a trouvé juste de ne pas appliquer le prix prévu
« par le marché et de fixer un prix nouveau » (Concl.
de M. le comm. du gouv. Aucoc, sur 16 décembre 1864,
Nercam, 1018).

Un prix nouveau devait surtout être accordé lorsque
l'entrepreneur avait été induit en erreur par des sondages inexacts, c'est-à-dire par le fait de l'administration (8 février 1855, *Anssart Manem*, 131). Il l'a été
toutes les fois que l'erreur pouvait être considérée
comme véritablement substantielle (23 janvier 1862,
Oliva, 64; 16 décembre 1864, *Nercam*, 1020; 2 juin
1866, *Fabre*, 594; 18 mars 1869, *Veyret*, 274; 5 mai
1869, *Nercam*, 421; 2 août 1870, *Podovani*, 985;
21 février 1873, *Debord*, 187; 6 mars 1874, *de Puymory*, 238; 10 juillet 1874, *Lann*, 663; 12 février
1875, *Béretta*, 124; 22 décembre 1876, *Croze*, 938;
29 décembre 1876, *Dupond*, 949; 8 mars 1878, *Lapierre*, 285; 10 mai 1878, *Chêne*, 439.

V. encore Req. 20 avril 1874, *Magnier*, D. 74, 1,
330; Rej. civ., 23 juin 1873, *Ch. de fer de l'Est*,
D. 74, 1, 332 et les arrêts cités en note.

« Considérant, porte l'arrêt du 12 février 1875, que

« le Conseil de préfecture, se fondant sur ce que le
« cube de déblais à exécuter avait dépassé celui qui
« était prévu au projet, sur ce qu'il s'était rencontré
« des déblais de nature imprévue, et sur ce que l'axe
« de la route avait été sensiblement modifié, a refusé
« d'appliquer les prix moyens fixés au bordereau et a
« appliqué des prix nouveaux et distincts pour chaque
« nature de déblais, proposés par les experts ; que le
« Ministre de l'intérieur soutient que le bordereau des
« prix de l'entreprise ayant établi un prix uniforme
« pour le mètre cube de déblai de toute nature à exécu-
« ter dans chacune des quatre sections de la route,
« ce prix seul doit être appliqué ;

« Considérant qu'il résulte des rapports d'expertise,
« d'une part, qu'il s'est rencontré des déblais de na-
« ture imprévue qui n'étaient pas entrés dans les pré-
« visions du projet, et que le cube des déblais de na-
« ture prévue a été notablement augmenté ; d'autre
« part, que l'axe de la route a été modifié dans les
« deux premières sections, entre les profils zéro et
« soixante, entre les piquets 171 et 187, et entre les
« profils 340 et 482, et dans les troisième et quatrième
« sections, entre le profil 580 et le pont de 40 mètres,
« et entre le pont de 40 mètres et le Dra-el-Attuch ;
« que de l'ensemble de ces faits, il résulte que les tra-
« vaux de terrassements et de déblais, qu'a exécutés le
« sieur Béretta, ont été notablement différents de ceux
« en vue desquels avaient été fixés les prix moyens du
« bordereau ; que, dans ces circonstances, c'est avec
« raison que le Conseil de préfecture a appliqué des
« prix nouveaux aux terrassements et aux déblais. »

Le Conseil a ainsi décidé, dans des situations exceptionnellement favorables, malgré la clause du devis portant que le prix était fixé quelle que fût la nature du terrain (23 janvier 1862, *Oliva*, 64 ; 12 février 1875, *Beretta*, 124).

En résumé, les difficultés imprévues, quand la situation diffère gravement et profondément de la situation en vue de laquelle a été formé le contrat, sont assimilées à des travaux imprévus, et régies, non plus par l'article 42, mais par l'article 29 des Clauses et conditions générales.

V. Sur les travaux imprévus, et sur les bases qui doivent servir à l'établissement des prix nouveaux, *infrà*, n. 251 et suiv.

242. L'article 57 des Clauses et conditions générales du génie est plus absolu que l'article 42 des Clauses et conditions générales des ponts et chaussées. Il va jusqu'à dire que les prix du marché sont un forfait, contre lequel l'entrepreneur ne peut revenir, quelles que soient les difficultés rencontrées.

Article 57. « Tous les ouvrages prévus au bordereau
« sont payés à l'entrepreneur, à la mesure, au poids
« ou à la pièce, aux prix qui y sont portés pour chaque
« unité, sous les seules exceptions qui peuvent résulter
« du cahier des charges spéciales, et, notamment, de
« l'emploi, par ordre, d'ouvriers militaires sur les tra-
« vaux, suivant ce qui est dit à l'article 59 ci-après.

« L'entrepreneur n'est jamais admis à réclamer,
« sous aucun prétexte, contre les prix du marché qui
« ont été par lui consentis ; ces prix constituent un
« forfait sur lequel il ne peut revenir, quelles que
« soient les difficultés, prévues ou non prévues, ren-
« contrées par lui dans l'exécution des travaux, alors,

14

« d'ailleurs, que ce n'est point par la seule volonté de
« l'administration que les conditions d'exécution se
« trouvent modifiées au cours de l'entreprise.

« Les officiers font les mesurages ainsi que les pesées.
« L'entrepreneur est tenu d'y assister à l'heure qui lui
« a été indiquée, faute de quoi il peut être passé outre ;
« et si les mesures ou les pesées qui ont été prises ne
« sont plus susceptibles de vérification, les inscriptions
« faites sont obligatoires pour l'entrepreneur.

« Aucun objet, payable au poids, ne peut être mis
« en place qu'après avoir été pesé ; dans le cas où cette
« formalité n'a pas été remplie, l'entrepreneur est tenu
« de déplacer l'objet à ses frais, ou de s'en rapporter
« à l'appréciation de poids faite par le chef du génie.

« Les mesurages sont faits en embrassant des par-
« ties d'ouvrages aussi grandes que possible ; ceux qui
« n'ont pour objet que de régler le paiement des ou-
« vriers regardent uniquement l'entrepreneur.

« L'entrepreneur ne peut, dans aucun cas, pour les
« métrés, mesurages ou pesées, invoquer en sa faveur
« les us et coutumes du pays. » (V. l'art. 59, *suprà*,
n. 197).

En présence de ce texte, les réclamations sont diffi-
ciles. Elles ne peuvent s'appuyer que sur l'erreur imputable au fait de l'administration.

243. En dehors des situations spéciales qui viennent
d'être indiquées, les changements donnent lieu à indemnité. Cependant, il n'en est tenu compte à l'entrepreneur « qu'autant qu'il justifie de l'ordre écrit de
l'ingénieur » (Cl. et cond. gén. des ponts et chaussées,
art. 10 ; v. *suprà*, n. 174,).

244. L'article 7 du cahier des charges de 1833 ne posait pas cette règle formelle, et autorisait seulement l'entrepreneur à ne pas se soumettre aux ordres prescrivant des changements au devis, lorsqu'ils n'étaient pas écrits. Le Conseil d'Etat n'en avait pas moins, dès cette époque, considéré la représentation de l'écrit comme nécessaire, en principe, pour motiver la réclamation d'une indemnité (31 mai 1833, *Soullié*, 311 ; 27 février 1836, *Charageat*, 106 ; 2 juin 1837, *Hayet*, 227 ; 28 août 1837, *Clauzel*, 436 ; 29 février 1839, *Min. trav. publ. c. Thibault*, 96 ; 30 juin 1842, *Beslay*, 343 ; 19 janvier 1850, *Pignier*, 83 ; 8 juin 1850, *Bernard*, 564 ; 8 juin 1850, *Montbrun*, 566 ; 9 août 1851, *Joly*, 610 ; 11 décembre 1853, *Bassinet*, 1128 ; 18 mars 1858, *Sourreil*, 237 ; 10 mars 1859, *Manot*, 189 ; 19 avril 1859, *Fournier*, 314 ; V. encore 8 mars 1866, *Planche*, 238 ; 30 juin 1866, *Canal Saint-Martin*, 748 ; 13 février 1874, *Crété*, 166).

245. Mais l'administration elle-même ne considérait cet ancien article 7 que comme une garantie, destinée à éviter des contestations entre elle et l'entrepreneur. « La conséquence de cet article », disait le Ministre des travaux publics dans ses observations sur l'affaire Coste et Caminade, « est que la simple affirmation de « l'entrepreneur ne peut, dans aucun cas, prévaloir « contre la déclaration de l'ingénieur ; mais si, à dé- « faut d'ordre écrit, l'entrepreneur invoque un ordre « verbal et que l'ingénieur reconnaisse l'avoir donné, « il n'existe plus de fin de non-recevoir à opposer à « l'entrepreneur. »

En conséquence, le Conseil d'État avait déclaré décisive, dans le sens de l'entrepreneur, la circonstance que l'administration reconnaissait l'existence des ordres en vertu desquels le changement avait eu lieu (19 novembre 1837, *Coste et Caminade*, 498) ; que l'entrepreneur avait agi en vertu d'ordres non déniés (24 février 1853, *Cressonnier*, 276) ; ou en vertu d'ordres des ingénieurs formellement reconnus par eux (12 août 1854, *Jourdan*, 790) ; ou que l'entrepreneur justifiait et que l'administration reconnaissait le fait de l'autorisation (8 février 1855, *Lescure*, 127). En sens inverse, la jurisprudence tenait pour décisive, à l'encontre de l'entrepreneur, la déclaration de l'ingénieur, qu'il n'avait pas donné d'ordre verbal (8 juin 1850, *Montbrun*, 566).

Le Conseil d'Etat avait quelquefois admis les faits établis par l'instruction comme équivalant à la reconnaissance émanée de l'administration : « Considérant « qu'il résulte de l'instruction qu'au cours d'exécution « des travaux, les entrepreneurs ont dû, pour se con- « former aux prescriptions des ingénieurs, substituer « au moellon piqué du moellon taillé avec toute la per- « fection de la pierre de taille ; qu'il y a lieu, dès lors, « de leur allouer une augmentation de prix » (10 septembre 1855, *Troye et Danjou*, 630) ; « considérant « qu'il résulte de l'instruction que les changements ont « été effectués par ordre de l'architecte et avec l'appro- « bation du préfet » (21 mars 1861, *Harel*, 215).

Enfin, même en l'absence de tout ordre, on peut citer un arrêt du 10 janvier 1856, allouant une indemnité pour des travaux d'épuisement : « Considérant qu'il « résulte de l'instruction que le sieur Nepvauët a « exécuté des travaux d'épuisement non prévus au « devis ; qu'il ne produit pas, conformément aux dis- « positions des articles 7 et 23 des Clauses et condi- « tions générales, un ordre écrit de l'ingénieur pour

« l'exécution de ces travaux et des attachements cons-
« tatant leur importance, mais que lesdits articles ne
« prononcent aucune déchéance en cas d'inaccomplis-
« sement de ces formalités » (10 janvier 1856, *Nep-*
« *vauët,* 54). Il faut rapprocher de cette décision l'arrêt
du 24 novembre 1876, *Min. trav. publ ,c. Gianoli,* 840),
que nous avons cité à l'occasion d'une difficulté analogue
(V. *suprà,* n. 162).

246. Mais, il est à peine nécessaire de le dire, ces
décisions ne sont que des arrêts d'espèce, rendus dans
des circonstances exceptionnellement favorables, où le
Conseil n'a pas voulu que l'Etat s'enrichît aux dépens
d'un entrepreneur méritant tout intérêt, et où il a fait
prévaloir l'équité sur le droit. Aujourd'hui, le droit est
formellement écrit dans l'article 10 : « Il ne lui est tenu
« compte de ces changements qu'autant qu'il justifie
« de l'ordre écrit de l'ingénieur » (V. *suprà,* n. 174).

Il serait donc imprudent d'accepter comme jurisprudence les arrêts récents qui ont encore admis des modifications non appuyées sur des ordres écrits, soit à
cause de leur faible importance (28 novembre 1873,
Martin et Bourdillon, 919) ; soit à raison de ce qu'elles
avaient été ordonnées par le conducteur chargé de la
direction en l'absence de l'entrepreneur (27 mars 1874,
Min. des trav publ. c. Picardeau, 303) ; soit à raison
de ce qu'elles avaient été déclarées indispensables par
des lettres du conducteur chargé des travaux (18 février
1876, *Min. int. c. Guide,* 162 ; V. aussi 9 janvier 1874, *Letestu,* 36). Il n'y a là, nous le répétons,
que des décisions d'espèce, motivées par des circonstances exceptionnellement favorables. Dans bien d'autres affaires, la déchéance a été appliquée (12 février

1875, *Min. int. c. Beretta*, 125; 22 décembre 1876, *Croze*, 940), et la perspective de cette déchéance doit être envisagée comme à peu près certaine par tout entrepreneur qui fait des changements sans ordres écrits.

247. L'article 10 exige un ordre de l'ingénieur, et l'ordre donné par un conducteur est donc, en principe, absolument insuffisant (21 juillet 1839, *Pellée*, 401; 18 août 1857, *Courrière*, 663).

Sans doute, on peut citer des espèces dans lesquelles un écrit du conducteur a été considéré comme équivalant à un écrit de l'ingénieur. C'était, d'abord, lorsque le conducteur était, en fait, chargé de la direction des travaux (27 mars 1874, *Min. trav. publ. c. Picardeau*, 303; 18 février 1876, *Min. int. c. Guide*, 162). L'ordre du conducteur a été tenu pour suffisant dans une affaire où il avait été donné « provisoirement » (24 juillet 1847, *Colonna Lecca*, 493). Dans une autre, le commissaire du gouvernement a dit qu'il y avait lieu de faire fléchir la rigueur du principe, « d'une part à « l'égard d'un ordre donné par le conducteur pour un « travail urgent et indispensable ; d'autre part, à l'égard « d'un ordre nécessaire » (23 avril 1857, *Toussaint*, 328).

La nécessité et l'urgence, tels peuvent être, en effet, les motifs d'une dérogation. Mais l'entrepreneur ne doit pas oublier qu'il agit à ses risques et périls.

248. Des règles analogues et même plus rigoureuses sont appliquées par les Clauses et conditions générales du génie, art. 37 (V. *suprà*, n. 165); 57 (v. *suprà*, n. 242); et 69 (V. *suprà*, n. 209).

249. On sait que des changements aux devis peuvent être ordonnés par l'administration (art. 10; v. *suprà*, n. 174); que l'exploitation de nouvelles carrières peut être prescrite par l'administration ; enfin, que des travaux imprévus peuvent être ordonnés (art. 29, v. *suprà*, n. 156). Dans ces diverses situations, il y a lieu à fixation de nouveaux prix, dans les conditions fixées par l'article 29.

Nous avons rapporté les termes de cet article, *suprà*, n. 156.

Il porte que les prix sont réglés d'après les éléments de ceux de l'adjudication, ou par assimilation aux ouvrages les plus analogues. S'il y a impossibilité absolue d'assimilation, on prend pour terme de comparaison les prix courants du pays. Les nouveaux prix sont débattus entre les ingénieurs et l'entrepreneur, et soumis à l'approbation de l'administration. Si l'entrepreneur n'accepte pas sa décision, il est statué par le Conseil de préfecture.

250. Cet article établit une innovation favorable à l'entrepreneur.

Sous l'ancien cahier des charges, les art. 9 et 22 semblaient donner à l'administration le droit de régler seule le prix des nouveaux ouvrages. Mais le Conseil d'Etat avait reconnu, sans difficulté, le caractère éminemment contentieux de la matière, et appliqué la compétence du Conseil de préfecture au règlement du prix des travaux imprévus comme à la distinction de ce qui est travail prévu ou travail imprévu. Le cahier de 1866 n'en a pas moins le mérite d'avoir, comme le dit la circulaire du 21 novembre 1866, nettement placé le droit de l'entrepreneur en regard de celui de l'administration.

D'un autre côté, l'entrepreneur restait, en présence de travaux imprévus, dans une ignorance complète des prix qu'il en pourrait obtenir. Il lui était impossible d'être fixé sur ce point avant la liquidation définitive de son entreprise, et nous croyons inutile de démontrer combien ses intérêts pouvaient souffrir de cette incertitude. Désormais, c'est immédiatement qu'il peut réclamer et obtenir la fixation de ces prix par voie administrative, et, s'il y a désaccord, par voie judiciaire.

251. La première question à examiner maintenant est celle de savoir quels travaux sont prévus ou imprévus. A cet égard, il est impossible de poser aucune règle ; on ne peut que donner des exemples.

Le Conseil d'État a souvent reconnu l'existence d'un travail imprévu dans l'augmentation des frais de transport, par exemple, lorsque l'entrepreneur a reçu l'ordre de s'approvisionner à des carrières plus éloignées que les carrières indiquées au devis (23 avril 1857, *Toussaint*, 331) ; 4 juin 1875, *Comm. d'Orvilliers*, 552 ; lorsque des moellons devaient être placés dans des caisses de débarquement, enlevés au moyen de grues et transportés par chemin de fer, et que l'ensablement d'une anse a contraint à les jeter sur le rivage et à les transporter au moyen de charrettes (30 juillet 1846, *Troye*, 435) ; lorsque les moellons destinés à la construction d'une route devaient être amenés par bateau à 2,400 mètres des ouvrages, et qu'ils n'ont pu être conduits par cette voie qu'à une distance deux ou trois fois plus considérable (10 août 1846, *Bidou*, 402) ; lorsque les transports devaient être faits au tombereau, et que les circonstances ont obligé à employer des manœuvres multiples (5 janvier 1860, *Joly*, 14).

252. Un travail imprévu est résulté des difficultés rencontrées dans les déblais, lorsque le prix était composé en suite d'expériences faites sur des pierres et rocs de grès, et qu'on a rencontré des pierres et rocs calcaires (9 juin 1849, *Grass*, 335) ; lorsque le devis prévoyait l'extraction de terres mêlées de sable et d'argile, et qu'on a trouvé une couche continue de tuf (24 janvier 1856, *Bonnefons*, 94 ; 10 mars 1859, *Bonnefons*, 187 ; v. encore dans des situations analogues, 21 février 1873, *Debord*, 187 ; 6 mars 1874, *de Puymory et Masson*, 238 ; 28 janvier 1876, *Haudost-Sauvage*, 96 ; 10 novembre 1876, *Serratrice*, 799 ; 12 août 1879, *Guillotin*, 660 ; 23 janvier 1880, *Leborgne*, 107 ; 3 décembre 1880, *Com. de Fay*, 971).

Il en est ainsi quand il n'y a pas eu de sondages, mais surtout lorsque les sondages ont été pratiqués dans des conditions telles qu'ils ont induit l'adjudicataire en erreur sur les dépenses de l'entreprise (8 février 1855, *Anssart-Masiem*, 30 ; v. encore 11 mai 1872, *Gonthier*, 279 ; 28 février 1873, *Mady*, 212 ; 20 mars 1874, *Mady*, 275 ; 10 juillet 1874, *Lann*, 663 ; 12 février 1875, *Min. int. c. Beretta*, 124 ; 12 août 1879, *Guillotin*, 660 ; 16 mai 1879, *Hughes*, 396).

En pareil cas, le Conseil d'Etat a, plus d'une fois, considéré comme insuffisante, pour rendre les prix du devis applicables à des déblais coûteux et inattendus, la clause qui donnait à ces prix une portée générale. Il a jugé que le prix de 0 fr. 60 par mètre de terrassement, *quelle que soit la nature du terrain*, ne s'étendait pas à des fouilles dans lesquelles on avait trouvé des blocs erratiques produisant jusqu'à un mètre cube (23 janvier 1862, *Oliva*, 64) ; que le prix de 2 fr. 21, par mètre cube, établi *pour les roches adhérentes au massif de la montagne*, n'était fait que pour les terrains analogues à la superficie, et n'avait pas prévu la rencontre de roches beaucoup plus dures et nécessitant l'emploi de moyens d'extraction dispendieux (16 décembre 1864, *Nercam*, 1020; v. dans une situation à peu près identique, 2 janvier 1866, *Fabre*, 594). Dans d'autres circonstances, au contraire, il a déclaré les prix du devis applicables à des déblais dispendieux et imprévus (12 décembre 1873, *Min. trav. publ. c. Clément*, 944; 20 février 1874, *Tersouly*, 187; 10 mai 1878, *Chêne*, 439; 13 juin 1879, *Syndicat du canal de la Souloise*, 494).

253. Il a encore été jugé qu'il y avait travail imprévu, lorsque le prix des matières et des transports de déblais avait été établi d'après des calculs basés sur le travail de machines dont, en cours d'exécution, la puissance avait été diminuée par ordre des ingénieurs (10 août 1857, *Buquoy*, 671); lorsqu'il avait été nécessaire d'exécuter des dragages à une profondeur plus grande que la profondeur fixée par le devis (26 août 1867, *Bernasse*, 819; 27 mars 1874, *Min. trav. publ. c. Picardeau*, 305); lorsque les piles et culées d'un pont devaient être fondées sur le rocher dérasé, et qu'il avait fallu faire des fouilles dans l'eau et à une grande profondeur et substituer la maçonnerie de béton à celle de libage (7 janvier 1864, *Feuillâtre*, 24).

Il est bien entendu, d'ailleurs, que tous ces arrêts ne sont que des exemples. Devant l'autorité judiciaire, où des questions analogues se présentent fréquemment à l'occasion des marchés passés entre les concessionnaires de chemins de fer et leurs entrepreneurs, il est admis que l'entrepreneur a droit à un nouveau prix, lorsqu'un travail diffère substantiellement de celui qui a fait l'objet du marché (Rej. civ. 23 juin 1873, *Chemin de fer de l'Est*, D. 74, 1, 332 ; Sir. 73, 1, 330, et les arrêts cités). Le prix accepté est alors considéré comme accepté par erreur. Mais le point de savoir si cette différence substantielle existe est une question d'interprétation d'intention, qui appartient souverainement au juge du fait (Req. 20 avril 1874, *Magniet et Monghéal*, D. 74, 1, 329). Entre l'administration et l'entrepreneur, c'est aussi une question d'intention et d'appréciation que le Conseil d'Etat doit trancher (V. sur les difficultés imprévues, *suprà*, n. 241).

254. La fixation de nouveaux prix, étant une dérogation aux conditions de l'entreprise, ne doit pas avoir lieu si l'entrepreneur ne démontre qu'il s'est trouvé dans la nécessité de faire des travaux imprévus ou d'exploiter de nouvelles carrières.

Il y a là une vérité évidente pour le cas où cette fixation est réclamée avant les travaux. Il n'en peut être autrement lorsqu'elle est demandée lors de la liquidation de l'entreprise.

Si cette preuve n'est faite, on répondra à l'entrepreneur qu'il devait s'en tenir au devis (V. les arrêts qui viennent d'être cités, et 30 juin 1842, *Beslay*, 345 ; 8 juin 1850, *Bernard*, 566 ; 30 juillet 1857, *Bourdon*, 622 ; 19 avril 1859, *Fournier*, 315).

255. Aux termes de l'article 29, les prix nouveaux sont réglés par le Conseil de préfecture, toutes les fois que l'entente ne peut s'établir.

Sous l'ancien article 22, il y avait lieu à estimation contradictoire dans le cas seulement d'impossibilité d'assimilation aux ouvrages les plus analogues ; le Conseil de préfecture, saisi d'une demande à fin de fixation d'un nouveau prix, devait donc examiner d'abord s'il y avait impossibilité d'assimilation.

Aujourd'hui, son devoir est de procéder à cette fixation, par cela seul qu'elle n'a pu avoir lieu à l'amiable.

256. Les nouveaux prix ne doivent pas être diminués du rabais de l'adjudication. Car ce rabais n'a été consenti que sur les prix de l'adjudication (10 septembre 1855, *Troye et Danjou*, 631 ; 14 janvier 1858, *Chanudet*, 60 ; 10 janvier 1856, *Humbert-Droz*, 47 ; 9 février 1860, *Dupeu*, 117 ; 2 juin 1866, *Fabre*, 596 ; 26 juillet 1867, *Pascal*, 699 ; 4 mai 1870, *Comm. de Bons*, 540).

Le rabais doit cependant s'appliquer à ces prix, s'il y a eu convention précise en ce sens : si les nouveaux prix ont été exclusivement composés des prix du bordereau, sur lesquels le consentement au rabais résultait déjà de l'adjudication (11 juillet 1867, *Henry*, 645 ; 27 mars 1874, *Min. trav. publ. c. Picardeau*, 301 ; 5 juillet 1878, *Blondin*, 655 ; 17 décembre 1880, *Armagnacq*, 1037) ; enfin, s'il ne s'agissait pas véritablement de prix nouveaux, mais de suppléments aux prix de l'adjudication, déjà consentis avec rabais (9 juillet 1875, *Comm. de Corenc*, 682).

257. En matière de travaux communaux, l'exécution de travaux imprévus donne souvent lieu à des difficultés particulières.

Ainsi qu'on l'a déjà vu, l'exécution de ces travaux doit être autorisée par une délibération du conseil municipal et l'approbation de l'autorité supérieure (V. *suprà*, n. 110). Le maire n'a donc pas qualité pour modifier les projets ainsi adoptés et engager la commune dans des augmentations de dépense.

Il est, nous le verrons bientôt, des circonstances susceptibles de motiver une dérogation à cette règle. La règle n'en existe pas moins et le Conseil d'Etat a décidé plusieurs fois que les suppléments de travaux ne donnaient pas lieu à indemnité, lorsque les changements n'avaient pas été régulièrement autorisés (11 février 1858, *Thureau*, 142 ; 29 février 1859, *Comm. de Vezac*, 767 ; 19 avril 1860, *Comm. de Gonnord*, 338 ; 30 avril 1868, *Comm. de Garons*, 511 ; 18 mai 1870, *Fleurant*, 606 ; 14 janvier 1881, *Rouxel*, 73). Cette doctrine est implicitement confirmée par les arrêts qui considèrent certains faits comme rendant l'autorisation superflue (V. les numéros suivants).

Citons l'arrêt du 12 août 1879 (*Comm. de Colombier-le-Vieux*, 665).

« Considérant que, d'après l'article 7 du cahier des
« charges, l'entrepreneur ne peut apporter aucun chan-
« gement aux plans et devis sans un ordre écrit de l'ar-
« chitecte, et que le même article dispose expressé-
« ment que les travaux faits en dehors de ceux
« régulièrement autorisés resteront à la charge de l'en-
« trepreneur, sans répétition contre la commune ;

« Considérant que l'entrepreneur a substitué aux
« matériaux prévus au devis, pour une partie des ma-
« çonneries, des matériaux d'une nature différente, et
« apporté diverses modifications aux plans, qui sont
« énumérées dans le rapport des experts et ont entraîné,
« d'après ce rapport, une augmentation de dépense de
« 2,109 fr. 06 c. ; que le sieur Moulin ne justifie pas
« que ces modifications qui, d'ailleurs, n'étaient mo-
« tivées par aucune nécessité, aient été régulièrement
« autorisées dans les termes de l'article ci-dessus re-

« laté; que, dans ces circonstances, c'est à tort que le
« supplément de dépense, qui en est résulté, a été mis
« par l'arrêté attaqué à la charge de la commune, et
« qu'il y a lieu de retrancher du décompte la somme de
« 2,109 fr. 06 c. correspondant à ce supplément de
« dépense. »

258. L'autorisation n'est pas nécessaire, lorsque le
devis a prescrit à l'entrepreneur de se conformer aux
ordres de l'architecte, et que les modifications ordonnées par ce dernier ne constituent pas des changements
considérables, et portent, au contraire, sur des détails
d'exécution. En pareil cas, l'exécution, à y bien regarder, n'est que conforme à la volonté des parties (30 avril
1852, *Comm. de Villers-Bocage*, 125 ; 28 juillet 1853,
Comm. de Campandré, 807 ; 7 mai 1857, *Lépaulle*, 379 ;
27 février 1862, *Comm. de la Sissonne*, 163 ; 20 juillet
1867, *Comm. de la Chapelle-Saint-Ursain*, 701 ; 29 novembre 1872, *Comm. de Sains*, 678 ; 10 janvier 1873,
Comm. de Menetou-Salon, 41).

259. Il en est de même, si les modifications intro-
duites ont été commandées par l'urgence ou la nécessité. La nécessité est une loi devant laquelle tous doivent
s'incliner, et la commune ne saurait reprocher à l'entrepreneur d'avoir fait pour le mieux de ses intérêts
(13 décembre 1855, *Ville de Bergues*, 727 ; 18 août 1856,
Billamboz, 556 ; 6 juillet 1858, *Comm. de Saint-Projet*,
493 ; 18 avril 1861, *Comm. de Pierre-Buffières*, 289 ;
10 mars 1864, *Delettre*, 245 ; 28 juillet 1864, *Ville d'Aix*,
712 ; 27 janvier 1865, *Comm. du Petit-Prissé*, 123 ;
31 mars 1865, *Comm. de Fontaine-l'Abbé*, 392 ; 2 mai
1866, *Moinard*, 420 ; 22 juillet 1869, *Comm. d'Anjoin*,
723 ; 10 janvier 1873, *Comm. de Menetou-Salon*, 41 ;

14 février 1873, *Baudinard*, 177 ; 27 juin 1873, *Comm. d'Oisly*, 607).

260. Les mêmes considérations sont applicables, bien qu'avec une force moindre, au cas où les augmentations de dépense ont été dictées, non plus par la nécessité, mais par l'utilité de la commune. Il y a lieu d'apprécier alors le véritable profit qu'elle en a réellement tiré conformément aux principes de la gestion d'affaires.

Ainsi le décide la jurisprudence civile, à l'occasion des fournitures faites aux communes, fournitures qui, nous l'avons vu, donnent lieu à des litiges rentrant dans la compétence judiciaire (Req. 19 déc. 1877, *Ville de Bordeaux*, D. 78, 1, 204 ; V. *suprà*, n. 2).

La valeur de ces augmentations est incontestablement due, si la commune les a acceptées et en a pris possession (15 mars 1855, *Comm. de Saint-Nicolas de la Grave*, 196 ; 28 juin 1855, *Consistoire du Bas-Rhin*, 473 ; 30 mai 1861, *Comm. de Champlitte*, 469 ; 10 janv. 1873, *Comm. de Menetou-Salon*, 41 ; 3 juillet 1874, *Comm. de Cassis*, 634 ; 17 juillet 1874, *Comm. de Souvigné*, 690 ; 3 juin 1881, *Lorenzoni*, 610).

La règle et les exceptions trouvent leur application dans un arrêt du 6 juin 1879 (*Ozanne*, 469) : « Considérant que l'utilité du dallage en bitume, qui d'ailleurs a été ordonné par le maire, est justifiée ; que la façade en pierre du campanile et le revêtement en zinc de la quatrième face du beffroi étaient nécessaires pour l'exécution du plan tel qu'il a été approuvé par le conseil municipal et l'autorité préfectorale, et que l'omission commise dans son devis par l'architecte n'était pas un motif suffisant pour re-

« trancher cette dépense du décompte ; qu'en ce qui
« concerne les fausses fenêtres, il n'est pas contesté
« que la quatrième façade à construire sur une rue
« nouvelle ait été autorisée par le conseil municipal
« postérieurement à l'approbation des plans et devis,
« et que cette délibération avait pour conséquence
« d'autoriser implicitement l'architecte à faire les dé-
« penses nécessaires pour la construction d'une fa-
« çade analogue à celles déjà prévues au devis ; que
« les autres dépenses rentraient dans les détails d'exé-
« cution qu'il appartenait à l'architecte de prescrire ;
« qu'ainsi le sieur Ozanne est fondé à soutenir que ces
« dépenses ont été régulièrement ordonnées par lui, et
« que c'est à tort que le Conseil de préfecture les a re-
« tranchées du décompte pour les mettre à sa charge ;
« qu'il y a lieu, dès lors, d'accorder décharge au sieur
« Ozanne des condamnations prononcées de ce chef
« contre lui, comprenant la totalité des quatre pre-
« mières dépenses ci-dessus énoncées et la moitié des
« huit dernières, et de mettre ces sommes, formant
« ensemble un chiffre de 1,577 fr. 40 c., à la charge
« de la ville d'Aire-sur-l'Adour. »

261. Les travaux irrégulièrement ordonnés en-
gagent la responsabilité de celui qui, sans droit, a
substitué sa volonté à celle de l'autorité compétente.

Ainsi en est-il particulièrement de l'architecte, dont
la situation sera plus ou moins favorable suivant les
circonstances.

Sa responsabilité se trouvera dégagée, si l'on n'a
pas de reproche sérieux à lui faire, par exemple, si les
travaux exécutés sans autorisation sont la conséquence
d'autres travaux régulièrement commandés par la com-

mune en cours d'exécution (27 avril 1870, *Jacquemin*,
497), ou si l'urgence et l'utilité des travaux sont dé-
montrées (18 février 1860, *Perrin*, 131 ; V. les arrêts
cités sous les numéros précédents).

Au surplus, les travaux peuvent être utiles, et l'architecte avoir eu seulement le tort de les ordonner de
son autorité privée. Ils peuvent avoir une utilité inférieure à la dépense qu'ils ont occasionnée. Ils peuvent
être absolument inutiles. On ne saurait établir une
règle précise correspondant à chacune de ces situations.

Disons seulement que l'architecte pourra, suivant
les cas, subir la privation partielle ou totale de ses honoraires (2 juin 1869, *du Waast*, 564 ; 29 juillet 1870,
Saint-André, 845 ; 10 janvier 1873, *Comm. de Menetou-
Salon*, 41); ou payer partie du prix (17 juillet 1874,
Comm. de Souvigné, 690). Il en supporterait la dépense
entière, s'il était reconnu que ces travaux sont absolument inutiles (28 juillet 1859, *Hartmann*, 544; 14 février 1861, *Ballereau*, 121 ; 2 juin 1869, *Baudrand*, 561).
Citons l'arrêt du 17 juillet 1874 :

« Considérant que les travaux exécutés en dehors
« des prévisions du devis proviennent principalement
« de l'augmentation de la profondeur des fondations
« et de l'établissement d'une chambre de sûreté ; que
« l'augmentation de la profondeur des fondations doit
« être considérée comme une dépense nécessaire ; que,
« d'autre part, il est reconnu que l'établissement de la
« chambre de sûreté a eu lieu sur la demande du con-
« seil municipal, qu'ainsi les dépenses résultant des
« travaux qui viennent d'être indiqués doivent rester à
« la charge de la commune ;

15

« Mais, considérant qu'en outre desdits travaux, de
« notables augmentations de dépense ont été occasion-
« nées par l'emploi de pierres de taille en dehors des
« prévisions du devis, par la couverture en zinc d'une
« partie des corniches, par la substitution, pour la
« porte d'entrée, de panneaux en fonte aux panneaux
« en bois, par la pose de châssis en fer pour les baies
« de la salle d'école ; que ces divers travaux, non pré-
« vus au devis, n'ont pas été autorisés par le conseil
« municipal ; qu'il est établi par l'expertise qu'ils ne
« pouvaient être regardés comme nécessaires ;

« Considérant, il est vrai, que les modifications ainsi
« apportées aux plans de l'édifice étaient de celles pour
« lesquelles l'entrepreneur a pu, d'après les clauses
« de son cahier des charges, se conformer aux ordres
« de l'architecte ; qu'ainsi, c'est avec raison que le
« Conseil de préfecture a décidé qu'il avait droit d'ob-
« tenir le payement desdits travaux ;

« Mais, considérant, en ce qui concerne l'architecte,
« qu'il a mal à propos ordonné ces travaux supplémen-
« taires sans y être autorisé et alors qu'il ne cessait
« d'affirmer au maire que le montant du devis ne se-
« rait pas dépassé ; que, dès lors, ainsi que l'ont ad-
« mis les experts et le conseil des bâtiments civils, il
« doit être déclaré responsable de l'augmentation de
« dépense qui en est résultée ; que néanmoins, il y a
« lieu de tenir compte, dans une certaine mesure, des
« avantages que ces travaux procurent à la commune,
« et qu'il sera fait une juste appréciation des circons-
« tances de l'affaire en fixant à 700 francs la part qui
« doit être mise à la charge de l'architecte. »

262. D'une manière générale, les travaux sont à la

charge de ceux qui les ont ordonnés sans autorisation.
Peu importe qu'il s'agisse du maire (30 mai 1873,
Lannes, 495 ; 21 novembre 1879, *Pastré*, 725) ; du
curé (11 décembre 1862, *Londios*, 769 ; 13 février 1880,
Mercier, 183) ; ou des membres du conseil municipal ou d'une commission administrative (19 avril 1860,
Comm. de Gonnord, 338). La responsabilité des admi-
nistrateurs, en principe, est surtout morale. Mais celui
qui a contracté sans mandat avec un entrepreneur, dans
des conditions telles que ce dernier l'a cru autorisé, ne
peut se soustraire aux conséquences de son fait et reste
engagé, bien qu'il n'ait pas engagé la commune.

Régulièrement, l'action de l'entrepreneur devrait être
intentée contre ces personnes. Si la commune est ac-
tionnée ou paye, elle a son recours contre elles.

263. La responsabilité de l'ordonnateur doit être
écartée lorsqu'il a agi dans l'intérêt bien entendu de
la commune, par exemple au cas d'urgence ou de nécessité (16 mai 1879, *Lefèvre*, 399) : « Considérant
« qu'il résulte de l'instruction, et notamment du rap-
« port d'expertise ci-dessus visé, que les travaux non
« prévus au devis, qui ont été exécutés sur le chemin
« vicinal ordinaire n° 4, ont eu pour objet de parer à
« des nécessités qui se sont révélées au cours de l'en-
« treprise, qu'ils étaient indispensables pour empêcher
« la prompte dégradation du chemin, et qu'ils ont pro-
« fité à la commune d'Hamblain-les-Prés ; que, dans
« ces circonstances, c'est avec raison que le Conseil
« de préfecture a décidé que la commune ne pouvait
« pas se prévaloir du défaut d'autorisation préalable
« par le conseil municipal pour refuser le payement
« desdits travaux, et qu'il a mis hors de cause le sieur

« Courmont, ancien maire, avec l'approbation duquel
« les travaux supplémentaires ont été effectués »
(V. *suprà*, n. 259 et 260).

264. Jusqu'ici, nous nous sommes placés dans l'hypothèse la plus ordinaire : celle d'un marché à l'unité de mesure. Mais les communes usent quelquefois du marché à forfait.

Ce marché est régi par la disposition spéciale et rigoureuse de l'article 1793, C. civ. : « Lorsqu'un architecte ou un entrepreneur s'est chargé de la construction à forfait d'un bâtiment, d'après un plan arrêté et convenu avec le propriétaire du sol, il ne peut demander aucune augmentation de prix, ni sous le prétexte de l'augmentation de la main-d'œuvre et des matériaux, ni sous celui d'augmentations faites sur le plan, si ces changements ou augmentations n'ont pas été autorisés par écrit et le prix convenu avec le propriétaire. »

En droit civil, et ainsi que nous l'avons dit ailleurs, on applique rigoureusement les deux conditions exigées pour que l'entrepreneur ait droit à un supplément de prix : nécessité d'une autorisation écrite, et nécessité d'une convention relative au prix (V. *Législation des bâtiments*, t. 1, n. 24 et suiv.).

Le Conseil d'État n'accorde aucune augmentation de prix à raison des difficultés imprévues rentrant dans le forfait : « Considérant que les articles 7 et 8 du marché ci-dessus visé disposent que le prix du mètre courant d'aqueduc terminé est fixé à 83 francs, et que ce prix unique, qui comprend les entrées en galerie et tous les travaux préparatoires en général, ayant été débattu avec l'entrepreneur en pleine con-

« naissance de cause et réglé à forfait pour toute la
« ligne, ne subira aucune modification dans le cas où
« des obstacles et difficultés imprévus se rencontre-
« raient dans le cours des travaux, ni pour quelque
« autre cause que ce soit ;

« Considérant que, bien qu'il soit reconnu par les
« experts que les obstacles apportés à la confection des
« travaux par l'envahissement des eaux dans les gale-
« ries et par la fréquence des éboulements ont néces-
« sité des dépenses sans proportion avec le prix con-
« venu, ces dépenses ne peuvent donner lieu à aucune
« indemnité, en présence de la disposition précitée qui
« stipule le forfait et met à la charge de l'entrepreneur
« tous les cas imprévus, quel qu'en soit le caractère »
(23 janvier 1864, *Borguet*, 64 ; V. encore 6 août 1861,
Ville de Marseille, 697 ; 14 janvier 1881, *Rouxel*, 73).

265. Quant aux changements, ils donnent évidemment lieu à indemnité s'ils ont été exécutés en vertu
d'un devis supplémentaire et d'un traité postérieur,
puisqu'alors on n'est plus dans les conditions de l'article 1793 (7 août 1863, *Dagory*, 663).

Il en est de même, lorsqu'ils ont été prescrits en
vertu d'une autorisation régulière et par un ordre écrit.
Mais l'ordre écrit est, en général, nécessaire, en présence de l'article 1793, C. civ. (14 février 1861, *Legay*,
121 ; 29 mai 1868, *Péreire*, 571) : ce qui ne permettrait pas de tenir pour équivalents suffisants tous
les faits qui sont considérés comme pouvant remplacer l'autorisation (V. *suprà*, n. 258 et suiv. ; V. cependant 17 juillet 1861, *Ville de Bordeaux*, 629).

Au contraire, il ne nous paraît pas qu'il y ait lieu de
s'attacher ici à la convention spéciale au prix. En exi-

geant cette convention, les rédacteurs du Code civil ont eu pour but de contraindre le propriétaire à examiner sérieusement les conséquences de sa résolution. Ils ont voulu l'empêcher de signer un écrit à la légère. Un tel oubli n'est pas à craindre de la part d'un conseil municipal.

266. Parlons maintenant des obligations contractées par l'administration à l'égard des accidents survenus par force majeure.

En principe, la perte d'une chose ne peut nuire qu'à son propriétaire : *res perit domino.* Cette règle est consacrée par l'article 1138 C. civ., aux termes duquel l'obligation de livrer un objet déterminé « rend le « créancier propriétaire et met la chose à ses risques ». Elle est appliquée au louage d'ouvrage par l'article 1788, ainsi conçu : « Si, dans le cas où l'ouvrier « fournit la matière, la chose vient à périr, de quelque « manière que ce soit, avant d'être livrée, la perte en « est pour l'ouvrier, à moins que le maître ne fût en « demeure de recevoir la chose. »

Ainsi, en l'absence de toute clause dérogeant au droit commun, le cas fortuit ou de force majeure, qui vient détruire un travail public avant la réception, ne peut nuire qu'à l'entrepreneur. C'est ce que le Conseil d'Etat a jugé à l'occasion de travaux communaux, lorsque le cahier des charges ne contenait aucune disposition analogue à l'article 28 des clauses et conditions générales des ponts et chaussées, dont nous parlerons bientôt (9 mars 1870, *Millerand,* 271 ; 20 juillet 1877, *Petit,* 727).

Citons l'arrêt du 20 juillet 1877 : « Considérant que « l'entreprise du sieur Petit avait pour objet les travaux

« de maçonnerie faisant partie des travaux de restau-
« ration de la salle des Pas-Perdus, au Palais de Justice
« de Paris ; que pour en prononcer la résiliation, le
« Conseil de préfecture s'est fondé sur ce que la salle
« des Pas-Perdus avait été détruite par l'incendie du
« mois de mai 1871, et qu'il résulte, en effet, de
« l'instruction que cet incendie a rendu impossible la
« continuation des travaux de restauration soumission-
« nés par le sieur Petit ; qu'ainsi, la résiliation de l'en-
« treprise a été la conséquence d'un fait de force ma-
« jeure et ne peut ouvrir en faveur du requérant un
« droit à indemnité.

« Sur les conclusions tendant à obtenir des indem-
« nités à raison de la perte des galeries provisoires,
« des échafaudages et des matériaux détruits par l'in-
« cendie : Considérant qu'il résulte des dispositions
« du cahier des charges que le sieur Petit était pro-
« priétaire des galeries provisoires et des échafaudages
« qu'il était tenu d'établir ; qu'ainsi, c'est lui qui doit
« en supporter la perte ; que si, pour réclamer une
« indemnité à raison de la perte des matériaux trans-
« portés dans la salle haute, il soutient que ces maté-
« riaux auraient été reçus, il ne fournit aucune preuve
« à l'appui de cette allégation, et que l'administration
« ne peut être considérée comme ayant été en demeure
« de les recevoir, alors que l'objet du contrat était la
« confection d'un travail et non la fourniture de ma-
« tériaux ; que, dans ces circonstances, le sieur Petit
« n'est pas fondé à réclamer, de ce chef, une indem-
« nité. »

Il est nécessaire de faire remarquer qu'aux termes
d'un arrêt de la Cour de cassation du 13 août 1860,

l'article 1788 ne serait pas fait pour les constructions :
les matériaux seraient à considérer comme s'incorpo-
rant au sol au fur et à mesure du travail (Req. 13 août
1860, *Ch. de fer du Dauphiné*, D. 61, 1, 105). Nous
avons eu l'occasion de critiquer cette décision, contraire
à l'opinion générale des auteurs (*Législation des bâtiments*, t. I, n. 64).

267. Ainsi que nous le disions tout à l'heure, l'article 28 des clauses et conditions générales des ponts et
chaussées, conforme à l'ancien article 26, déroge à l'article 1788 Code civ. L'Etat, par ses agents, exerce une
surveillance de tous les instants sur les travaux qu'il
n'a pas encore reçus. Sa situation n'a rien de commun
avec celle d'un particulier, pour qui la perte d'une
construction serait un désastre souvent irréparable. Au
contraire, son intérêt bien entendu lui conseille d'accepter l'éventualité de charges qui seraient écrasantes
pour les entrepreneurs, éventualité dont ceux-ci cher-
cheraient la compensation dans une augmentation de
prix. L'article 28 est ainsi conçu :

« Il n'est alloué à l'entrepreneur aucune indemnité à
« raison des pertes, avaries ou dommages occasionnés
« par négligence, imprévoyance, défaut de moyens ou
« fausses manœuvres.

« Ne sont pas compris toutefois dans la disposition
« précédente les cas de force majeure qui, dans le
« délai de dix jours au plus après l'événement, ont été
« signalés par l'entrepreneur. Dans ces cas, néanmoins,
« il ne peut être rien alloué qu'avec l'approbation de
« l'administration. Passé le délai de dix jours, l'entre-
« preneur n'est plus admis à réclamer. »

268. Qu'est-ce que le cas de force majeure ?

En droit civil, l'intérêt principal de la question a trait à l'application de l'article 1148 du Code civil, aux termes duquel « il n'y a lieu à aucuns dommages et « intérêts, lorsque, par suite d'une force majeure ou « d'un cas fortuit, le débiteur a été empêché de donner « ou de faire ce à quoi il était obligé, ou a fait ce qui « lui était interdit ». « On doit, pour l'application de ce « principe, considérer comme des cas fortuits ou de « force majeure, tous les faits ou événements provenant « d'une cause étrangère et non imputable au débiteur, « qui ont empêché l'exécution complète et régulière de « l'obligation » (Aubry et Rau, t. 4, § 308, p. 103).

Le point de vue est tout différent ici.

On ne doit pas oublier, pour l'interprétation de l'article 28 des clauses et conditions générales, que l'allocation d'une indemnité à l'entrepreneur, en réparation de la perte de sa chose, est une disposition exceptionnelle et de faveur : elle suppose donc l'existence d'un événement extraordinaire, plus fort que la volonté humaine, et qu'il n'était pas possible de prévoir. Telle est la règle complexe qui résulte des exemples fournis par la jurisprudence.

Il ne faut accepter qu'à titre d'indications générales les faits souvent cités par les auteurs : à savoir, parmi les cas de force majeure naturels, l'inondation, l'incendie, le tremblement de terre, les froids et chaleurs excessifs, la tempête, le feu du ciel et la maladie ; et, parmi les cas de force majeure résultant du fait de l'homme, la guerre, le fait du prince et la violence.

269. Parmi les faits naturels, le Conseil d'Etat a considéré comme cas de force majeure la tempête qui emporte un quai pour l'embarquement des matériaux, dont l'établissement était la conséquence nécessaire des conditions imposées par son devis à l'entrepreneur des travaux d'amélioration d'un port (30 janvier 1868, *Masson*, 131); ou un ponton établi dans des conditions analogues (19 juillet 1855, *Decuers*, 543);

Une trombe et un ouragan, à raison de la gravité des accidents qu'ils ont entraînés (10 mai 1864, *Bacquey*, 462);

Les crues imprévues d'une rivière, qui mettent obstacle au transport des matériaux (6 août 1855, *Joly*, 575; 5 janvier 1860, *Joly*, 14; 19 février 1868, *Beau*, 181); endommagent un pont (29 mai 1856, *Devaux*, 394); ou causent des avaries à des cintres (9 janvier 1874, *Letestu*, 38; V. encore 19 novembre 1837, *Coste*, 499; 27 janvier 1853, *Bacquey*, 173);

L'inondation qui rend l'accès des chantiers impossible, les désorganise momentanément et occasionne une perte de matériel (30 juin 1866, *Canal Saint-Martin*, 755);

La sécheresse exceptionnelle de 1870 et la grève des ouvriers maçons, qui désorganisent le chantier pendant un mois et occasionnent de grandes difficultés à l'entrepreneur (21 juin 1878, *Département du Rhône*, 598);

La neige qui a surpris un convoi allant de Sétif à Constantine, dans des conditions telles qu'une partie des conducteurs a perdu la vie et que le convoi a dû être abandonné pendant plusieurs jours (24 juin 1846, *Duché*, 368);

Les fièvres paludéennes qui sévissent sur les ouvriers d'un chantier, si elles présentent un caractère de gravité exceptionnelle (6 mars 1874, de *Puymory et Masson*, 240).

Mais le Conseil n'a considéré comme ayant le caractère de force majeure, à raison des circonstances de l'espèce, ni une pluie torrentielle (19 mai 1864, *Bacquey*, 462), ni des pluies continuelles, invoquées comme ayant rendu le travail impossible (29 juin 1850, *Lévy*, 636);

Ni la gelée, lorsqu' « il ne résulte pas de l'instruc- « tion que le froid ait atteint, à la date de l'accident « dont il s'agit, une intensité impossible à prévoir et « dont l'entrepreneur n'aurait pu empêcher les con- « séquences » (9 janvier 1874, *Letestu*, 35).

270. Parmi les faits de l'homme, la jurisprudence accepte comme faits de force majeure : la rencontre, dans des travaux de dragage, de pieux et de débris de fer dont il n'était pas possible de soupçonner l'existence (22 février 1855, *Teyssier*, 170);

L'interposition, entre le lieu des travaux et la carrière, d'un chemin de fer créant des difficultés imprévues pour l'extraction et le transport des matériaux (8 décembre 1853, *Hémery*, 1042);

L'augmentation du prix de la poudre, résultant, dans l'ancien comté de Nice, de l'annexion de ce pays à la France (22 août 1868, *Giordano*, 474).

Il faut évidemment ajouter l'obstacle matériel résultant de l'invasion d'une armée ennemie (Aucoc, t. 2, n. 314).

Il a été jugé que l'enlèvement de matériaux par une armée ennemie ne donnait pas lieu à indemnité (8 juillet 1829, *Gilly*, 251). Cette décision ne serait pas suivie de nos jours. Un arrêt, aussi ancien, a même reconnu le caractère de cas de force majeure au renchérissement des transports résultant du passage d'une armée (31 août 1830, *Hospice de Dax*, 397).

Quant à l'état de guerre, un arrêt récent, tout en le considérant comme un cas de force majeure, a refusé de voir dans les circonstances de l'affaire le fait prévu par l'article 28 : « Considérant que l'interruption de onze mois, que les travaux ont subie par suite « de la guerre, ne saurait être considérée comme « rentrant dans les cas de pertes, avaries ou dommages résultant d'événements de force majeure, et « qui, aux termes de l'article 28 des clauses et conditions générales, peuvent ouvrir un droit à indemnité « au profit des entrepreneurs, à charge par ceux-ci de « les dénoncer dans le délai de dix jours fixé par ledit « article ; considérant que, si les travaux de l'entreprise ont été interrompus par la guerre de 1870, qui « a mis l'administration et les entrepreneurs dans l'impossibilité de remplir leurs engagements respectifs, « cette circonstance de force majeure n'a pu avoir pour « effet d'ouvrir, au profit de l'une ou de l'autre des « parties, un droit à indemnité » (27 décembre 1878, *Lobereau*, 1110).

Les arrêts ont refusé d'attribuer le caractère de force majeure aux accidents résultant de l'emploi de la mine, lorsque cet emploi est prévu par le devis (12 décembre 1861, *Dubuisson*, 889) ;

A la difficulté de trouver des ouvriers par suite de l'exécution simultanée d'autres travaux publics sur d'autres points du département (29 juin 1850, *Lévy*, 636).

On peut encore consulter les arrêts suivants : 8 février

1838, *Min. trav. pub. c. Bagros*, 86; 16 juillet 1846, *Bidou*, 403; 20 août 1847, *Clauzel*, 588; 31 janvier 1848, *Martenot*, 61 ; 12 août 1853, *Morizot*, 870; 21 juin 1855, *Canal des Alpines*, 449; 26 août 1858, *Chemin de fer du Midi*, 617).

271. De toute manière, l'allocation d'une indemnité est subordonnée à la condition que l'accident n'ait pu être prévu ni ses conséquences évitées. La réclamation serait donc rejetée si l'entrepreneur avait été averti par l'administration (8 avril 1858, *Dalbiez*, 287), ou s'il s'était exposé à l'accident par son fait, ou sa négligence (9 janvier 1828, *Hayet*, 41 ; 6 juin 1834, *Tisserand*, 375; 26 août 1858, *Chemin de fer du Midi*, 617 ; 22 septembre 1859, *Bouffier*, 659 ; 21 décembre 1877, *Bru et Plantade*, 1039).

Il faut de plus qu'aucun recours ne soit ouvert contre l'auteur de l'accident : ce qui exclut, par exemple, les dégâts causés par les ouvriers d'un propriétaire voisin (19 mai 1864, *Bacquey*, 462).

272. Le fait de force majeure doit, pour donner lieu à indemnité, être signalé par l'entrepreneur dans les dix jours de l'événement (art. 28).

Lorsque cette condition n'est pas remplie, la demande est toujours déclarée non recevable (19 mai 1864, *Jacquelot*, 470; 6 mars 1872, *Mady*, 149 ; 29 décembre 1876, *Dupond*, 954 ; 21 décembre 1877, *Bru et Plantade*, 1041), à moins que l'administration n'ait elle-même constaté le fait (29 septembre 1859, *Bouffier*, 660; 18 juin 1880, *Min. trav. publ. c. Vigliano*, 583).

Mais il suffit à l'entrepreneur de justifier des lettres par lesquelles il a *signalé* le fait à l'ingénieur. Il n'est pas tenu de le faire constater (24 janvier 1856, *Brian et Pochet*, 89 ; 19 février 1868, *Beau*, 182).

273. L'indemnité est due pour le matériel comme pour les matériaux (19 juillet 1855, *Decuers*, 542 ; 6 mars 1872, *Mady*, 149).

274. L'article 46 des clauses et conditions du génie met également au compte de l'État les pertes survenues, lorsque les ordres du chef du génie ont été ponctuellement suivis par l'entrepreneur.

« Toutes les fois que, par suite de la lenteur appor-
« tée dans l'exécution des travaux, les ouvrages n'ont
« pas été, avant l'arrivée de la mauvaise saison, termi-
« nés ou amenés au degré d'avancement prescrit, les
« mesures de précaution à prendre pour les mettre à
« l'abri des rigueurs de l'hiver tombent à la charge de
« l'entrepreneur, qui demeure, en outre, responsable
« des dommages résultant de la non-exécution des
« ordres du chef du génie.

« L'entrepreneur est également responsable de toutes
« les avaries, pertes et dégradations qui seraient cau-
« sées, soit par sa négligence ou le retard mis à exécu-
« ter les travaux, soit par la non-observation des pres-
« criptions du chef du génie.

« Au contraire, quand les ordres de cet officier ont
« été ponctuellement suivis, les mesures de précaution
« à prendre sont au compte de l'État, ainsi que les tra-
« vaux qui seraient à faire pour réparer les dégradations
« que ces précautions seraient impuissantes à prévenir,
« sauf, toutefois, le cas où il y aurait vice d'exécution
« ou emploi de matériaux défectueux. »

275. Si l'administration doit indemnité à l'entrepreneur pour le dommage que la force majeure lui a

causé, elle doit, à plus forte raison, réparation du dommage provenant de son fait. Il n'y a là que l'application du droit commun, c'est-à-dire des articles 1382 C. civ. et suivants, et de l'article 1142, portant « que toute « obligation de faire ou de ne pas faire se résout en « dommages-intérêts, en cas d'inexécution de la part « du débiteur ».

Ceci suppose, avant tout, un fait ou une inaction contraire au droit de l'entrepreneur, c'est-à-dire aux obligations résultant, en sa faveur, de son marché, ou au moins des règles du droit commun. Ainsi, l'entrepreneur ne saurait réclamer à l'occasion du préjudice que l'administration lui a causé en laissant sans approvisionnement un entrepôt de poudre de mine : l'administration est maîtresse de régler, comme elle l'entend, le régime de ses entrepôts (3 mars 1875, *Blanc*, 216).

276. Quant au surplus, nous ne pouvons qu'indiquer des exemples ramenés à quelques idées générales.

Indemnité a été allouée à raison du *retard* apporté aux travaux par l'administration, en mettant trop tard à sa disposition les carrières qu'elle devait lui fournir (12 avril 1838, *Min. trav. publ. c. Bouteillé*, 214) ; en faisant procéder à l'adjudication sans s'assurer qu'elle pourrait livrer les terrains en temps utile (4 juillet 1872, *Agustinetty*, 420 ; 4 juillet 1873, *Syndicat de la Dives*, 616) ; en renonçant au tracé qui avait servi de base à l'adjudication pour mettre à l'étude un tracé différent (29 novembre 1872, *Artigue*, 677) ; en prolongeant pendant dix ans une entreprise dont la durée prévue n'était que de cinq ans (2 mai 1873, *Min. trav. publ. c. Monjallon*, 383) ; en remettant tardivement à l'entrepreneur les plans, profils, détails d'exécution et ordres de service (13 février 1874, *Fleurant*, 169 ; 20 juillet 1877, *Comm. de Martigues*, 729) ; en ajournant ou ralentissant les travaux (13 mars 1874, *Monjallon*, 265) ; 3 mars 1876, *Loiselot*, 231 ; 2 juillet 1877, *Comm. de Martigues*, 729) ; en donnant l'ordre de commencer les travaux après un laps de temps dépassant considérablement les délais qui avaient pu être prévus par les parties lors de l'adjudication (26 février 1875, *Agustinetty*, 205) ; V. encore, 27 juin 1879, *Pot*, 543).

Indemnité a été accordée, en sens inverse, à raison de l'*accélération* imprimée aux travaux par l'administration, en exigeant que les travaux fussent terminés deux ans plus tôt que ne le comportaient les prévisions du devis, ce qui avait nécessité l'augmentation du nombre des ouvriers et produit une hausse de la main-d'œuvre (26 décembre 1871, *Colas*, 177 ; V. aussi 18 juillet 1873, *Giroux*, 669).

Indemnité allouée à raison de *dépenses restées sans objet*, par suite de la cessation des travaux, laissant des matériaux sans emploi (28 janvier 1858, *Marcelin*, 101 ; 1er août 1858, *Peaucellier*, 636).

Indemnité allouée à raison de la *gêne* résultant, pour les travaux, d'un service de pompes et d'écopes organisé pour rejeter les eaux dans la tranchée de l'entrepreneur (15 avril 1858, *Min. trav. publ. c. Roulet*, 306 ; V. encore 30 juin 1866, *Canal Saint-Martin*, 740).

Enfin, indemnité pour *augmentation de dépense*, résultant de ce que l'administration a interverti l'ordre des travaux (12 août 1854, *Ville de Tarascon*, 789) ; des erreurs causées par des sondages irréguliers (8 février 1855, *Anssart-Manem*, 130 ; 10 mars 1859, *Bonnefons*,

187); d'erreurs dans la rédaction des projets (18 mars 1858, *Sourreil*, 236); de ce que l'entrepreneur a dû exécuter des maçonneries de perrés pendant les mois de décembre et de janvier, et de ce que les gelées ont avarié la chaux éteinte et dégradé les maçonneries (7 juin 1865, *Driot*, 620); de ce que ces ingénieurs ont interdit les procédés habituellement usités pour l'extraction des déblais à l'aide de la mine (6 juin 1866, *Fabre*, 596); de ce que la mauvaise exécution des épuisements faits en régie a augmenté les difficultés du travail (19 février 1868, *Beau*, 182; V. encore 6 mars 1872, *Mady*, 146; 20 mars 1874, *Mady*, 273; 28 janvier 1876, *Haudost-Sauvage*, 94; 5 mai 1876, *Crouzet*, 418; 27 décembre 1878, *Lobeau*, 1109).

277. Nous avons terminé, après l'exposé des principales obligations de l'entrepreneur, l'exposé des principales obligations de l'administration. Entrons maintenant dans l'examen des complications auxquelles peut donner lieu l'inexécution de ces obligations, à savoir la mise en régie, puis la résiliation.

CHAPITRE V

MISE EN RÉGIE

278. L'inexécution des obligations de l'entrepreneur peut donner lieu à différentes mesures, dont la première est la mise en régie.

Il ne faut pas confondre la mise en régie avec la régie. La régie est un des modes d'exécution des travaux publics; elle se place en regard de l'entreprise, de la concession et du travail à la journée. Nous en parlerons plus loin (**V.** *infrà,* n. 602 et suiv.). La mise en régie est l'exécution du travail, au compte de l'entrepreneur qui ne remplit pas ses engagements, et sous la direction d'agents désignés par l'administration.

279. La mise en régie est une application toute particulière de l'article 1144, C. civ., ainsi conçu : « Le créancier peut *aussi,* en cas d'inexécution, être « autorisé à faire exécuter lui-même l'obligation aux « dépens du débiteur ».

Nous disons : une application toute particulière. En droit civil, et quant au fond, l'exécution par le créancier n'est qu'un mode exceptionnel d'exécution, comme le montre le mot *aussi,* et comme il résulte du principe exprimé par l'article 1142, que « toute obligation de « faire ou de ne pas faire se résout en dommages et in- « térêts, en cas d'inexécution de la part du débiteur ». Les tribunaux ne se considèrent pas comme tenus de prescrire cette exécution par cela seul que le créancier y conclut ; ils l'ordonnent seulement quand elle paraît conforme aux intérêts des parties, et, le plus souvent, n'allouent que des dommages et intérêts (Aubry et Rau, t. 4, § 300, note 14). Au contraire, la mise en régie est un mode d'exécution qui dépend uniquement de la volonté du créancier, c'est-à-dire de l'État ou de l'administration.

280. D'un autre côté, en droit civil, le juge seul peut, à défaut d'exécution volontaire, ordonner l'exécution aux frais du débiteur. Ici, il appartient à l'administration de faire procéder à cette exécution ; le juge, c'est-à-dire le Conseil de préfecture, intervient uniquement pour en régler les conséquences pécuniaires, soit qu'il estime l'exécution régulière, soit qu'il la reconnaisse et la déclare contraire au droit de l'entrepreneur.

La raison d'urgence a fait attribuer à l'administration le pouvoir de prononcer la mise en régie. On comprend qu'un travail exécuté sous la direction d'agents choisis par elle est généralement dispendieux pour l'entrepreneur, tout en lui offrant l'avantage de gagner du temps. La mise en régie ne saurait donc être entourée de trop de garanties.

281. Les clauses et conditions générales des ponts et chaussées de 1833 étaient insuffisantes sous ce rapport. Elles conféraient au préfet le pouvoir d'ordonner l'établissement de la régie par un seul arrêté. Cet arrêté prescrivait à l'entrepreneur telles mesures déterminées que celui-ci devait prendre dans un certain délai, et fixait une époque à laquelle, faute d'exécution, la régie était immédiatement organisée. Il était rendu compte de la situation au directeur général, qui pouvait prononcer la continuation de la régie ou ordonner une nouvelle adjudication à la folle enchère de l'entrepreneur (anc. art. 21).

Une commission nommée en 1817 avait formulé un ensemble de conditions, reproduites par l'article 36 du cahier du ministère d'État, et généralement observées par l'administration. Aux termes de son rapport, il fallait : 1° Qu'il fût constaté par un procès-verbal motivé que les conditions de l'adjudication n'étaient pas remplies ; 2° que la régie fût autorisée par une décision du directeur général ou au moins de l'autorité locale ; 3° qu'un arrêté en déterminât les conditions, nommât le régisseur et prescrivît un mode de comptabilité présentant toutes garanties ; 4° qu'au moment de l'établissement de la régie, il fût dressé un inventaire des équi-

pages, outils et ustensiles de l'entrepreneur, et un état
de situation des travaux, approvisionnements et dépenses exécutés par lui ; 5° que, dans la mesure du possible, les marchés passés par l'entrepreneur fussent
maintenus et la préférence accordée aux fournisseurs,
sous-traitants et ouvriers présentés par lui ; 6° que la
régie durât seulement le temps nécessaire pour arriver
à l'adjudication à la folle enchère ou à la remise de la
gestion à l'entrepreneur. Ces formalités manquaient
généralement de sanction.

282. L'article 35 des clauses et conditions générales
de 1866 a comblé cette lacune :

« Lorsque l'entrepreneur ne se conforme pas, soit
« aux dispositions du devis, soit aux ordres de service
« qui lui sont donnés par les ingénieurs, un arrêté du
« préfet le met en demeure d'y satisfaire dans un délai
« déterminé. Ce délai, sauf le cas d'urgence, n'est pas
« de moins de dix jours à dater de la notification de
« l'arrêté de mise en demeure.

« A l'expiration de ce délai, si l'entrepreneur n'a
« pas exécuté les dispositions prescrites, le préfet, par
« un second arrêté, ordonne l'établissement d'une
« régie aux frais de l'entrepreneur. Dans ce cas, il est
« procédé immédiatement, en sa présence ou lui dû-
« ment appelé, à l'inventaire descriptif du matériel de
« l'entreprise.

« Il en est aussitôt rendu compte au ministre, qui
« peut, selon les circonstances, soit ordonner une nou-
« velle adjudication à la folle enchère de l'entrepreneur,
« soit prononcer la résiliation pure et simple du
« marché, soit prescrire la continuation de la régie.

« Pendant la durée de la régie, l'entrepreneur est

« autorisé à en suivre les opérations, sans qu'il puisse
« toutefois entraver l'exécution des ordres des ingé-
« nieurs.

« Il peut, d'ailleurs, être relevé de la régie, s'il
« justifie des moyens nécessaires pour reprendre les
« travaux et les mener à bonne fin.

« Les excédents de dépense qui résultent de la régie
« ou de l'adjudication sur folle enchère sont prélevés
« sur les sommes qui peuvent être dues à l'entre-
« preneur, sans préjudice des droits à exercer contre
« lui, en cas d'insuffisance.

« Si la régie ou l'adjudication sur folle enchère
« amène au contraire une diminution dans les dé-
« penses, l'entrepreneur ne peut réclamer aucune part
« de ce bénéfice, qui reste acquis à l'administration. »

283. Les clauses et conditions générales du génie,
dans le cas de retard restreint à un travail déterminé,
fournissent à l'État les moyens d'obtenir l'accélération
de ce travail, sans qu'il soit nécessaire de prononcer la
mise en régie de l'entreprise :

Art. 50. « Lorsque les ordres du chef du génie rela-
« tivement à un travail déterminé n'ont point été exé-
« cutés dans le délai prescrit, cet officier met l'entre-
« preneur en demeure d'y pourvoir et lui assigne, à
« cet effet, un nouveau délai de cinq jours au plus,
« passé lequel le directeur peut autoriser l'exécution du
« travail en souffrance, soit par des ouvriers militaires
« ou civils, employés à la journée au compte de l'en-
« trepreneur, et payés d'après un tarif fixé par cet
« officier, soit par tout autre moyen.

« Les frais d'embauchage de ces ouvriers sont éga-
« lement au compte de l'entreprise.

« Les matériaux nécessaires à l'exécution de ce
« travail peuvent aussi être, s'il y a lieu, achetés au
« compte de l'entrepreneur.

« Les dépenses sont réglées comme il est dit au
« 3e paragraphe de l'article 55 ci-après. » (V. *infrà*,
n. 307.)

284. Reprenons l'examen de l'article 35 des clauses
et conditions générales des ponts et chaussées, et parlons
d'abord des causes qui peuvent motiver la mise en
régie.

L'article 35 indique, en premier lieu, le cas où l'entrepreneur ne se conforme pas aux dispositions du devis,
ou aux ordres des ingénieurs. Mais il est évident que
les ingénieurs ne peuvent exiger, ni ce à quoi l'entrepreneur n'est pas tenu en vertu du devis ou du cahier
des charges (14 février 1861, *Dupont*, 119), ni ce qui
est impossible (9 avril 1868, *Martine*, 404; 29 juin
1869, *Fabre*, 655; 6 mars 1874, *Avon*, 237).

La mise en régie suppose l'inexécution des obligations
de l'entrepreneur. Il n'y a donc pas lieu à mise en régie
si le retard est imputable à l'administration (6 mars
1857, *Roch-Vidal*, 184); s'il résulte du plan ou
des ordres qui lui ont été donnés (19 février 1857,
Laborie, 155); si l'on parle de retard dans l'exécution
des travaux, et qu'en réalité l'entrepreneur ait encore
devant lui le temps de les achever à l'époque prescrite
(19 février 1857, *Comm. de Couterne*, 160).

Ceci ne veut pas dire qu'en fait, dans ces différentes
situations, la mise en régie ne puisse être prononcée
par l'administration. Il en résulte seulement que, si elle
l'est, et si l'entrepreneur porte sa réclamation devant le
Conseil de Préfecture, ce Conseil doit reconnaître que

la mise en régie a été prononcée à tort et accorder une indemnité à l'entrepreneur. (V. *infrà*, n. 294 et suiv.)

285. Résumons les formalités de la mise en régie.

L'entrepreneur doit être mis en demeure par un premier arrêté qui lui donne, pour se mettre en règle, un délai de dix jours au moins, sauf le cas d'urgence.

Le délai ne court que de la notification de l'arrêté.

Si, à l'expiration de ce délai, l'entrepreneur n'a pas exécuté les dispositions prescrites, un second arrêté ordonne l'établissement de la régie. Il est procédé à un inventaire.

Enfin, il est rendu compte du tout au ministre, qui a le choix entre ces trois résolutions : prescrire la continuation de la régie, — ordonner une nouvelle adjudication à la folle enchère de l'entrepreneur, — prononcer la résiliation pure et simple du marché.

L'accomplissement de ces formalités est, pour l'entrepreneur, d'une importance capitale. La jurisprudence en a sanctionné l'urgence en déclarant irrégulière, c'est-à-dire contraire au droit et donnant lieu à indemnité dans le cas de préjudice causé, la régie qui n'a pas donné satisfaction suffisante aux prescriptions du cahier des charges. (V. les n°s suiv.)

286. Il n'est pas nécessaire qu'avant le premier arrêté la situation soit constatée par un rapport ou procès-verbal (16 janvier 1874, *Gauthier*, 63). Il faut du moins que cet arrêté soit rendu et notifié à l'entrepreneur (25 mai 1841, *Roger-Berdoly*, 212).

La régie est irrégulière, s'il ne s'est pas écoulé dix jours entre la notification et l'arrêté de mise en régie ; si, par exemple, la notification ayant eu lieu le 25 avril, la mise en régie est prononcée le 5 mai (12 août 1848,

Nobilet, 526); s'il y a bien dix jours francs au jour de la notification de l'arrêté, mais non dix jours francs au jour de la signature de cet arrêté (4 avril 1879, *Bouchet*, 300). Cependant, la régie a été considérée comme régulière dans une affaire où le délai imparti était de moins de dix jours, à raison de ce que, en fait, on avait laissé à l'entrepreneur plus de dix jours, sans qu'il tentât d'en profiter (16 avril 1880, *Gautier*, 380).

287. La régie est-elle régulière si le second arrêté a été pris longtemps après la notification du premier, sans nouvelle mise en demeure constatant que, dans l'intervalle, l'entrepreneur n'a rien fait pour se conformer à la première mise en demeure? La question a été résolue différemment suivant les circonstances (16 janvier 1874, *Gautier*, 63; 16 avril 1880, *Gautier*, 380).

Le défaut de confection de l'inventaire n'entraîne pas l'irrégularité de la régie, si l'entrepreneur ne l'a pas réclamé (16 janvier 1874, *Gauthier*, 64). Il en est différemment dans le cas contraire (4 juillet 1873, *Synd. de la Dives*, 617; V. 12 janvier 1877, *Guernet*, 63).

La mise en régie est irrégulière, du moment que l'entrepreneur s'est soumis à l'arrêté de mise en demeure. Elle ne peut être justifiée par la seule circonstance que l'entrepreneur a réservé ses droits (10 mai 1875, *Joret*, 1004). Il ne lui est pas défendu de protester.

288. L'irrégularité de la régie, soit au fond, soit en la forme, ne peut donner lieu qu'à une réclamation devant le Conseil de préfecture, et qu'à une réclamation à fin d'indemnité.

En effet, la mise en régie est une mesure essentiellement administrative, que l'administration prend sous sa responsabilité et qui est uniquement motivée sur l'appréciation des convenances du travail public. Cette appréciation ne saurait être contestée par la voie contentieuse.

D'ailleurs, le Conseil de préfecture n'a pas, sauf les cas exceptionnellement indiqués par la loi, qualité pour réformer les actes de l'administration active, mais seulement pour régler les conséquences pécuniaires de ces actes. Ainsi, le Conseil de préfecture ne peut déclarer nul et illégal l'arrêté de mise en régie (19 juillet 1833, *Commis. des digues de la Saône*, 402; 29 mars 1855, *Gaté*, 246); ni ordonner que rien ne sera changé aux travaux (5 juillet 1851, *Vivet*, 496).

289. Il n'appartient pas davantage au Conseil d'Etat d'annuler l'arrêté de mise en régie qui lui serait déféré directement pour excès de pouvoir. Son droit de réformer les actes d'administration pour excès de pouvoir reste étranger à ceux de ces actes qui comportent uniquement une appréciation abandonnée à la discrétion de l'autorité administrative; et tel est le cas de la mise en régie. Le recours direct formé devant le Conseil d'Etat est donc nécessairement rejeté, et l'arrêt se borne à déclarer habituellement que l'entrepreneur reste libre de demander, devant le Conseil de préfecture, la réparation pécuniaire des conséquences de la mise en régie (30 juillet 1863, *Daumer*, 611; 7 janvier 1864, *Raoult*, 22; 9 août 1865, *Delalée*, 785; V. sur l'indemnité, *infrà*, n.294 et suiv.).

290. L'entrepreneur peut cependant être relevé de la régie, s'il justifie des moyens nécessaires pour conduire les travaux à bonne fin.

Mais il ne peut obtenir cet avantage que de l'administration, c'est-à-dire du préfet ou du ministre. Qu'il y ait lieu d'annuler la mise en régie ou de la faire cesser, il ne s'agit toujours que d'apprécier les intérêts discrétionnairement confiés à l'administration. La juridiction administrative, on vient de le voir, ne peut réformer directement l'acte portant mise en régie. Elle ne saurait en détruire les effets par une voie indirecte.

291. On a vu plus haut que le cahier des clauses et conditions générales du génie fournit à l'administration les moyens de faire cesser le retard survenu dans l'exécution d'un travail déterminé, sans mettre l'entreprise en régie.

La mise en régie n'en est pas moins admise pour les travaux du génie, lorsque l'entreprise est en souffrance. Les cas d'application de cette mesure et les formalités à suivre présentent une grande analogie avec ce qui se passe à l'égard des travaux des ponts et chaussées.

Art. 51. « Lorsque l'entrepreneur ne se conforme
« pas, d'une manière générale, aux ordres de service
« donnés par les officiers du génie, lorsque les tra-
« vaux ne sont pas entrepris à l'époque fixée, qu'ils
« languissent ou qu'ils sont suspendus, et qu'on peut
« craindre que leur exécution ne soit pas terminée à
« l'époque prescrite, le directeur, sur le rapport du
« chef du génie, met l'entrepreneur et sa caution en
« demeure de se conformer aux prescriptions de cet
« officier, dans un délai déterminé, qui ne doit pas
« être inférieur à dix jours.

« Si, passé ce délai, les dispositions prescrites n'ont
« pas été exécutées, le directeur ordonne l'établisse-
« ment d'une régie aux frais de l'entrepreneur, soit

« pour la totalité, soit pour une partie seulement de ces
« travaux.

« Il est aussitôt rendu compte de cette mesure au
« ministre, qui peut, selon les circonstances, soit pres-
« crire la continuation de la régie, soit exiger la con-
« tinuation du marché par la caution, soit résilier pu-
« rement et simplement ce marché, soit, enfin, ordon-
« ner la passation d'un nouveau marché aux risques et
« périls de l'entreprise. »

Art. 52. « En vue d'assurer, en temps opportun,
« l'exécution des mesures prévues par les deux articles
« qui précèdent, il est institué dans chaque place un
« gérant éventuel, accrédité auprès du trésorier-payeur
« général, conformément aux règlements sur la ma-
« tière.

« Ce gérant est chargé, s'il y a lieu, d'acquitter le
« payement des salaires dus aux ouvriers, dans le cas
« prévu à l'article 19. »

292. Examinons les conséquences de la mise en
régie.

La situation faite à l'entrepreneur par la mise en
régie se résume en ces deux idées : le régisseur continue les travaux au compte de l'entrepreneur ; l'entrepreneur est autorisé à suivre les opérations de la
régie, sans toutefois pouvoir entraver les ordres des
ingénieurs (Cl. et cond. gén. des ponts et chaussées,
art. 35 ; V. suprà, n. 282).

293. Quant à la manière d'établir le compte, il
faut distinguer suivant que la régie est régulière ou
irrégulière.

Si la régie est régulière, nous voulons dire si l'administration était fondée à l'établir et a observé les

formes prescrites pour son établissement, l'entrepreneur supporte les excédents de dépense, qui sont prélevés sur les sommes à lui dues, sans préjudice du recours contre lui en cas d'insuffisance. Il peut réclamer un compte de clerc à maître de toutes les dépenses que l'administration entend mettre à sa charge. Mais ce droit n'est pas reconnu à ses créanciers (14 février 1834, *Vourgère et Raquin*, 136 ; V. *infrà*, n. 410).

Il doit supporter toutes les dépenses auxquelles a donné lieu la régie. Il peut exiger le rejet de celles qui sont le résultat d'une mauvaise gestion (31 août 1837, *Département des Deux-Sèvres*, 455), des dépenses non justifiées (18 janvier 1845, *Richard*, 21), des dépenses exagérées (7 janvier 1877, *Guernet*, 62), enfin, des dépenses étrangères à l'entreprise. Par exemple, si l'administration emploie, à côté du régisseur, un conducteur de travaux chargé de surveiller la régie, les frais occasionnés par cette surveillance ne sont pas plus à la charge de l'entrepreneur qu'elles n'y seraient s'il n'y avait pas de régie (30 mai 1861, *Bouchard*, 464 ; 19 décembre 1879, *Chazotte*, 835).

Si, par extraordinaire, la régie a donné des bénéfices, l'article 35 des Clauses et conditions générales des ponts et chaussées déclare formellement qu'ils sont acquis à l'administration.

294. Parlons maintenant des conséquences de la régie irrégulière.

En ce qui concerne les augmentations de dépense, il est certain que, « en établissant la régie, sans avoir « observé les formalités préalables prescrites par le « cahier des clauses et conditions générales, l'adminis- « tration a empêché l'entrepreneur de prévenir les ré-

« sultats onéreux de ce mode d'exécution des travaux,
« et doit, dès lors, l'indemniser du préjudice qu'elle
« a pu lui causer » (2 juin 1837, *Hayet*, 231).

Ceci est vrai de la régie irrégulière au fond comme
de la régie irrégulière en la forme. De toute manière,
les augmentations de dépense sont dues à une faute
de l'administration, devant la volonté de laquelle l'entrepreneur a dû plier. Une indemnité lui est due (25 mai
1843, *Roger-Berdoly*, 212 ; 15 décembre 1846, *Pluvinet*, 554 ; 14 février 1861, *Dupont*, 119).

295. Mais la régie peut avoir donné des bénéfices.

Ces bénéfices appartiennent à l'entrepreneur. Car
l'administration ne les a réalisés qu'en prenant son
lieu et place (14 février 1834, *Min. du comm. et des
trav. pub. c. Raquin*, 137 ; 12 août 1848, *Nobilet*, 524 ;
9 avril 1868, *Martine*, 404). « Considérant, dit ce der-
« nier arrêt, qu'il suit de là que les requérants sont
« fondés à soutenir que la mise en régie a été pronon-
« cée à tort à leur égard, et que, dès lors, ils doivent
« être, non seulement exonérés des pertes encourues
« par l'exécution en régie des travaux de la caserne de
« gendarmerie, ainsi que l'a reconnu, du reste, l'arrêt
« attaqué, mais encore indemnisés à raison de la pri-
« vation que ladite mesure a entraînée pour eux, du
« bénéfice réalisé par la régie dans l'exécution des tra-
« vaux de construction des bâtiments annexes à l'hôtel
« de la préfecture » (V. encore 6 juillet 1863, *Charrier*, 519).

Ces bénéfices ne sont donc bornés par aucune limite
nécessaire. Sous le cahier des charges de 1833, le Conseil d'Etat a rejeté la demande en réduction de l'indem-

nité, fondée sur ce qu'elle était supérieure au cinquantième de la valeur des travaux restant à exécuter, c'est-
à-dire au maximum de l'indemnité pouvant être réclamée au cas de résiliation, d'après l'ancien article 40
(24 janvier 1856, *Aubert*, 95 ; V. encore 6 juillet 1863,
Charrier, 519).

296. Enfin, et bien que la régie n'ait pas procuré
de bénéfices, l'entrepreneur peut soutenir que l'entreprise en aurait donné, s'il était resté à sa tête. Est-il
fondé à réclamer une indemnité pour la privation de ce
bénéfice ?

Sa prétention est conforme à l'article 1149, C. civ.,
où il est dit : « Les dommages et intérêts dus au créan-
« ciers sont, en général, de la perte qu'il a faite et du
« gain dont il a été privé » (V. aussi l'art. 1794, C. civ.,
et *infrà*, n. 325 et suiv.). Aussi a-t-il été jugé d'abord
que l'indemnité devait comprendre « l'économie que
« l'entrepreneur aurait pu réaliser, s'il était resté
« chargé de la direction des travaux » (2 juin 1837,
Hayet, 231 ; 21 février 1845, *Hayet*, 84).

Cependant, un arrêt postérieur limite l'indemnité aux
économies faites par la régie : « Considérant que le
« sieur Nobilet ne justifie avoir aucun droit à indem-
« nité; qu'il est fondé seulement, dans le cas où l'exé-
« cution des travaux par voie de régie aurait procuré
« une économie sur les prix de l'adjudication, à
« réclamer le montant de la différence » (12 août 1848,
Nobilet, 524).

Plus récemment, le Conseil est revenu à sa doctrine
première.

Déjà, en matière de résiliation, il avait décidé que
l'entrepreneur « est fondé à demander, aux termes de

« l'article 1794 du Code civil, le dédommagement de
« toutes ses dépenses, de tous ses travaux, et des béné-
« fices qu'il aurait pu réaliser dans son entreprise »
(6 juillet 1863, *Charrier*, 520). Dans une affaire où il y
avait eu mise en régie suivie de résiliation, l'arrêt
porte « que c'est avec raison que le Conseil de préfec-
« ture a mis à la charge du département du Calvados les
« conséquences de la régie et l'a condamné à payer au
« sieur Joret une indemnité de 7,600 francs pour le
« dédommager du bénéfice dont il avait été privé par
« suite de la résiliation de son marché » (10 décembre
1875, *Joret*, 1004).

297. L'entrepreneur pourrait encore fonder une
demande en résiliation du marché sur la mise en régie
irrégulière considérée comme constituant, de la part de
l'administration, un fait d'inexécution de ses obligations
(21 mai 1875, *Comm. de Parempuyre*, 510; V. sur cette
cause de résiliation, *infrà*, n. 350).

298. En cette matière, comme en toute autre, l'entrepreneur peut renoncer à ses droits.

L'acquiescement à la régie est une renonciation à
l'indemnité qui peut être due en raison de l'irrégularité
de cette mesure. Il rend désormais non recevable toute
réclamation de l'entrepreneur (29 décembre 1853,
Darfeuille, 1126). Le même effet résulte de l'approbation, sans réserve, des mémoires et pièces comptables
des travaux exécutés en régie (26 novembre 1846,
Héritiers Jardin, 512).

299. Nous avons vu qu'à la suite du second arrêté,
par lequel le préfet a ordonné la mise en régie, le ministre, à qui il en est rendu compte, peut prescrire la
continuation de cette mise en régie, prononcer la rési-

liation pure et simple, ou ordonner la réadjudication à la folle enchère de l'entrepreneur (art. 35; V. *suprà*, n. 282).

Nous parlerons bientôt de la résiliation (V. *infrà*, n. 309 et suiv.).

300. Quant à la réadjudication sur folle enchère, le pouvoir de l'ordonner ne résulte pas des principes généraux, et n'existerait pas s'il n'était formellement établi par le cahier des charges. C'est ce qui a été décidé en matière de marchés pour le service des prisons (22 mai 1874, *Contour*, 479).

301. Du moment qu'il existe, ce pouvoir ne peut s'exercer qu'à titre d'acte d'administration, comme celui d'ordonner la régie (V. *suprà*, n. 289), ou de prononcer la résiliation (V. *infrà*, n. 372 et suiv.). Il faut dire de cet acte ce que nous avons dit des deux autres : il ne peut être attaqué ni devant le Conseil de préfecture, ni devant le Conseil d'Etat, mais il ne fait pas obstacle à la réclamation d'indemnité, qui peut être portée devant le Conseil de préfecture à raison de l'irrégularité de la réadjudication (27 octobre 1837, *Barbe*, 475 ; 25 juillet 1873, *Noël*, 696). A plus forte raison est-il évident qu'il n'appartient pas à l'entrepreneur de requérir la réadjudication (*contrà*, Cotelle, t. 3, p. 87).

302. Au fond, les causes d'irrégularité de la réadjudication se confondent avec celles de la mise en régie. Suivant que le préfet a été ou non fondé à prononcer la mise en régie, le Ministre est ou n'est pas fondé à ordonner la réadjudication.

En la forme, l'irrégularité de la mise en régie, nécessairement, réagit sur la réadjudication. Si la première

17

est intervenue au mépris des formalités indispensables, la seconde est irrégulière.

303. La réadjudication exige-t-elle, à titre de préalable nécessaire, l'existence d'une mise en régie prononcée, ou même organisée?

La négative a été jugée le 15 juin 1841 (*Bau,* 247). Nous reviendrons sur cette question, *infrà,* n. 320). Disons cependant que, dans une affaire où l'arrêté de mise en demeure portait que la résiliation et la réadjudication devraient être précédées de l'organisation d'une mise en régie, l'arrêt porte « que la résiliation et « la réadjudication, sur folle enchère, de l'entreprise « du sieur Noël, ont été ordonnées sans qu'il ait été « préalablement procédé à la mise en régie annoncée; « que, dès lors, le sieur Noël est fondé à soutenir que ces « mesures ont été prises irrégulièrement et que c'est à « tort que le Conseil de préfecture a mis à sa charge « les conséquences de la folle enchère » (25 juillet 1873, *Noël,* 697).

304. Les formes de la réadjudication ne peuvent différer des formes de l'adjudication ordinaire (12 janvier 1877, *Guernet,* 63; V. ces formes, *suprà,* n. 67 et suiv.).

305. L'article 53 des clauses et conditions générales du génie règle ainsi la situation faite à l'entrepreneur par la mise en régie :

« Dès que la mise en régie ou la passation d'un « marché à leurs risques et périls a été signifiée à l'en- « trepreneur et à sa caution, il leur est interdit d'inter- « venir dans l'exécution des travaux qui en sont « l'objet.

« L'entrepreneur évincé est tenu de remettre, sur

« l'ordre du chef du génie, les locaux et les terrains
« qui lui ont été prêtés. Faute par lui de le faire, il
« devient responsable des conséquences, et il est pro-
« cédé d'office, à ses frais, à la reprise des lieux, no-
« nobstant toute opposition.

« Un procès-verbal détaillé, constatant l'état d'avan-
« cement des travaux, ainsi que la situation des ateliers,
« la nature, la quantité et la qualité du matériel et des
« matériaux approvisionnés, est immédiatement dressé
« par le sous-intendant militaire, en présence du maire,
« du chef du génie et du gérant ou nouvel entrepre-
« neur.

« Sommation d'assister à l'opération est faite à l'en-
« trepreneur évincé et à sa caution, qui peuvent,
« d'ailleurs, l'un et l'autre, consigner leurs observa-
« tions au procès-verbal.

« Un procès-verbal analogue est établi dans le cas
« où la caution est purement et simplement substituée
« à l'entrepreneur. »

306. L'article 54 des mêmes clauses règle ce qui
touche à la durée de la régie :

« Quand la régie embrasse la totalité des travaux
« ordonnés, elle a généralement pour durée celle de
« l'exercice en cours. Toutefois, le Ministre peut en
« décider la continuation au delà de l'exercice ; il peut
« aussi prononcer, à un moment quelconque, la rési-
« liation pure et simple du marché, ou ordonner la
« passation d'un nouveau marché aux risques et périls
« de l'entreprise.

« Quand la régie est partielle, elle n'a que la durée
« nécessaire pour faire face aux besoins des services en
« souffrance.

« Pendant la durée de la régie, l'entrepreneur est
« autorisé à en suivre les opérations, sans qu'il puisse,
« toutefois, entraver l'exécution des ordres donnés par
« les officiers ou le gérant. Il peut, d'ailleurs, en être
« relevé, s'il justifie des moyens nécessaires pour re-
« prendre les travaux et les mener à bonne fin.

« Quand un marché est passé aux risques et périls
« de l'entrepreneur, il a la durée qui restait à courir à
« celle-ci. Lors même que cette durée serait supé-
« rieure à trois années, le nouvel adjudicataire n'a pas
« la faculté de résilier à l'expiration du ternaire. »

307. L'article 55 des mêmes clauses du génie détermine enfin les effets de la mise en régie.

« Les travaux mis en régie sont exécutés suivant les
« circonstances, d'après des marchés particuliers pas-
« sés à bref délai, ou au moyen d'achats directs et
« d'ouvriers travaillant à la journée, sans que l'entre-
« preneur évincé ni sa caution puissent intervenir au-
« trement que dans la limite prévue à l'article pré-
« cédent.

« Dans le cas où le Ministre a décidé qu'un marché
« serait passé à leurs risques et périls, ils ne peuvent
« davantage intervenir, ni élever aucune réclamation
« contre les conditions ou le mode de passation de ce
« marché.

« Dans l'un et l'autre cas, il peut être fait usage, sur
« l'ordre du directeur, de tout ou partie du matériel et
« des approvisionnements de l'entreprise, y compris
« les chevaux. La valeur du matériel et des approvi-
« sionnements ainsi retenus est indiquée dans le pro-
« cès-verbal prévu par l'article 52 ; elle est calculée
« d'après les éléments fournis par le bordereau, ou, à

« défaut, elle est estimée de gré à gré ou à dire d'ex-
« perts. Lorsqu'il n'est rien spécifié à cet égard, cette
« mesure ne s'applique qu'aux matériaux approvision-
« nés par ordre, pour le compte de l'Etat, lorsqu'ils
« ont été d'ailleurs acceptés par un officier du génie.

« Lorsque le compte des travaux exécutés en régie,
« ou en vertu d'un marché passé aux risques et périls
« de l'entreprise accuse une dépense plus forte que
« celle qui serait résultée de l'application des prix du
« bordereau et des conditions du marché primitif, l'ex-
« cédent de dépense tombe tout entier à la charge de
« l'entrepreneur évincé et de sa caution, et le rem-
« boursement en est poursuivi par toutes les voies de
« droit ; si, au contraire, la dépense est moindre, la
« différence profite à l'Etat. »

308. L'article 56 des clauses et conditions générales
du génie rappelle les pénalités qui frappent les faits de
mauvais vouloir ou de négligence relatifs aux travaux
du service de la guerre.

« L'entrepreneur est passible des peines d'emprison-
« nement et d'amende prononcées par les articles 430
« et suivants du Code pénal, si, par mauvais vouloir, il
« fait manquer les travaux ou les fournitures dont il
« est chargé ; si, par négligence, il occasionne des re-
« tards préjudiciables à leur exécution et à leur livrai-
« son, ou s'il se rend coupable de fraude, soit sur la
« nature, sur la qualité ou sur la quantité des travaux
« faits ou des objets fournis, soit sur la main-d'œuvre.

« Il en est de même pour la caution, les héritiers ou
« les créanciers de l'entrepreneur, lorsqu'ils sont subs-
« titués à celui-ci dans l'exécution des travaux. »

Les articles du Code pénal sont ainsi conçus :

Article 430. « Tout entrepreneur ou tout agent de
« l'entrepreneur qui, sans y avoir été contraint par une
« force majeure, fait manquer le service des travaux
« militaires, peut être condamné à la peine de la réclu-
« sion et au payement d'une amende qui ne peut être
« au-dessous de 500 francs, le tout sans préjudice de
« peines plus fortes, en cas d'intelligence avec l'en-
« nemi.

« Dans le cas de simple négligence ayant amené le
« retard des travaux, et dans celui où il y a eu fraude
« sur la nature, la qualité ou la quantité des choses
« fournies, des ouvrages faits ou de la main-d'œuvre
« employée, les coupables peuvent être punis d'un
« emprisonnement de six mois à cinq ans et d'une
« amende de 100 francs au moins, sans préjudice,
« d'ailleurs, pour l'État, des démolitions ordonnées.

« Les poursuites ne pourront avoir lieu par les auto-
« rités judiciaires que sur la dénonciation du Ministre
« de la guerre. »

431. « Lorsque la cessation du service proviendra
« du fait des agents des fournisseurs, ces agents seront
« condamnés aux peines portées par le précédent
« article. — Les fournisseurs et leurs agents seront
« également condamnés, lorsque les uns et les autres
« auront participé au crime.

432. « Si des fonctionnaires publics ou des agents
« préposés ou salariés du gouvernement ont aidé les cou-
« pables à faire manquer le service, ils seront punis de
« la peine des travaux forcés à temps, sans préjudice des
« peines plus fortes en cas d'intelligence avec l'ennemi.

433. « Quoique le service n'ait pas manqué, si, par
« négligence, les livraisons et les travaux ont été retar-

« dés, ou s'il y a eu fraude sur la nature, la qualité ou
« la quantité des travaux ou main-d'œuvre ou des
« choses fournies, les coupables seront punis d'un
« emprisonnement de six mois au moins et de cinq
« ans au plus, et d'une amende qui ne pourra excéder
« le quart des dommages-intérêts, ni être moindre de
« 100 francs. — Dans les divers cas prévus par les
« articles composant le présent paragraphe, la pour-
« suite ne pourra être faite que sur la dénonciation du
« gouvernement. »

CHAPITRE VI

RÉSILIATION

309. Nous venons de parler de la mise en régie, mode d'exécution du contrat qui n'est plus celui que le contrat avait prévu, mais qui est encore un mode d'exécution.

La mise en régie est, en certains cas, le préalable de la résiliation, c'est-à-dire de la dissolution du contrat.

Il existe ici trois sortes de résiliation : la résiliation de plein droit, la résiliation dans l'intérêt de l'administration, et la résiliation dans l'intérêt de l'entrepreneur.

310. Occupons-nous d'abord de la résiliation de plein droit. Cette résiliation résulte de deux faits, à savoir, le décès et la faillite de l'entrepreneur.

311. La résiliation de plein droit est la conséquence du décès de l'entrepreneur. Elle en est la conséquence nécessaire; car la considération de la personne de l'entrepreneur est un des motifs déterminants du consentement de l'administration (V. *suprà*, n. 73 et suiv.). L'entrepreneur ne peut se substituer un cessionnaire (V. *suprà*, n. 135 et suiv.), et son décès ne saurait, sans grand inconvénient, imposer à l'administration un successeur ne présentant pas ordinairement les garanties nécessaires.

Il n'y a pas là, d'ailleurs, une règle spéciale au droit administratif. Le Code civil porte, article 1795 : « Le « contrat de louage d'ouvrage est dissous par la mort « de l'ouvrier, de l'architecte et de l'entrepreneur. »

Faisons remarquer que cette règle est spéciale au louage d'ouvrage. En ce qui concerne le louage de choses, le principe contraire est écrit dans l'article 1742, Cod. civ. : « Le contrat de louage n'est point « résolu par la mort du bailleur ni par celle du preneur. » Aussi la jurisprudence a-t-elle décidé que le contrat de concession n'est pas résolu par le décès du concessionnaire (5 juin 1845, *héritiers Détrez*, 320; V. *infrà*, n. 625).

312. La règle de l'article 1795 est consacrée par les clauses et conditions générales des ponts et chaussées :

« En cas de décès de l'entrepreneur, le contrat est
« résilié de droit, sauf à l'administration à accepter,
« s'il y a lieu, les offres qui peuvent être faites par
« les héritiers pour la continuation des travaux »
(art. 36).

313. Cet article est inapplicable, lorsque deux entrepreneurs ont soumissionné conjointement la même entreprise. Dans une telle situation, il faut dire « que les
« travaux ayant fait l'objet d'une adjudication unique
« et formant ainsi un ensemble indivisible, chacun des
« deux soumissionnaires était obligé pour le tout à leur
« exécution » (7 février 1873, *Guernet*, 137).

Le Code civil porte en effet : « L'obligation est indi-
« visible, quoique la chose ou le fait qui en est l'objet
« soit divisible par sa nature, si le rapport sous lequel
« elle est considérée dans l'obligation ne la rend pas
« susceptible d'exécution partielle » (art. 1218). « Cha-
« cun de ceux qui ont contracté conjointement une
« obligation indivisible en est tenu pour le total, encore
« bien qu'elle n'ait pas été contractée solidairement »
(art. 1222).

314. En ce qui concerne les travaux des ponts et
chaussées, la résiliation par décès entraîne l'acquisition du matériel par l'État, si les héritiers en font la
demande, et le prix en est réglé de gré à gré ou à dire
d'experts. Les matériaux approvisionnés par ordre et
déposés sur les chantiers sont acquis par l'État au
prix de l'adjudication, s'ils remplissent les conditions
du devis (Cl. et cond. gén. des ponts et chaussées,
art. 43; V. *infrà,* n. 336). On verra plus loin qu'il
n'en est pas ainsi des travaux du génie (V. *infrà,*
n. 348).

315. La résiliation de plein droit résulte également de la faillite, qui opère, à l'encontre du failli, dessaisissement de tous ses biens (art. 443, C. comm.). D'ailleurs, les garanties de solvabilité et les autres moyens de conduire les travaux à bonne fin manquent nécessairement au failli; à l'administration seule il appartient d'apprécier si la continuation peut en être confiée au syndic de la faillite.

Les clauses et conditions générales des ponts et chaussées portent, en conséquence : « En cas de faillite « de l'entrepreneur, le contrat est également résilié de « plein droit, sauf à l'administration à accepter, s'il y « a lieu, les offres qui peuvent être faites par les « créanciers pour la continuation de l'entreprise » (art. 37).

La reprise du matériel et des matériaux ne s'opère pas ici de la même manière que dans le cas de résiliation par décès. Celle des matériaux définis par l'article 43 est bien de droit. Mais celle du matériel est facultative pour l'État (Cl. et cond. gén. des ponts et chaussées, art. 43 ; V. *infrà*, n. 336).

316. Ainsi qu'on l'a dit plus haut, la résiliation de plein droit résulte de l'événement même qui y donne lieu. L'administration n'a pas à la proclamer. Le Conseil de préfecture ne saurait ni l'accorder ni la refuser. Il ne peut que la reconnaître et en régler les conséquences (V. encore, *infrà*, n. 329).

317. Parlons maintenant de la résiliation dans l'intérêt de l'administration.

Le marché peut être résilié dans l'intérêt de l'administration dans deux cas, à savoir : lorsque l'entrepreneur ne s'est pas conformé aux conditions qui lui étaient imposées, et lorsque l'administration croit devoir arrêter l'exécution des travaux.

318. La résiliation pour inexécution des conditions n'est qu'une application du principe général, ainsi proclamé par l'article 1184 du Code civil : « La condition « résolutoire est toujours sous-entendue dans les con- « trats synallagmatiques, pour le cas où l'une des par- « ties ne satisfera point à son engagement ».

A l'égard des travaux des ponts et chaussées, ce mode de résiliation est consacré, d'une manière spéciale, par l'article 9 des clauses et conditions générales, pour le cas de sous-traité passé sans autorisation (V. *suprà*, n. 135), et, d'une manière générale, par l'article 35, pour le cas où l'entrepreneur ne se conforme pas aux dispositions du devis ou aux ordres de service qui lui sont donnés par les ingénieurs (V. *suprà*, n. 282).

La disposition de l'article 35 est aussi large que celle de l'article 1184 C. civ., et serait, en tant que de besoin, complétée par cette règle de droit commun.

Aussi a-t-il été jugé indistinctement qu'il y lieu à résiliation, soit que l'entrepreneur ait refusé de se conformer aux plans et profils de l'entreprise (26 mai 1853, *Vergereau*, 544); soit qu'il n'ait pas exécuté les modifications apportées au projet primitif en vertu de la faculté laissée à l'administration par les clauses et conditions générales (12 février 1841, *Best*, 61); soit qu'il ait abandonné les travaux sans les achever (30 décembre 1858, *Mauge-Busselot*, 780).

Ainsi encore, dans une affaire qui n'était pas régie par les clauses et conditions générales des ponts et chaussées, la résiliation a été prononcée à raison du retard constaté dans l'exécution des travaux, et de la faillite de l'entrepreneur, démontrant l'insuffisance de ses ressources pour en procurer l'achèvement (25 mars 1865, *Demeure*, 332).

319. Les clauses et conditions générales des ponts et chaussées, en cas d'inexécution des conditions par l'entrepreneur, autorisent l'administration à opter entre la résiliation et d'autres mesures.

Dans l'hypothèse visée par l'article 9, celle d'un sous-traité passé sans son autorisation « l'administra- « tion peut, suivant les cas, soit prononcer la résilia- « tion pure et simple de l'entreprise, soit procéder à « une nouvelle adjudication à la folle enchère de l'en- « trepreneur » (V. *suprà*, n. 135).

Dans les situations prévues par l'article 35, c'est-à- dire lorsque le préfet a prononcé la mise en régie, faute par l'entrepreneur de se conformer aux dispositions du devis ou aux ordres des ingénieurs, le Ministre « peut, selon les circonstances, soit ordonner une nou- « velle adjudication à la folle enchère de l'entrepre- « neur, soit prononcer la résiliation pure et simple du « marché, soit prescrire la continuation de la régie » (V. *suprà*, n. 282 et suiv.).

320. Faut-il considérer l'arrêté prononçant la mise en régie comme le préalable nécessaire de la ré- siliation ?

La même question se présente à l'occasion de la réad- judication à la folle enchère de l'entrepreneur. Nous avons vu que la jurisprudence admet la négative (15 juin 1841, *Bau*, 247). Elle fait exception à cette règle pour le cas où l'arrêté de mise en demeure porte- rait que la résiliation et la réadjudication seront né- cessairement précédées de l'organisation d'une mise en régie (25 juillet 1873, *Noël*, 697; V. *suprà*, n. 303).

Dans le sens de l'arrêt du 15 juin 1841, on fait observer que la résiliation est de droit. L'option est donnée au Ministre immédiatement, avant que la régie ait pu commencer ses opérations (V. les termes de l'art. 35, *suprà*, n. 282). Enfin, l'article 9, supposant l'existence d'un sous-traité, reconnaît au Ministre le droit d'ordonner, sans aucun préalable, la résiliation ou la réadjudication (V. *suprà*, n. 135).

On objecte que la résiliation de droit, c'est-à-dire prononcée par le juge, n'a pas la gravité d'une résiliation abandonnée à la discrétion de l'administration, et compliquée de réadjudication à la folle enchère (V. 22 mai 1874, *Contour*, 479, et *suprà*, n. 300). L'article 9 est une disposition spéciale, motivée par une faute spéciale. Le texte de l'article 35 ne donne au Ministre l'option entre les mesures abandonnées à son appréciation qu'après la mise en régie prononcée, puisque son droit comprend précisément, comme troisième alternative, la faculté de « prescrire la continuation de « la régie », qui doit donc au moins avoir été ordonnée. Et la situation rigoureuse faite à l'entrepreneur ne permet de retrancher aucune des formalités indiquées par l'article 35.

C'est là s'exagérer l'importance de ces mots « pres- « crire la continuation de la régie ». Le sens de l'article 35 est éclairé par l'article 9, qui offre à l'administration, sur un pied égal, l'alternative de prononcer la résiliation ou d'ordonner la réadjudication à la folle enchère de l'entrepreneur. Aussi le Conseil d'État a-t-il décidé «qu'aux termes des articles 1144 et 1184 C. civ., « il appartient à l'administration, après que l'entre-

« preneur a été régulièrement constitué en demeure,
« soit d'ordonner l'établissement d'une régie à ses frais,
« soit de prononcer la résiliation et d'ordonner la réad-
« judication sur folle enchère de l'entrepreneur; qu'au-
« cune disposition du cahier des clauses et conditions
« générales n'exige, pour que la résiliation puisse être
« prononcée, qu'une régie ait été préalablement orga-
« nisée » (31 décembre 1878, *Cravio*, 1142).

321. La résiliation pour inexécution des conditions
ne peut être prononcée que par le Ministre. La rupture
d'un marché est chose trop grave pour dépendre de la
volonté d'un fonctionnaire moins haut placé. Cette
règle résulte de l'article 35, alinéa 3, des clauses et
conditions générales des ponts et chaussées (7 avril
1864, *Jean*, 331).

La résiliation constitue un acte de pure administration dont l'appréciation échappe à la juridiction
contentieuse, mais ne fait pas obstacle à la réclamation
d'une indemnité devant le Conseil de préfecture (24
juillet 1848, *Midy*, 451; 5 janvier 1860, *Bénac*, 13;
8 mai 1861, *Guillemin*, 352; 20 février 1868, *Goguelat*,
199).

322. En matière de travaux communaux, l'application de l'article 35 appartient à d'autres autorités.
C'est le maire qui met l'entrepreneur en demeure, et
c'est le préfet qui prononce la résiliation : « Consi-
« dérant que si l'article 35 des clauses et conditions
« générales n'autorise le préfet qu'à prescrire la mise
« en régie et réserve au Ministre le droit d'ordonner la
« résiliation, ces dispositions, qui ont pour objet de
« déterminer les attributions respectives du préfet et
« du Ministre en ce qui concerne les travaux de l'Etat,

« ne sauraient être appliquées textuellement lorsqu'il
« s'agit de travaux communaux, lesquels sont dirigés
« par le maire sous la surveillance du préfet ; qu'il
« résulte de tout ce qui précède qu'après que le sieur
« Cravio eut été régulièrement mis en demeure, un
« arrêté du préfet pris sur la proposition du maire a pu
« ordonner la résiliation de son entreprise » (31 dé-
« cembre 1878, *Cravio*, 1142).

323. En dehors de l'application de l'article 35 des
clauses et conditions générales des ponts et chaussées,
ou de quelque autre disposition analogue d'un cahier
des charges, réservant à l'administration le droit de
prononcer elle-même et en sa faveur la résiliation pour
inexécution des conditions, cette résiliation doit être
prononcée au profit de l'administration par le Conseil
de préfecture, comme elle le serait en faveur de l'entrepreneur (V. *infrà*, n. 374). Car il y a là une attribution, sinon essentiellement, du moins naturellement
judiciaire : « Considérant que les travaux faisant l'objet
« du traité ci-dessus visé ont le caractère de travaux
« publics ; que dès lors, aux termes de la loi du 28
« pluviôse an 8, le Conseil de préfecture était com-
« pétent pour statuer sur les difficultés relatives à
« l'exécution des clauses et conditions de cette entre-
« prise et pour en prononcer la résiliation en cas
« d'inexécution desdites clauses et conditions » (19
décembre 1867, *Fouque*, 938).

Aucune distinction, à ce point de vue, n'est à faire
entre les travaux de l'Etat et tous autres travaux.

324. La résiliation prononcée contre l'entrepreneur, étant une conséquence de sa faute, ne peut fonder
de sa part une réclamation d'indemnité, ni dans le cas

de l'article 9 des clauses et conditions générales (9 mars 1854, *Colvée*, 188), ni dans le cas de l'article 35 (10 janvier 1856, *Nepvaüet*, 54). C'est l'entrepreneur, au contraire, qui pourrait, par application du droit commun, être actionné en indemnité. Il doit supporter définitivement toutes les conséquences de la résiliation et de la réadjudication à sa folle enchère (26 juin 1856, *Murgues*, 443).

La reprise du matériel est ici facultative pour l'administration (art. 43, al. 3; V. *infrà*, n. 336).

Seuls, les matériaux approvisionnés par ordre et déposés sur les chantiers sont nécessairement acquis par l'Etat au prix de l'adjudication, s'ils remplissent les conditions du devis (art. 43, al. 4; V. *infrà*, n. 336).

325. La résiliation dans l'intérêt de l'administration résulte, en second lieu, de la pure volonté de l'administration, conformément au principe admis par le droit civil en matière de louage d'ouvrage.

Aux termes de l'article 1794, Code civil, « le maître « peut résilier, par sa seule volonté, le marché à forfait, « quoique l'ouvrage soit déjà commencé, en dédom- « mageant l'entrepreneur de toutes ses dépenses, de « tous ses travaux, et de tout ce qu'il aurait pu gagner « dans cette entreprise ». On s'accorde à reconnaître qu'il en est ainsi, non seulement du marché à forfait, mais tout aussi bien du marché au prix ou à la mesure (Aubry et Rau, t. 4, § 374, note 12).

La règle de l'article 1794 est pleinement admise en matière de travaux publics, à ce point que les articles des clauses et conditions générales, réglant autrement les conséquences de la résiliation par la volonté de l'Etat ou de toute administration, doivent être consi-

dérés comme des dérogations au droit commun (Aucoc,
t. 2, § 678).

326. Il suit de là que la résiliation prononcée par
l'administration en dehors des situations prévues par les
cahiers des charges, est régie par application directe
de l'article 1794, c'est-à-dire que l'indemnité comprend,
non seulement les pertes occasionnées par la résiliation, mais les bénéfices dont elle a privé l'entrepreneur (21 juin 1833, *Thomas*, 347; 6 juillet 1863,
Charrier, 519; 19 mai 1864, *Bacquet*, 463; 27 décembre 1865, *Bacquet*, 1030; 7 avril 1876, *Rodarie*,
376; V. en matière de fournitures, 20 juin 1873, *La-
geste*, 566; 11 juillet 1879, *Foucaux*, 599).

« Considérant, porte l'arrêt du 7 avril 1876, que la
« résiliation de l'entreprise dont le sieur Rodarie s'était
« rendu adjudicataire a été prononcée par suite du fait
« de l'administration et que, dès lors, cet entrepre-
« neur est fondé à réclamer une indemnité à raison du
« préjudice qui est résulté pour lui, tant de la pri-
« vation de bénéfices que des pertes et faux frais de
« toute nature provenant de la résiliation de son en-
« treprise ».

327. L'article 34 des clauses et conditions générales des ponts et chaussées fait une application remar-
quable de l'article 1794 au cas où l'administration ordonne la cessation absolue des travaux, comme à
celui où elle prescrit leur ajournement pour plus d'une
année.

Précédemment, l'article 36 du cahier de 1833 portait ce qui suit : « Dans le cas où l'administration or-
« donnerait la cessation absolue ou l'ajournement indé-
« fini des travaux adjugés, l'entrepreneur pourra re-

« quérir qu'il soit procédé de suite à la réception pro-
« visoire des travaux exécutés, et à leur réception défi-
« nitive après l'expiration du délai de garantie. Après
« la réception définitive, il s era, ainsi que sa caution,
« déchargé de toute garantie pour raison de son entre-
« prise. »

Les mots *ajournement indéfini* manquaient absolument de précision, et la jurisprudence n'avait pu qu'apprécier en fait, dans chaque affaire, si l'ajournement
était indéfini ou non. Tantôt elle reconnaissait le droit
de l'entrepreneur, par le motif que l'entreprise était
indéfiniment suspendue (23 août 1843, *Lapégue*, 486).
Tantôt elle décidait qu'il n'y avait pas ajournement indéfini, bien qu'une entreprise fût temporairement suspendue faute de crédits (14 juin 1855, *Dixmier*, 422;
19 juillet 1855, *Bardinon*, 550). Ajoutons que l'indemnité susceptible d'être allouée à l'entrepreneur ne pouvait, en aucun cas, dépasser le cinquantième des dépenses restant à faire en vertu de l'adjudication. L'incertitude dans laquelle était laissé l'entrepreneur, le
maximum imposé à l'allocation de l'indemnité, avaient
été justement critiqués.

328. Le cahier de 1866 fixe le sens des mots restés
douteux, et donne au Conseil de préfecture toute latitude pour la fixation de l'indemnité. L'article 34 est
ainsi conçu :

« Lorsque l'administration ordonne la cessation ab-
« solue des travaux, l'entreprise est immédiatement
« résiliée. Lorsqu'elle prescrit leur ajournement pour
« plus d'une année, soit avant, soit après un commen-
« cement d'exécution, l'entrepreneur a le droit de de-
« mander la résiliation de son marché, sans préjudice

« de l'indemnité qui, dans ce cas comme dans l'autre,
« peut lui être allouée, s'il y a lieu.

« Si les travaux ont reçu un commencement d'exé-
« cution, l'entrepreneur peut requérir qu'il soit procédé
« immédiatement à la réception provisoire des ouvrages
« exécutés, et à leur réception définitive après l'expi-
« ration du délai de garantie. »

329. Le mode de résiliation motivé par la cessation absolue des travaux et celui qui résulte de
leur ajournement ne sont nullement identiques. Conformément aux termes de l'article 34, le Conseil d'Etat
a décidé que, « lorsque l'administration ordonne la
« cessation absolue des travaux, l'entreprise est immé-
« diatement résiliée, mais que l'entrepreneur a seule-
« ment le droit de demander la résiliation, lorsque
« l'administration prescrit l'ajournement des travaux
« pour plus d'une année » (7 décembre 1877, *Jolly* et
Delafoy, 983). Ainsi, au premier cas, résiliation de
plein droit, par l'effet même de la loi ; résiliation dont
le juge n'aura qu'à tirer les conséquences légales. Au
second cas, simple cause de résiliation, que l'entrepreneur pourra faire valoir devant le Conseil de préfecture, en lui demandant de déclarer le marché résilié.

Malgré cette différence, la résiliation est toujours,
même au cas d'ajournement pour plus d'une année, une
résiliation dans l'intérêt de l'administration. Si l'entrepreneur est obligé de demander au Conseil de préfecture le règlement de la situation, cette situation, comme
la résiliation qui en résultera, n'en est pas moins conforme à la volonté et au fait, en tout cas, à l'intérêt de
l'administration. D'où il suit que, dans cette hypothèse

comme dans l'autre, il est dû indemnité à l'entrepreneur.

330. Quant à la distinction à établir entre les deux faits qui motivent, soit l'une, soit l'autre résiliation, les mots *cessation absolue* et *ajournement de plus d'une année*, semblent laisser peu de place à la controverse.

A titre d'exemple de cessation absolue, citons la suite des motifs de l'arrêt qui vient d'être invoqué : « Considérant que les travaux des sieurs Jolly et Dela- « foy ont été suspendus à la fin de l'année 1873 par « l'ordre de l'administration ; que cette suspension, qui « avait pour objet des essais et des expériences qui « étaient simultanément ordonnés pour déterminer le « mérite du mode de construction qui avait servi de « base au marché, n'avait pas pour conséquence l'a- « bandon définitif de l'entreprise, et ne faisait qu'ou- « vrir aux entrepreneurs le droit de demander la ré- « siliation du marché après les délais et dans les « conditions prévues par les clauses générales ; mais « que, par une décision du 14 juillet 1875, le Ministre « des travaux publics a approuvé un projet nouveau « pour l'exécution des travaux qui faisaient l'objet de « l'entreprise et a, par une lettre du même jour, in- « vité l'ingénieur en chef à faire procéder à une nou- « velle adjudication ; que, dans ces circonstances, les « sieurs Jolly et Delafoy sont fondés à soutenir que la « cessation absolue des travaux dont ils sont adjudica- « taires avait été ordonnée par l'administration dès le « 14 juillet 1875, et que, par application de l'ar- « ticle 34, leur entreprise a été de plein droit résiliée à « dater dudit jour » (V. encore, 21 mai 1875, *Dessoliers*, 493).

331. Quant à l'ajournement pour plus d'une année, il existe par cela seul que les travaux sont, en fait, ajournés pour plus d'un an, lors même que l'ajournement n'aurait été prescrit que pour un temps moindre (6 février 1874, *Planques*, 145). Il existe lorsque l'entrepreneur n'a reçu qu'après l'année écoulée l'arrêté le mettant en demeure de commencer les travaux ; et peu importe que, dans l'année, un ordre de service ait prescrit des opérations de piquetage (20 février 1874, *Planche*, 188).

Au surplus, et comme exemple d'ajournement pour plus d'une année, nous ne pouvons mieux faire que de citer les travaux interrompus faute de crédits par suite de la guerre de 1870-1871 (14 février 1873, *Lartigue*, 174 ; 13 juin 1873, *Min. trav. publ. c. Compoinville*, 551 ; 6 février 1874, *Foucaux*, 143 ; 6 février 1874, *Planques*, 144 ; 8 mai 1874, *Ladouceur*, 424 ; 29 janvier 1875, *Foucaux*, 84 ; 5 janvier 1877, *Min. trav. publ. c. Ladouceur*, 30). Dans toutes ces affaires, il a été décidé que la guerre, pour être en soi un cas de force majeure, n'avait pas été un cas de force majeure entraînant un ajournement nécessaire des travaux, et la résiliation a été prononcée avec indemnité lorsque les faits prétendus ont été justifiés. Le droit à indemnité a été reconnu pareillement dans d'autres circonstances (17 avril 1874, *Ville de Paris c. Préault*, 345 ; 7 décembre 1877, *Jolly et Delafoy*, 983 ; 2 août 1878, *Michel*, 800).

Citons l'arrêt du 8 mai 1874 : « Considérant qu'aux « termes de l'article 34 des clauses et conditions géné- « rales, lorsque l'administration prescrit l'ajournement « des travaux pour plus d'une année, soit avant, soit

« après un commencement d'exécution, l'entrepreneur
« a le droit de demander la résiliation de son marché,
« sans préjudice de l'indemnité qui, dans ce cas comme
« dans l'autre, peut lui être allouée, s'il y a lieu ;
« qu'aux termes de l'article 43 des clauses et conditions
« générales précitées, dans les cas de résiliation prévus
« par les articles 34 et 36, les outils et équipages
« existant sur les chantiers, et qui eussent été néces-
« saires pour l'achèvement des travaux, sont acquis
« par l'Etat si l'entrepreneur en fait la demande, et le
« prix en est réglé de gré à gré ou à dire d'experts ;

« Considérant qu'il est reconnu par le Ministre des
« travaux publics que, après un commencement d'exé-
« cution, les travaux du bas port de Tournon, dont le
« requérant s'était rendu adjudicataire, ont été ajour-
« nés à partir du 10 octobre 1870, et que cet ajourne-
« ment a duré plus d'une année ;

« Considérant qu'il résulte de l'instruction que ce
« retard a été motivé par l'insuffisance des ressources
« de la commune et le refus de ladite commune de
« continuer les ouvrages qu'elle devait exécuter, jus-
« qu'à ce qu'il ait été procédé par l'administration à de
« nouvelles études de ces ouvrages ; que, dans ces cir-
« constances, le Ministre des travaux publics n'est pas
« fondé à soutenir que l'interruption des travaux adju-
« gés au requérant doit être attribuée à un cas de
« force majeure, qui aurait affranchi l'administration
« des conséquences de la résiliation prévues par l'ar-
« ticle 34 des clauses et conditions générales précitées ;
« que, dès lors, le sieur Ladouceur était fondé à récla-
« mer une indemnité à raison des pertes éprouvées et
« des bénéfices dont il justifierait avoir été privé, ainsi

« que la reprise par l'Etat du matériel et des outils
« existant sur les chantiers et qui eussent été nécessaires
« à l'achèvement des travaux dont le requérant était
« adjudicataire » (V. sur l'art. 43, *infrà*, n. 336).

332. L'indemnité comprend les pertes subies par
l'entrepreneur et le bénéfice dont il a été privé (V. les
arrêts cités au n° précédent; 14 février 1873, *Lartigue*,
174, etc). Elle comprend les faux frais, frais d'adjudication, pertes d'intérêts sur le cautionnement, frais du
transport du matériel jusqu'au point d'où l'entrepreneur l'avait fait venir (7 avril 1876, *Rodarie*, 377) ; la
perte des intérêts de son capital, celle qui résulte de ce
que son personnel ou son matériel sont restés inactifs
(26 février 1875, *Agustinetty*, 205). Les intérêts perdus
se calculent à 6 pour 100 (20 septembre 1871, *Masson*, 180).

Elle ne comprend pas ce que l'entrepreneur aurait
pu gagner dans d'autres entreprises (2 août 1878, *Michel*, 800) : « Considérant que si, aux termes de l'ar-
« ticle 34 des clauses et conditions générales, l'entre-
« preneur a droit à une indemnité en cas de résiliation
« prononcée par l'administration, cette indemnité ne
« peut comprendre que les bénéfices dont il a été privé
« par la non-exécution des travaux dont il a été déclaré
« adjudicataire; et que, dès lors, c'est avec raison que
« l'arrêté attaqué a rejeté la demande en indemnité des
« sieur Rossi et Bourguignon pour manque à gagner
« sur des ouvrages qui n'étaient pas compris dans
« l'entreprise dont ils étaient adjudicataires. »

L'indemnité n'est limitée par aucun maximum. Sous
le cahier des charges de 1833, elle ne pouvait dépasser
le cinquantième du prix de l'adjudication (ancien ar-

ticle 36; 23 novembre 1850, *Faugeron*, 860; 9 février 1852, *Ballereau*, 588). Il en est autrement aujourd'hui.

L'indemnité se calcule sur le montant total des travaux, y compris les travaux imprévus commandés en cours d'exécution.

Il n'est pas possible d'en déduire le sixième par le motif que l'article 31 des clauses et conditions générales permet de réduire dans cette proportion les travaux adjugés (7 janvier 1876, *Hospices de Bordeaux*, sept arrêts, 21 et suiv.; V. sur l'article 31, *suprà*, n. 178 et suiv.).

L'arrêt du 7 janvier 1876 porte : « Considérant que
« si, aux termes de l'article 29 du cahier des charges
« susvisé, la commission avait le droit d'apporter au
« projet mis en adjudication les modifications qu'elle
« jugerait convenables, cette faculté ne lui a été réservée
« que pour lui permettre les changements qui seraient
« reconnus nécessaires en cours d'exécution des tra-
« vaux ; qu'il n'est pas contesté que, pendant la durée
« desdits travaux, l'administration des hospices n'a
« apporté au projet aucune modification qui aurait eu
« pour effet de diminuer d'un sixième le montant de
« l'entreprise, et que ce n'est qu'après la cessation
« absolue des ouvrages et postérieurement à la de-
« mande de résiliation que la commission a prétendu
« que l'indemnité qui leur était due devait être cal-
« culée sous la déduction du sixième du montant des
« travaux adjugés; que, dans ces circonstances, l'ad-
« ministration des hospices n'est pas fondée à de-
« mander que l'évaluation du montant desdits travaux
« soit préalablement diminuée d'un sixième. »

Quant au bénéfice, il se calcule d'après les prix que l'entrepreneur aurait payés, si l'entreprise avait suivi son cours, et non d'après les prix de l'adjudication (5 janvier 1877, *Min. trav. pub. c. Ladouceur*, 30). Il a souvent été évalué au dixième (10 août 1867, *Comm. de Dangé*, 763; V. encore 7 janvier 1876, *Hospices de Bordeaux*, 21).

Citons l'arrêt du 5 janvier 1877 : « Considérant que, « pour apprécier, conformément à la décision ci-dessus « visée du Conseil d'Etat, du 8 mai 1874, le bénéfice « dont le sieur Ladouceur a été privé par suite de l'a— « journement des travaux à partir du 10 octobre 1870, « le tiers expert a recherché les prix courants de « l'époque à laquelle les travaux ont été suspendus ; « que les prix de revient ainsi obtenus pour 1870, et « dont le Ministre ne conteste pas l'exactitude, lais- « seraient à l'entrepreneur un bénéfice de 1 fr. 198 « par mètre cube d'enrochements à fournir et à em- « ployer, et de 24 centimes par mètre cube d'enro- « chements à employer ; que les indemnités allouées « par le Conseil de préfecture ont été calculées d'après « un bénéfice de 1 fr. 048 et de 23 centimes ; que la « différence entre ces chiffres et ceux qui résultent des « calculs du tiers expert est suffisante pour tenir « compte de la réduction moyenne qu'auraient subie « les bénéfices de l'entrepreneur par suite de l'aug- « mentation du prix de la main-d'œuvre, si les travaux « avaient suivi leur cours ; que, dans ces circonstances, « le Ministre des travaux publics n'est pas fondé à « soutenir que les indemnités allouées au sieur La- « douceur, pour perte de bénéfices sur les enroche- « ments, sont trop élevés. »

333. L'indemnité due par suite de la résiliation est distincte de celle qui peut être réclamée pour le préjudice causé par un ralentissement des travaux antérieur à la résiliation (13 mars 1874, *Monjalon*, 267; 20 juillet 1877, *Comm. de Martigues*, 729; V. encore 14 février 1873, *Lartigue*, 175), ou par une suspension préalable de ces travaux (23 janvier 1862, *Belly*, 61; 12 juillet 1871, *Boccacio*, 94).

Cette dernière indemnité peut donc être allouée bien que la résiliation ne soit pas prononcée (18 décembre 1869, *Maublanc*, 991; 13 février 1874, *Fleurant*, 170; 2 juin 1876, *Blanc*, 519), ou pas demandée (30 juin 1876, *Dallemagne*, 637; *contrà*, 16 mars 1870, *Sogno*, 304).

« Considérant, porte l'arrêt du 2 juin 1876, que les « ordres de service des 29 février et 15 avril 1872 « prescrivaient à l'entrepreneur, non pas la cessation « absolue des travaux, mais seulement l'ajournement « d'une partie desdits travaux, ajournement qui n'avait « pas duré une année lors de la présentation par le « sieur Blanc de sa demande en résiliation le 23 juin • 1872; que ledit sieur Blanc n'était donc pas fondé, à « cette date, à demander la résiliation, par application « de l'article 34 des clauses et conditions générales de « 1866 ;

« Mais considérant que l'exécution des travaux du « pont de Salettes, qui formait la majeure partie de « l'entreprise, a été ajournée par le fait de l'adminis- « tration, par suite des études nécessitées par la pré- « paration d'un nouveau projet, qui ne se bornait pas « à apporter des changements à des détails d'exécution, « mais qui modifiait profondément le projet primitif;

« que les retards ainsi apportés à l'exécution des tra-
« vaux sont de nature à ouvrir au profit du sieur Blanc
« un droit à indemnité, au cas où il justifierait avoir
« éprouvé un préjudice par suite de ces retards. »

Mais le Conseil d'Etat n'accorde pas d'indemnité pour
la suspension qui a duré moins d'un an ou a eu pour cause
l'insuffisance des crédits, s'il n'y a pas faute de l'administration (30 juin 1876, *Dallemagne* et *Ouaché*, 639; 30
décembre 1876, *Chevalier*, 960; 9 février 1877, *Violet*,
154; 21 décembre 1877, *Bru* et *Plantade*, 1040).

334. Des modifications importantes ont été apportées à l'état de choses résultant de l'article 34 des
clauses et conditions générales des ponts et chaussées
par une circulaire du Ministre des travaux publics du
14 avril 1877. Nous parlerons de cette circulaire après
avoir expliqué les règles relatives à la reprise du matériel et des matériaux, dont elle modifie également
l'application (V. *infrà*, n. 341).

335. En ce qui concerne le matériel et les matériaux, les clauses et conditions générales des ponts et
chaussées de 1833 portaient :

« Dans le cas prévu par l'article 36,..... les outils
« et ustensiles indispensables à l'entreprise, que l'en-
« trepreneur ne voudra pas garder pour son compte,
« seront acquis par l'Etat.

« Les matériaux approvisionnés par ordre et dé-
« posés sur les travaux, s'ils sont de bonne qualité,
« seront également acquis par l'Etat au prix de l'adju-
« dication.

« Les matériaux qui ne seraient pas sur les travaux
« resteront au compte de l'entrepreneur; mais, tant
« pour cet objet que pour les autres réclamations, il

« pourra lui être alloué une indemnité qui sera fixée
« par l'administration et qui, dans aucun cas, ne devra
« excéder le cinquantième des dépenses restant à faire
« en vertu de l'adjudication » (ancien art. 40).

336. L'article 43 des clauses et conditions générales de 1866 règle le sort du matériel et des matériaux
pour tous les cas de résiliation. Cet article est ainsi
conçu :

« Dans les cas de résiliation prévus par les articles
« 34 et 36, les outils et équipages existant sur les chan-
« tiers, et qui eussent été nécessaires pour l'achève-
« ment des travaux, sont acquis par l'Etat si l'entrepre-
« neur ou ses ayants droit en font la demande,
« et le prix en est réglé de gré à gré ou à dire d'ex-
« perts.

« Ne sont pas comprises dans cette mesure les
« bêtes de trait ou de somme qui auraient été employées
« dans les travaux.

« La reprise du matériel est facultative pour l'admi-
« nistration dans les cas prévus par les articles 9, 30,
« 33, 35 et 37.

« Dans tous les cas de résiliation, l'entrepreneur est
« tenu d'évacuer les chantiers, magasins et emplace-
« ments utiles à l'entreprise, dans le délai qui est fixé
« par l'administration.

« Les matériaux approvisionnés par ordre et dé-
« posés sur les chantiers, s'ils remplissent les condi-
« tions du devis, sont acquis par l'Etat au prix de l'ad-
« judication.

« Les matériaux qui ne seraient pas déposés sur les
« chantiers ne seront pas portés au décompte. »

337. La reprise du matériel, bien qu'obligatoire

pour l'Etat, est subordonnée à la demande de l'entrepreneur. Cette demande est nécessairement faite au
moment où se terminent les travaux. Elle ne saurait intervenir utilement, si les outils et ustensiles ont été remis à sa disposition avant qu'il ait provoqué une enquête
ou une expertise (1er décembre 1852, *Bertrand*, 576).

Ce qui fait souvent difficulté, c'est l'appréciation des
outils et équipages « qui eussent été nécessaires pour
« l'achèvement des travaux ». Cette appréciation ne
peut appartenir qu'à la juridiction contentieuse. Dans
une affaire où le cahier des charges disposait « que la
« reprise des objets auxquels l'administration ne recon-
« naîtrait pas ce caractère ne pourrait être exigée »,
l'arrêt déclare : « que cette clause a pour objet de limiter
« expressément l'obligation de l'entrepreneur entrant
« ou de l'administration aux objets susceptibles d'être
« utilisés pour la continuation des travaux, mais ne
« saurait faire obstacle à ce que, dans le cas où le sieur
« Mayoux contesterait les appréciations de l'adminis-
« tration à cet égard, cette contestation soit portée
« devant le Conseil de préfecture, juge de toutes les
« difficultés qui peuvent s'élever sur l'interprétation
« du contrat » (9 mai 1873, *Mayoux*, 386).

338. Quels sont les objets dont la reprise est obligatoire ?

Sous le cahier des charges de 1833, il a été jugé que
l'obligation de l'Etat comprenait les fours à chaux
(27 juillet 1850, *Chaussat*, 721); les magasins à chaux,
équipages et harnais (7 décembre 1850, *Soullié*, 923).
Mais un arrêt porte qu'en tout cas, ce cahier « n'im-
« pose à l'Etat que l'obligation de reprendre les outils
« et ustensiles qui n'ont pas entièrement rempli l'office

« auquel ils sont destinés et qui auraient encore été
« employés si les travaux avaient été continués »
(30 janvier 1868, *Masson*, 131). Tout cela est encore
vrai aujourd'hui.

Sous un autre rapport, il a été justement décidé « que
« cette acquisition par l'Etat des outils et ustensiles
« devenus sans emploi par suite de la résiliation de
« l'entreprise a pour but d'épargner une perte à l'adju-
« dicataire, mais ne peut devenir pour lui l'occasion
« d'un bénéfice ; que, dès lors, le prix alloué par l'Etat
« à l'adjudicataire ne peut, en aucun cas, excéder le
« montant des dépenses par lui faites » (22 juin 1854,
Abram, 616).

Le matériel devient la propriété de l'Etat à partir de
la résiliation, et tel qu'il est à ce jour (21 mai 1875,
Dessolier, 494). Il s'ensuit qu'à partir de la résiliation,
la perte du matériel est pour l'Etat (19 juillet 1855,
Decuers, 544). Il s'ensuit encore que, postérieurement
à cette date, les frais de garde et d'entretien doivent
être remboursés par l'Etat (arrêt précité du 21 mai
1875, *Dessoliers*, 494 ; V. à l'égard de la reprise du matériel en vertu de convention, 24 juillet 1874, *Mayoux*,
710 ; 23 avril 1875, *Mayoux*, 344). Le jour de la résiliation est celui de la notification de la cessation des travaux (21 mai 1875, *Dessoliers*, 494).

L'obligation de l'Etat consiste à reprendre le matériel pour un prix réglé à dire d'experts. Les termes de
l'article 43 le disent formellement, et le Conseil de préfecture ne peut convertir la dette du prix du matériel
ainsi acquis à l'Etat en indemnité de dépréciation de ce
matériel, qui serait conservé par l'entrepreneur (5 janvier 1877, *Min. trav. publ. c. Ladouceur*, 31). « Consi-

« dérant que le Conseil d'Etat a décidé, par applica-
« tion de l'article 43 du cahier des clauses et condi-
« tions générales ci-dessus visé, que l'Etat était tenu
« de reprendre le matériel et les outils existants sur
« les chantiers et qui eussent été nécessaires pour l'a-
« chèvement des travaux; qu'il a, en conséquence,
« chargé les experts d'en déterminer la valeur; qu'au
« lieu de fixer la somme due par l'Etat pour la reprise
« du matériel, le Conseil de préfecture a, sur l'avis des
« experts et du tiers expert, condamné l'Etat à payer
« au sieur Ladouceur une indemnité à raison de la dé-
« préciation dudit matériel; que cette disposition est
« contraire à l'article 43 du cahier des charges et con-
« ditions générales précité, et méconnaît l'autorité de la
« chose jugée par le Conseil d'Etat; que, dès lors, le
« Ministre des travaux publics est fondé à soutenir que
« l'Etat ne peut être tenu qu'au payement d'une alloca-
« tion proportionnelle à la valeur des objets existants
« encore en magasin et qui seront remis à l'adminis-
« tration. »

339. Parlons maintenant des matériaux.

Pour qu'ils restent acquis à l'Etat, il faut absolument, comme le prescrivent les termes de l'article 43
(conformes à ceux de l'ancien article 36), qu'ils soient
approvisionnés par ordre (8 juillet 1840, *Lixante*, 219),
et amenés sur le chantier. Il n'y a pas lieu à reprise de
ceux qui sont laissés dans les carrières ou en dépôt hors
des chantiers (16 février 1850, *Montbrun*, 161), abandonnés à la suite d'un déraillement, ou employés, au
lieu même de l'extraction, à l'usage personnel de l'entrepreneur (12 janvier 1877, *Guernet*, 61).

La règle recevrait cependant exception, si les maté-

19

riaux préparés par l'entrepreneur n'avaient pu être apportés à pied d'œuvre à raison de ce que l'administration n'en aurait pas indiqué le lieu d'emploi (2 mars 1839, *Piedvache*, 187), ou si, expédiés de la carrière en temps utile, ils avaient été arrêtés par un retard non imputable à l'entrepreneur (5 décembre 1873, *Bélin*, 925).

L'article 43 exige encore que les matériaux soient conformes aux prescriptions du devis. En cela, il confirme la règle ancienne, aux termes de laquelle ils devaient être de bonne qualité (ancien art. 36) et non pas seulement extraits des carrières indiquées au devis (27 juillet 1850, *Chaussat*, 721), à moins, bien entendu, que le devis n'admît des matériaux de qualité inférieure.

Les matériaux doivent être reçus par les ingénieurs (19 juillet 1855, *Decuers*, 542). Sous le cahier des charges de 1833, on ne pouvait soutenir après coup que les matériaux n'étaient pas de bonne qualité, à moins que le fait ne fût régulièrement constaté lors de la résiliation (17 août 1867, *Bartissol*, 765; 4 juillet 1873, *Synd. de la Dives*, 615; 5 décembre 1873, *Bélin*, 925). Sous le cahier de 1866, il n'est plus possible de prétendre qu'ils ne sont pas conformes au devis.

340. De même que le matériel, les matériaux doivent être évalués d'après leur état au moment de la résiliation (V. 12 février 1841, *Best*, 64; 12 janvier 1873, *Murco*, 16; 12 janvier 1877, *Guernet*, 61).

De même que le matériel, les matériaux deviennent la propriété de l'administration à partir de la résiliation, et leur perte est dès lors à son compte (30 décembre 1871; *Daumer*, 372).

L'article 43 déclare que, dans tous les cas de résiliation, l'entrepreneur est tenu d'évacuer les chantiers
dans le délai fixé par l'administration. Il ne peut donc
avoir la prétention d'imposer à l'entrepreneur entrant
l'acquisition de son matériel ou de ses matériaux (V.
sous le cahier des charges de 1833, 6 décembre 1866,
Nercam, 1116; 3 juin 1873, *Murco*, 16).

341. Nous avons déjà parlé (*suprà*, n. 334) de la
circulaire du 14 avril 1877, qui est venue modifier
sinon le texte, du moins la mise à exécution des articles 34 et 43 des clauses et conditions générales des
ponts et chaussées.

L'administration a pensé que, dans certaines circonstances, ces dispositions compromettaient les intérêts de
l'Etat sans donner une sécurité parfaite aux entrepreneurs. Ainsi, l'obligation d'acquérir le matériel, sans
grande importance à l'égard des travaux de routes, impose des dépenses considérables aux constructeurs de
chemins de fer, de ponts et ouvrages d'art, de travaux
à la mer. Ainsi encore, le ralentissement des travaux
par suite d'insuffisance des crédits, assimilé, dans une
certaine mesure, à la suspension ou à l'ajournement,
donne lieu à la résiliation ou à l'allocation d'indemnités
souvent très lourdes (V. *suprà*, n. 333).

Dans ces circonstances, dit la circulaire, le Conseil
général des ponts et chaussées « a indiqué, en prenant
« des chiffres arbitraires, la rédaction qui lui a semblé
« pouvoir être donnée à ces clauses particulières pour
« des entreprises importantes et d'une nature spéciale.

« Dans le cas, par exemple, de l'adjudication d'une
« jetée évaluée à 1,200,000 francs, le devis renfer-
« merait les stipulations suivantes :

« 1° L'entrepreneur prendra les mesures néces-
« saires pour que les travaux puissent être exécutés
« dans un délai de (*trois*) années.

« Si cette durée, à raison de l'insuffisance des crédits,
« est portée à (*quatre*) années, il ne pourra élever, de
« ce fait, aucune réclamation.

« Passé ce délai, et pour chacune des années ulté-
« rieures, l'entrepreneur aura droit, en dehors du prix
« de ces travaux, à l'allocation d'une somme de.....
« diminuée du rabais de l'adjudication.

« 4° A l'expiration de la (*sixième*) année, l'adminis-
« tration, sur la demande de l'adjudicataire, pronon-
« cera la résiliation de l'entreprise ; elle pourra éga-
« lement la prononcer de sa propre initiative.

« Dans l'un et l'autre cas, il sera alloué à l'entre-
« preneur une indemnité égale au..... du montant des
« dépenses restant à faire en vertu de l'adjudication,
« après le retranchement d'un sixième réservé ci-
« dessus.

« 5° Les dispositions de l'article qui précède sont
« applicables au cas de la cessation absolue des tra-
« vaux ou de leur ajournement pour plus d'une an-
« née.

« Elles n'auront d'ailleurs nullement pour effet de
« déroger au droit, qui appartient à l'administration,
« de réduire d'un sixième la masse des ouvrages, en
« vertu de l'article 31 des clauses et conditions géné-
« rales. »

Le Ministre déclare adopter en tout point ces conclusions.

342. Dans le service du génie, la résiliation de plein
droit et la résiliation dans l'intérêt de l'administration

font l'objet de l'article 65 des clauses et conditions générales :

« Dans le cas prévu au deuxième paragraphe de
« l'article 8, les marchés peuvent être résiliés à l'expi-
« ration du premier ternaire, soit par l'entrepreneur,
« soit par le Ministre, à la seule condition de prévenir
« par écrit, six mois à l'avance, c'est-à-dire avant le
« 1er juillet de la troisième année » (V. l'art. 8, *suprà*,
n. 133).

« Le Ministre a, en outre, le droit de résilier tous
« marchés :

« 1° Lorsque l'entrepreneur n'a pas fourni son cau-
« tionnement à l'expiration du délai fixé, ou que, en
« cas de mort de sa caution, il n'en a pas fait agréer
« une autre dans le délai de trois mois ; le tout, con-
« formément à ce qui est dit à cet égard dans l'ins-
« truction sur les cautionnements à fournir par les
« entrepreneurs du service du génie ;

« 2° Quand l'entrepreneur ne satisfait pas aux obli-
« gations personnelles que lui imposent les articles 13
« et 14 du présent cahier des clauses et conditions gé-
« nérales et notamment en cas de sous-traité passé sans
« autorisation » (V. les art. 13 et 14, *suprà*, n. 140
et 144) ;

« 3° En cas de travaux en retard, conformément
« aux articles 51 et 54 » (V. l'art. 51, *suprà*, n. 291
et l'art. 54, *suprà*, n. 306) ;

« 4° La résiliation résulte, de plein droit, de la mo
« de l'entrepreneur, ou de sa mise en faillite, sauf les
« cas exceptionnels prévus aux articles 15 et 16 ci-
« dessus » (V. ces articles sous les nos suiv.).

« Ces différents cas de résiliation n'ouvrent à l'en-

« trepreneur aucun droit d'indemnité ; dans les cas
« 1°, 2° et 4°, il est tenu, au contraire, ainsi que ses
« héritiers ou sa caution, sur la réquisition du chef du
« génie inscrite au registre d'ordre, d'assurer le ser-
« vice aux clauses et conditions de l'entreprise, au
« delà du jour où la résiliation est prononcée, pour un
« temps qui ne peut excéder trois mois. »

343. Les mêmes clauses et conditions générales du
génie ajoutent, pour le cas de résiliation par décès de
l'entrepreneur :

Art. 15. « En cas de décès de l'entrepreneur, le
« marché est résilié, de plein droit, trois mois après,
« à moins que le Ministre ne consente, sur la demande
« des héritiers, à le laisser continuer par eux, ou, en
« leur nom, par un fondé de pouvoirs.

« A défaut d'héritiers, ou par suite de leur renon-
« ciation, la caution peut également obtenir la conti-
« nuation de l'entreprise.

« Toutefois, l'Etat reste libre de faire procéder à une
« nouvelle adjudication avant l'expiration du délai ci-
« dessus fixé. »

344. Pour le cas de faillite, l'article 16 de ces
clauses porte :

« En cas de faillite de l'entrepreneur, le marché est
« également résilié, de plein droit, trois mois après la
« déclaration de la faillite, sauf au Ministre à accepter,
« s'il le juge convenable, les offres qui pourraient être
« faites, par la caution ou par les créanciers, pour la
« continuation de l'entreprise.

« Dans ce cas, comme dans celui prévu à l'article
« précédent, la caution est tenue, sur l'ordre du chef
« du génie, de continuer les travaux pendant trois mois,

« au plus, après le décès ou la déclaration de la faillite. »

345. Dans les deux situations qui viennent d'être indiquées, l'article 17 des clauses et conditions générales du génie prévoit la continuation des travaux par la caution, les héritiers ou les créanciers. Cette disposition s'applique, de plus, aux hypothèses visées par les articles 51 et 65 (V. *suprà*, n. 291 et 342).

Art. 17. « Lorsque, suivant les cas prévus aux ar-
« ticles 15, 16, 51 et 65 ci-après, la caution, les hé-
« ritiers ou les créanciers de l'entrepreneur sont obli-
« gés ou autorisés à continuer les travaux, ils sont
« tenus, sur l'ordre du chef du génie, de fournir un
« principal commis, agréé par cet officier dans les con-
« ditions spécifiées à l'article 13. Autrement, le chef
« du génie en désigne un d'office, au compte de l'en-
« treprise. »

346. L'article 66 des clauses et conditions du génie prévoit encore d'autres causes de résiliation qui, comme les précédentes, se rapportent à la résiliation de plein droit et à la résiliation dans l'intérêt de l'administration :

« La résiliation est accordée immédiatement à l'en-
« trepreneur qui la demande :

« 1° Dans le cas d'ajournement des travaux pour
« plus d'une année, soit avant, soit après commence-
« ment d'exécution. Ce délai d'un an ne peut, toutefois,
« commencer à courir que de la réalisation du cau-
« tionnement en valeurs exigées par l'instruction spé-
« ciale ;

« 2° Dans le cas de cessation absolue des travaux ;

« 3° Lorsque la place, menacée d'hostilités, est dé-
« clarée en état de guerre ;

« 4° Enfin, la résiliation est la conséquence du seul
« fait de la déclaration de l'état de siège dû à la pré-
« sence de l'ennemi.

« Dans les cas de résiliation spécifiés aux deux pre-
« miers paragraphes du présent article, l'entrepreneur
« peut recevoir, à titre de dédommagement, une in-
« demnité qui est fixée par le Ministre. En cas de con-
« testation, le Conseil de préfecture, et, s'il y a lieu, le
« Conseil d'Etat, sont appelés à statuer. Dans aucun
« cas, cette indemnité ne peut être basée sur des éven-
« tualités de bénéfices que l'entrepreneur aurait pu
« réaliser.

« En dehors des cas de cessation absolue ou d'ajour-
« nement de plus d'une année donnant ouverture à
« résiliation, il ne sera accordé à l'entrepreneur aucune
« indemnité pour retard avant le commencement des
« travaux, ni pour suspension ou ralentissement en
« cours d'exécution.

« L'entrepreneur n'a droit à aucune indemnité dans
« les cas de résiliation résultant de la déclaration de
« l'état de guerre ou de l'état de siège. »

347. L'article 67 des mêmes clauses du génie détermine les formes dans lesquelles a lieu la déclaration
de résiliation, formes qui, bien entendu, sont étrangères aux cas de résiliation de plein droit :

« La déclaration de résiliation est constatée, pour
« l'entrepreneur, par la lettre qu'il adresse, à cet effet,
« au Ministre, et qu'il remet au chef du génie, lequel
« en donne immédiatement récépissé ; pour le dépar-
« tement de la guerre, elle est constatée par la trans-
« cription, sur le registre d'ordres, de la décision
« ministérielle qui la prononce. »

348. Dans le service du génie, l'Etat n'est, au cas de résiliation, tenu qu'exceptionnellement à la reprise du matériel (V. art. 25, *suprà*, n. 209; art. 27, *suprà*, n. 154; art. 28, *suprà*, n. 155).

Mais l'Etat peut exercer le droit de reprendre ce matériel dans les cas prévus par les articles 55 et 58.

L'article 55 a été rapporté *suprà*, n. 307.

L'article 58 porte ce qui suit :

« Dans le cas de résiliation provenant de la décla-
« ration de la place en état de guerre ou en état de
« siège, l'entrepreneur sortant est tenu, si le directeur
« en donne l'ordre, d'abandonner à l'Etat la totalité ou
« la partie qui lui sera désignée de son matériel et de
« ses approvisionnements. Cette cession a lieu aux prix
« du bordereau ; à défaut, il est traité de gré à gré ou
« à dire d'experts.

« Si rien n'est prescrit, les matériaux approvisionnés
« par ordre, et acceptés, restent seuls au compte de
« l'Etat.

« Dans les cas de résiliation autres que ceux spécifiés
« ci-dessus, la reprise du matériel et des approvision-
« nements de l'entrepreneur sortant s'effectue dans les
« conditions indiquées aux articles 25, 27 et 28 ci-
« dessus. »

349. Après la résiliation dans l'intérêt de l'admi-nistration, il nous reste à étudier la résiliation dans l'intérêt de l'entrepreneur.

Ce genre de résiliation ne se présente que dans trois cas : ceux d'inexécution des conditions imputable à l'administration, d'augmentation de la masse des travaux au delà du sixième, et d'augmentation des prix.

350. On a vu que l'administration peut, d'une manière générale, et en dehors des causes de résiliation formulées par les cahiers des charges, invoquer à l'encontre de l'entrepreneur l'article 1184, Cod. civ., et la résolution du contrat pour inexécution des conditions (V. *suprà*, n. 318 et suiv.).

Cette règle est fondée sur le droit commun et l'équité. Il n'est donc pas possible de refuser à l'entrepreneur un droit équivalent à réclamer la résiliation, s'il peut reprocher à l'administration un manquement à ses obligations, véritablement grave et de nature à modifier profondément la situation résultant du marché. Il suffira de citer à cet égard un arrêt du 27 février 1874 (*Colas*, 211). « Considérant qu'il résulte de l'instruction que « l'adjudication à un autre entrepreneur des travaux de « construction du pont et l'ordre de jeter un pont pro- « visoire pour relier les chantiers situés sur les deux « rives du Loir ont modifié les conditions en vue des- « quelles le sieur Colas avait traité avec l'administra- « tion ; que, dès lors, il est fondé à demander que le « marché soit déclaré résilié pour inexécution des enga- « gements pris par le département, et qu'il y a lieu de « le renvoyer devant le Conseil de préfecture pour y « faire fixer le montant de l'indemnité qui peut lui être « due pour le gain qu'il a manqué à faire sur les tra- « vaux qui restaient à exécuter » (V. encore 13 juin 1860, *Ville d'Auxonne*, 468).

351. La règle qui vient d'être indiquée est supposée par la réglementation, dans les clauses et conditions générales des ponts et chaussées, d'une cause de résiliation dont nous allons parler : à savoir l'augmentation ou la diminution de la masse des travaux au delà du sixième du montant de l'entreprise (art. 30 et 31).

Les articles 30 et 31 ont été rapportés *suprà*, n. 178.

352. L'augmentation et la diminution prévues par ces articles sont exclusivement l'augmentation et la diminution *de la masse* des travaux.

L'augmentation et la diminution de certaines natures d'ouvrage peuvent assurément, quand elles vont au delà de certaines limites, tromper les calculs de l'entrepreneur et ouvrir à son profit un droit à indemnité (art. 32; V. *suprà*, n. 182). Mais l'augmentation et la diminution de la masse ont seules une importance assez considérable pour justifier la résiliation.

Peu importe donc, au point de vue qui nous occupe, que certaines portions de l'entreprise reçoivent une augmentation ou une diminution de plus du sixième (25 avril 1867, *Delsol*, 407). Peu importe surtout que, en dehors de toute augmentation de la quantité des ouvrages, la dépense des déblais, résultant de la classification provisoire de ces déblais par l'avant-métré, soit augmentée de plus d'un sixième par leur classification définitive (19 février 1857, *Bresseau*, 158). Ce ne sont pas là des causes de résiliation.

353. En matière de travaux communaux, par exemple, un cahier des charges peut reconnaître à l'administration le droit d'exiger des travaux imprévus sans en fixer la limite. En pareil cas, il n'y a pas lieu de parler de résiliation pour augmentation du sixième.

Ce n'est pas à dire cependant que l'entrepreneur soit indéfiniment tenu d'exécuter tous les travaux qu'on voudrait lui imposer. L'intention des parties doit toujours être respectée, sous peine de violation de l'article 1184, Cod. civ. (V. *suprà*, n. 124).

Mais il ne peut appartenir qu'au Conseil de préfecture de dire à quel moment les prévisions des parties sont dépassées et à quel moment l'entrepreneur est dispensé de continuer l'exécution du travail (7 mai 1875, *Fabrique de Piédual*, 452).

354. Les articles 30 et 31 sont fondés sur cette idée, que l'administration ne peut modifier le contrat, si ce n'est dans une limite déterminée. Il ne saurait donc être question de résiliation lorsque l'augmentation provient d'un fait imputable à l'entrepreneur, par exemple, de travaux exécutés sans ordre et qui pourraient lui être laissés pour compte (12 juillet 1871, *Dessus*, 92), ou bien d'un cas de force majeure, tel qu'un incendie (9 mars 1870, *Millerand*, 272). Mais ce dernier fait pourrait donner lieu à une indemnité (art. 28 ; V. *suprà*, n. 266 et suiv.).

355. A la différence de la diminution de plus d'un sixième dans la masse des travaux, l'augmentation ne laisse pas à l'entrepreneur le droit de réclamer indemnité, qui lui appartiendrait en vertu des principes généraux. L'article 30 lui permet seulement de demander la résiliation.

356. Au contraire, le droit à indemnité est reconnu formellement à l'entrepreneur en cas de diminution de plus du sixième dans la masse des ouvrages.

L'article 31 ne parle même que d'indemnité et ne dit pas que l'entrepreneur puisse exiger la résiliation. Mais il est reconnu que cet article 31 a commis un oubli, et que, supposant admis le droit à la résiliation, proclamé pour le cas d'augmentation de la masse par l'article 30, il a accordé, *en outre*, une indemnité pour le cas de diminution.

357. Cette indemnité comprend-elle seulement la

réparation des pertes subies, ou faut-il y ajouter les bénéfices dont l'entrepreneur a été privé ?

L'article 31 dit simplement : une indemnité à titre de dédommagement, et l'on peut faire remarquer que les anciennes clauses et conditions générales n'accordaient aucun dédommagement. La circulaire du 14 avril 1877 suppose également que l'indemnité a pour unique objet les *dépenses* faites par l'entrepreneur (V. *suprà*, n. 341).

La question nous paraît cependant, dans le silence de l'article 31, devoir être résolue d'après les principes généraux. Les articles 1794 et 1184, C. civ., qui dominent la matière, et les règles généralement admises en matière de résiliation, ne distinguent pas entre la perte et le bénéfice. On peut se demander si, limité à la perte, le dédommagement serait complet. Enfin, l'article 31, portant que l'indemnité sera réglée par le Conseil de préfecture, semble lui laisser toute latitude (Châtignier et Barry, p. 106).

358. La reprise du matériel n'était pas obligatoire pour l'Etat sous les clauses et conditions générales de 1833 (art. 40). L'article 43 déclare formellement qu'elle reste facultative pour l'administration dans le cas de l'article 30, celui de résiliation pour augmentation (V. *suprà*, n. 336).

Aucune règle n'est formulée pour celui de l'article 31, pour la résiliation par suite de diminution. Mais il n'y a pas de raison pour que l'entrepreneur puisse l'imposer à l'Etat.

L'administration peut toujours acquérir le matériel si l'entrepreneur y consent. En l'absence de convention spéciale, le prix doit en être fixé par le Conseil de préfecture d'après la valeur au moment de l'acquisition,

conformément aux règles de la vente (3 décembre 1857,
Caillaret, 762).

359. La reprise des matériaux est de droit, comme
dans tous les cas de résiliation (V. à cet égard, art. 43,
et *supra*, n. 336).

360. L'entrepreneur peut demander la résiliation
dès que lui sont notifiées les modifications apportées
au projet et devant augmenter ou diminuer la masse
des travaux.

On a soutenu cependant que, dans le cas d'augmentation, il était tenu, avant tout, d'exécuter la quantité
de travaux indiquée dans son marché, avec le sixième
en plus (Aucoc, t. 2, p. 329). Cette manière de voir a
été repoussée par la jurisprudence, sous les clauses de
1866 comme sous les clauses de 1833 (23 décembre
1852, *Maget*, 655; 2 juin 1876, *Blanc*, 519; 30 mai
1879, *Alauzet*, 443).

Le droit de réclamer aussitôt après la notification est
une faculté, dont l'entrepreneur ne saurait être tenu
d'user. Mais sa réclamation doit être formée avant
l'achèvement des travaux (23 juin 1853, *Nougaret*, 629;
30 juillet 1857, *Bourdon*, 619), et, à plus forte raison,
avant la réception du solde de l'entreprise (3 juillet
1852, *Delalande*, 278). La continuation des travaux
serait considérée comme une renonciation à ses droits.

361. Voici maintenant une disposition favorable,
et dérogeant au droit commun dans l'intérêt de l'entrepreneur.

La faculté de demander la résiliation lui est reconnue
par les clauses et conditions générales des ponts et
chaussées, lorsque les prix subissent une certaine augmentation.

« Si, pendant le cours de l'entreprise, les prix su-
« bissent une augmentation telle que la dépense totale
« des ouvrages restant à exécuter d'après le devis se
« trouve augmentée d'un sixième comparativement aux
« estimations du projet, le marché peut être résilié sur
« la demande de l'entrepreneur » (art. 33).

L'ancien cahier des charges, article 39, autorisait
l'action en résiliation pour le cas d'augmentation *notable* des prix, et cette expression vague laissait à la juridiction contentieuse le soin d'apprécier, dans chaque
espèce, si l'augmentation était assez considérable pour
altérer les bases du contrat. La difficulté n'existe plus.

362. L'augmentation dont il s'agit est l'augmentation d'un sixième *comparativement aux estimations du
projet*. On avait soutenu, sous le cahier des charges de
1833, que c'était l'augmentation sur les prix courants,
et la jurisprudence avait rejeté cette manière de voir
par ce motif « que les prix fixés par le devis estimatif
« forment la base du contrat intervenu entre l'admi-
« nistration et l'entrepreneur ; que seuls ils offrent un
« élément précis et fixe qui puisse être comparé avec
« les prix courants ultérieurs » (30 décembre 1871,
Bétourné, 369).

On a encore prétendu, postérieurement à 1866,
mais à l'occasion des clauses de 1833, que l'augmentation devait être calculée sur les prix du devis, déduction faite du rabais, et il a été répondu « que l'aug-
« mentation doit être établie comparativement aux
« estimations du projet » (21 juin 1878, *Département
du Rhône*, 597).

Le cahier des charges de 1866 est en accord avec ces
arrêts.

Il n'y a pas à tenir compte de l'augmentation qui n'existe plus au temps de la demande (8 mars 1878, *Lapierre*, 285); encore moins de celle qui ne s'est produite momentanément que pendant la suspension des travaux (31 mars 1876, *Sérail*, 339); ni surtout de l'augmentation antérieure à l'adjudication, et sur laquelle l'entrepreneur a dû compter (13 juin 1879, *Syndicat du canal de la Soulaise*, 497; V. 13 février 1880, *Min. trav. publ. c. Dumas et Crouzet*, 181).

363. L'augmentation des prix au delà du sixième ne donne à l'entrepreneur qu'un droit : celui de réclamer la résiliation de son marché.

L'entrepreneur n'a donc pas l'option entre la résiliation et une augmentation de prix pour les travaux restant à exécuter (14 août 1854, *Pierron et Mangini*, 784; 28 janvier 1858, *Marcelin*, 101; 15 juin 1861, *Lescure*, 523; V. les arrêts cités à l'alinéa suiv.).

Il ne saurait non plus demander une indemnité pour les travaux antérieurs à la demande en résiliation, ni une indemnité indépendante de toute demande en résiliation après l'achèvement des travaux (28 janvier 1858, *Marcelin*, 101; 23 juin 1864, *Deslandes-Orière*, 597; 11 mai 1872, *Robert*, 287; 5 décembre 1873, *Martin et Bourdillon*, 920; 9 juin 1876, *Quéret*, 548).

« Considérant, porte ce dernier arrêt, qu'en admettant
« qu'il se soit produit au cours de l'entreprise du sieur
« Quéret une augmentation notable dans les prix, ce
« fait ne saurait lui donner droit à indemnité, mais
« seulement, aux termes de l'article 39 du cahier des
« clauses et conditions générales, à obtenir la résiliation
« de son entreprise; et que le sieur Quéret n'a pas
« demandé cette résiliation; que d'ailleurs il ne jus-

« tifie pas qu'aucune promesse d'indemnité lui ait été
« faite par les agents de l'administration. »

364. En est-il autrement, et l'entrepreneur peut-il
réclamer une indemnité, lorsque l'augmentation des
prix est due au fait de l'administration ? On peut
supposer, par exemple, qu'après l'adjudication, l'administration fasse exécuter des travaux de même nature
dans les environs, et que les matériaux deviennent
ainsi plus coûteux et la main-d'œuvre plus chère.

L'affirmative a été soutenue. On a dit que le droit à
la résiliation, reconnu par le cahier des charges, n'excluait pas le droit à indemnité, résultant du droit commun.

Au contraire, le Conseil d'Etat considère l'article
33 comme réglant la difficulté, en tant du moins que
l'administration n'a pas agi contrairement à ses droits.
« Considérant qu'aucune clause du marché intervenu
« entre le sieur Mady et l'administration n'obligeait
« celle-ci à accepter pour les ouvriers que, d'après les
« prévisions du devis, elle devait employer en régie, le
« taux des salaires réglé par l'entrepreneur ; que, dès
« lors, le sieur Mady n'est pas fondé à soutenir qu'elle
« a contrevenu à ses engagements en payant des prix
« plus élevés que les siens aux ouvriers qu'elle occu-
« pait ; qu'en admettant que ce fait ait entraîné l'aug-
« mentation dans les prix signalée par le requérant,
« cette augmentation ne lui donnait d'autre droit, aux
« termes de l'article 33 des clauses et conditions géné-
« rales, que celui de demander la résiliation de son
« entreprise » (20 mai 1874, *Mady*, 275); 19 mai 1864,
Jacquelot, 470). En ce cas donc, l'entrepreneur ne peut
demander que la résiliation du marché.

20

Mais il a droit à indemnité, sans préjudice de la question de résiliation, lorsque le fait de l'administration, cause de l'augmentation des prix, est contraire aux droits de l'administration; par exemple, lorsqu'elle imprime aux travaux une accélération sans rapport avec les prévisions du devis (26 septembre 1871, *Colas,* 177 ; 13 juillet 1873, *Giroux,* 669 ; 24 avril 1874, *Bessières,* 379). « Considérant, porte l'arrêt du 26 sep-« tembre 1871, que les travaux dont le sieur Colas « s'était rendu adjudicataire, sur les instances réité-« rées des ingénieurs, ont été terminés deux ans au « moins plus tôt que ne le comportaient les prévisions « du devis ; que le résultat est dû à l'activité extraor-« dinaire déployée par le sieur Colas, d'après les ordres « formels des ingénieurs ; que, dans ces circonstances, « il est juste d'indemniser l'entrepreneur de l'augmen-« tation anormale que la nécessité de maintenir sur les « chantiers une quantité considérable d'ouvriers a fait « subir aux prix de la main-d'œuvre et qu'il convient « de lui allouer sur ce chef une somme de 13,000 « francs. »

Il en est de même si l'augmentation des prix a pour cause un retard occasionné par l'administration contrairement aux prévisions du devis (3 mars 1876, *Loiselot,* 230 ; 20 juillet 1877, *Commune de Martigues,* 729 ; mais V. 11 mai 1872, *Gonthier,* 282).

365. En cet état de la jurisprudence, une augmentation de prix ne saurait être réclamée, par application de l'article 33, à raison de la hausse causée par des cas de force majeure, tels que fièvres paludéennes, etc... (2 mai 1873, *Min. trav. publ. c. Monjallon,* 383 ; 16 janvier 1874, *Gauthier,* 64 ; 6 mars 1874, *de Puymory et*

Masson, 240). L'administration est moins responsable encore de l'augmentation des prix causée par la force majeure que de celle qui résulte de l'exercice de ses droits.

Mais l'entrepreneur pourrait, si la force majeure était assez caractérisée, réclamer une indemnité spéciale; en s'appuyant sur l'article 28, et en remplissant les conditions moyennant lesquelles un entrepreneur a droit à indemnité pour cas de force majeure (V. sur l'indemnité pour cas de force majeure, *suprà*, n. 266 et suiv.). C'est ce qui paraît avoir été reconnu par un arrêt du 21 juin 1878 (*Département du Rhône*, 598) :

« Considérant que pour prétendre que c'est à tort
« que le Conseil de préfecture a alloué au sieur Sale-
« bert, à titre d'indemnité, différentes augmentations
« sur le prix des travaux exécutés après le 6 juillet
« 1870, le département du Rhône se fonde sur ce que
« cette partie de la demande de l'entrepreneur était
« basée sur le préjudice résultant pour lui de l'augmen-
« tation de plus d'un sixième survenue dans les prix
« des matériaux et de la main-d'œuvre depuis le 6 juil-
« let 1870 ; que, d'après le département, le Conseil de
« préfecture ayant reconnu, dans la première partie de
« sa décision, que l'augmentation alléguée ne s'était pas
« réalisée, ledit Conseil n'aurait pu, sans contradiction,
« allouer à l'entrepreneur des plus-values représentant,
« pour chaque espèce de travaux exécutés après le
« 6 juillet 1870, l'excédent de la dépense sur les prix
« du devis ; que le sieur Salebert soutient, au con-
« traire, que sa demande' n'était fondée que sur des
« événements de force majeure, rentrant dans les termes
« de l'article 28 des clauses et conditions générales

« susvisées et par lui signalées dans les délais établis
« par ledit article ;

« Considérant qu'il résulte de l'instruction¦ que la
« sécheresse exceptionnelle de 1870 et la grève des
« ouvriers maçons, qui a désorganisé le chantier pen-
« dant un mois, ont créé à l'entrepreneur des difficul-
« tés telles, que ces événements peuvent être considérés
« comme constituant des cas de force majeure donnant
« lieu, aux termes de l'article 28 des clauses et condi-
« tions générales précitées, à l'allocation d'une indem-
« nité. »

366. Lorsque la demande en résiliation est reconnue fondée, et que cependant l'entrepreneur a été
obligé de continuer les travaux jusqu'à la décision prononçant la résiliation, il a droit, du jour de sa demande, à l'indemnité représentant l'augmentation du
prix des matériaux et de la main-d'œuvre ; car cette
indemnité n'est que la représentation du préjudice qui
lui a été imposé à tort.

Dans une affaire où l'entrepreneur avait demandé la
résiliation avant l'ouverture de la campagne, l'arrêt
porte : « Que, néanmoins, l'administration a enjoint au
« requérant de commencer ses travaux, et que la rési-
« liation de son marché ne lui a été accordée par dé-
« cision ministérielle, en date du 24 décembre 1873,
« que neuf mois après sa demande, après que les tra-
« vaux étaient terminés; qu'il en est résulté pour le
« sieur Crouzet, à raison des opérations qu'il a exécu-
« tées et des matériaux qu'il a approvisionnés posté-
« rieurement à sa demande de résiliation, un préjudice
« pour lequel il est fondé à demander une indemnité »
(5 mai 1876, *Crouzet*, 418; 8 février 1855, *Bertrand*,

128 ; 19 avril 1859, *Dupond*, 316 ; 13 juillet 1866, *La-chaud*, 828 ; 13 avril 1867, *Bartissol*, 766 ; 14 février 1868, *Beau*, 183 ; 15 juin 1870, *Mathieu*, 776 ; 11 mai 1872, *Gonthier*, 282).

367. La reprise du matériel est facultative pour l'ad-ministration (art. 43, 3° ; V. *suprà*, n. 336).

Celle des matériaux est de droit, pourvu qu'il s'agisse de matériaux approvisionnés par ordre, déposés sur les chantiers, et remplissant les conditions du devis (art. 43, 5° ; V. *suprà*, n. 339 et suiv.).

368. L'action en résiliation ou en paiement d'un prix supplémentaire ne peut, comme toute autre action relative au marché, être intentée que par l'adjudicataire ou celui qui lui est régulièrement substitué (22 mars 1860, *Léger*, 247 ; V. *infrà*, n. 410).

Elle s'éteint, comme toutes les actions, par l'acquies-cement ou la renonciation. Et cette renonciation existe, lorsque les travaux ont été achevés (8 juin 1850, *Ber-nard*, 566 ; 14 septembre 1852, *Clausse*, 419 ; 29 juillet 1858, *Talichet*, 550), ou seulement continués (7 juin 1865, *Driot*, 620).

L'entrepreneur qui veut conserver ses droits doit réclamer devant l'administration et, en cas de refus, devant le Conseil de préfecture. Une demande en aug-mentation de prix devant l'administration serait cepen-dant insuffisante, si, au même moment, il acceptait à nouveau le prix stipulé. Il serait alors censé s'en être rapporté à l'administration et avoir renoncé au recours par la voie contentieuse (5 décembre 1873, *Martin et Bourdillon*, 920).

369. Il peut arriver qu'après la résiliation pronon-cée, les travaux soient repris par l'entrepreneur. En pa-

reil cas, les anciens prix ne sont pas obligatoires, puisqu'il y a convention nouvelle et impossibilité de supposer, dans le doute, que les parties aient entendu se
référer à la convention première. Un arrêt déclare que
la seule voie régulière est une expertise contradictoire
(14 juillet 1830, *Jouvenel*, 373). C'est évidemment la
voie la plus naturelle. Mais aucun texte de loi ne déclare
l'expertise obligatoire en matière de marchés de travaux
publics ; ce caractère ne lui appartient qu'en matière
de dommages résultant de travaux publics (V. *infrà*,
n. 560 et 1016).

Le Conseil de préfecture peut donc s'éclairer par tous
autres moyens, par exemple, en comparant les travaux
exécutés par l'entrepreneur aux travaux de même nature exécutés en régie (16 mai 1837, *Min. trav. pub. c.
Colin*, 167).

370. En face du droit, reconnu à l'entrepreneur, de
demander la résiliation pour augmentation du sixième
des prix, les clauses des ponts et chaussées de 1833 ré-
servaient à l'administration le pouvoir de prononcer la
résiliation pour diminution notable de ces prix (art. 39).
Mais l'administration en usait si peu dans la pratique,
que la disposition n'a pas été reproduite par les clauses
de 1866.

371. Les articles 65 et suivants des clauses et conditions du génie ne contiennent aucune disposition relative à la résiliation dans l'intérêt de l'entrepreneur.

L'entrepreneur n'en est pas moins reçu à invoquer,
s'il y a lieu, l'article 1184, C. civ., et la résiliation pour
inexécution des conditions du marché (V. *suprà*,
n. 350).

Du moins, il ne saurait être question de résiliation

pour augmentation ou diminution de la masse des travaux (V. *suprà*, n. 61 et 133).

372. Le pouvoir de prononcer la résiliation d'un marché de travaux publics s'exerce d'une manière différente, suivant qu'il y a résiliation de plein droit, résiliation dans l'intérêt de l'administration, ou résiliation dans l'intérêt de l'entrepreneur.

La résiliation de plein droit s'opère en vertu de la seule volonté de la loi, quand survient l'événement qui par lui-même y donne lieu. L'existence peut en être reconnue par l'entrepreneur, proclamée par l'administration, ou déclarée par le Conseil de préfecture (V. *suprà*, n. 316).

373. La résiliation dans l'intérêt de l'administration, prévue par le cahier des charges des ponts et chaussées, est un acte d'autorité, puisant ses motifs dans les exigences de l'intérêt public et sa force dans les stipulations du marché. Aucun recours n'est ouvert contre l'acte qui déclare le marché résilié. Le Conseil de préfecture n'a pas qualité pour l'annuler. Le recours pour excès de pouvoir devant le Conseil d'Etat ne saurait avoir pour objet les actes de pure administration, surtout ceux qui ne font pas obstacle à une réclamation à fin d'indemnité ; et l'acte prononçant la résiliation ne fait pas obstacle à une réclamation de ce genre.

En dehors de toute clause donnant à l'administration un tel droit, la résiliation ne pourrait être prononcée que par le Conseil de préfecture (V. *suprà*, n. 323 et suiv.).

374. C'est ainsi que la résiliation dans l'intérêt de l'entrepreneur ne se conçoit que comme déclaration ou reconnaissance du droit résultant en sa faveur du cahier des charges, ou, plus généralement, de la loi. Elle peut être admise par l'administration. Mais le refus de l'administration n'est qu'une dénégation du droit invoqué par l'entrepreneur, droit sur l'existence duquel il ne peut être statué que par la juridiction contentieuse (V. *suprà*, n. 365 et suiv.).

On comprend cependant la confusion qu'a pu jeter dans les esprits, surtout à une certaine époque, l'idée que la résiliation est un acte de pure administration. Cette idée est exacte en certains cas, nous venons de le voir. Elle ne peut être opposée à celui qui, engagé dans les liens d'un contrat, est en droit de faire déclarer ce contrat nul ou sans valeur dans l'avenir. Au surplus, le Conseil d'Etat a eu, de tout temps, l'occasion de proclamer explicitement le pouvoir, qui appartient au Conseil de préfecture, d'accorder ou de refuser la résiliation d'un marché dans la situation qui vient d'être indiquée (16 février 1835, *Franciel,* 120; 27 février 1835, *Grillon*, 182; 20 juillet 1836, *Min. fin. c. Delamarre*, 370; 15 septembre 1843, *Copigneaux-Tordeux*, 539; 18 août 1856, *Billamboz,* 557; 28 mars 1866, *Syndicat de Varades*, 309).

A ce point de vue, il faut considérer comme résiliation dans l'intérêt de l'entrepreneur la résiliation à laquelle il a droit pour ajournement des travaux pendant plus d'un an. Si l'intérêt de l'administration est la cause de l'ajournement, c'est l'intérêt de l'entrepreneur qui lui permet de demander la résiliation quand cet ajournement a eu lieu (V. *suprà*, n. 327 et suiv.).

CHAPITRE VII

RÉCEPTION DES TRAVAUX

375. Quand les travaux sont exécutés, il est nécessaire de les recevoir, c'est-à-dire de vérifier si l'entrepreneur a rempli ses obligations et de constater le résultat de cette vérification.

Il y a deux réceptions : la réception provisoire, qui sert de point de départ au délai de garantie, et la réception définitive, qui marque le terme de ce délai.

376. Parlons d'abord de la réception provisoire.

« Immédiatement après l'achèvement des travaux, il « est procédé à une réception provisoire par l'ingénieur « ordinaire, en présence de l'entrepreneur ou lui

« dûment appelé par écrit. En cas d'absence de l'en-
« trepreneur, il en est fait mention au procès-verbal »
(Cl. et cond. gén. des p. et ch., art. 46).

Le règlement du 28 septembre 1849, sur la comptabilité du Ministère des travaux publics, indique les
formes à suivre pour cette opération. Le procès-verbal
est dressé en triple expédition. Une de ces expéditions
est envoyée à l'ingénieur en chef; une autre est remise
à l'entrepreneur; la troisième reste au bureau de l'ingénieur ordinaire.

377. Ainsi que nous venons de le dire, la réception
provisoire fait courir au profit de l'entrepreneur le
délai de garantie, c'est-à-dire le temps d'épreuve pendant lequel l'entrepreneur est tenu d'entretenir les ouvrages, sans pouvoir obtenir le solde de son entreprise
ni la restitution de son cautionnement.

378. Pour que la réception provisoire ait ces effets,
il est nécessaire que le procès-verbal déclare les ouvrages en état de réception, sans constater de malfaçons
ou prescrire des ouvrages supplémentaires. Autrement,
le travail ne serait pas véritablement reçu; le délai de
garantie ne courrait pas, et aucun laps de temps ne
libérerait l'entrepreneur de ses obligations avant la
réception définitive (26 février 1840, *Servy*, 63; 9 juin
1849, *Mourguès*, 319; 23 décembre 1852, *Buard-Evrat*,
661; 3 février 1859, *Batisse* et *Ronat*, 106).

379. La réception provisoire doit être régulière,
c'est-à-dire conforme aux exigences du cahier des
charges (14 décembre 1837, *Dormont*, 546). L'article
46 veut, en principe, qu'elle soit expresse et constatée
par un procès-verbal. La prise de possession ne saurait
donc, à moins de circonstances tout à fait particulières,

être considérée comme une réception provisoire (4 avril 1873, *Escarraguel*, 313; 27 juin 1871, *Langlade*, 61; 14 novembre 1873, *Curière* et *Bonafe*, 825; 7 janvier 1876, *Hospices de Bordeaux*, 25).

380. L'entrepreneur ne saurait rester indéfiniment dans les liens de l'obligation de garantie. Il peut mettre l'administration en demeure de procéder à la réception provisoire (27 juin 1871, *Langlade*, 61; 7 janvier 1876, *Hospices de Bordeaux*, 25), comme il pourra plus tard la mettre en demeure de procéder à la réception définitive (3 février 1859, *Batisse* et *Ronat*, 107; 24 avril 1874, *Bernasse*, 383; 16 juin 1875, *Bay*, 697). La mise en demeure restée sans effet tient lieu de réception (7 janvier 1876, *Hospices de Bordeaux*, 25).

« Considérant, porte l'arrêt du 7 janvier 1876, que
« les sieurs Breil et Goeytes réclament le payement du
« montant des retenues de garantie en se fondant sur
« ce que la translation des varioleux dans un des éta-
« blissements de l'hospice de Pellegrin peut être con-
« sidérée comme une réception des ouvrages ;

« Mais considérant que, si la commission des hos-
« pices a pris possession d'un des bâtiments construits
« par les sieurs Breil et Goeytes, cette prise de posses-
« sion ne peut être assimilée à une réception provi-
« soire des travaux ; que les entrepreneurs ne justifient
« pas qu'ils ont mis l'administration en demeure de
« procéder à cette réception et que, dès lors, c'est
« avec raison que l'arrêté attaqué a décidé que, dans
« ces circonstances, ils n'étaient pas fondés à deman-
« der le payement des retenues de garantie. »

381. Le délai de garantie est réglé, ainsi que ce qui a trait à la réception définitive, par l'article 47 des

clauses et conditions générales des ponts et chaussées.

« Il est procédé de la même manière à la réception
« définitive, après l'expiration du délai de garantie.

« A défaut de stipulation expresse dans le devis, ce
« délai est de six mois, à dater de la réception provi-
« soire, pour les travaux d'entretien, les terrassements
« et les chaussées d'empierrement, et d'un an pour les
« ouvrages d'art.

« Pendant la durée de ce délai, l'entrepreneur de-
« meure responsable de ses ouvrages et est tenu de les
« entretenir ».

Aux termes des clauses de 1833, le délai variait suivant la nature des travaux. Il était de trois mois pour
les travaux d'entretien, six mois pour les terrassements
et chaussées d'entretien, un ou deux ans pour les ouvrages d'art, suivant les stipulations du devis.

L'entrepreneur est tenu de l'entretien des travaux
jusqu'à la réception définitive (27 août 1846, *Hamelin*,
454). Il en est responsable jusqu'à la même date.

Mais il n'y a là, contre l'entrepreneur, qu'une présomption, qui s'efface devant la preuve contraire. Car
l'entrepreneur ne répond que de sa faute, c'est-à-dire
de la mauvaise exécution ou de l'exécution non conforme
au devis.

Ainsi, il doit réparer les éboulements que leur peu
d'importance montre n'être pas une conséquence des vices
du plan ou autres causes étrangères à sa responsabilité
(8 août 1837, *Clauzel*, 436).

Mais il ne répond pas des dégradations indépen-
dantes de la bonne exécution des travaux, commes celles
qui résultent de la force majeure (31 août 1837, *Saigne*,

458; 28 juillet 1849, *Comm. de Saint-Jean*, 424;
26 juillet 1851, *Bitard-Evrat*, 540; 13 janvier 1853,
Mesnil, 134).

Nous parlerons plus loin, sous le chapitre XII, de
la responsabilité décennale, c'est-à-dire de celle qui
survit à la réception définitive (V. *infrà*, n. 500 et
suiv.).

382. La réception définitive est soumise aux mêmes
formes que la réception provisoire (Cl. et cond. gén.
des ponts et chaussées, art. 47).

Sous le cahier de 1833, on admettait la réception
définitive tacite, résultant d'une prise de possession définitive et sans réserves (24 juin 1858, *Laffont*, 457), ou
de l'expiration du délai de garantie.

La réception définitive tacite est aujourd'hui difficile
à admettre en présence de l'article 47, portant qu'il y
est procédé de la même manière qu'à la réception provisoire. On a vu cependant que la réception provisoire
tacite est admise (*suprà*, n. 379) et le Conseil d'État
admet aussi la réception définitive tacite comme résultant de l'expiration du délai de garantie, en tant qu'elle
est nécessaire pour faire courir les intérêts (13 mars
1874, *Monjalon*, 266); surtout lorsque le retard est
imputable à l'administration (7 mai 1875, *Comm. de
Gorron*, 456) :

« Considérant, porte cet arrêt, qu'aux termes du de-
« vis, la réception provisoire desdits travaux devait
« avoir lieu dans le mois qui suivrait leur entier achè-
« vement, et la réception définitive un an après la ré-
« ception provisoire; qu'il est établi par l'instruction
« que la commune de Gorron a pris possession des bâ-
« timents, dès le mois d'avril 1868, qu'elle a depuis

« lors continué à les occuper sans élever aucune récla-
« mation quant à la bonne exécution des travaux, qu'elle
« n'a fait procéder que le 8 juin 1874 à leur réception
« définitive, et que le retard ainsi apporté à cette opé-
« ration provient de la commune; que, dans ces cir-
« constances, les intérêts du solde dû par la commune
« aux sieurs Gallienne et Morin doivent commencer à
« courir à partir du 28 mars 1870, jour où ils ont été
« demandés. »

Quant au surplus, le Conseil d'État décide que l'expiration du délai ne peut faire considérer les travaux
comme définitivement reçus (14 novembre 1873, *Curière* et *Bonafe*, 824 ; 14 janvier 1881, *Comm. d'Epaignes*,
71), et surtout que l'expiration du délai n'entraîne pas
nécessairement la réception définitive (20 mars 1873,
Escarraguel, 313.

383. Mais l'entrepreneur peut incontestablement,
lorsque les travaux sont en état, demander la réception
définitive (3 février 1859, *Batisse* et *Ronat*, 106 ; 24 avril
1874, *Bernasse*, 383; 16 juin 1875, *Bay*, 697). Il est
donc nécessaire de lui reconnaître la faculté de sauvegarder ses droits par une mise en demeure, et de suppléer à la réception provisoire (Châtignier et Barry,
p. 171 ; *suprà*, n. 380).

L'arrêt du 16 juin 1875 porte : « Considérant que
« l'arrêté attaqué s'est borné à ordonner la réception
« provisoire des travaux de l'entreprise;
« Considérant que la ville de Vesoul est en posses-
« sion desdits travaux depuis le 1er novembre 1868, et
« qu'il résulte du rapport de l'expertise qu'ils sont en
« état d'être reçus définitivement; qu'il y a lieu, dans
« ces circonstances, de faire droit aux conclusions de la

« requête, tendant à décider que les travaux seront
« considérés comme étant en état d'être reçus définiti-
« vement à la date de l'arrêté attaqué du Conseil de pré-
« fecture. »

384. La réception définitive permet à l'entrepreneur
de réclamer le solde de son entreprise.

« Le dernier dixième n'est payé à l'entrepreneur
« qu'après la réception définitive, et lorsqu'il a justifié
« de l'accomplissement des obligations énoncées dans
« l'article 19 » (Cl. et cond. gén. des ponts et chaussées, art. 48).

L'article 19 a trait aux indemnités qui peuvent être
dues par l'entrepreneur pour extraction de matériaux
(V. *infrà*, n. 1086 et suiv.) et pour occupation temporaire (V. *infrà*, n. 1148 et suiv.).

Le Conseil d'Etat tire de l'article 48 cette conséquence, que les intérêts des sommes retenues sont dus
à l'entrepreneur seulement à partir du jour de la production des quittances en forme, attestant le payement
de ces indemnités (26 juillet 1855, *Rouvière-Cabane*,
564 ; 26 février 1860, *Trône*, 128 ; 10 juillet 1874,
Lann, 670).

385. Il est admis, à l'égard des communes, que les
intérêts du solde du décompte peuvent courir à partir
d'une demande formée avant la réception définitive, si
cette réception n'a pas eu lieu par la faute de la commune (24 avril 1874, *Bernasse*, 383 ; 7 mai 1875,
Comm. de Gorron, 456 ; V. *suprà*, n. 382). Le cas ne se
présentera guère à l'égard des travaux de l'Etat.

La réception définitive permet à l'entrepreneur de
réclamer le remboursement de son cautionnement en
rentes ou numéraire, et la mainlevée des hypothèques

qui auraient été prises sur ses immeubles. Les actes de mainlevée doivent être demandés au préfet (Décret, 25 mars 1852, tableau D, 12).

386. La réception définitive libère l'entrepreneur de la charge d'entretien des travaux, et de la responsabilité qui pèse sur lui en vertu du cahier des charges (art. 47).

Après cette réception, il n'est plus possible d'exercer une action contre lui, à raison de ce que les travaux ne seraient pas conformes au devis (23 juillet 1846, *Châtelet*, 414 ; 12 juillet 1855, *Léaune*, 519 ; 26 novembre 1857, *Pinel*, 749), de ce que ces travaux contiendraient des vices apparents (29 juillet 1846, *Ville de Gien*, 415), ou des malfaçons non susceptibles d'en entraîner la ruine (14 avril 1864, *Boret*, 356 ; 4 mai 1870, *Massin*, 555 ; 31 mars 1874, *Comm. de Passais-la-Conception*, 325 ; 16 janvier 1880, *Neau*, 109). Dans tous ces cas, l'action ne subsiste que si la réception définitive a été accompagnée de réserves (12 mai 1859, *Département des Ardennes*, 352).

Nous reviendrons sur ce point en parlant de la responsabilité décennale (V. *infrà*, n. 500 et suiv.).

387. Les formes qui viennent d'être indiquées ne sont pas applicables nécessairement aux communes et établissements publics. Elles le sont, cependant, si le cahier des charges de l'entreprise s'est référé aux clauses et conditions générales des ponts et chaussées (V. 13 mars 1874, *Meuriot*, 249).

Le pouvoir de procéder à la réception peut, ici, être exercé régulièrement par un ingénieur ou un architecte, s'il leur a été confié. Mais il ne saurait résulter de la seule qualité de directeur des travaux (Obs. du

Min. int., sur 9 juillet 1846, *Ville de Brives*, 384). Il ne peut donc appartenir qu'au maire.

CHAPITRE VIII

DÉCOMPTES

21

388. Nous avons maintenant à parler du règlement des comptes de l'entreprise.

« A défaut de stipulations spéciales dans le devis, « les comptes sont établis d'après les quantités d'ou-« vrages réellement effectuées, suivant les dimensions « et les poids constatés par des métrés définitifs et des « pesages faits en cours ou en fin d'exécution, sauf les « cas prévus par l'article 23, et les dépenses sont « réglées d'après les prix de l'adjudication. L'entre-« preneur ne peut, dans aucun cas, pour les métrés et « les pesages, invoquer en sa faveur les us et cou-« tumes » (Cl. et cond. gén. des p. et ch., art. 38).

Ainsi, la règle posée par l'article 38 admet deux exceptions :

Si le devis contient des stipulations spéciales au sujet du règlement des comptes, ces stipulations doivent prévaloir sur l'article 38. Ces stipulations sont, le plus souvent, relatives au métré des remblais et déblais (V. *infrà,* n. 390).

Si des changements ont été apportés au projet par l'entrepreneur, et que les dispositions prises par lui aient été acceptées par l'administration, les comptes sont établis suivant les règles indiquées par l'article 23 (V. *suprà,* n. 160; 9 janvier 1874, *Letestu,* 38).

Quant aux us et coutumes dont l'entrepreneur n'est pas reçu à se prévaloir, ce sont les usages abusifs et les méthodes imparfaites non admises par l'administration (V. comme exemples, 4 septembre 1856, *Saint-Georges*, 588; 7 mai 1875, *Comm. de Gorron*, 455; 7 mai 1875, *Fabrique de Pludual*, 452).

389. L'article 57 des clauses et conditions générales du génie contient, quant au point dont nous venons de parler, des dispositions analogues à celles de l'article 38 des clauses et conditions générales des ponts et chaussées (V. *suprà*, n. 242).

390. Lorsqu'un travail comprend des fouilles, les terres ou autres matières extraites forment, après ces fouilles, un volume plus considérable qu'auparavant. En pareil cas, on se demande s'il faut tenir compte à l'entrepreneur de l'augmentation de volume, c'est-à-dire du foisonnement.

Tout dépend du point de savoir si les fouilles doivent être mesurées en remblais ou en déblais. Si le devis porte qu'elles seront mesurées en déblais, l'entrepreneur ne peut baser sa demande que sur le cube des déblais (9 février 1860, *Dupeu*, 113; 5 mai 1864, *Boisard*, 427). S'il en ressort qu'elles doivent être mesurées en remblais, il a droit à une augmentation pour le foisonnement (30 juin 1866, *Canal Saint-Martin*, 753).

Cet arrêt porte : « Considérant que, d'après la série « des prix, les déblais réservés pour remblais devaient « être payés 1 fr. 80 c. par mètre cube, et les déblais « transportés aux décharges publiques, 3 francs par « mètre cube;

« Considérant que, si, conformément aux indications

« du devis, le cube total des déblais a été déterminé
« d'après les profils des fouilles, et le cube des déblais
« employés en remblais, d'après le profil des remblais,
« le cube des déblais transportés aux décharges pu-
« bliques a été fixé en déduisant du cube total des
« déblais celui des déblais employés en remblais,
« chaque mètre cube des remblais ainsi formés étant
« considéré comme l'équivalent en volume d'un mètre
« cube de déblais ;

« Mais, considérant que, par suite du foisonnement
« des terres extraites pour être employées en remblais,
« il faut moins d'un mètre cube de déblais pour for-
« mer un mètre cube de remblais ; qu'ainsi le sieur
« Alazard est fondé à soutenir qu'en calculant, ainsi
« qu'il vient d'être indiqué, le cube des déblais trans-
« portés aux décharges publiques, il ne lui a pas été
« tenu compte de ceux de ces déblais représentant le
« foisonnement des terres employées en remblais ; que,
« dès lors, le cube total des remblais ayant été de
« 99,043 mèt. 31 cent. et le foisonnement dont il
« s'agit pouvant être calculé au dixième de ce cube, il
« doit être alloué au sieur Alazard, en plus de ce qui
« est porté au décompte pour les déblais transportés
« aux décharges publiques, une somme de 29,713 fr.
« à raison de 3 francs par mètre cube pour 9,904 mèt.
« cubes 33 cent. »

391. Les quantités, dimensions et poids réels, dont
parle l'article 38, sont constatés par des *attachements*,
pris au fur et à mesure de l'avancement des travaux
par l'agent chargé de leur surveillance. On appelle
carnet d'attachement le registre journal, tenu par le
conducteur attaché à l'exécution d'un travail, et sur

lequel il inscrit jour par jour tous les faits de dépense survenus dans les ateliers.

« Les attachements sont pris au fur et à mesure de « l'avancement des travaux par l'agent chargé de leur « surveillance, en présence de l'entrepreneur et con- « tradictoirement avec lui ; celui-ci doit les signer au « moment de la présentation qui lui en est faite.

« Lorsque l'entrepreneur refuse de signer ces atta- « chements ou ne les signe qu'avec réserve, il lui est « accordé un délai de dix jours, à dater de la présen- « tation des pièces, pour formuler par écrit ses obser- « vations. Passé ce délai, les attachements sont censés « acceptés par lui comme s'ils étaient signés sans ré- « serve. Dans ce cas, il est dressé procès-verbal de la « présentation et des circonstances qui l'ont accom- « pagnée. Le procès-verbal est annexé aux pièces non « acceptées.

« Les résultats des attachements inscrits sur les « carnets ne sont portés en compte qu'autant qu'ils « ont été admis par les ingénieurs » (Cl. et cond. gén. des ponts et chaussées, art. 39).

392. La présentation doit porter sur toutes les pièces nécessaires pour éclairer l'entrepreneur (30 juin 1842, *Beslay,* 344).

Mais elle peut avoir lieu en plusieurs fois (15 mars 1838, *Delavault*, 166).

Elle n'est régulièrement faite qu'à l'entrepreneur lui-même, ou à une personne ayant pouvoir de lui (30 juin 1842, *Beslay,* 343 ; 14 décembre 1843, *Richard*, 598).

393. L'entrepreneur qui a signé les attachements est non recevable à réclamer contre leurs constatations

(26 novembre 1839, *Thomas*, 547; 24 novembre 1876, *Min. trav. publ. c. Gianoli*, 841).

Mais un engagement ne saurait aller au delà de son objet. Celui qui signe les carnets établissant la nature et la quantité des matériaux ne renonce pas à en discuter le prix (30 janvier 1868, *Masson*, 130; **V.** encore 7 février 1845, *Colonna-Leca*, 62).

394. L'administration conserve le droit de faire reviser les attachements (21 juin 1878, *Département du Rhône*, 596). Le règlement d'un prix par le conducteur chargé de la surveillance des travaux n'est donc pas obligatoire, si l'ingénieur ne reconnaît lui avoir donné l'autorisation d'y procéder (18 août 1857, *Courrière*, 665).

395. Les réclamations contre les attachements doivent être formées dans les dix jours de la présentation des pièces. Le cahier des charges de 1866 n'a pas ici, comme pour les réclamations contre le décompte, porté le délai à vingt jours. A part cette différence, les réclamations dont il s'agit suivent les mêmes règles que celles qui se rapportent au décompte (V. *infrà*, n, 397 et suiv.).

396. En ce qui concerne les travaux du génie, nous avons déjà cité l'article 36, relatif aux attachements à prendre (V. *suprà*, n. 186).

L'article 60 des clauses et conditions du génie règle l'inscription des dépenses : « Les inscriptions destinées « à établir les sommes dues à l'entrepreneur sont faites « sur des carnets relevés sur un registre de compta- « bilité, et reproduites dans des comptes d'exercice.

« Les dimensions, les surfaces et les produits résul- « tant d'application de prix, de surenchères, de rabais,

« sont inscrits avec deux décimales ; les volumes et
« les poids avec trois. La dernière décimale à conser-
« ver est augmentée d'une unité, quand la première
« de celles qu'on néglige est égale ou supérieure à
« cinq.

« Les erreurs commises dans les inscriptions sont
« toujours corrigées ostensiblement, et approuvées au-
« dessus de la signature ou en marge ; elles ne doivent
« jamais être grattées ni surchargées. »

L'article 61 ajoute : « Tous les éléments de dépense,
« tels que journées, mesurages, pesées, avec les numé-
« ros du bordereau qui leur correspondent et avec ceux
« des articles et des sections que les ouvrages con-
« cernent, sont, ainsi que les dépenses acquittées sur
« feuilles de payement, portés, par ordre de dates, et
« sans lacunes, sur des carnets cotés et paraphés par le
« chef du génie ou le directeur, et tenus par les offi-
« ciers chargés des ateliers ou leurs adjoints ; ces car-
« nets sont arrêtés aux époques fixées par les instruc-
« tions, et signés par l'entrepreneur, après chaque
« arrêté.

« Si l'entrepreneur refuse de signer les carnets ou
« ne les signe qu'avec réserves, il est fait application
« des dispositions de l'article 36 ci-dessus, en ce qui
« concerne le délai qui lui est accordé pour formuler
« ses observations. »

397. Les constatations relevées sur les carnets des
ponts et chaussées sont les éléments des divers décomptes dont nous allons maintenant parler.

« A la fin de chaque mois, il est dressé un décompte
« des ouvrages exécutés et des dépenses faites, pour
« servir de base aux payements à faire à l'entrepre-

« neur (Cl. et cond. gén. des ponts et chaussées, art. 40).

« A la fin de chaque année, il est dressé un dé-
« compte de l'entreprise, que l'on divise en deux par-
« ties : la première comprend les ouvrages et portions
« d'ouvrages dont le métré a pu être arrêté définitive-
« ment, et la seconde, les ouvrages et portions d'ou-
« vrages dont la situation n'a pu être établie que d'une
« manière provisoire.

« Ce décompte, auquel sont joints les métrés et les
« pièces à l'appui, est présenté, sans déplacement, à
« l'acceptation de l'entrepreneur ; il est dressé procès-
« verbal de la présentation et des circonstances qui
« l'ont accompagnée.

« L'entrepreneur, indépendamment de la commu-
« nication qui lui est faite de ces pièces, est, en outre,
« autorisé à faire transcrire par ses commis, dans les
« bureaux des ingénieurs, celles dont il veut se procu-
« rer des expéditions.

« En ce qui concerne la première partie du dé-
« compte, l'acceptation de l'entrepreneur est défini-
« tive, tant pour l'application des prix que pour les
« quantités d'ouvrages.

« S'il refuse d'accepter ou s'il ne signe qu'avec
« réserve, il doit déduire ses motifs par écrit, dans
« les vingt jours qui suivent la présentation des
« pièces.

« Il est expressément stipulé que l'entrepreneur n'est
« point admis à élever des réclamations, au sujet des
« pièces ci-dessus indiquées, après le délai de vingt
« jours, et que, passé ce délai, le décompte est censé
« accepté par lui, quand bien même il ne l'aurait pas

« signé, ou ne l'aurait signé qu'avec une réserve dont
« les motifs ne seraient pas spécifiés.

« Le procès-verbal de présentation doit toujours être
« annexé aux pièces non acceptées.

« En ce qui concerne la deuxième partie du dé-
« compte, l'acceptation du décompte n'est considérée
« que comme provisoire.

« Les stipulations des paragraphes 2, 3, 4, 5, 6 et 7
« du présent article s'appliquent au décompte général
« et définitif de l'entreprise.

« Elles s'appliquent aussi aux décomptes définitifs
« partiels qui peuvent être présentés à l'entrepreneur
« dans le courant de la campagne » (Art. 41).

398. Il faut distinguer soigneusement les décomptes
mensuels, les décomptes de fin d'année, les décomptes
définitifs partiels et le décompte général et définitif de
l'entreprise.

L'établissement des décomptes mensuels n'est qu'une
mesure d'administration, déjà prescrite par l'article 29
du règlement du 28 septembre 1849. Ces décomptes ne
contiennent que des énonciations approximatives, uniquement destinées à servir de base aux payements
d'acomptes à faire à l'entrepreneur.

Il n'en peut donc résulter en sa faveur aucun droit
acquis en ce qui concerne les quantités d'ouvrages ou
les prix (16 avril 1851, *Broulliet*, 282 ; 12 juillet 1851,
Syndics Lespinasse, 514 ; V. encore, 19 janvier 1839,
Tilly-Kerveno, 8 ; 10 décembre 1846, *Castex*, 546 ;
6 août 1855, *Peltier*, 576 ; 3 février 1859, *Degréane*,
102).

399. Il en est autrement des décomptes de fin
d'année, des décomptes définitifs partiels, dressés lors-

qu'une partie importante de l'ouvrage est terminée ; enfin, du décompte général et définitif de l'entreprise.

Ces décomptes sont obligatoires, lorsque l'entrepreneur les a acceptés, ou a laissé passer, sans formuler des réserves régulières, le délai prescrit à cet effet à peine de déchéance. Il y a seulement, à cet égard, une distinction à faire en ce qui concerne les décomptes de fin d'année.

Sous le cahier de 1833, aucune distinction n'était, au point de vue qui nous occupe, admise entre les décomptes définitifs et les décomptes provisoires. L'acceptation d'un décompte provisoire entraînait déchéance des droits de l'entrepreneur, qui était non recevable à réclamer plus tard contre le décompte définitif (17 septembre 1838, *Min. trav. publ.*, 563 ; 12 mars 1848, *Cuvelier*, 584 ; 31 mai 1851, *Roussel-Agnus*, 409 ; 23 avril 1857, *Toussaint*, 321 ; 28 janvier 1858, *Caillavet*, 98 ; 24 juin 1858, *Saintex*, 460).

Aujourd'hui, le décompte de fin d'année doit être divisé en deux parties : la première comprend les ouvrages et portions d'ouvrages dont le décompte a pu être arrêté définitivement ; la seconde, les ouvrages et portions d'ouvrages dont la situation n'a pu être arrêtée que d'une manière provisoire ; et l'article 41 déclare expressément que l'acceptation de l'entrepreneur est définitive en ce qui concerne la première partie, ce qui suppose qu'elle ne le lie pas à l'égard de la seconde.

400. Chaque décompte, auquel sont joints les métrés et les pièces à l'appui, est présenté, sans déplacement, à l'acceptation de l'entrepreneur, qui est autorisé à faire transcrire par ses commis, dans les bureaux des ingénieurs, les pièces dont il veut se procurer une expédition. Il est dressé procès-verbal de la présentation et des circonstances qui l'ont accompagnée.

La communication doit, pour être régulière, être donnée à l'entrepreneur lui-même ou à une personne ayant pouvoir de lui (30 juin 1842, *Beslay*, 343). Elle doit porter sur toutes les pièces dont l'examen est nécessaire pour la vérification du décompte (Même arrêt).

Que faut-il entendre par *présentation?*

Sous les clauses de 1833, il a été jugé que le délai pour réclamer courait de l'avertissement donné à l'entrepreneur que le décompte était à sa disposition ou de la mise en demeure de prendre communication qui lui était adressée (7 février 1845, *Colonna-Leca*, 62; 15 mars 1849, *Rouvillois*, 153; 9 janvier 1874, *Letestu*, 39). Ces clauses portaient que les pièces seraient *communiquées*.

L'article 41 du cahier de 1866 veut que le décompte soit *présenté sans déplacement*, et n'exige donc pas la remise de ce décompte (V. cep. Chatignier et Barry, p. 167). Du moins, dans des affaires de travaux communaux où le cahier des charges faisait partir le délai de leur *remise*, le Conseil a décidé que l'avertissement de prendre communication ne suffisait pas (21 juin 1866, *Champy*, 712; 26 décembre 1879, *Papet*, 874).

401. La notification est régulièrement faite au domicile élu par l'entrepreneur (Aucoc, t. 2, p. 592; V. cep. 13 janvier 1859, *Roussel*, 31).

L'entrepreneur peut refuser son acceptation, ou ne signer qu'avec réserves. Mais ces réserves sont inefficaces s'il n'a déduit ses motifs par écrit dans les vingt jours de la présentation.

Les clauses de 1833 n'accordaient qu'un délai de dix jours, pour les réclamations contre les décomptes comme pour les réclamations contre les constatations des attachements (V. *suprà*, n. 395). Ce délai trop court a été ici porté à vingt jours.

Les réserves sont non avenues si elles ne sont formulées par écrit (12 mars 1846, *Cuvelier*, 148; 10 janvier 1856, *Chanudet*, 56; 23 avril 1857, *Toussaint*, 349; 8 août 1865, *Boistelle*, 764; 26 février 1866, *Astier*, 133; 25 avril 1873, *Roux*, 344). Des réserves orales, constatées par l'ingénieur, seraient donc sans effet. L'entrepreneur doit prouver qu'il a remis à l'administration des réserves écrites.

402. L'entrepreneur doit, de plus, dans les vingt jours, déduire les motifs de ses réserves (12 mars 1846, *Cuvelier*, 148; 10 décembre 1846, *Ardenne*, 547; 1er juin 1850, *Robert Merle*, 535; 10 janvier 1856, *Humbert-Droz*, 47; 23 avril 1857, *Toussaint*, 329; 22 février 1866, *Astier*, 133; 7 août 1874, *Leglos* et *Moret*, 837).

Ceci ne veut pas dire que l'entrepreneur soit tenu de fournir un exposé complet des raisons qui peuvent démontrer le fondement de ses prétentions. Il lui faut seulement formuler sa réclamation d'une manière nette et positive (11 juin 1875, *Nercam*, 583; 29 décembre 1876, *Dupond*, 949), et fournir à l'administration des indications suffisantes pour lui permettre de vérifier les erreurs commises dans le décompte et d'en rechercher les causes (31 mai 1851, *Simard et Hubert*, 411). Rien ne fait obstacle à ce qu'il se réfère, pour ces motifs, aux indications par lui données dans une lettre précédente (4 août 1876, *Département d'Oran*, 737).

« Considérant, dit cet arrêt, que si, aux termes de
« l'article 32 des clauses et conditions générales de
« 1833, applicable à l'entreprise du sieur Dagostini,
« l'entrepreneur doit, dans les dix jours de la présen-
« tation du décompte, indiquer par des réserves les
« réclamations qu'il entend produire, il résulte de
« l'instruction que le sieur Dagostini, dans ses lettres
« des 4 et 5 juin 1869, produites dans le délai fixé par
« l'article 32 des clauses et conditions générales de
« 1833, a déclaré qu'il se référait aux réclamations
« détaillées qu'il avait formulées par lettres des 1er
« juin et 12 octobre 1868, et 8 janvier 1869; que les
« réserves, ainsi faites et se référant à des réclamations
« antérieures au payement du solde de l'entreprise,
« étaient suffisantes pour sauvegarder les droits du
« sieur Dagostini. » -

Les motifs donnés sur un point ne peuvent conserver
le droit de réclamer sur d'autres points (21 février 1867,
Gouvenot, 193; 28 juillet 1869, *Lassus*, 723; 4 août
1876, *Département d'Oran*, 738).

403. Lorsque des réserves ont été formulées lors
de la présentation du décompte provisoire, il n'est pas
nécessaire de les renouveler à l'occasion du décompte
définitif, et l'acceptation de ce décompte n'élève contre
elles aucune fin de non-recevoir (14 mai 1854, *Bertrand*, 396; 28 janvier 1858, *Marcelin*, 100; 8 août
1865, *Boistelle*, 765; 4 août 1866, *Beynel*, 949; 20 juillet 1867, *Pascal*, 698; 1er avril 1868, *Lefièvre*, 375; 14
novembre 1873, *Agustinetty*, 827).

Cette règle est surtout exacte lorsque, au moment du
décompte définitif, le Conseil de préfecture est déjà
saisi de la réclamation de l'entrepreneur (29 mai 1856,

Chanudet, 396 ; 4 août 1866, *Beynel*, 949)); ou, mieux encore, lorsque le Conseil de préfecture a été saisi dans les vingt jours (4 mars 1854, *Bertrand*, 396 ; 20 juillet 1867, *Pascal*, 698). Il n'y a, dans cette manière d'agir, qu'une surabondance de précautions, et rien absolument ne permet de soutenir que le Conseil de préfecture lui-même doit être saisi dans les vingt jours de la présentation du décompte (25 février 1854, *Aubry de Maraumont*, 167; 9 décembre 1858, *Toussaint*, 708).

Il est cependant nécessaire de renouveler la réclamation déjà formée devant le Ministre, si elle a été rejetée par décision notifiée à l'entrepreneur (13 février 1868, *Avril* et *Isouard*, 163).

464. La renonciation résultant de l'acceptation d'un décompte définitif éteint toutes les réclamations portant sur ce décompte.

Peu importe donc que ces réclamations aient pour objet le prix, la nature ou les quantités des ouvrages (16 mars 1850, *Laurent*, 261; 4 mai 1854, *Deroy et Dubuc*, 395); qu'elles s'appliquent aux travaux prévus par le devis ou à des travaux exécutés par suite de changements ordonnés par l'administration (22 août 1853, *Morizot*, 868); qu'elles aient pour but d'obtenir des indemnités pour interruption des travaux (8 août 1865, *Boistelle*, 765), ou, plus généralement, des indemnités pour préjudice, tendant à l'augmentation des sommes portées au décompte (24 janvier 1872, *Clet*, 41).

Le Conseil d'État a même appliqué la déchéance à la réclamation fondée sur ce que la fourniture comprise dans l'adjudication avait été confiée à un autre entrepreneur. Il en a donné pour raison que cette fourniture faisait partie de l'entreprise (22 novembre 1872, *Min. trav. publ. c. Dufour*, 647). Enfin, il a décidé que l'acceptation du décompte éteignait l'action en indemnité fondée sur la résiliation du marché, prononcée dans l'intérêt de l'administration (24 mars 1854, *Juve*, 490).

Plusieurs de ces derniers arrêts prêtent à la critique. On peut se demander si ce sont bien là des réclamations contre le décompte, des réclamations relatives à l'application des prix et aux quantités d'ouvrages, les seules dont parle l'article 41, et si les indemnités dues à l'entrepreneur, à raison des travaux qui lui sont enlevés, se rapportent véritablement aux travaux de son entreprise.

405. Si l'entrepreneur est non recevable à attaquer le décompte contre lequel il n'a pas formé de réserves motivées en temps utile, le droit commun s'oppose à ce qu'il présente des réclamations contre le décompte auquel il a acquiescé, par exemple, en touchant sans réserve la somme fixée par ce décompte (31 octobre 1821, *Rigolet et Hotelard*, 2.446 ; 28 avril 1824, *Lapoterie*, 261 ; 18 janvier 1839, *Hémery*, 49 ; 20 avril 1847, *Min. de la guerre*, 221 ; 15 mars 1849, *Rouvillois*, 153 ; 16 novembre 1854, *Théaux*, 880 ; 1er avril 1868, *Lefèvre*, 375 ; 16 mai 1870, *Sogno*, 304 ; V. *infrà*, n. 419).

Mais les réserves formées entre les mains du préfet maintiennent les droits de l'entrepreneur (13 mars 1867, *Chaigneau*, 267).

De même, la réclamation des intérêts devient non recevable, lorsque celui qui les avait demandés touche le capital sans faire de réserve à l'égard de ces intérêts, auxquels il est alors censé avoir renoncé (23 juillet 1857, *Bouchet*, 587 ; 24 janvier 1872, *Clet*, 42).

C'est ainsi que la réception du solde fixé par l'arrêté du Conseil de préfecture fait obstacle au recours que l'entrepreneur voudrait former devant le Conseil d'État (31 octobre 1821, *Rigolet et Hotelard*, 2.446 ; 2 juin 1837, *Hayet*, 229 ; 16 novembre 1854, *Théaux*, 880).

Mais aucune fin de non-recevoir ne résulte, contre le recours d'une partie, du payement, consenti par elle, des condamnations prononcées par le Conseil de préfecture. Le recours au Conseil d'État n'étant pas suspensif, ce payement ne peut être considéré comme volontaire et ne vaut pas acquiescement (7 mai 1875, *Fabrique de Pludual*, 451 ; 21 juin 1878, *Département du Rhône*, 595).

L'entrepreneur qui a accepté le décompte sans réserves est censé l'avoir accepté sous tous les rapports. Il n'est pas reçu à soutenir que son acceptation ne s'appliquait qu'aux énonciations relatives aux quantités des travaux, et non aux énonciations relatives à la nature de ces travaux et des matériaux employés (13 juin 1860, *Berneau*, 467).

406. Cependant la déchéance est reconnue inapplicable aux travaux entièrement nouveaux qui doivent donner lieu à décompte spécial (5 janvier 1850, *Sandino et Léo*, 39 ; 24 février 1853, *Cressonnier*, 277), ou qui, du moins, ne figurent pas dans le décompte (10 janvier 1856, *Humbert-Droz*, 46 ; 4 avril 1873, *Escarraguel*, 314).

La jurisprudence a déclaré qu'il n'y avait pas de déchéance contre la demande d'indemnité fondée sur ce que l'administration avait employé en dehors des prévisions du contrat des matériaux rebutés et laissés à sa charge (7 mars 1868, *Laval*, 265), ou des matériaux appartenant aux entrepreneurs et du prix desquels elle ne leur avait pas tenu compte (17 mars 1876, *Sarlin et Rabattu*, 292). Ces décisions sont dans le sens des observations présentées *suprà*, n. 404.

Quoi qu'il en soit, l'acceptation d'un décompte définitif partiel ne peut élever aucune fin de non-recevoir contre la demande d'indemnité fondée, par l'entrepreneur, sur le préjudice à lui causé par des changements ordonnés par l'administration et modifiant l'importance de certaines natures d'ouvrages, de telle sorte que les quantités prescrites diffèrent de plus d'un tiers, en plus ou en moins, des quantités portées au détail estimatif (Cl. et cond. gén. des ponts et chaussées, art. 32 ; V. *suprà*, n. 182). En pareil cas, l'article 32 porte formellement que la demande d'indemnité peut être formée *en fin de compte*. Il y a donc là exception à l'article 41, et la réclamation est régulièrement présentée dans les vingt jours du décompte définitif général (17 janvier 1879, *Maille*, 45).

407. Le décompte accepté par l'entrepreneur n'est obligatoire que pour lui, et peut encore être revisé par l'administration. Aux termes des articles 13 et 14 du décret du 13 fructidor an 12, les ingénieurs ordinaires ne sont autorisés qu'à dresser des décomptes provisoires, et l'acceptation de l'entrepreneur n'est pas un obstacle à ce que le Ministre des travaux publics fasse procéder à leur revision et en modifie les résultats en cas d'inexactitude (12 janvier 1853, *Courrière*, 115; 31 mai 1855, *Loustalot*, 381; 18 août 1857, *Bucquoy*, 672; V. encore 25 juin 1857, *Pelet*, 527; 7 avril

22

1865, *Barthe*, 428 ; 20 février 1880, *Lebreton*, 202).

L'entrepreneur peut contester les modifications apportées au décompte par le Ministre. Mais l'exercice du droit de revision du Ministre ne rouvre pas à son profit, d'après la jurisprudence, le droit de présenter de nouvelles observations en dehors des vingt jours de la présentation du décompte (16 février 1860, *Trône*, 127 ; 7 avril 1865, *Barthe*, 428).

On objecte, non sans raison, que l'acceptation de l'entrepreneur n'a porté que sur l'ensemble du décompte, dont les différentes parties peuvent se balancer à ses yeux. L'entrepreneur n'a accepté ce décompte, sauf approbation du Ministre, qu'à condition que le Ministre donnerait ou refuserait cette approbation. C'est créer entre les parties une inégalité trop grande que de permettre au Ministre, non seulement d'approuver ou de ne pas approuver, mais encore d'approuver pour partie.

408. L'acceptation de l'administration rend impossible toute réclamation qu'elle voudrait élever contre le décompte, sauf l'application de l'article 541, dont nous allons parler.

Cette acceptation peut être implicite, et résulter, par exemple, de l'autorisation d'effectuer les payements et de restituer le cautionnement (8 février 1864, *Comm. de Montlieu*, 115 ; 22 novembre 1878, *Lartigue*, 932 ; 27 juin 1865, *Ville de Poitiers*, 663). Cependant, l'arrêté ordonnant mainlevée d'une inscription hypothécaire vaut seulement reconnaissance que l'entrepreneur a satisfait à ses obligations, et n'emporte pas acceptation du décompte (20 février 1880, *Lebreton*, 202). Il en est de même de l'inscription, au budget d'une commune, de somme suffisante pour le payement intégral du décompte (6 juin 1879, *Ozanne*, 468).

409. L'article 41 ne peut faire obstacle aux réclamations fondées par l'entrepreneur sur l'article 541, C. proc. civ., à raison d'erreurs matérielles, faux, omissions ou doubles emplois.

Cette règle a été consacrée par de nombreux arrêts (31 octobre 1833, *Min. comm. c. Cayla*, 612; 19 novembre 1837, *Coste*, 499; 17 janvier 1838, *Min. int. c. Jacob*, 38; 20 janvier 1843, *Blandin*, 32; 10 décembre 1846, *Min. trav. publ. c. Arpet*, 543; 1er février 1851, *Moneron*, 89; 18 août 1857, *Bucquoy*, 673; 21 février 1867, *Gouvenot*, 193; 18 mars 1869, *Chassanoux*, 267; 26 juin 1869, *Lemière*, 622; 11 décembre 1871, *Barbouteau*, 288; 21 juin 1878, *Département du Rhône*, 601; 22 novembre 1878, *Lartigue*, 932).

Mais il ne faut pas confondre avec l'erreur du décompte l'erreur portant sur les bases mêmes de ce décompte (31 octobre 1833, *Min. comm. c. Cayla*, 612; 17 janvier 1838, *Min. int. c. Jacob*, 38); par exemple, l'erreur de métrage (27 juin 1865, *Ville de Poitiers*, 664).

410. Ainsi que nous avons eu déjà l'occasion de le dire, le Conseil d'Etat n'admet à discuter le décompte que l'entrepreneur ou ses héritiers. Il rejette les réclamations formées par toutes autres personnes, créanciers, cessionnaires, cautions, associés (14 juillet 1830, *Jouvenel*, 373; 14 février 1834, *Min. comm. c. Raquin*, 137; 12 février 1841, *Best*, 64; 15 mars 1849, *Rouvillois*, 153; 26 mars 1850, *Painchaux*, 315; 6 mars 1856, *Corduriès*, 184; 10 février 1859, *Brenon*, 121; 10 janvier 1873, *Dousset* et *Artigues*, 39; 31 mai 1878, *de*

Méritens, 538; 17 décembre 1880, *Mayoux et Médal*, 1010; V. cep. 15 avril 1857, *Velut*, 277; 15 juin 1870, *Mathieu*, 772; V. *suprà*, n. 138).

L'arrêt *Mayoux* porte : « Considérant que si, aux « termes de l'article 1er d'un acte en date du 17 février « 1872, une part d'intérêt de 17,50 p. 100 est attri- « buée au sieur Médal dans les gains et les pertes « pouvant résulter des travaux qu'il a exécutés avec le « sieur Mayoux, notamment au port d'Alger, cette « convention ne donne pas au sieur Médal qualité « pour intervenir. »

411. Les clauses et conditions générales du génie règlent, par leurs articles 62 et 63, ce qui a trait aux décomptes.

L'article 62 établit un registre de comptabilité, dont les énonciations remplacent les décomptes mensuels de l'article 40 des clauses et conditions générales des ponts et chaussées.

« Les inscriptions faites sur les carnets sont, après « chaque arrêté, relevées par article et par section d'ou- « vrage, par les soins du chef du génie, sur un registre « coté et paraphé par le directeur, et conservé au bureau « du génie de la place. On y porte d'abord les travaux « exécutés au prix du bordereau ou à l'estimation, en « leur faisant l'application de ces prix, et on inscrit « ensuite les dépenses acquittées sur feuilles de paye- « ment.

« Ce registre est arrêté par article et par section, et « signé par l'entrepreneur après chaque arrêté, ainsi « qu'à la récapitulation finale, aux époques fixées par « les instructions.

« L'entrepreneur peut toujours faire prendre copie

« du registre de comptabilité déposé au bureau du
« génie. »

412. L'article 63 des clauses et conditions générales du génie règle ensuite ce qui a trait aux comptes
d'exercice :

Art. 63. « Les comptes d'exercice se composent de
« règlements définitifs des travaux, de comptes som-
« maires, de bordereaux des prix, du procès–verbal
« d'adjudication et du cahier des charges spéciales, ou
« d'extraits de ces trois dernières pièces.

« Les règlements reproduisent, par article et par
« section d'ouvrage, les inscriptions consignées sur le
« registre de comptabilité, mais en supprimant les
« éléments de détails, et en groupant, pour chaque
« article et pour chaque section séparément, les quan-
« tités de même nature et de même prix, ainsi que les
« dépenses acquittées sur feuilles de payement ; ils sont
« arrêtés et signés par article, ainsi qu'à la récapitu-
« lation finale.

« Les comptes sommaires sont le résumé succinct
« des règlements généraux et définitifs; ils repro-
« duisent sommairement la dépense de chaque article
« et de chaque section, et ils donnent le relevé détaillé
« des mandats d'acompte délivrés à l'entrepreneur
« dans le courant de l'exercice, ainsi que l'indication
« des sommes qui lui restent dues pour parfait paye-
« ment. L'arrêté qui constate ce résultat est signé par
« l'entrepreneur et par le chef du génie.

« Les règlements définitifs et comptes sommaires
« sont dressés par les soins du chef du génie ; il est
« établi :

« 1° Deux copies sur papier libre du règlement

« définitif établi en tous détails, suivant la forme en
« usage dans le service du génie ;

« 2° Une copie, sur papier timbré, du même règle-
« ment abrégé, mentionnant sans autres détails, par
« articles et sections, les pages du registre de comp-
« tabilité, les numéros et le texte des articles du bor-
« dereau des prix, les quantités, les prix et les sommes
« résultant de leur application ;

« 3ª Trois copies du compte sommaire, sur papier
« libre ;

« 4° Une expédition, sur timbre, du procès-verbal
« d'adjudication.

« Cette dernière pièce, ainsi que les expéditions
« timbrées du cahier des charges spéciales et du bor-
« dereau des prix, ne sont produites que pour le pre-
« mier des exercices auxquels l'entreprise se rapporte,
« au moment du payement pour solde.

« Les frais de timbre restent seuls au compte de
« l'entreprenenr.

« Les comptes d'exercice ne sont définitifs qu'après
« leur approbation par le Ministre de la guerre. »

113. Les règles exposées dans ce chapitre sont faites
pour les travaux de l'Etat et des départements. En pratique, elles s'appliquent souvent aux communes et aux
établissements publics, en vertu d'une disposition du
cahier des charges se référant aux clauses et conditions
générales des ponts et chaussées. Parmi les arrêts que
nous avons cités, un grand nombre ont été rendus dans
des affaires relatives à des travaux communaux.

CHAPITRE IX

PAYEMENT

414. Les entreprises de travaux publics exigent l'emploi de capitaux considérables dont, le plus souvent, les entrepreneurs ne sauraient faire l'avance. L'administration elle-même est donc intéressée à mettre des fonds à leur disposition avant l'achèvement des travaux.

Les clauses et conditions générales des ponts et chaussées de 1833 permettaient d'accorder des acomptes sur le prix des matériaux approvisionnés jusqu'aux quatre cinquièmes de leur valeur (art. 15). Elles ajoutaient que les payements d'acomptes s'effectueraient en raison de l'avancement des travaux jusqu'à concurrence des neuf dixièmes de la dépense (art. 34). Les clauses de 1866 contiennent des dispositions plus favorables aux entrepreneurs :

« Les payements d'acompte s'effectuent tous les
« mois, en raison de la situation des travaux exécutés,
« sauf retenue d'un dixième pour la garantie et d'un
« centième pour la caisse de secours des ouvriers.

« Il est, en outre, délivré des acomptes sur le prix

« des matériaux approvisionnés, jusqu'à concurrence
« des quatre cinquièmes de leur valeur.

« Le tout, sous la réserve énoncée à l'article 49 ci-
« après » (art. 44).

415. En fait, l'administration se conforme autant
que possible à cet article 44. Mais l'article 49 a précisément pour objet de lui enlever la portée obligatoire
que ses termes sembleraient lui assigner :

« Les payements ne pouvant être faits qu'au fur et à
« mesure des fonds disponibles, il ne sera jamais
« alloué d'indemnités, sous aucune dénomination, pour
« retard de payement pendant l'exécution des travaux.

« Toutefois, si l'entrepreneur ne peut être entiè-
« rement soldé dans les trois mois qui suivent la ré-
« ception définitive régulièrement constatée, il a droit,
« à partir de l'expiration de ce délai de trois mois, à
« des intérêts calculés d'après le taux légal, pour la
« somme qui lui reste due » (art. 49).

Le dernier paragraphe de cet article se rapporte,
comme on voit, non au payement des acomptes, mais
à celui du solde de l'entreprise, dont nous parlerons
plus loin (V. *infrà*, n. 417).

Quant au surplus, l'article 49 pose un principe que
la jurisprudence applique avec rigueur.

Elle décide que les retards dans les payements ne
peuvent donner lieu à indemnité, sous quelque prétexte que ce soit (24 mai 1854, *Fougeron*, 495;
10 septembre 1855, *Troye* et *Danjou*, 632; 13 décembre 1855, *Viguier*, 730; 20 décembre 1872, *Vidal*, 746;
29 décembre 1876, *Chevalier*, 959); que le défaut de
payement n'autorise pas l'entrepreneur à suspendre les
travaux (19 mars 1849, *Daussier*, 171; 19 juillet 1872,

Sarlin et *Rabattu*, 443); et qu'il ne peut être invoqué par lui à l'appui d'une demande en résiliation (4 avril 1873, *Sichère*, 321).

Toutefois, le Conseil d'Etat paraît avoir reconnu, dans ces derniers temps, qu'il y aurait inconvénient à aller trop loin dans cette voie. Plusieurs arrêts récents se sont attachés à motiver le refus opposé à la demande d'indemnité de l'entrepreneur sur des considérations conformes à l'équité (1er avril 1868, *Guernet*, 371; 16 janvier 1874, *Gauthier*, 63; 12 janvier 1877, *Guernet*, 63; 20 février 1880, *Lebas* et *Godbarge*, 200; V. Cha-lignier et Barry, p. 176).

Ici s'applique encore cette autre règle de l'article 1153, C. civ., consacrée par l'article 49 des clauses et conditions générales (V. *infrà*, n. 424).

« Dans les obligations qui se bornent au payement « d'une certaine somme, les dommages et intérêts ré- « sultant du retard dans l'exécution ne consistent « jamais que dans la condamnation aux intérêts fixés « par la loi, sauf les règles particulières au commerce « et au cautionnement » (7 avril 1864, *Jean*, 331; 12 février 1875, *Béretta*, 126; 4 mai 1876, *Fabrique de Coussa*, 780).

Cette règle comprend le cas de retard causé par l'examen d'un litige entre l'entrepreneur et l'adminis-tration, lors du moins que les agents de l'Etat n'ont commis aucune faute ou négligence de nature à engager sa responsabilité (29 novembre 1878, *Letestu*, 957). Cependant, dans une affaire où le règlement du compte avait subi des retards exceptionnels, le Conseil d'Etat a alloué à l'entrepreneur, indépendamment des intérêts à dater du jour de la demande et conformément à l'avis

du Ministre des travaux publics, une somme de
11,000 francs à titre d'indemnité (26 septembre 1871,
Colas, 176).

« Considérant, porte cet arrêt, qu'il résulte de l'in-
« struction, notamment des observations ci-dessus
« visées du Ministre des travaux publics, qu'il convient
« d'allouer au sieur Colas, à titre d'indemnité, eu
« égard aux retards exceptionnels qu'il a subis
« dans le règlement de son compte, une somme de
« 11,000 francs. »

Le préfet peut ordonner la restitution des mandats,
s'il en a été délivré à tort eu égard au degré d'avancement des travaux (1er décembre 1852, *Bertrand*, 576).

416. Quant aux conséquences du retard apporté à
l'exécution même des travaux, nous nous en sommes
occupé plus haut (V. art. 10 et 34 des Cl. et cond. gén.,
et *suprà*, n. 172, 231 et 333).

Faisons seulement remarquer à ce sujet que la jurisprudence ne reconnaît aucun droit à indemnité à raison de l'interruption des travaux causée par le manque
de crédits (19 juillet 1855, *Bardinon*, 549; 28 janvier
1858, *Thébault*, 102; 16 mars 1870, *Sogno*, 304).

« Considérant, porte ce dernier arrêt, que, en
« dehors des prévisions des articles 36 et 40 du cahier
« des clauses et conditions générales, en date du 25
« août 1833, applicables à l'entreprise du sieur Sogno,
« les entrepreneurs de travaux publics ne peuvent ré-
« clamer aucune indemnité à raison des dommages
« que leur occasionneraient les retards apportés par
« l'administration dans l'exécution des travaux de leur
« entreprise; que, dès lors, si le sieur Sogno pouvait
« s'adresser au préfet à l'effet d'obtenir une indemnité

« pour le préjudice qu'il prétendait avoir éprouvé par
« suite de la suspension de ses travaux, et si le préfet
« ou le Ministre pouvaient, administrativement, lui
« allouer une indemnité dans le cas où il aurait re-
« connu que cette suspension aurait fait éprouver des
« pertes à cet entrepreneur, le sieur Sogno n'est pas
« fondé à réclamer par la voie contentieuse l'allocation
« de cette indemnité (V. *suprà*, n. 333) ».

417. Après le payement des acomptes vient le
payement du solde, et particulièrement de la retenue
de garantie.

Le dernier dixième n'est payé à l'entrepreneur
qu'après « la réception définitive, et lorsqu'il a justifié
« de l'accomplissement des obligations énoncées dans
« l'article 19 » (Cl. et cond. gén. des ponts et ch.,
art. 48; V. sur l'art. 19, *suprà*, n. 145 et suiv.).

La règle aux termes de laquelle le payement du solde
est subordonné à la réception définitive était déjà consacrée par l'article 34 des clauses de 1833 (22 décembre
1853, *Lelong*, 1098). Toute la difficulté est de savoir en
quel cas il y a ou non réception définitive. Nous nous
sommes expliqué à cet égard, *suprà*, n. 382 et suiv.

Quant aux obligations énoncées en l'article 19, il
s'agit du payement des indemnités dues par l'entrepreneur pour extraction de matériaux (V. *infrà*, n. 1086
et suiv.), et pour occupation temporaire (V. *infrà*,
n. 1148 et suiv.). L'exigence de l'article 48 à l'égard de
ces obligations, exigence déjà formulée par l'ancien
article 34, a été appliquée par plusieurs arrêts (26 juillet 1855, *Rouvière*, 564; 26 février 1860, *Trône*, 128;
10 juillet 1874, *Lann*, 670).

Le Conseil d'Etat et le Conseil de préfecture peuvent,

du reste, si les circonstances de l'affaire justifient cette mesure, allouer une provision avant la fin du litige (24 mai 1854, *Garreau*, 493).

418. La retenue de garantie ne comprend le dixième du prix qu'en règle générale. « Si la retenue du dixième « est jugée devoir excéder la proportion nécessaire « pour la garantie de l'entreprise, il peut être stipulé « au devis ou décidé en cours d'exécution qu'elle ces- « sera de s'accroître lorsqu'elle aura atteint un maxi- « mum déterminé » (Cl. et cond. gén. des ponts et chaussées, art. 45).

La réduction de la garantie est une mesure d'admi- nistration, qui ne peut être demandée que par voie gracieuse, et dont le refus ne saurait donner lieu à un recours contentieux (14 décembre 1837, *Dormont*, 546). Au surplus, la retenue du dixième n'est stipulée que dans l'intérêt de l'administration. Si cette dernière en dispense l'entrepreneur, ses créanciers n'ont pas qualité pour se plaindre (12 juillet 1851, *Syndics Lespinasse*, 515).

419. La réception du solde est un fait impliquant re- nonciation, qui rend l'entrepreneur non recevable à con- tester le décompte (16 novembre 1854, *Théaux*, 880 ; 16 mars 1870, *Sogno*, 304 ; 24 janvier 1872, *Clet*, 42).

Le payement de ce solde a le même effet contre l'Etat (16 juillet 1857, *Gidel*, 555 ; 26 novembre 1857, *Pinel*, 749 ; 22 septembre 1859, *Vinyes*, 662 ; *suprà*, n. 405).

Mais aucune fin de non-recevoir n'est opposable à la partie qui a reçu ou payé avec réserves (16 novembre 1854, *Théaux*, 880 ; 24 janvier 1872, *Clet*, 42) ; ni à celle qui peut invoquer la chose jugée (3 juillet 1861, *Girard*, 580 ; V. *eod.*).

Enfin, le payement du solde n'éteint pas les actions fondées sur l'article 541, C. proc. civ., c'est-à-dire sur les erreurs matérielles, faux, omissions et doubles emplois (V. *suprà*, n. 409).

420. Dans le service du génie, il y a lieu aussi au payement d'acomptes, mais dans des conditions moins favorables pour l'entrepreneur.

Article 64. « L'entrepreneur est payé des sommes « qui lui sont dues au moyen d'acomptes, dans le cou- « rant de l'année, et d'un solde final, après la liquida- « tion, par le Ministre, des comptes de l'exercice.

« Aucune époque n'est fixée pour la délivrance de « ces acomptes; par suite, l'entrepreneur ne peut, « faute d'en recevoir, ni réclamer une indemnité, ni « demander la résiliation de son marché, ni suspendre, « de lui-même, les travaux dont il a obtenu l'adjudi- « cation.

« Il est tenu, au contraire, de se mettre, au besoin, « en avance, dans le courant de l'année, d'une somme « au moins égale au fonds de roulement déterminé par « l'article 11. Cette avance est, bien entendu, complè- « tement indépendante de celle des frais nécessités par « l'acquisition du matériel et l'installation des chan- « tiers, tels qu'ils sont définis par l'article 25 ci-des- « sus. Elle est également indépendante de la retenue « ci-après (V. *suprà*, n. 125 et 209).

« Les acomptes ne peuvent, en tous cas, jamais excé- « der les cinq sixièmes de la dépense effective, quand « il s'agit de travaux faits sur les fonds du service ordi- « naire, et les onze douzièmes, dans le cas de travaux « exécutés sur les crédits du service extraordinaire. « Toutefois, le remboursement des dépenses acquittées

« sur feuilles de payement n'est point soumis à cette
« retenue. ›

« Les approvisionnements faits par l'entrepreneur,
« pour l'exécution des travaux, ne comptent pas dans
« l'évaluation de la dépense effective, même quand ils
« sont rendus sur les ateliers, à moins que l'entrepre-
« neur ne les ait faits par ordre, pour le compte de
« l'Etat, et qu'ils n'aient été, en outre, acceptés par
« un officier du génie.

« Les payements sont faits à l'entrepreneur au moyen
« de mandats, timbrés à ses frais, que lui délivre le
« directeur, et dont il donne récépissé au chef du génie,
« sur le registre de comptabilité. Ces mandats ne sont
« payables que jusqu'au 30 juin de la seconde année
« de l'exercice à la caisse du payeur, et jusqu'au 20 du
« même mois dans les autres caisses; ceux qui n'ont
« pas été acquittés à cette époque sont annulés. Le
« Ministre peut, d'ailleurs, ordonnancer directement
« les dépenses que ces mandats ont pour objet, pourvu
« que la demande lui en soit faite à temps.

« Indépendamment des pièces dont le règlement du
« 3 avril 1869 prescrit l'établissement aux directeurs,
« pour être jointes au premier mandat d'acompte,
« doivent être jointes à ce mandat, à la diligence de l'en-
« trepreneur, un extrait certifié du procès-verbal d'ad-
« judication mentionnant l'approbation et l'enregistre-
« ment, un extrait du cahier des charges faisant con-
« naître le montant du cautionnement et les conditions
« de payement, et un certificat de réalisation de ce cau-
« tionnement ou de la dispense qui en a été donnée.

« Le payement pour solde n'a lieu qu'après l'appro-
« bation, par le Ministre, des comptes de l'exercice, et,

« s'il y a lieu, la justification par l'entrepreneur de
« l'accomplissement des obligations mises à sa charge
« envers les tiers, par l'article 26 (V. *suprà*, n. 146).

« Les ordonnances ministérielles de payement peu-
« vent être émises jusqu'au 31 juillet de la seconde
« année de l'exercice ; elles doivent être présentées
« au Trésor, au plus tard le 31 août, à la caisse du
« payeur, et le 20 du même mois aux autres caisses.
« Passé ce délai, les sommes qui n'ont pas été payées
« ne peuvent plus l'être que par rappel sur les exercices
« clos.

« Dans le cas de saisies-arrêts ou oppositions sur les
« sommes mandatées ou ordonnancées, ces sommes
« sont versées par le payeur à la caisse des dépôts et
« consignations, et ce versement libère le départe-
« ment de la guerre vis-à-vis de l'entrepreneur. »

421. Les intérêts du solde ne peuvent être dus
avant qu'il y ait eu réception définitive (22 août 1853,
Morizot, 870 ; 12 février 1875, *Béretta*, 126) et justification du payement des indemnités aux propriétaires
pour occupation temporaire ou extraction de matériaux
(16 février 1860, *Trône*, 128). Les intérêts ne courent
pas lorsque le capital ne peut encore être réclamé.

Pour que les intérêts pussent courir avant la réception
définitive, il faudrait, comme il est arrivé en matière de
travaux communaux, que l'administration se fût mise
en possession sans procéder à la réception définitive et
que le retard fût imputable à sa négligence (7 mai 1875,
Comm. de Gorron, 456) (V. *suprà*, n. 382), ou qu'il y
eût convention formelle en ce sens.

Les intérêts dont il s'agit sont les intérêts au taux
légal déterminé par la loi du 3 septembre 1807, c'est-

à-dire à cinq pour 100 (art. 49 ; 10 août 1850, *Lance*, 755 ; 7 mai 1857, *Lépaulle*, 387 ; 9 août 1865, *Langlade*, 789).

422. Aux termes de l'article 1153, C. civ., les intérêts « ne sont dus que du jour de la demande, excepté « dans le cas où la loi les fait courir de plein droit ». Il faut évidemment ajouter, en vertu du principe de la liberté des conventions : et dans le cas où les parties stipulent qu'ils courront de plein droit à partir d'une certaine époque.

On verra tout à l'heure que l'article 49 des clauses et conditions générales des ponts et chaussées fixe une telle époque (V. *infrà*, n. 424).

Jusqu'alors, il avait toujours été admis, et il faut encore admettre dans toutes les situations non régies par cet article 49 ou quelque disposition analogue, que ces intérêts sont dus à partir de la demande qui en est formée par l'entrepreneur (26 décembre 1856, *Brousse*, 734 ; 10 décembre 1857, *Crouy*, 810 ; 9 août 1865, *Langlade*, 789 ; 18 mars 1868, *Lamothe*, 314 ; 13 mars 1874, *Monjalon*, 266 ; 30 janvier 1880, *Pichard*, 138).

C'est, du reste, à l'entrepreneur de prouver qu'il les a demandés : chacun doit faire la preuve du droit qu'il invoque. Le Conseil a cependant confirmé l'allocation d'intérêts déjà prononcée par un Conseil de préfecture, et cela par le motif que le Ministre ne prouvait pas que ces intérêts n'avaient pas été demandés. Le fait de l'allocation par le juge du premier degré lui a paru, à raison des circonstances, constituer une preuve suffisante (7 avril 1864, *Jean*, 338).

423. La demande exigée par l'article 1153, C. civ., est la demande en justice, et il a été jugé, en consé-

23

quence, que les intérêts couraient seulement du jour de
la demande formée devant le Conseil de préfecture, et
non du jour de la demande adressée au préfet (29
janvier 1863, *Erard*, 92). Postérieurement, le Conseil
d'Etat a pensé que la demande au préfet devait avoir
le même résultat, puisque le préfet n'est pas un adversaire ordinaire, mais bien le président du Conseil de
préfecture, en même temps que le représentant des intérêts de l'Etat (26 mai 1864, *Mialane*, 582; 5 mars
1868, *Gillet*, 262).

Du moins faut-il qu'il y ait demande formelle des
intérêts. La réclamation des intérêts, formulée dans
une lettre au préfet, comme simple condition d'une
transaction proposée par l'entrepreneur, ne peut être
assimilée à une demande en justice (31 mars 1876,
Michau, 336).

424. L'article 49 des clauses et conditions générales des ponts et chaussées a dérogé à ces règles en
établissant, comme point de départ des intérêts, une
époque fixe et invariable:

Nous avons rapporté *suprà*, n. 425, cet article portant qu'il ne sera jamais alloué d'indemnités, sous
aucune dénomination, pour retard de payement pendant l'exécution des travaux.

Son § 2 ajoute:

« Toutefois, si l'entrepreneur ne peut être entiè-
« rement soldé dans les trois mois qui suivent la ré-
« ception définitive régulièrement constatée, il a droit,
« à partir de l'expiration de ce délai de trois mois, à
« des intérêts calculés d'après le taux légal pour la
« somme qui lui reste due. »

Cette nouvelle disposition est, d'une manière générale, favorable aux entrepreneurs, qui peuvent avoir oublié de former une demande d'intérêts, ou même ignorer qu'une demande est nécessaire pour faire courir les intérêts. Les intérêts sont dus à partir de l'expiration d'un délai de trois mois à dater de la réception définitive.

Ces intérêts sont dus, non seulement pour les sommes comprises au décompte, mais pour celles qui y ont été ajoutées en vertu d'une transaction (30 novembre 1877, *Maille* et *Rodiès*, 950).

Ils ne sont pas dus, si c'est par sa faute que l'entrepreneur n'a pas touché son solde : par exemple si, en présence de mandats à lui délivrés et ne contenant qu'une partie des sommes auxquelles il avait droit, il a craint de compromettre ses droits en touchant ces sommes, qu'il pouvait, sans le moindre inconvénient, recevoir en faisant des réserves (13 mars 1867, *Chaigneau*, 267).

Si l'entrepreneur a droit aux intérêts lorsqu'il s'est écoulé trois mois depuis la réception définitive, il ne saurait y avoir droit plus tôt, eût-il formé une demande à cet effet. Les intérêts ne peuvent courir qu'après les trois mois expirés (12 février 1875, *Min. int. c. Béretta*, 124 ; 20 février 1880, *Lebas* et *Godbarge*, 200).

La règle qui fait courir les intérêts du jour de la demande est seule applicable en dehors de la situation prévue par l'article 49. Elle régit toujours la créance de l'entrepreneur pour matériaux repris en compte par l'administration. Cette reprise en compte n'est qu'un achat dans les termes du droit commun, auquel l'article 49 reste étranger (21 juin 1878, *Département du Rhône*, 600).

425. Les intérêts des intérêts sont régis par l'article 1154, C. civ.: « Les intérêts échus des capitaux
« peuvent produire des intérêts, ou par une demande
« judiciaire, ou par une convention spéciale, pourvu
« que, soit dans la demande, soit dans la convention,
« il s'agisse d'intérêts dus au moins pour une année
« entière. »

En dehors de toute convention, les intérêts des intérêts sont donc alloués, en vertu de la demande qui en est faite, et en tant qu'elle porte sur les intérêts d'années entières d'intérêts (26 juillet 1855, *Min. trav. publ. c. Rouvière-Cabane*, 564; 15 avril 1857, *Ville d'Alger*, 269; 3 décembre 1857, *Comm. de la Carnaille*, 760; 15 avril 1858, *Min. trav. publ. c. Routet*, 307; 12 mai 1859, *Département des Ardennes*, 357; 18 juin 1860, *Hémery*, 498; 19 février 1868, *Beau*, 183; 9 avril 1868, *Martine*, 408; 22 avril 1868, *Niclotte*, 483; 13 mars 1874, *Monjalon*, 267).

426. Les entrepreneurs sont, comme tous les créanciers de l'Etat, soumis à la déchéance quinquennale, établie par l'article 9 de la loi du 29 janvier 1831, ainsi conçu :

« Seront prescrites et définitivement éteintes au
« profit de l'Etat, sans préjudice des déchéances prononcées par les lois antérieures ou consenties par
« des marchés ou conventions, toutes créances qui,
« n'ayant pas été acquittées avant la clôture des crédits
« de l'exercice auquel elles appartiennent, n'auraient
« pu, à défaut de justifications suffisantes, être liquidées, ordonnancées et payées dans un délai de cinq
« années, à partir de l'ouverture de l'exercice, pour
« les créanciers domiciliés en Europe, et de six années

« pour les créanciers résidant hors du territoire euro-
« péen. »

Cette disposition est contraire au droit commun.
Sans doute, l'article 2277, C. civ., porte : « Les arré-
« rages de rentes, pensions alimentaires, loyers de mai-
« sons, intérêts de sommes prêtées, et généralement
« tout ce qui est payable par année ou à des termes
« plus courts, se prescrivent par cinq ans. » Mais il ne
s'agit là que de ce qui est payable par année. Les
créances de capitaux restent soumises à l'article 2262,
où il est dit : « Toutes les actions, tant réelles que per-
« sonnelles, sont prescrites par trente ans. »

L'Etat n'est pas un débiteur ordinaire. Le désordre
serait jeté dans ses finances, si les titres de ses innom-
brables créanciers n'étaient soumis à des règles de vérification particulières. Après 1789, un grand nombre de
lois avaient successivement établi, pour la liquidation
de l'arriéré, les déchéances les plus rigoureuses, et
cela d'une manière rétroactive. La loi du 29 janvier
1831, statuant uniquement pour l'avenir, a assigné aux
créanciers un délai bref, mais suffisant.

427. Aux termes de l'article 9 de la loi de 1831, la
déchéance est opposable à *toutes créances*.

Encore faut-il qu'il s'agisse véritablement de créances.
Il a donc été entendu, lors de la discussion de la
loi de finances du 9 juillet 1836, que la déchéance
n'était point invocable en matière de cautionnement.
Le versement d'un cautionnement n'est qu'un dépôt,
dépôt irrégulier, sans doute, mais dont l'objet ne saurait, au point de vue qui nous occupe, être assimilé à
celui d'un prêt. Aussi l'article 16 de cette loi porte
que « le montant des cautionnements dont le rembour-

« sement n'aura pas été effectué par le Trésor public,
« faute de productions ou de justifications suffisantes,
« dans le délai d'un an, à compter de la cessation des
« fonctions du titulaire ou de la réception des fourni-
« tures et travaux, pourra être versé en capital et inté-
« rêts, à la Caisse des dépôts et consignations, à la
« conservation des droits de qui il appartiendra. Ce
« versement libérera complètement le Trésor public. »
Le Conseil d'Etat a décidé en ce sens « que les disposi-
« tions des articles 9 et 10 de la loi du 29 janvier 1831
« n'ont pas été prises en vue des capitaux des sommes
« déposées au Trésor public à titre de cautionnement »
(4 mai 1854, *Largey*, 380; V. encore 28 novembre
1879, *Gallo*, 756).

La déchéance est opposable à toute espèce de
créances, par exemple à celle du prix d'un objet d'art
(28 mai 1866, *Liquidateurs Mirès*, 526); à celle du
remboursement de taxes d'octroi et de fabrication illé-
galement perçues (4 juin 1875, *Lacaussade*, 518), et
particulièrement à la créance résultant du décompte
d'un entrepreneur de travaux publics (21 juillet 1853,
Juvqueau-Galbrun, 755; 26 juillet 1855, *Hayet*, 559).
Ce dernier arrêt est ainsi conçu :

« Considérant qu'il résulte de l'instruction que le
« décompte des travaux du lazaret de Hoc, dont le sieur
« Hayet avait été déclaré adjudicataire, a été approuvé
« par le Ministre des travaux publics le 27 novembre
« 1838, et que les réclamations du sieur Hayet contre
« ce décompte ont été définitivement jugées par une
« ordonnance royale rendue au Conseil d'Etat le 21 fé-
« vrier 1845; que, dans une demande présentée au
« préfet de la Seine-Inférieure dans le courant du mois

« d'août 1850, le sieur Hayet a réclamé le payement
« d'une somme de 480 fr. 88 c., qu'il prétendait lui
« être due en vertu de l'ordonnance précitée, et a formé
« en même temps de nouvelles réclamations contre le
« décompte de son entreprise ;

« Considérant que cette demande a été présentée
« plus de cinq années après l'ouverture des exercices
« auxquels appartiennent les créances dont le sieur
« Hayet réclame le payement, soit en exécution de l'or-
« donnance du 21 février 1845, soit en raison de recti-
« fications ou d'additions à faire à son décompte ; que,
« dès lors, c'est avec raison que notre Ministre des tra-
« vaux publics lui a opposé la déchéance résultant de
« la loi du 29 janvier 1831. »

La déchéance est applicable aux accessoires de la
créance, comme au capital ; par exemple, aux intérêts
et frais (28 mai 1866, *Liquidateurs Mirès*, 526 ; V. encore 2 juin 1837, *Pelletier-Dulas*, 218 ; 19 décembre
1839, *Mathieu de Reischoffen*, 589 ; 8 février 1855,
Comm. de Prétin, 115).

Elle est donc applicable aux intérêts d'un cautionnement, qui ne sont pas, comme le capital, dus en
vertu d'un dépôt, mais de la loi (4 mai 1854, *Largey*,
380).

428. Ainsi qu'on l'a vu plus haut, le délai de la
déchéance est de cinq ans pour les créanciers résidant
en Europe, et de six ans pour ceux qui résident en
dehors du territoire européen (L. 29 janvier 1831,
art. 9).

429. Quant à son point de départ, c'est l'ouverture
de l'exercice auquel la créance appartient (même article).

Quel est donc l'exercice auquel appartient une créance ?

Le décret du 31 mai 1862, sur la comptabilité publique, porte, article 6 : « Sont seuls considérés comme « appartenant à un exercice les services faits et les « droits acquis du 1er janvier au 31 décembre de l'an- « née qui lui donne son nom. »

L'année où le service est fait, c'est l'année où la créance est née. En matière de marchés de travaux publics, le solde n'est exigible qu'après la réception définitive. L'année où le service est fait, c'est donc l'année dans le cours de laquelle a lieu la réception définitive. Il en serait autrement à l'égard d'une créance divisée entre plusieurs années, comme celle des frais de garde d'une forêt, réclamés par le possesseur de cette forêt, dont l'Etat serait déclaré propriétaire. Les frais se diviseraient par années, et il y aurait déchéance à l'égard des frais relatifs aux exercices antérieurs à celui où la réclamation serait exercée et aux quatre précédents (1er décembre 1853, *de Germigney*, 970).

430. Il faut de plus, pour qu'une créance appartienne à un exercice, qu'il y ait droit acquis pendant cet exercice.

Lorsque la créance a été contestée et reconnue judiciairement, le droit reste acquis au jour où la créance a été exigible, et n'est pas reculé au jour du jugement : car les décisions judiciaires sont déclaratives et non créatrices des droits (8 mars 1851, *Rivron*, 173 ; 19 mai 1853, *Touillet*, 535 ; 28 mai 1866, *Liquidateurs Mirès*, 526 ; 4 juin 1875, *Lacaussade*, 518 ; 2 juillet 1875, *Bornot*, 653 ; 25 février 1881, *Raveaud*, 210). L'arrêt du 28 mai 1866 porte :

« Considérant que le modèle de la statue de Fran-
« çois Ier, commandé le 31 mai 1853, devait être ter-
« miné le 1er février 1854 ; que le sieur Clésinger ou
« ses cessionnaires n'ont formé, avant le 14 novembre
« 1861, aucune demande à l'effet d'obtenir la liquida-
« tion ou le payement de la somme de 8,000 francs,
« qui leur serait due par l'Etat ; que, dès lors, c'est
« avec raison que le Ministre de notre maison et des
« beaux-arts a déclaré ladite créance frappée de dé-
« chéance et éteinte, par application de l'article 9 de
« la loi du 29 janvier 1831 ; considérant que, si, par
« jugement du 28 avril 1863, le tribunal de la Seine a
« reconnu l'existence de la créance et si l'Etat s'est
« désisté de l'appel formé contre ce jugement, cette
« créance n'en doit pas moins être considérée comme
« appartenant ou à l'exercice de 1853, ou, tout au
« moins, à celui de 1854, et, par suite, doit être frappé
« de déchéance. »

431. Cette règle reçoit exception en ce qui concerne les créances éventuelles, comme la créance du
prix de vente d'un bien domanial, réclamée par l'acquéreur évincé sur l'action en revendication d'un tiers.
Le Conseil décidait autrefois qu'il y avait droit acquis à
cette créance au jour de l'action en revendication,
puisque le jugement la déclarant bien fondée ne faisait
que reconnaître un droit antérieur. La vérité est que
l'acquéreur ne peut réclamer son prix qu'après l'évic-
tion et qu'il y a droit acquis à cette date seulement. La
jurisprudence actuelle est en ce sens (12 janvier 1854,
Birckel, 89).

432. La déchéance est interrompue par une demande en justice, à condition que le juge soit com-

pétent. On n'applique pas ici l'article 2246, C. civ., aux termes duquel « la citation en justice, donnée même « devant un juge incompétent, interrompt la pres- « cription » (24 juin 1848, *Fleurot*, 420 ; 19 mai 1853, *Touillet*, 535 ; 9 mars 1854, *Comm. d'Essoye*, 175 ; 12 mars 1880, *de Plazanet*, 297). L'action en payement d'un entrepreneur de travaux publics n'a donc pas cet effet, si elle est formée devant un tribunal autre que le Conseil de préfecture.

433. Mais il n'est point nécessaire qu'il y ait, dans les cinq ans de l'ouverture de l'exercice, une demande en justice ; une demande adressée à l'administration a le même effet. Elle peut être adressée, en cette matière, au Ministre des travaux publics (9 juin 1876, *Quéret*, 544), ou au préfet (21 décembre 1854, *Lebobe*, 996). Voici les termes de l'arrêt de 1876 :

« Considérant que si les travaux, dont le sieur Quéret « a été déclaré adjudicataire, ont été reçus définiti- « vement en 1861, et si le sieur Quéret n'a saisi le « Conseil de préfecture de sa réclamation que le 23 « décembre 1867, il résulte de l'instruction que, dès « 1861, le sieur Quéret a adressé au Ministre des tra- « vaux publics diverses réclamations contre le dé- « compte de son entreprise, et que ces réclamations « comprenaient tous les chefs de demande qui ont été « portés postérieurement devant le Conseil de préfec- « ture ; que par diverses décisions, dont la dernière « porte la date du 13 mai 1862, le Ministre a reconnu « le bien fondé d'un certain nombre de demandes for- « mées par l'entrepreneur et lui a accordé soit des in- demnités, soit des suppléments de prix ; que le « montant des sommes ainsi allouées n'a été payé qu'au

« commencement de l'année 1865 à l'entrepreneur,
« qui ne les a reçues qu'en faisant les réserves les plus
« formelles de son droit de porter le surplus de ses
« réclamations devant l'autorité compétente ; que dans
« ces circonstances, aux termes de l'article 10 de la loi
« du 29 janvier 1831, il n'y a pas lieu d'appliquer au
« sieur Quéret la déchéance quinquennale résultant de
« l'article 9 de ladite loi » (V. *suprà*, n. 423).

Il suffit même d'un acte quelconque accepté par l'administration comme demande de payement :

    « Considérant qu'il résulte de l'instruction, et no-
« tamment de la décision susvisée de notre Ministre
« des finances, du 5 avril 1841, que notredit Ministre
« avait accepté comme une demande de payement la
« signification du jugement qui condamne l'Etat à lui
« payer la somme de 1821 fr. 10 c.; que la lettre du
« 18 avril 1851, par laquelle le garde général des forêts
« du cantonnement de Vincennes a notifié au sieur
« Bonfils la décision précitée, ne lui prescrivait la pro-
« duction d'aucune pièce justificative ; que, dans ces
« circonstances, c'est par le fait de l'administration que
« l'ordonnancement et le payement de la créance du
« sieur Bonfils n'ont pas été effectués dans le délai de
« cinq ans déterminé par l'article 9 de la loi du 29
« janvier 1831 ; que dès lors, aux termes de l'article
« 10 de la même loi, cette créance n'était pas frappée
« de déchéance » (29 mars 1860, *Bonfils*, 272).

434. Il y a déchéance, lorsque la demande n'a pu
aboutir à une liquidation à défaut de justifications suffisantes (loi 1831, art. 9). L'entrepreneur doit donc produire des pièces justificatives. Mais la loi ne pouvait
indiquer ces pièces et s'en est donc absolument rap-

portée au juge quant au point de savoir si telles ou telles pièces sont suffisantes.

435. La déchéance ne saurait frapper les créanciers qui n'ont à se reprocher aucune négligence. Aussi la portée de l'article 9 de la loi du 29 janvier 1831 est-elle restreinte par son article 10 :

« Les dispositions des deux articles précédents ne « seront pas applicables aux créances dont l'ordon-« nancement et le payement n'auraient pu être effectués « dans les délais déterminés, par le fait de l'adminis-« tration ou par suite de pourvois formés devant le « Conseil d'Etat.

« Tout créancier aura le droit de se faire délivrer par « le Ministère compétent un bulletin énonçant la date « de sa demande et les pièces à l'appui. »

Il n'est aucun besoin d'explications en ce qui concerne la situation d'un créancier qui a formé un pourvoi devant le Conseil d'Etat contre la décision du Ministre liquidateur.

Quant à celle du créancier dont le payement n'a pu avoir lieu par le fait de l'administration, nous ne pouvons que citer les arrêts faisant application de l'article 9 : (23 juin 1850, *Bernard*, 608; 6 avril 1854, *Theil*, 283; 10 janvier 1856, *Billard*, 32; 28 novembre 1879, *Gallo*, 757; V. *suprà*, n. 43). La marche à suivre en pareil cas a été indiquée dans les conclusions du commissaire du gouvernement, sur l'arrêt du 22 juin 1850 (Rec. des arrêts, 1850, p. 680) :

« L'entrepreneur, en présentant ses comptes en « 1837 à l'appui de sa demande, avait produit toutes « les pièces justificatives nécessaires; si l'administra-« tion trouvait que ces comptes étaient inexacts, qu'il

« y avait des rectifications à opérer, c'est au Conseil de
« préfecture qu'elle eût dû soumettre le litige, confor-
« mément à l'article 4 de la loi du 28 pluviôse an 8 ;
« car elle était en demeure d'élever ses contredits, et
« c'est devant le juge du contentieux en matière de
« travaux publics qu'il y avait lieu de les porter. Au
« lieu de cela, l'administration prend une voie dé-
« tournée et irrégulière : elle commence une instruc-
« tion administrative, elle demande des renseignements
« à l'architecte, au préfet, à l'archevêque, à tous ses
« agents, puis, quand plus de cinq années se sont
« écoulées au milieu de cet échange de correspon-
« dances, elle dit à l'entrepreneur qu'il doit s'imputer
« de n'avoir pas, dans ce délai, fait liquider et payer
« sa créance, et elle lui oppose la déchéance. Or, il est
« évident, au contraire, que la responsabilité de ce
« retard retombe exclusivement sur l'administration,
« qui aurait dû, dans le principe, et alors qu'elle était
« régulièrement mise en demeure de le faire, rejeter du
« compte les articles jugés par elle inexacts et faire
« vider la contestation par le Conseil de préfecture.
« Dans ces circonstances, il y a lieu d'annuler la déci-
« sion attaquée du Ministre des cultes et de renvoyer les
« parties devant le Conseil de préfecture de la Haute-
« Garonne, pour y être procédé au règlement des
« comptes de l'entreprise du sieur Bernard et du solde
« qui peut être dû à cet entrepreneur. »

436. Les délais de toutes les prescriptions ont été
suspendus, du 19 juillet 1870 au 11 juin 1871, par
les décrets du Gouvernement de la Défense nationale,
des 9 septembre et 3 octobre 1870. Ces décrets ont
produit leurs effets à l'égard de la déchéance quin-

quennale (9 juillet 1875, *Pinchon*, 673; 5 mai 1876, *Gény*, 413; 12 mars 1880, *de Plazanet*, 297).

437. La déchéance reprend son cours après le fait qui l'avait arrêtée, c'est-à-dire après l'instance devant le Conseil d'Etat ou la cessation des obstacles apportés par l'administration (26 juillet 1855, *Hayet*, 559).

438. A côté des causes d'interruption résultant de certains actes du créancier ou du débiteur, le Code civil admet des causes de suspension proprement dite, résultant de la qualité du créancier, au cas de minorité, etc... (C. civ., art. 2251 et suiv.). L'article 9 de la loi de 1831 ne réserve pas les causes de suspension, et la jurisprudence en conclut que la déchéance quinquennale ne les admet pas. Elle l'assimile, sous ce rapport, aux courtes prescriptions (art. 2278, C. civ.).

Ainsi, la déchéance quinquennale court, même contre une femme mariée, pour le prix de son immeuble dotal, exproprié pour cause d'utilité publique (19 mai 1853, *Doucerain*, 540). Les tempéraments réclamés par l'application d'une règle aussi sévère résulteront d'une équitable interprétation de l'article 10 (V. *suprà*, n. 435).

439. La déchéance quinquennale a été exclusivement établie en faveur de l'Etat, et ne saurait être invoquée par les communes.

On a pu douter à l'égard des départements, dont la personnalité a été, autrefois, confondue avec celle de l'Etat (V. *suprà*, n. 16). Depuis que la distinction est reconnue, les arrêts ont décidé que la déchéance quinquennale n'était pas faite pour les départements (27 juin 1834, *Préfet du Bas-Rhin*, 417; 27 août 1840, *Amet*, 337). Cette vérité est plus certaine encore depuis la loi du 10 août 1871, qui a rendu plus tranchée la séparation admise entre les intérêts de l'Etat et ceux des départements (V. *suprà*, n. 31 et 106).

440. Quant à l'autorité compétente pour appliquer la déchéance, le Conseil d'Etat a décidé, par de nombreux arrêts, que c'était exclusivement le Ministre compétent pour l'ordonnancement de la créance, sauf recours devant le Conseil d'Etat : « Considérant qu'aucune disposi-
« tion législative n'attribue au Conseil de préfecture la
« connaissance des questions de déchéance que peuvent
« soulever les réclamations formées contre l'Etat ; que
« l'application des dispositions qui prononcent des dé-
« chéances contre les créanciers de l'Etat a été réservée
« par les lois ci-dessus visées, et notamment par celle
« du 29 janvier 1831, aux Ministres compétents, sauf
« recours à notre Conseil d'Etat ; qu'ainsi le Conseil
« de préfecture du département de la Gironde était
« incompétent pour statuer sur l'exception de déchéance
« opposée par l'administration à la demande de la
« dame Roumagoux » (28 mai 1862, *Roumagoux*,
435 ; V. en ce sens, Serrigny, t. 3, n. 1303-4 ;
Dareste, *Justice administrative*, p. 300 ; Aucoc, t. 2,
n. 599).

Ainsi, il n'appartient pas aux Conseils de préfecture de statuer sur une question de déchéance. Le Conseil d'Etat a, en conséquence, annulé pour excès de pouvoir les arrêtés qui avaient prononcé la déchéance (29 novembre 1842, *Plossard*, 480 ; 8 mars 1851, *Rivron*, 172 ; 12 août 1854, *Reig*, 781 ; 10 janvier 1856, *Thiboust*, 35 ; 27 novembre 1856, *Dudon*, 660 ; 3 février 1857, *Charpentier*, 90 ; 4 février 1858, *Hubaine*, 105 ; 28 mai 1862, *Roumagoux*, 435).

A plus forte raison les tribunaux civils doivent-ils se

déclarer incompétents pour y statuer (14 juin 1862, *Lechevallier*, 490).

441. Il suit de là que le jugement qui a statué sur le fond et reconnu la validité de la créance invoquée contre l'Etat ne fait pas obstacle à l'application de la déchéance, sur laquelle il n'a pas statué (28 mai 1866, *Liquidateurs Mirès*, 526). Il faudrait, pour que la déchéance cessât d'être opposable, que le jugement eût précisément statué sur la déchéance, auquel cas le respect de la chose jugée ne permettrait plus de remettre en question ce qui aurait été décidé par lui (17 mai 1855, *Benech*, 350). « Attendu qu'il est intervenu un « jugement par lequel le même tribunal, nonobstant « la déchéance dont il avait retenu la connaissance, a « condamné l'Etat à restituer aux héritiers du sieur « Bénech les sommes par eux réclamées, et que ce juge- « ment est passé en force de chose jugée tant sur la « question de savoir si l'Etat était débiteur desdites « sommes que sur la question de savoir si la déchéance « établie par la loi du 25 mars 1817 était opposable « aux héritiers du sieur Bénech, et que, dès lors, notre « Ministre de la marine n'a pu, sans violer l'autorité de « la chose jugée, leur appliquer cette déchéance par sa « décision du 10 novembre 1853. »

442. Le Ministre peut rapporter la décision par laquelle il a prononcé la déchéance. En la prononçant, il a fait acte d'administrateur et non de juge : il n'en résulte donc aucun droit acquis en faveur de l'Etat. Si cette décision a fait l'objet d'un pourvoi devant le Conseil d'Etat, ce pourvoi ne peut qu'être déclaré sans objet, quant au point à l'égard duquel il y a eu renonciation à la déchéance (13 août 1851, *Bermond de Vaux*,

641; 29 août 1867, *Calvo*, 840; 12 août 1879, *Esquino*, 656). Ce dernier arrêt porte :

« Considérant que, depuis l'introduction du pour-
« voi, le Ministre de la guerre a rapporté, à la date du
« 4 avril 1877, la décision du 30 septembre 1876, par
« laquelle il avait opposé aux réclamations du sieur
« Esquino la déchéance résultant.des articles 9 et 10
« de la loi du 21 janvier 1831, et a décidé qu'une somme
« de 10,722 fr. 94, représentant le prix en principal
« de fournitures faites, en 1866, à l'armée française du.
« Mexique, serait liquidée au profit du requérant pour
« lui être payée sur le crédit des exercices périmés ;
« qu'il suit de là que le pourvoi du sieur Esquino est
« devenu sans objet, en tant qu'il est dirigé contre la
« décision du 30 septembre 1876. »

443. Telle est, ou, du moins, telle a été jusqu'ici la jurisprudence. Dans une affaire récente, le Conseil de préfecture ne s'était pas préoccupé de la déchéance. Son arrêté a été annulé par le Conseil d'Etat.

« Considérant qu'aux termes de l'article 9 de la loi
« du 29 janvier 1831, sont prescrites et définitivement
« éteintes au profit de l'Etat toutes créances qui,
« n'ayant pas été acquittées avant la clôture de l'exer-
« cice auquel elles appartiennent, n'auraient pu, à
« défaut de justifications suffisantes, être liquidées,
« ordonnancées et payées dans un délai de cinq ans à
« partir de l'ouverture dudit exercice ;

« Considérant qu'il résulte de l'instruction et no-
« tamment du rapport des experts en date du 17 no-
« vembre 1876 qu'un éboulement s'est produit dans
« le mur de clôture de la propriété de la dame Delrieu
« en 1869; que c'est seulement en 1876 qu'elle a formé

24

« une demande en indemnité pour le dommage à elle
« causé par ledit éboulement ; que dès lors, et à sup-
« poser que la dame Delrieu ait pu avoir droit de ce
« chef à une indemnité, le Ministre des travaux publics
« est fondé à soutenir que la dame Delrieu a encouru
« la déchéance prononcée par la loi du 29 janvier
« 1831 » (28 mai 1880, *Min. trav. publ. c. dame Delrieu*, 500).

Si le Conseil persiste dans cette nouvelle jurisprudence, il en viendra sans doute à dire, contrairement
aux arrêts cités sous les n°ˢ 440 à 442, que la déchéance
doit être appliquée par les Conseils de préfecture et
par les tribunaux ; que les jugements statuant au fond
ne permettent plus de l'invoquer ; et que la décision
prononçant la déchéance ne peut être rapportée.

444. En ce qui concerne spécialement le service de
la guerre, le décret du 13 juin 1806, art. 3, porte :
« Toutes réclamations... dont les pièces n'auront pas
été présentées dans les six mois qui suivront le tri-
mestre où la dépense aura été faite, ne pourront plus
être admises en liquidation. » (V. l'art. 70 des cl. et
cond. gén. du génie, *infrà*, n. 559 ; 24 janvier 1872,
Heit, 333).

Cette déchéance est inapplicable au cas où la
production des pièces a été empêchée par la force
majeure (Règlement du 1ᵉʳ septembre 1827, art. 620 ;
14 juillet 1838, *Seillère*, 388), et, à plus forte raison,
au cas où le fournisseur, prévoyant à l'avance les difficultés de la production, a obtenu une prolongation de
délai, prolongation que l'article 625 du même règlement permet de lui accorder.

CHAPITRE X

PRIVILÈGE DES OUVRIERS ET FOURNISSEURS

445. La bonne et prompte exécution des travaux

publics exige que les ouvriers et fournisseurs soient
assurés de leur payement ; que l'entrepreneur ne puisse
disposer du prix d'adjudication à leur préjudice ; et
même que ses créanciers, pour des causes étrangères
à l'entreprise, ne viennent pas saisir entre les mains
des agents du Trésor les sommes destinées à en payer
la dépense et à lui servir de fonds de roulement.

Aussi l'administration, dès le règne de Louis XIV,
s'est-elle préoccupée de prendre les mesures nécessaires pour garantir sous ce rapport les intérêts de
l'Etat et ceux des entrepreneurs (V. Cotelle, *Droit administratif*, t. 3, p. 297).

446. La loi du 26 pluviôse an 11 porte ce qui suit :

« Art. 1er. Les créanciers particuliers des entre-
« preneurs et adjudicataires des ouvrages faits ou à
« faire pour le compte de l'Etat ne peuvent, jusqu'à
« l'organisation définitive des travaux publics, faire
« aucune saisie-arrêt ni opposition sur les fonds dé-
« posés dans les caisses des receveurs de district pour
« être délivrés auxdits entrepreneurs ou adjudica-
« taires.

« Art. 2. Les saisies-arrêts et oppositions qui auraient
« été faites jusqu'à ce jour par les créanciers particu-
« liers desdits entrepreneurs ou adjudicataires sont
« déclarées nulles et comme non avenues.

« Art. 3. Ne sont point comprises dans les dispo-
« sitions des articles précédents, les créances pro-
« venant du salaire des ouvriers employés par lesdits
« entrepreneurs, et les sommes dues pour fournitures
« de matériaux et autres objets servant à la construc-
« tion des ouvrages.

« Art. 4. Néanmoins, les sommes qui resteront dues

« aux entrepreneurs ou adjudicataires, après la récep-
« tion des ouvrages, pourront être saisies par leurs
« créanciers particuliers, lorsque les dettes mentionnées
« en l'article 3 auront été acquittées. »

- Le décret de pluviôse an II, si l'on s'en rapporte à
ses termes, n'était qu'une mesure provisoire, et ne devait
rester en vigueur que *jusqu'à l'organisation définitive des
travaux publics.* Mais cette organisation définitive
n'existe pas encore, et, loin d'avoir été abrogé, le décret de pluviôse a été appliqué par divers actes du pouvoir exécutif (V. le décret du 8 novembre 1810, le
déclarant exécutoire dans les provinces hollandaises
réunies à la France, et l'ordonnance du 13 mai 1829,
le déclarant exécutoire dans les colonies).

447. Le droit consacré par le décret du 26 pluviôse
est un privilège, c'est-à-dire, suivant la définition de
l'article 2095, C. civ., « un droit que la qualité de la
« créance donne à un créancier d'être préféré aux
« autres créanciers ».

Le Code civil reconnaît également, au profit des ouvriers qui ont pris part à une construction, une préro-
gative particulière : « Les maçons, charpentiers et au-
« tres ouvriers, qui ont été employés à la construction
« d'un bâtiment ou d'autres ouvrages faits à l'entre-
« prise, n'ont d'action contre celui pour lequel les ou-
« vrages ont été faits, que jusqu'à concurrence de ce
« dont il se trouve débiteur envers l'entrepreneur au
« moment où l'action est intentée » (art. 1798, C. civ.).
C'est ce qu'on a appelé *l'action directe.*

Mais l'action directe diffère profondément du privilège dont nous nous occupons.

Elle appartient à tous les ouvriers qui ont travaillé à

une construction, et non pas seulement aux ouvriers des entrepreneurs de travaux publics.

Elle n'appartient qu'aux ouvriers, et non aux fournisseurs.

Enfin et surtout, elle ne présente pas à beaucoup près les mêmes avantages que le privilège. Le privilège est un droit absolu et, par conséquent, préférable aux droits résultant d'une cession (V. *infrà*, n. 463 et 465). Au contraire, l'action directe, suivant la jurisprudence, n'est pas opposable au cessionnaire de bonne foi (Req. 18 janvier 1854, *Febvre*, D. 54, 1, 121 ; cass. civ., 11 juin 1861, *Foucher*, D. 61, 1, 262 ; Douai, 20 avril 1861, *Béhagle*, D. 71, 5, 251 ; Poitiers, 9 juillet 1863, *Lebec*, D. 63, 2, 151 ; Paris, 12 avril 1866, *Guesneau*, D. 66, 5, 291 ; Grenoble, 7 février 1868, *Delacour*, D. 69, 2, 103 ; Aubry et Rau, t. IV, § 375, p. 536).

Nous avons traité cette matière dans un autre ouvrage et ne pouvons que renvoyer aux développements qui y sont présentés (*Législation des Bâtiments*, t. 1, n. 216 et suiv.).

448. Avant de rechercher à quelles conditions existe le privilège, il est nécessaire de rappeler que, aux termes de l'article 2093, C. civ., « les biens du débiteur « sont le gage commun de ses créanciers, et le prix « s'en distribue entre eux par contribution, à moins « qu'il n'y ait entre les créanciers des causes légitimes « de préférence ». Tout privilège étant une exception, les dispositions qui admettent les privilèges s'interprètent d'une manière restrictive (Aubry et Rau, t. 3, § 258, note 5).

C'est ainsi que la Cour de cassation a refusé tout privilège à la créance du déposant en cas de violation du dépôt (Cass. civ., 23 août 1864, *Etat c. Spinelli*, D. 64, 1, 367); que le privilège sur les meubles des agents comptables de deniers ne s'étend pas aux agents comptables des matières (Rej. civ., 19 février 1856, *Trésor public*, D. 56, 1, 78); que le privilège sur les biens des comptables ne s'étend pas aux biens des fournisseurs qui ont reçu par anticipation des deniers de l'Etat (Cass. civ., 3 mai 1843, *l'Etat c. Séguin*, D. 43, 1, 267); que l'Enregistrement n'a aucun droit de préférence pour le recouvrement des droits de mutation par décès (V. cinq arrêts de la Chambre civile de la Cour de cassation des 23 et 24 juin 1857, D. 57, 1, 233; Sir. 57, 1, 438); enfin, que les villes ne peuvent réclamer aux riverains par voie de privilège les frais de premier pavage des rues qui peuvent être à leur charge (Rej. civ., 31 mai 1880, *Ville de Bordeaux*, D. 80, 1, 271). Ce dernier arrêt est ainsi conçu :

« Attendu qu'aux termes de l'article 2093, C. civ.,
« les biens du débiteur sont le gage commun de ses
« créanciers ; qu'aucune cause de préférence ne peut,
« par dérogation à ce principe d'égalité, exister qu'en
« vertu d'une disposition de la loi ; Attendu qu'aucune
« disposition légale n'édicte au profit des villes un
« privilège pour le recouvrement des taxes de pavage,
« et qu'on ne saurait chercher dans la nature ou dans
« le caractère plus ou moins favorable de la créance
« prétendue privilégiée une raison de préférence qui
« n'est point écrite dans la loi. »

449. Un arrêt de principe de la Cour de cassation, rendu sur le rapport de M. le conseiller Laborie, indique les quatre conditions auxquelles est subordonnée l'existence du privilège des ouvriers et fournisseurs

(Cass. civ., 18 décembre 1860, *Sous-Comptoir des Entre-*
preneurs, D. 61, 1, 28 ; **V.** Cass. civ., 9 juin 1880,
Willems, D. 80, 1, 305 ; **V.** *infrà*, n. 453). L'arrêt de
1860 porte :

« Vu les articles 1, 2 et 3 du décret du 26 pluviôse
« an II ; Attendu que ce décret, répondant à des cir-
« constances exceptionnelles, a eu en vue seulement
« des ouvrages d'utilité générale faits ou à faire pour le
« compte de l'Etat ; que son caractère provisoire et son
« objet tout spécial se trouvent clairement indiqués par
« ce double fait : 1° qu'il déclare disposer jusqu'à l'or-
« ganisation définitive des travaux publics ; 2° qu'il est
« rendu par la Convention nationale, sur le rapport de
« ses comités de l'agriculture et du commerce, des
« ponts et chaussées et de la navigation intérieure ;
« qu'il se rattache donc essentiellement à la législation
« des travaux publics ; qu'afin d'assurer la prompte
« exécution des travaux de ce genre, il veut que les
« fonds affectés à leur payement ne puissent être dé-
« tournés de leur destination et employés à un autre
« usage ; qu'à cet effet, il interdit pour l'avenir et an-
« nule, même pour le passé, toute saisie-arrêt ou op-
« position de la part des créanciers particuliers des
« entrepreneurs ou adjudicataires sur les fonds dé-
« posés avec cette affectation spéciale dans les caisses
« des receveurs des finances ; mais que, par une dis-
« position conforme au but qu'il se propose, il excepte
« de sa prohibition les créances ayant pour cause l'exé-
« cution même des travaux, telles que celles provenant
« du salaire des ouvriers employés par des entrepre-
« neurs, des fournitures de matériaux ou autres objets
« servant à la construction des ouvrages ; qu'ainsi les

« sommes dues par l'État aux entrepreneurs ou adju-
« dicataires ne sont protégées par cette dérogation au
« droit commun contre l'action des créanciers qu'autant
« qu'il s'agit tout à la fois : 1° de travaux publics ;
« 2° de travaux faits ou à faire pour le compte de l'État ;
« 3° de fonds déposés dans les caisses publiques pour
« être délivrés aux entrepreneurs ou adjudicataires ;
« 4° de créances telles que celles provenant du salaire
« des ouvriers ou des fournitures de matériaux. »

Telles sont les quatre conditions du privilège, que
nous devons successivement examiner.

450. Il faut d'abord qu'il s'agisse de créances nées
de travaux publics, c'est-à-dire de travaux exécutés dans
l'intérêt des services généraux, et non dans l'intérêt
d'un patrimoine, fût-ce celui de l'État (**V**. en ce qui
concerne la différence entre les travaux publics et les
travaux privés de l'État, *suprà*, n. 10). L'arrêt précité
du 18 décembre 1860 a justement conclu de là que le
privilège était étranger aux travaux exécutés sur les
immeubles de la liste civile :

« Attendu que l'exception admise en faveur des ou-
« vriers et fournisseurs constitue, vis-à-vis des créan-
« ciers particuliers des entrepreneurs ou adjudica-
« taires, un véritable privilège, lequel n'existe que par
« le concours des quatre conditions ci-dessus énoncées,
« et ne saurait, sous prétexte d'analogie, s'étendre
« hors du cercle tracé par les termes mêmes du décret
« qui l'établit ; qu'ainsi, restreint aux travaux publics
« pour le compte de l'État, il est sans application soit
« aux travaux qui, quoique faits pour le compte de
« l'État, n'auraient pas le caractère de travaux publics
« ou d'utilité générale, et, par exemple, à des travaux

« ayant pour objet une dépendance, non du domaine
« public, mais du domaine de propriété de l'Etat, soit
« enfin aux travaux, qui, quoique d'utilité publique, ne
« seraient pas exécutés pour le compte de l'Etat, et,
« par exemple, aux travaux exécutés pour le compte des
« communes ou des départements ; que, sous ce double
« rapport, il est sans application aux travaux exécutés
« pour le compte de la liste civile sur des immeubles
« qui, dépendant du domaine de l'Etat, en ont été dis-
« traits, quant à la jouissance et à l'administration,
« pour être affectés à la dotation de la couronne ; qu'il
« n'en est pas, en effet, des travaux ordonnés par le
« chef de l'Etat, comme usufruitier de ces immeubles,
« dans l'intérêt ou les convenances de sa jouissance
« viagère, aux frais et pour le compte de la liste civile,
« et payables sur des fonds qui ne sont ni déposés dans
« les caisses publiques, ni frappés d'une affectation
« spéciale, comme des travaux ordonnés par une loi
« ou en exécution des lois dans un but d'utilité géné-
« rale, et payables sur des fonds déposés avec cette
« affectation dans les caisses des receveurs des fi-
« nances. »

451. Il faut, en second lieu, toujours aux termes du
décret, qu'il s'agisse de travaux exécutés *pour le compte
de l'Etat :* ce qui a fait écarter les travaux des communes (Req. 12 décembre 1831, *Doré*, D. 33, 1, 33 ;
Req. 18 janv. 1854, *Febvre*, D. 54, 1, 121 ; V. l'arrêt
cité sous le précédent numéro) ; et ceux des départements (Req. 9 août 1859, *Marionnaud*, D. 59, 1,
454).

Mais le privilège existe si l'Etat prend à sa charge
une partie de la dépense et se charge de la payer ; car

le travail est, dans cette limite, fait pour le compte de l'Etat, et la somme existe dans ses caisses. Ainsi en est-il de certains travaux de viabilité de la ville de Paris (Paris, 27 août 1853, *Cepré*, D. 54, 2, 104; 30 juillet 1857, *Leroy de Chabrol*, D. 57, 2, 181).

452. On doit, d'ailleurs, assimiler aux travaux de l'État ceux des concessionnaires, qui sont substitués à l'État pour l'exécution d'ouvrages destinés à entrer dans le domaine public de l'État (V. *infrà*, n. 607 et suiv.), s'il est possible de considérer comme remplie la troisième condition, c'est-à-dire s'il existe dans les caisses de l'État une somme affectée au payement de l'entrepreneur (V. *suprà*, n. 449).

453. Pour que cette quatrième condition soit accomplie, il ne suffit cependant pas que le concessionnaire ait obtenu de l'Etat la garantie d'un minimum d'intérêt :

« Attendu qu'en effet, les travaux dont le sieur « Gœpfer demande le payement par privilège ont été « effectués pour le compte de la Compagnie du chemin « de fer d'Orléans et à ses frais, et non aux frais de « l'Etat; attendu que la garantie d'un minimum d'inté- « rêts 4 p. 100 sur un capital de 150 millions, accordée « par le gouvernement, ne peut être considérée comme « une participation à la confection des travaux; qu'elle « ne constitue qu'un engagement éventuel destiné à « soutenir le crédit de la Compagnie et à inspirer de la « confiance dans le succès de l'entreprise; que l'Etat « n'était point tenu, en vertu de cet engagement, de « fournir ou d'avancer aucune somme pour la construc- « tion du chemin de fer dont la Compagnie était con- « cessionnaire; que le sieur Gœpfer est dans l'impuis-

« sance d'indiquer le dépôt, dans une caisse publique,
« d'aucune valeur provenant de l'Etat, et spécialement
« affectée au payement des entrepreneurs ou adjudica-
« taires de travaux à exécuter » (Req. 16 juillet 1860,
Gœpfer, D. 60, 1, 387).

Il en est autrement, et le privilège existe, lorsque les
travaux sont exécutés à l'aide d'une subvention fournie
par l'Etat au concessionnaire (Cass. civ., 2 juin 1880,
Willems, D. 80, 1, 305) :

« Attendu qu'il est incontestable que le chemin de
« fer de Lérouville à la ligne des Ardennes, étant com-
« pris dans la grande voirie et faisant, à ce titre, partie
« du domaine public, sa construction rentre essentiel-
« lement dans la classe des travaux publics;

« Attendu que si l'exécution des travaux de cette
« voie ferrée a été accomplie par une Compagnie con-
« cessionnaire, elle n'en a pas moins eu lieu pour le
« compte de l'Etat; que la loi assimile, en effet, les
« chemins de fer construits par les Compagnies conces-
« sionnaires à ceux que l'Etat construit à ses frais; que
« les Compagnies, en se chargeant de les créer, se
« chargent d'une entreprise de travaux publics exé-
« cutés par les ordres, sur les plans, et pour le
« compte de l'Etat; et que, dans l'espèce, une subven-
« tion particulière ayant été accordée, en vue de l'exé-
« cution du chemin de fer, par la loi du 11 juillet
« 1868 et le décret du 7 avril 1869 qui l'a suivie, on
« doit même reconnaître que, dans la mesure de cette
« subvention, l'Etat a véritablement contribué aux frais
« des ouvrages;

« Attendu que si, dans le cas d'une concession pure
« et simple ou même faite avec la garantie d'un mini-

« mum d'intérêts, le décret du 26 pluviôse an II est
« inapplicable faute de fonds déposés dans les caisses
« publiques avec affectation spéciale au privilège qu'il
« édicte, il en est autrement dans l'espèce, puisqu'au
« moyen de la subvention accordée à la Compagnie,
« l'État a pris l'engagement de verser une somme déter-
« minée ;

« Attendu qu'il n'importe que, d'après la loi pré-
« citée du 11 juillet 1868, et spécialement aux termes
« du décret rendu pour son exécution, la Compagnie
« concessionnaire dût justifier, avant le payement de
« chaque terme de la subvention, de l'emploi, non-
« seulement en travaux, mais aussi en achat de terrains
« ou en approvisionnements sur place d'une somme
« triple du montant de ce terme ; qu'il ne résulte pas
« de cette précaution, prise dans l'intérêt de l'exécu-
« tion des travaux, que le législateur ait entendu mettre
« absolument sur la même ligne et réduire au même
« titre ces diverses causes de créances, et priver du
« bénéfice du décret du 26 pluviôse an II celles
« qui, par leur nature, rentrent dans la catégorie pri-
« vilégiée qu'il reconnaît ; que celles-ci sont auto-
« risées à s'en prévaloir, puisqu'il est constant que
« la subvention s'applique, au moins pour partie, aux
« travaux ;

« Attendu que si la subvention, au lieu de faire l'ob-
« jet d'un versement immédiat, a été, en vertu du droit
« d'option dont l'État a fait usage, répartie sur un cer-
« tain nombre d'annuités, cet ajournement d'échéances
« n'a eu pour effet d'enlever à l'allocation ni son
« caractère ni son affectation ;

« Attendu que Willems ayant exécuté pour partie les

« travaux de construction de la voie ferrée dont la
« Compagnie s'était chargée, et fondé la saisie-arrêt
« pour cause tant des salaires d'ouvriers que des
« fournitures de matériaux, ces créances doivent être
« garanties par le privilège du décret du 26 pluviôse
« an II ;

« Attendu que la subvention allouée par l'Etat se
« trouvant ainsi affectée à la garantie des créances du
« demandeur, la Compagnie concessionnaire n'a pu,
« au détriment de cette garantie, transporter l'inté-
« gralité du montant de ladite subvention à un tiers
« dont la créance ne rentrait pas elle-même dans l'ex-
« ception prévue par ledit décret ;

« D'où suit qu'en jugeant le contraire, l'arrêt attaqué
« a violé les dispositions des lois ci-dessus visées. »

454. Le privilège suppose en troisième lieu, nous
venons de le voir, une somme due par l'Etat à l'entrepreneur.

Mais il faut que l'Etat soit véritablement débiteur, et
non dépositaire d'une somme appartenant à l'entrepreneur, comme un cautionnement.

La doctrine contraire a cependant été proclamée par
un arrêt d'Angers (20 décembre 1850, *Houette,* Sir. 51,
2, 172), à raison de ce que le cautionnement est destiné à être rendu à l'adjudicataire après la réception des
travaux, et rentre par sa nature et pour des raisons
d'équité dans les dispositions de la loi de pluviôse.
Elle a été, plus récemment, reproduite par un arrêt de
Paris (16 mars 1866, *Conti,* D. 66, 2, 76).

La vérité est que le cautionnement n'est pas une
somme à délivrer, mais un dépôt à restituer à l'entrepreneur ; et que « les expressions du décret ne

« mentionnent pas nominativement le cautionnement
« et ne sont pas telles, non plus, qu'on doive néces-
« sairement l'y déclarer compris par voie d'inter-
« prétation » (Req. 3 juillet 1849, *Debrousses*, D. 49,
1, 197; Bordeaux, 21 novembre 1848, *Debrousses*,
Sir. 49, 1, 747; Aubry et Rau, t. 3, § 263 bis,
note 74).

C'est en nous plaçant au même point de vue que nous
avons reconnu l'impossibilité d'appliquer aux capitaux
des cautionnements la déchéance quinquennale (V. *suprà*, n. 427).

Le privilège sur le cautionnement existe cependant à
l'égard des travaux pour le service de la guerre. En
cette matière, le cautionnement de l'entrepreneur est
spécialement affecté par privilège au payement des ouvriers et fournisseurs, et même des sous-traitants (décrets
des 13 juin et 12 décembre 1806; rej. civ. 10 mars
1818, D. A. 9, 65; req. 20 février 1828, *Lefebvre*, D.
28, 1, 138; Paris, 16 mars 1866, *Conti*, D. 66, 2. 76;
V. *suprà*, n. 95).

455. Recherchons, en quatrième lieu, l'objet du
privilège.

Le privilège ne garantit que « les salaires des ouvriers
« et les sommes dues pour fournitures de matériaux et
« autres objets servant à la construction des ouvrages ».
Tels sont les termes formels du décret, et il ne saurait
être question de privilège en faveur des sous-traitants
(Limoges, 26 janvier 1848, *Pitance*, D. 49, 2,
72).

456. Il faut comprendre parmi les fournisseurs
les propriétaires de terrains fouillés pour l'extraction de matériaux, au moins lorsque leurs terrains

ont été régulièrement désignés à cet effet (Dalloz, *Rép.*, vº Travaux publics, n. 653; 19 juillet 1864, *Léon*, 662).

On conteste dans le cas contraire (Cotelle, t. 3, n. 351), par le motif qu'il n'y a plus alors travail public (V. *infrà*, n. 1113 et suiv.). Mais la circonstance que l'entrepreneur a procédé par voie de fait ne paraît de nature ni à rendre le propriétaire moins digne de protection, ni à faire qu'il ne soit pas fournisseur, malgré lui, de matériaux destinés à des travaux publics.

Quant au propriétaire dont le terrain a été fouillé à la suite d'une convention passée entre lui et l'entrepreneur, sa situation est la même que celle du vendeur de matériaux. Il est fournisseur au même titre.

457. Le privilège ne garantit pas l'indemnité due à un propriétaire pour les dommages causés à son immeuble par l'exécution de travaux publics : sa créance n'est ni un salaire ni un prix de fourniture (V. sur la mattière des dommages, *infrà*, n. 871 et suiv.).

458. Le privilège n'existe pas seulement pour la fourniture des matériaux, mais aussi pour celle de tous objets *servant à la construction des ouvrages* : ce qui ne permet pas de distinguer entre les objets destinés à faire partie des ouvrages et ceux qui doivent rester en la possession de l'entrepreneur. C'est donc à tort qu'on l'a refusé au fournisseur de fers bruts employés à confectionner les outils et wagons destinés à l'exécution de terrassements (Dijon, 25 août 1846, *Girardot*, Sir. 48, 2, 398). Ces fers, évidemment, devaient servir à la construction des ouvrages.

459. Lorsqu'un artiste a été chargé d'exécuter une œuvre d'art, par exemple, une statue pour l'embellissement d'un édifice, les ouvriers qu'il emploie sont dans les conditions voulues pour obtenir privilège. Le travail, que nous supposons exécuté pour l'Etat et dans un but d'utilité générale, est un travail public, et les salaires des ouvriers sont protégés par la loi du 26 pluviôse (Req. 20 août 1862, *Sous-Comptoir des Entrepreneurs,* D. 63, 1, 141 ; V. *suprà,* n. 12).

460. Le privilège n'est pas éteint par la faillite de l'entrepreneur.

Sans doute, aux termes de l'article 550, C. comm., « le privilège et le droit de revendication, établis par « le n° 4 de l'article 2102 du Code civil, au profit du « vendeur d'effets mobiliers, ne peuvent être exercés « contre la faillite ».

Il ne s'agit pas ici de l'article 2102, mais de la loi du 26 pluviôse an II ; et les causes d'extinction des privilèges, aussi bien que leurs causes d'acquisition, doivent être interprétées strictement, sans pouvoir être étendues d'un cas à un autre (V. cass. civ., 21 juillet 1847, *de Monard,* D. 47, 4, 396).

461. Il n'est pas possible non plus de restreindre le privilège aux salaires d'un mois, en ce qui concerne les ouvriers.

L'article 549 du même Code porte : « Le salaire « acquis aux ouvriers employés directement par le « failli, pendant le mois qui aura précédé la déclara- « tion de faillite, sera admis au nombre des créances « privilégiées, au même rang que le privilège établi par « l'article 2101 du Code civil pour le salaire des gens « de service. »

Mais les lois générales ne dérogent point aux lois spéciales, quand elles n'annoncent pas l'intention de le faire. Si l'article 549 eût voulu déroger à la loi spéciale du 26 pluviôse an II, il eût parlé des fournisseurs comme des ouvriers. Ses termes montrent, au contraire, que la loi modifiée par lui est uniquement l'article 2101 du Code civil (Caen, 14 janvier 1856, *Heulard*, D. 56, 2, 135).

462. Ainsi qu'on l'a vu plus haut, « les créanciers particuliers des entrepreneurs ne peuvent faire au- « cune saisie-arrêt ou opposition sur les fonds » (Loi du 26 pluviôse an II, art. 1er). C'est de l'interdiction ainsi formulée à leur égard, et déclarée inapplicable aux ouvriers et fournisseurs, que résulte le privilège reconnu à ces derniers (V. *suprà*, n. 446).

De là on a conclu « que leurs droits ne peuvent « s'exercer, même par des actes conservatoires, qu'a- « près la réception des ouvrages » (Poitiers, 28 février 1837, *Lombard*, D. 38, 2, 7). En effet, l'interdiction est absolue. La loi de pluviôse ne distingue pas entre les actes opérant attribution et les actes conservatoires ; et ces actes pourraient nuire aux intérêts des ouvriers et fournisseurs, comme au crédit de l'entrepreneur et à la bonne exécution des travaux. Les agents du Trésor n'ont donc pas à tenir compte de telles significations.

Cependant, la nullité n'en saurait être opposée par les créanciers particuliers de l'entrepreneur, qui n'ont pas qualité pour se prévaloir des dispositions du décret de pluviôse (Paris, 10 mai 1845, *Estienne*, D. 45, 2, 156).

463. Les termes du décret de pluviôse n'interdisent

que l'opposition et la saisie-arrêt. Il faut évidemment les étendre à la cession.

En effet, le but du législateur serait manqué s'il était permis à l'entrepreneur, pendant l'exécution des travaux, de transporter aux tiers les sommes destinées à assurer le fonctionnement de l'entreprise (Alger, 17 juillet 1850, *Souquedauch*, D. 51, 2, 142; Paris, 27 août 1853, *Cepré*, D. 54, 2, 104; Caen, 24 mai 1852, *Guilbert*, sous req. 21 mars 1855, D. 56, 1, 55; cass. civ., 9 juin 1880, *Willems*, D. 80, 1, 305; V. cet arrêt, *suprà*, n. 453).

464. Entre les ouvriers et fournisseurs privilégiés en vertu du décret de pluviôse, la situation est égale. « Les créanciers qui sont dans le même rang sont « payés par concurrence » (art. 2097, C. civ.), c'est-à-dire au marc le franc.

Il a cependant été soutenu que les ouvriers devaient passer avant les fournisseurs, en vertu de l'article 2101, Code civil, portant : « Les créances privilégiées sur la « généralité des meubles sont celles ci-après exprimées « et s'exercent dans l'ordre suivant... 4º les salaires « des gens de service, pour l'année échue et ce qui est « dû sur l'année courante », et de l'article 549, Code commerce (rapporté *suprà*, n. 461).

Sans entrer dans l'examen des questions soulevées par le classement des privilèges, il suffit de répondre que le Code civil, loi générale, ne peut être censé avoir voulu déroger à une loi aussi spéciale que le décret de pluviôse an II (Caen, 14 janvier 1856, *Heulard*, D. 56, 2, 135).

465. Il est donc entendu que les créanciers privilégiés en vertu du décret de pluviôse concourent au

marc le franc. L'entrepreneur ne peut-il, cependant,
détruire cette égalité, au moyen d'une cession régulière
faite à l'un de ses créanciers avant toute saisie-arrêt
formée par les autres ?

Les créanciers privilégiés, dit-on en ce sens, sont
entre eux comme des créanciers chirographaires, et ne
peuvent invoquer le principe d'égalité contre le cessionnaire, quand les créanciers chirographaires ne sont
pas reçus à l'invoquer contre eux. Le privilège n'im-
mobilise pas les sommes dues. L'entrepreneur peut
toujours se faire payer et, par suite, faire une délégation à un de ses créanciers, puisqu'il arriverait au même
résultat en touchant lui-même et en remettant la somme
à ce créancier (Christophle, t. 1, n. 538).

Cette argumentation n'est pas péremptoire. De ce que
l'égalité peut être rompue par la loi, il ne résulte pas
qu'elle puisse l'être par le débiteur. Il n'est pas nécessairement permis de faire directement et sans peine ce
à quoi l'on peut arriver indirectement et difficilement.
C'est ce qu'a reconnu la Cour de cassation par un arrêt
dont voici les termes (Rej. civ., 22 janvier 1868, *Berthelot*, D. 68, 1, 55) :

« Attendu que cette loi (celle du 26 pluviôse an II)
« accorde aux ouvriers et fournisseurs des entrepre-
« neurs de travaux publics un droit de préférence sur
« le prix de ces travaux à l'exclusion des créanciers
« particuliers de l'entrepreneur ; que le privilège col-
« lectif et d'une nature spéciale, qui a eu pour but
« d'assurer l'achèvement des travaux en en garantis-
« sant le payement, pour répondre au vœu de la loi,
« devait nécessairement être accordé à tous les créan-
« ciers de l'entreprise dans les conditions d'une com-

« plète égalité, et que chacun d'eux devait avoir le
« droit et le moyen de l'exercer pendant toute la durée
« des travaux, sur les sommes encore dues par l'Etat ;
  « Que c'est en effet ce qui résulte de l'article 3 de la
« loi, qui n'accorde aux créanciers que le même moyen
« de faire valoir leurs droits, la saisie-arrêt, et de
« l'article 4, qui ne fait cesser les effets de cette situa-
« tion privilégiée qu'après la réception définitive des
« travaux et le payement intégral de toutes les créances
« mentionnées en l'article 3 ;
  « Que si les sommes dues à l'entrepreneur ne sont
« pas frappées d'une indisponibilité absolue, s'il peut,
« lorsqu'il n'y a pas d'opposition, les toucher ou les
« faire toucher au fur et à mesure de leur ordonnan-
« cement, et si, après avoir été reçues par lui ou en son
« nom, elles échappent à l'action privilégiée des créan-
« ciers, jusque-là, au contraire, cette action persiste
« avec toutes ses conséquences, sans que l'entrepreneur
« puisse, par des conventions particulières, conférer
« aux uns une faveur qui serait refusée aux autres ;
  « Que ces principes sont absolus ; qu'ils n'admettent
« aucune distinction ; que s'ils n'étaient pas suivis, en
« appliquant les règles du droit commun, on arriverait
« à valider des dispositions portant sur des sommes
« qui ne seraient ni liquides, ni exigibles, et, comme
« dans l'espèce, des transports consentis au cours de
« l'exécution des travaux, sommes qui non seulement
« n'étaient pas exigibles, mais qui ne pouvaient le de-
« venir que par l'achèvement des travaux et après leur
« réception définitive ; qu'ainsi, il dépendrait de l'en-
« trepreneur, immédiatement après l'adjudication ou
« le marché administratif, avant même que les ouvriers

« et fournisseurs soient devenus créanciers et aient pu
« faire aucun acte conservatoire, de créer, entre les
« divers intéressés, des causes de préférence que la loi
« ne reconnaît pas, de rompre, au profit de quelques-
« uns, l'égalité promise à tous, et, en enlevant au plus
« grand nombre des ouvriers et fournisseurs les ga-
« ranties sur la foi desquelles ils s'étaient associés à
« l'entreprise, d'amener plus tard l'abandon des tra-
« vaux ; que ce système irait directement contre le but
« que la loi s'est proposé et ne serait pas moins con-
« traire à son texte qu'à son esprit ;

   « D'où il suit qu'en refusant de pareils effets aux
« deux transports consentis par Rousselot à Berthelot et
« en ordonnant que Berthelot ne serait payé du mon-
« tant de ces transports que par contribution avec les
« autres créanciers de l'entreprise, la Cour impériale
« de Rouen n'a violé aucune loi. »

   466. Le privilège n'est pas soumis à l'inscription :
l'article 2106, Cod. civ., exigeant cette formalité, n'a
trait qu'aux privilèges sur les immeubles.

   On soutient même qu'il existe indépendamment de
toute saisie-arrêt. Il est vrai, dit-on, que les articles
1 et 3 du décret du 26 pluviôse an II opposent les
saisies-arrêts des créanciers particuliers de l'entrepreneur aux saisies-arrêts des créanciers de l'entreprise.
Il est vrai qu'ils déclarent celles-là nulles, et celles-ci
valables. Mais il n'en résulte pas que la saisie-arrêt soit
une condition nécessaire du privilège. La loi s'est uniquement placée en vue du *plerumque fit ;* elle a sup-
posé, ce qui arrivera d'ordinaire, une saisie-arrêt, employée comme le moyen le plus commode et le plus
naturel de faire valoir les droits du créancier privilégié.

Elle n'exige rien à cet égard et, en définitive, l'article 4 subordonne absolument le payement des créanciers de l'entrepreneur à celui des créanciers de l'entreprise (Christophle, t. 1, n. 525; Caen, 24 mai 1852, *Guilbert*, sous req. 27 février 1856, D. 56, 1, 118).

Cette manière de voir n'est pas la nôtre. Le droit de préférence, autant que possible, ne doit pas exister en dehors d'une manifestation qui en fasse connaître l'existence aux intéressés. L'article 3 du décret de pluviôse ne réserve les droits des créanciers de l'entreprise, à titre de créances privilégiées, que pour faire exception aux articles 1 et 2, et dire ainsi que les saisies-arrêts formées pour les faire valoir auront effet, à l'exclusion des saisies-arrêts ayant pour objet les droits des créanciers de l'entrepreneur. La saisie-arrêt est donc bien, ici, une formalité nécessaire (Rej. civ., 22 janvier 1868, *Berthelot*, D. 68, 1, 55; V. cet arrêt, *suprà*, n. 465).

L'article 15 des clauses et conditions générales des ponts et chaussées ne réserve que les droits des créanciers qui ont fait des oppositions régulières (V. *suprà*, n. 195).

467. Le privilège ne peut être invoqué par les créanciers des communes et des départements. Nous avons vu que la loi de pluviôse est spéciale aux travaux de l'Etat (Cass. civ., 18 décembre 1860, *Sous-Comptoir des Entrepreneurs*, D. 61, 1, 28; V. *suprà*, n. 450 et 451).

468. Les questions relatives au privilège des ouvriers et fournisseurs sont essentiellement des questions de droit civil, rentrant dans la compétence des tribunaux.

Cette règle est supposée par les nombreuses décisions judiciaires citées aux numéros précédents. Elle a été consacrée explicitement par plusieurs arrêts du Conseil d'Etat (1er mai 1815, *Lepointe*; 17 juillet 1816, *de la Chaussée*; 2 février 1826, *Salé*, 52; 30 avril 1828, *Duval*, 417).

CHAPITRE XI

HONORAIRES ET FRAIS DES INGÉNIEURS ET ARCHITECTES

469. En matière civile, les honoraires des architectes sont réglés par la convention des parties, ou déterminés d'après les circonstances. On a vainement tenté de faire considérer comme obligatoire l'avis du Conseil des bâtiments civils du 21 pluviôse an VIII, dont il sera parlé plus loin (V. *infrà*, n. 472). La Cour de cassation a repoussé cette prétention :

« Attendu qu'il n'existe aucune loi, aucun règle-
« ment obligatoire qui fixe les honoraires dus à un
« architecte par un particulier; que les tribunaux
« doivent les régler, à défaut de convention, comme
« ceux de tout mandat ou de tout louage d'industrie,
« eu égard aux travaux opérés et aux services rendus au
« mandant ou locataire » (Req. 27 mars 1876, *Granet*, D. 77, 1, 16).

En fait, et à l'égard des constructions ordinaires, le chiffre de 5 p. 100, établi par l'avis de l'an VIII, est assez généralement admis. Mais, en l'absence de convention, il ne peut y avoir là qu'une base de raisonnement. L'allocation dont il s'agit serait exagérée, si la construction était considérable et coûteuse, ou si l'architecte avait plusieurs maisons à élever sur un modèle identique (Paris, 29 décembre 1859, *Cazeaux*, D. 60, 2, 36). Elle pourrait être insuffisante, s'il s'agissait, au contraire, de réparations compliquées et ne donnant lieu qu'à une petite dépense (V. *Législation des bâtiments*, t. 1, n. 211 et suiv.).

En matière de travaux publics, les honoraires des architectes sont déterminés à l'avance pour certains services.

470. En ce qui concerne les bâtiments civils de l'Etat, le décret du 25 janvier 1862 porte, article 10 : « Les architectes et vérificateurs sont payés au moyen « d'honoraires proportionnels déterminés par les règle- « ments. A cet effet, il est dressé un état sommaire indi- « quant le montant des travaux dirigés ou vérifiés, et « faisant ressortir les sommes proportionnelles qui « leur sont dues » (**V.** 15 avril 1857, *Robelin*, 271).

« Les inspecteurs, sous-inspecteurs et conducteurs « reçoivent des indemnités mensuelles ou des traite- « ments fixes, et sont payés sur les états que l'archi- « tecte transmet chaque mois à l'administration cen- « trale, et qui sont visés par le chef du service des « bâtiments civils. »

471. Quant aux palais nationaux, le décret du 16 avril 1852 porte, article 9 : « A l'avenir, les archi- « tectes ne recevront plus d'honoraires proportionnels ; « il leur sera alloué un traitement fixe dont le Ministre « déterminera l'importance. » L'article 10 détermine « les traitements des inspecteurs.

472. A l'égard des travaux du Ministère de l'inté- rieur, il existe un avis du Conseil des bâtiments civils, du 12 pluviôse an VIII, ainsi conçu :

« Considérant que les émoluments attachés aux fonc-

« tions d'architecte sont légitimes, et qu'ils doivent être
« gradués en raison de l'importance de leurs travaux
« et de la situation des lieux où ils les ont exécutés;

  « Estime qu'à Paris, pour les travaux ordinaires, il
« est dû aux architectes :

  « Pour la confection des plans des projets dont ils
« sont chargés, un centime et demi
« pour franc, ci. . . . . 1 1/2 p. 100

  « Pour conduite des ouvrages. . 1 1/2

  « Pour la vérification et le règle-
« ment des mémoires 2

  « Ensemble cinq centimes par franc du montant des
« mémoires en règlement.

  « Il estime, en outre, qu'il leur est dû le double de
« cette fixation pour les mêmes travaux, lorsqu'ils sont
« projetés et exécutés à plus de cinq kilomètres de dis-
« tance du lieu de leur résidence ordinaire et que les
« frais de voyage et de séjour sont à leur charge; obser-
« vant que, lorsque les constructions exigent, comme
« cela arrive quelquefois, des dessins ou des modèles
« qui leur occasionnent des dépenses extraordinaires,
« ils doivent être estimés séparément. »

  Cet avis n'a pas de force obligatoire. La rémunération des architectes est fixée suivant les circonstances.

  473. Pour la ville de Paris, le service d'entretien
est confié à des architectes permanents, jouissant d'un
traitement fixe.

  Les constructions nouvelles sont dirigées par des architectes choisis par l'administration.

  Les constructions de monuments importants sont
mises au concours.

  Dans ces deux derniers cas, les architectes reçoivent

pour honoraires et frais de toute nature une somme fixe, déterminée dans le devis de chaque entreprise par le Conseil municipal (arrêtés du préfet de la Seine des 30 juin 1871 et 24 décembre 1878).

474. Les architectes de département ont, en général, un traitement fixe qui peut se joindre à des remises proportionnelles ou en être exclusif, conformément aux délibérations du Conseil général. Citons à ce sujet un arrêt du 1ᵉʳ mars 1878, (*Dulin*, 260; V. encore 26 juin 1874, *Chérel*, 618 et les numéros suivants).

« En ce qui concerne les honoraires pour rédaction « des projets de divers édifices départementaux non « exécutés:

« Considérant qu'il résulte des pièces du dossier, et « notamment de la délibération du Conseil général du « 27 août 1839 et de l'arrêté ministériel du 27 juin « 1840, que le sieur Dulin recevait, en sa qualité d'ar- « chitecte du département de la Vienne, un traitement « fixe, exclusif, à moins de stipulations contraires, de « toute remise proportionnelle au montant des travaux « confiés à sa direction; que si, par dérogation à cette « règle, il a été alloué au sieur Dulin, aux termes de la « délibération ci-dessus visée du 28 août 1857, une « remise de 2 pour 100, il est expressément indiqué, « par ladite délibération, que cette remise ne s'ap- « plique qu'à la construction des archives départemen- « tales; qu'ainsi c'est à tort que, par son arrêté du 7 « novembre 1874, le Conseil de préfecture de la Vienne « a décidé qu'elle devait être appliquée par analogie « aux autres travaux départementaux, pour lesquels « elle n'avait pas été stipulée;

« Considérant que les honoraires dus au sieur Dulin,
« pour les archives départementales, doivent être cal-
« culés d'après les termes de la délibération précitée
« du 28 août 1857 ; qu'en vertu des usages constam-
« ment suivis, et rappelés dans un avis du Conseil des
« bâtiments civils du 12 pluviôse an VIII, les honoraires
« d'architecte se divisent ainsi : un tiers pour rédaction
« des plans et devis ; un tiers pour direction des tra-
« vaux, et un tiers pour réception et vérification ; que
« le sieur Dulin a droit, en conséquence, pour rédaction
« des projets du Palais des archives départementales,
« qui n'a pas été exécuté, au tiers des honoraires à
« 2 pour 100 alloués par la délibération ci-dessus
« rappelée. »

475. Les villes d'une certaine importance ont aussi
des architectes qui reçoivent un traitement fixe.

Ce traitement est le seul émolument auquel ils puissent prétendre, s'ils ont été nommés sous cette condition (26 juin 1869, *Fontanille*, 623 ; 29 novembre
1870, *Ville de Romans*, 1085).

« Considérant, porte ce dernier arrêt, que l'arrêté
« municipal, en date du 30 juillet 1861, qui a nommé
« le sieur Calinaud architecte voyer de la ville de Ro-
« mans, portait dans son article 2 que ledit sieur Cali-
« naud recevrait un traitement annuel déterminé et
« n'aurait droit à aucune remise pour les plans, devis
« et surveillance des travaux que l'administration mu-
« nicipale le chargerait de faire exécuter ; que les tra-
« vaux exécutés par le sieur Calinaud rentraient dans
« les termes dudit arrêté ; que, dans ces circonstances,
« c'est à tort que le Conseil de préfecture a condamné
« la ville de Romans à payer au sieur Calinaud la

« somme de 500 francs à titre d'indemnité pour la con-
« fection des plans et devis d'une maison d'école, exé-
« cutés par lui pour le compte de ladite Ville. »

Au contraire, le traitement fixe n'exclut pas les honoraires proportionnels, s'il ne rémunère qu'une partie
des travaux confiés à l'architecte (1er mars 1866, *Lottero*, 212) :

« Considérant que le traitement fixe de 400 francs
« que recevait le sieur Lottero, en sa qualité d'archi-
« tecte municipal de la ville d'Ajaccio, s'appliquait à la
« surveillance et aux travaux ordinaires d'entretien des
« édifices communaux ; que ce traitement et le droit de
« 5 pour 100 sur le montant des travaux adjugés pu-
« bliquement à des entrepreneurs n'excluait pas le
« droit pour le sieur Lottero de réclamer des hono-
« raires particuliers pour les travaux qui n'avaient pas
« donné lieu à adjudication et ne paraissaient pas devoir
« rentrer dans la catégorie de ceux que le traitement
« fixe avait pour but de rémunérer. »

Lorsqu'il y a, tout à la fois, traitement fixe alloué à la
fonction et honoraires promis en vertu d'un traité, la
commune peut retirer à l'architecte son emploi sans lui
devoir son traitement au delà du jour où il cessera ses
fonctions (23 janvier 1874, *Hepp*, 84).

Mais elle ne peut rompre sans indemnité le marché
qu'elle avait conclu. Ici s'applique, non plus le pouvoir
discrétionnaire appartenant à l'autorité publique en ce
qui concerne le choix de ses fonctionnaires et employés,
mais l'article 1794, Code civil, qui ne permet pas de
rompre un marché sans indemnité (V. sur cet article,
suprà, n. 325 et suiv.). La commune doit donc à l'architecte les honoraires qu'elle lui a promis (même arrêt ;

18 novembre 1869, *Castex*, 899). L'arrêt du 23 janvier
1874 porte :

« En ce qui concerne les honoraires qui seraient dus
« au sieur Hepp, à raison des travaux extraordinaires
« pour la distribution des eaux dans la ville de Tou-
« louse, et la demande du sieur Hepp, à fin de dom-
« mages-intérêts : considérant qu'il résulte de l'instruc-
« tion que le sieur Hepp, ingénieur civil au service de
« la ville de Toulouse, a dressé pour ladite ville, le 27
« février 1867, un avant-projet des travaux extraor-
« dinaires à effectuer pour le service de la distribution
« des eaux ; que, par arrêté du maire du 23 mai 1868,
« il a été chargé de diriger et de surveiller l'exécution
« de ces travaux, qui devaient être terminés le 31 mars
« 1870 ; que le sieur Hepp prenait à sa charge tous les
« frais de personnel et de matériel des bureaux, et que
« la Ville s'engageait à lui payer un honoraire de 5
« pour 100 sur le montant des travaux, et de 2
« pour 100 seulement sur les travaux en cours d'exé-
« cution le 23 mai 1868 ; que si, avant l'époque pres-
« crite pour l'achèvement des travaux, la Ville a cru
« devoir supprimer le service d'ingénieur dont était
« chargé le sieur Hepp, et si celui-ci, par suite de
« cette suppression d'emploi, s'est vu enlever la direc-
« tion des travaux restant à exécuter, cette mesure a
« causé au sieur Hepp un préjudice dont il lui est dû
« réparation ; qu'il sera fait une juste appréciation de
« l'indemnité à laquelle a droit le sieur Hepp, en con-
« damnant la ville de Toulouse à lui payer, en sus des
« honoraires auxquels il a droit pour tous les travaux
« terminés le 20 janvier 1870, un honoraire de 3
« pour 100 sur les travaux compris dans l'avant-projet,

« et étant, au 20 janvier 1870, en voie d'exécution, et
« un honoraire de 1 1/2 pour 100 pour les tra-
« vaux non encore commencés à cette époque, et pour
« lesquels il n'a été fait qu'un avant-projet. »

476. En l'absence de traitement fixe, les honoraires
de l'architecte peuvent avoir été déterminés par le
cahier des charges de l'entreprise ou plus généralement
par la convention des parties. Cette convention ne peut
qu'être exécutée (28 novembre 1855, *Comm. de Vau-
couleurs*, 663 ; 28 mai 1866, *Comm. de Firminy*, 531 ;
10 juillet 1874, *Fabrique de N.-D. d'Oloron*, 671) :

« Considérant, dit l'arrêt de 1866, que le devis
« dressé pour la construction de l'église de Firminy,
« approuvé par le Conseil municipal, fixe à 7 pour 100
« les honoraires de l'architecte, en y comprenant les
« frais de voyage et de direction des travaux ; Consi-
« dérant que les honoraires demandés par le sieur
« Desjardins sont calculés seulement sur le montant des
« dépenses prévues au devis et ne comprennent pas les
« autres travaux ; que, dès lors et dans ces circons-
« tances, la commune n'est pas fondée à en demander
« la réduction. »

477. Dans le silence de la convention, il faut appliquer, s'il en existe un, le règlement général sur le
service des travaux communaux dans le département,
auquel les parties sont censées s'être référées (24 février 1858, *Grandidier*, 124).

A défaut, on doit avoir recours à l'arrêté de pluviôse
an VIII, s'il est en usage dans le département (18 décembre 1862, *Raymond*, 833 ; circulaire du préfet de la
Mayenne, D. 47, 3, 54 ; 9 août 1870, *Fauré*, 1050).
L'usage de la plupart des départements est conforme à

cet arrêté (Circ. Min. int., 9 septembre 1865 ; V. *infrà*, n. 480).

478. Les honoraires ne sont calculés que sur les travaux régulièrement approuvés. La loi du 27 juin 1833 contient à cet égard une disposition formelle : Art. 20. « Il ne sera accordé aux architectes aucun « honoraire ni indemnité pour les dépenses qui excè- « deront le devis. » Cette règle a été appliquée par un grand nombre d'arrêts (2 mai 1866, *Moinard*, 420 ; 21 janvier 1869, *Varin*, 71 ; 7 avril 1869, *Comm. de Cou-langes*, 328 ; 2 juin 1869, *du Waast*, 564 ; 18 mars 1870, *Eglise de Jallais*, 609). Citons une décision récente (23 novembre 1877, *Bossan*, 925) :

« Considérant que, par délibération du 4 novembre « 1856, le Conseil municipal de la commune de Régny « a adopté un projet de reconstruction de l'église de « cette commune, qui avait été dressé par les sieurs « Bossan et Léo et qui limitait à 88,000 francs, y « compris les honoraires des architectes, la dépense « totale que devait entraîner cette entreprise ; qu'il « résulte de l'instruction qu'au cours des travaux, les « sieurs Bossan et Léo ont, sans autorisation régulière « du Conseil municipal et conformément aux instruc- « tions du maire et du curé, qui n'avaient pas qualité « pour modifier les plans, apporté différents change- « ments au devis primitif, consistant notamment dans « la construction d'une crypte et d'une tribune et dans « la ciselure des moellons ; que la dépense de cons- « truction de l'église s'est élevée à plus de 164,000 « francs ; et que, dans ces circonstances, c'est avec « raison que le Conseil de préfecture a décidé qu'il « n'y avait pas lieu d'allouer aux requérants d'hono-

« raires pour les travaux qui ont excédé les prévisions
« du devis approuvé par le Conseil municipal. »

On a vu plus haut que la construction de travaux
non régulièrement approuvés peut avoir des conséquences plus graves, et engage la responsabilité de
l'architecte comme celle des ordonnateurs (V. *suprà*,
n. 261 et suiv.).

479. Il y aurait toutefois exagération à refuser
tout honoraire sur les travaux ou dépenses non prévus
d'avance, mais devenus nécessaires sans faute imputable à l'architecte. En principe donc, les honoraires
ne sont pas calculés seulement sur le devis, mais bien
sur le décompte définitif (27 février 1862, *Verrolles*,
165 ; 27 avril 1870, *Jacquemin*, 496 ; 19 novembre
1875, *Bodin*, 929). On lit dans ce dernier arrêt :

« Sur les conclusions du sieur Bodin-Legendre, ten-
« dant à ce qu'il soit décidé que c'est à tort que le
« Conseil de préfecture a refusé de calculer ses hono-
« raires sur l'augmentation de 15 pour 100 accordée
« à l'entrepreneur en cours d'exécution :

« Considérant qu'il résulte de l'instruction que la
« commune de Mazamet s'était engagée à allouer au re-
« quérant, sur la dépense totale des travaux de cons-
« truction de l'église, des honoraires fixés à 5 pour 100 ;
« qu'en cours d'exécution, le Conseil municipal a décidé
« qu'une augmentation de 15 pour 100 sur tous les
« prix du devis serait allouée à l'entrepreneur, et que
« cette augmentation porterait tant sur les travaux faits
« que sur les travaux restant à faire ;

« Qu'il est établi que cette allocation a eu pour cause
« l'insuffisance des prix portés au devis et que l'insuffi-
« sance de ces prix provient des modifications opérées

« par la Commission municipale qui a revisé la série
« des prix préparée par le sieur Bodin-Legendre ; que,
« dans ces circonstances, la commune n'est pas fondée
« à soutenir que l'augmentation accordée à l'entre-
« preneur sur tous les prix du devis ne doit pas être
« considérée comme faisant partie de la dépense totale
« nécessitée par l'exécution des travaux et ne constitue
« qu'une gratification destinée à indemniser cet entre-
« preneur de l'élévation des prix des matériaux sur-
« venue en cours d'exécution ; que, dès lors, c'est à tort
« que le Conseil de préfecture a refusé de calculer les
« honoraires du sieur Bodin-Legendre sur la somme
« représentant cette augmentation. »

480. Une circulaire du Ministère de l'Intérieur, du
9 septembre 1865, a appelé l'attention des préfets sur
l'inconvénient des augmentations de dépense (D. 66,
3, 21). Après avoir rappelé que la rémunération de
l'architecte est ordinairement proportionnelle, le Ministre continue en ces termes :

« Si ce mode de rétribution est en lui-même à l'abri
« de toute critique, il doit être entouré de certaines
« garanties. Il a, en effet, l'inconvénient de provoquer
« indirectement à des augmentations de dépense,
« puisqu'à ces augmentations correspond, pour l'ar-
« chitecte, un accroissement équivalent de ses béné-
« fices. Il tend par suite à accroître, dans une propor-
« tion imprévue et qui peut devenir très préjudiciable
« à leur situation financière, les charges des dépar-
« tements, des communes et des établissements pu-
« blics.

« Ce n'est pas, je m'empresse de le reconnaître,
« qu'il y ait lieu de craindre un calcul intéressé des

« hommes honorables et dévoués auxquels les admi-
« nistrations départementales ou communales confient
« ces travaux ; mais, s'ils sont incapables de céder à
« une préoccupation pécuniaire, il leur est plus diffi-
« cile de résister aux entraînements de leur art et à
« l'attrait qui les porte au développement et au per-
« fectionnement de leur œuvre. D'ailleurs, il n'est pas
« bon de placer les hommes entre leur intérêt et leur
« devoir ; c'est par cette porte que se glissent des abus
« qui sont rares, exceptionnels, si l'on veut, mais qu'on
« doit s'appliquer à rendre impossibles.

« On échapperait à ces inconvénients en stipulant
« que le taux des honoraires, pour la portion afférente
« aux dépenses faites en excédent des devis, diminuera
« à mesure que le devis sera dépassé, et même qu'au-
« cun honoraire ne sera alloué au delà d'une certaine
« quotité.

« Ces dispositions, convenablement calculées dans
« chaque affaire, suivant les circonstances particulières
« qu'elle pourrait présenter, me paraissent pouvoir
« s'appliquer à la généralité des cas, et elles auraient à
« mes yeux le grand avantage d'obliger à une étude
« approfondie des devis. Cette étude ne saurait être
« faite avec trop de soin ; elle est cependant indispen-
« sable et pour la responsabilité de l'administration et
« pour le contrôle des conseils généraux ou municipaux,
« et pour la mission technique de l'architecte. Ce der-
« nier aura un intérêt direct à établir aussi exactement
« que possible ses prévisions, puisque sa rémunération
« ne lui appartiendra tout entière que pour les dé-
« penses qu'il aura à l'avance indiquées.

« Cette combinaison me paraît donc offrir des avan-

« tages réels ; dans quelques cas, elle pourrait devenir
« d'une application difficile ou d'une rigueur excessive ;
« mais l'administration fera la part de ces circonstances
« exceptionnelles dans un esprit de bienveillante équité.
« Je ne veux que poser une règle générale ; j'en remets
« l'exécution et j'en recommande le maintien à votre
« sollicitude éclairée. »

481. Les architectes ont-ils droit à une indemnité
pour frais de voyage et de déplacement?

Tout dépend de la convention. Ces frais ne sont certainement pas dus si l'architecte n'a pas demandé de
dérogation aux usages suivis dans le département, et les
comprenant dans les 5 p. 100 alloués (4 avril 1879,
Fivel, 307).

Il semble même qu'il en soit ainsi, en général, lorsque l'architecte, en se chargeant de la direction des travaux, n'a pas stipulé qu'ils ne seraient pas compris
dans les 5 p. 100 (6 mars 1874, *Vramant,* 215) :

« En ce qui touche la somme de 353 fr. 95 réclamée
« par le sieur Vramant pour ses frais de déplacement,
« à raison de quatorze voyages de Dreux à Gilles et pour
« frais de correspondance ;

« Considérant que le sieur Vramant n'ignorait pas,
« lorsqu'il a rédigé le devis des travaux, que la cons-
« truction dont il avait accepté la direction devait avoir
« lieu dans la commune de Gilles et qu'il serait tenu
« de s'y transporter ; que le requérant a prévu au devis
« une somme de 348 fr. 70 pour ses honoraires, sans
« faire aucune réserve relativement à ses frais de dépla-
« cement ni de correspondance ; que, dans ces circons-
« tances, il n'est pas fondé à soutenir que les frais dont
« s'agit ne sont pas compris dans la somme qui lui a été

« allouée à titre d'honoraires à raison de 5 p. 100 du
« montant des travaux. »

Il peut cependant, dans une telle situation, être dû
indemnité à l'architecte pour dépenses ou pour études
(V. les numéros suivants).

482. Les projets non exécutés des communes ont
souvent donné lieu à des difficultés.

Les honoraires ne sont pas dus, si l'inexécution a eu
pour cause un fait imputable à l'architecte, par exemple,
si les projets n'étaient pas susceptibles d'exécution
comme entraînant une dépense supérieure à la dépense
admise par la commune (23 juin 1864, *Narjoux*, 595 ;
9 avril 1870, *Fauré*, 1050 ; 21 janvier 1871, *Fournier*,
10 ; 27 février 1874, *Vramant*, 215 ; V. encore 2 août
1870, *Macé*, 986 ; 28 juillet 1879, *Meisler*, 176). L'arrêt
du 27 février 1874 est ainsi conçu :

« En ce qui touche la somme de 144 fr. 60, récla-
« mée par le requérant pour frais de rédaction d'un
« premier projet qui n'aurait pas été exécuté :

« Considérant que s'il n'a pas été donné suite à ce
« projet, c'est qu'il entraînait pour la commune une
« dépense supérieure à celle qui avait été indiquée à
« l'architecte ; que, d'ailleurs, celui-ci a continué à
« diriger les travaux, après avoir soumis au Conseil
« municipal et fait accepter par lui le projet qui a été
« exécuté ; que, dans ces circonstances, il n'est pas
« fondé à prétendre à une allocation spéciale pour la
« rédaction du projet dont s'agit. »

Il est dû des honoraires pour la rédaction des projets,
si les travaux n'ont pas été exécutés par la volonté de la
commune (18 décembre 1856, *Dewarlez*, 723 ; 22 septembre 1859, *Dewarlez*, 664 ; 11 décembre 1862, *Comm.*

de Solignac, 770 ; 11 juillet 1867, *Ville de Cannes*, 647 ;
17 janvier 1873, *Ville de Pontarlier*, 77 ; 7 février 1873,
Vramant, 141 ; 9 janvier 1874, *Alaux*, 33). Ce dernier arrêt porte :

« Considérant qu'il résulte de l'instruction et notam-
« ment de l'avis du Conseil général des bâtiments
« civils, que si les plans et devis dressés sur la demande
« du maire de la commune d'Arès par le sieur Alaux,
« pour la construction d'une église, n'ont été ni ap-
« prouvés par l'autorité municipale, ni mis à exécution,
« ces projets constituaient cependant un travail com-
« plet et satisfaisant ; qu'il suit de là qu'en ne condam-
« nant la commune d'Arès à payer au requérant qu'une
« somme de 500 francs, le Conseil de préfecture n'a
« alloué à celui-ci qu'une rémunération insuffisante, et
« qu'il sera fait une juste appréciation des hono-
« raires auxquels il a droit en élevant ladite somme à
« 1,200 francs. »

483. Des honoraires pour rédaction des projets sont
dus si l'exécution de ces projets a été confiée à un autre
architecte (7 mars 1873, *Bartholdi*, 218).

« Considérant qu'en vertu de la délibération susvi-
« sée du Conseil municipal du 18 avril 1850, le sieur
« Bartholdi a été invité à dresser pour la ville de Mar-
« seille un projet avec plan et devis estimatif pour la
« construction d'un musée et d'un château d'eau au
« plateau de Longchamps ; qu'il a présenté au Conseil
« municipal plusieurs projets appuyés de dessins,
« plans et devis ; que si un autre architecte, le sieur
« Espérandieu, a été ensuite chargé de préparer un
« nouveau projet et d'en diriger l'exécution, il résulte
« de l'instruction que les projets présentés antérieure-

« ment par le sieur Bartholdi ont été utilisés par la ville
« de Marseille pour la construction du monument
« qu'elle a fait élever au plateau de Longchamps ;

« Considérant qu'indépendamment des 8,770 francs
« que le requérant a reçus à titre de remboursement
« des frais nécessités par ses études, il a droit à des
« honoraires ; que la somme de 3,230 francs, qui lui a
« été allouée par le Conseil de préfecture est insuffi-
« sante et qu'il sera fait une juste évaluation des hono-
« raires qui lui sont dus, en les fixant à la somme de
« 5,000 francs. »

484. Il est également dû des honoraires, quoique
moindres, si le travail de l'architecte n'a pu être uti-
lisé qu'après avoir été remanié (10 mars 1853, *Ramée*,
322 ; 8 décembre 1853, *Ville de Lille*, 1030 ; 25 février 1864, *Durand*, 204 ; 26 janvier 1877, *Racine*,
110).

« Considérant, porte l'arrêt de 1864, que les sieurs
« Durand et Guichenné soutiennent qu'ils ont droit, à
« raison des plans qu'ils ont dressés et des devis qu'ils
« ont rédigés pour la reconstruction de l'hôpital Saint-
« Léon à Bayonne, à des honoraires calculés à 1 2/3
« p. 100 de la dépense totale des travaux pour la ré-
« daction des projets et devis demandés par l'adminis-
« tration, approuvés ou susceptibles de l'être ou en état
« d'être mis en adjudication ;

« Qu'il résulte de l'instruction que le projet pré-
« senté par les sieurs Durand et Guichenné n'a pas été
« approuvé par l'autorité supérieure, et qu'il n'est pas
« justifié par les requérants que ce projet fût en état
« d'être mis en adjudication ;

« Que, dès lors, les requérants ne sont pas fondés

« à soutenir qu'ils ont droit à des honoraires calculés
« d'après les bases fixées par l'article précité;

« Mais considérant que le Conseil de préfecture, en
« fixant à 200 francs la somme que les hospices de la
« ville de Bayonne seraient condamnés à payer aux
« requérants pour solde de l'indemnité qui leur est
« due, n'a pas fait une appréciation suffisante du tra-
« vail de ces architectes, et qu'il y a lieu de fixer cette
« indemnité à 2,500 francs, non comprise la somme
« de 1,300 francs précédemment payée aux requé-
« rants » (V. encore 3 décembre 1880, *Giraud*, 972).

485. Lorsqu'un projet est mis au concours, l'architecte qui l'emporte sur ses concurrents peut-il exiger
que la direction des travaux lui soit confiée ou que des
dommages-intérêts lui soient payés?

La négative est certaine, si l'administration s'est
réservé le droit d'apprécier la convenance des projets
et décide qu'aucun d'eux ne remplit rigoureusement les
conditions du programme (4 février 1858, *Grandidier*,
124; 26 janvier 1877, *Racine*, 110).

« Considérant, dit ce dernier arrêt, qu'un concours
« ayant été ouvert en vertu d'une délibération du Con-
« seil municipal de Cannes pour la rédaction des plans
« de construction de l'Hôtel-de-Ville, le jury chargé de
« juger le concours, tout en classant par ordre de mé-
« rite les deux projets qui lui étaient soumis et en attri-
« buant le n° 1 à celui du sieur Racine, a déclaré que
« ni l'un ni l'autre desdits projets ne remplissait ri-
« goureusement les conditions du programme, et qu'il
« y aurait lieu de les combiner pour la rédaction d'un
« nouveau plan; que, dès lors, le sieur Racine n'ayant
« pas rempli les conditions du concours, ne pouvait se

« prévaloir de la disposition d'après laquelle l'auteur
« du projet qui aurait obtenu le n° 1 devait être chargé
« de l'exécution des travaux. »

Il en est autrement et l'administration est engagée, si
la direction des travaux a été promise à l'auteur du
projet classé le premier, et si l'un des concurrents est
ainsi classé, comme remplissant parfaitement les conditions du concours (4 avril 1879, *Glaize*, 306).

« Considérant qu'il résulte de la délibération sus-
« visée du Conseil municipal de Charleville du 24 août
« 1876 et approuvée, à titre de programme, par arrêté
« préfectoral du 12 septembre suivant, que le projet
« de reconstruction de la Bibliothèque communale
« serait mis au concours et que l'auteur du projet
« classé le premier serait chargé de la direction des
« travaux ; que ce programme ne fixait aucun maximum
« de dépense et imposait seulement aux concurrents
« l'obligation de joindre à leurs dessins un mémoire
« descriptif et une estimation des travaux ;

« Considérant qu'il résulte du procès-verbal dressé
« par la Commission chargée de l'examen des projets,
« que le projet du sieur Glaize devait être classé le
« premier comme répondant parfaitement aux de-
« mandes du programme et que ledit projet serait d'une
« exécution facile et peu coûteuse, lorsque son auteur
« aurait remanié son devis en admettant des matériaux
« du pays d'un prix beaucoup moins élevé, à l'effet de
« ramener la dépense à la somme de 100,000 francs ;
« qu'il n'est pas contesté que le sieur Glaize a offert
« d'effectuer les remaniements, d'ailleurs peu impor-
« tants, signalés par la Commission précitée ; que,
« dans ces circonstances, ledit sieur Glaize était fondé

« à se prévaloir de la disposition d'après laquelle l'au-
« teur du projet classé le premier devait être chargé
« de la direction des travaux, et, en cas de refus du
« Conseil municipal de lui confier cette direction, à
« réclamer une indemnité représentant le préjudice
« résultant pour lui de ce refus ; qu'il résulte de l'ins-
« truction qu'en allouant au sieur Glaize une somme
« de 2,500 francs, il sera fait une juste appréciation
« de ce préjudice. »

486. Parlons maintenant des fonctionnaires et agents de l'administration.

Un décret du 10 mai 1854 règle les honoraires et frais de déplacement dus aux ingénieurs des ponts et chaussées pour leur intervention dans les affaires d'intérêt communal et privé.

Les travaux qui rentrent essentiellement dans leurs fonctions sont rémunérés par leur traitement (décret du 11 décembre 1861), et par les allocations et indemnités à eux payées par l'Etat pour frais de bureau et de tournée et autres dépenses de service, travaux extraordinaires et changements de destination dans l'intérêt du service (V. notamment décret du 11 décembre 1851, art. 6).

C'est ce que l'article 1ᵉʳ du décret du 10 mai 1854 rappelle en ces termes : « Les ingénieurs des ponts et
« chaussées et les agents placés sous leurs ordres ne
« reçoivent aucune rémunération, à titre soit d'hono-
« raires ou de vacations, soit de frais de voyage et de sé-
« jour, à la charge des communes ou parties inté-
« ressées, lorsque leur déplacement ou leurs opérations
« ont pour objet les vérifications ou constatations à
« faire, dans l'intérêt public, pour assurer l'exécution

« des lois et règlements généraux et particuliers, et
« notamment, etc.... »

487. Des frais de voyage et de séjour leur sont dus
pour le cas de déplacement dans l'intérêt des établissements publics et des particuliers. L'article 2 porte à
cet égard :

« Les ingénieurs et les agents sous leurs ordres ont
« droit à l'allocation de frais de voyage et de séjour à
« la charge des intéressés, sans honoraires ni vacations,
« lorsque leur déplacement a pour objet, 1° la rédac-
« tion d'avant-projets ou rapports préparés, sur la de-
« mande des intéressés, pour constater l'utilité de tra-
« vaux d'endiguement, de curage, de dessèchement,
« d'irrigations ou autres ouvrages analogues, à l'égard
« desquels l'intervention des ingénieurs a été réguliè-
« rement autorisée pour le compte de communes ou
« d'associations territoriales ; la rédaction d'office des
« mêmes avant-projets, quand ils sont suivis d'exécu-
« tion, après avoir été adoptés par les intéressés, ou
« quand les travaux sont ordonnés par l'administration,
« dans le cas où les règlements particuliers lui en au-
« raient réservé le droit ; la vérification, s'il y a lieu,
« des projets de même nature présentés par les parti-
« culiers, les communes ou les associations territoriales ;
« 2° le contrôle des travaux, lorsque l'exécution n'est
« pas confiée à un ingénieur, ainsi qu'il est prévu à
« l'article 4, et lorsque ce contrôle est expressément
« réservé ou prescrit par les règlements spéciaux qui
« autorisent les travaux ou les associations ; 3° le con-
« trôle en cours d'exécution et la réception, après
« achèvement, des ouvrages exécutés par voie de con-
« cession de péage, tels que rectification de routes,

« ponts, canaux, ou autres travaux concédés, lorsque
« l'obligation de payer les frais de cette nature a été
« stipulée au cahier des charges de la concession ;
« 4° l'instruction de demandes relatives à l'établisse-
« ment d'usines hydrauliques, d'étangs, de barrages ou
« de prises d'eau d'irrigation, ou à la modification de
« règlements déjà existants ; la réglementation, s'il y a
« lieu, des mêmes établissements, lorsqu'ils existent
« déjà sans être pourvus d'autorisations régulières ; le
« récolement des travaux prescrits par les règlements ;
« la vérification, postérieurement au récolement, des
« points d'eau et ouvrages régulateurs des usines hy-
« drauliques, étangs, barrages et prises d'eau d'irri-
« gation, lorsque cette vérification a lieu sur la de-
« mande d'un intéressé ; 5° l'instruction des demandes
« en concession de dunes ou de lais et relais de mer.»

Les allocations dues aux agents des ponts et chaussées, pour travaux imposés à un particulier à l'effet de
donner les dimensions réglementaires aux ouvrages
établis dans son intérêt sur une rivière, sont dus par le
particulier, bien qu'ils aient été ordonnés sur la réclamation d'un tiers (28 mars 1879, *Lemoigne-Dutaillis*,
266).

488. Les frais de voyage sont ainsi réglés par l'article 3 :

« Les frais de voyage dus aux ingénieurs ou aux
« agents sous leurs ordres sont calculés d'après le
« nombre des kilomètres parcourus, tant à l'aller qu'au
« retour, à partir de leur résidence, et à raison de
« cinquante centimes par kilomètre pour les ingénieurs
« en chef; trente centimes pour les ingénieurs ordi-
« naires ; vingt centimes pour les conducteurs ou pi-

« queurs. Ce tarif est réduit de moitié pour tous les
« trajets effectués en chemin de fer. Les frais de sé-
« jour sont réglés, par jour, pour les ingénieurs en
« chef, à douze francs ; pour les ingénieurs ordinaires
« à dix francs ; pour les conducteurs ou employés se-
« condaires, à cinq francs. Lorsque les ingénieurs se
« sont occupés, dans une même tournée, de plusieurs
« affaires donnant lieu à l'allocation de frais de voyage,
« le montant total de ces frais est calculé d'après la
« distance effectivement parcourue, et réparti entre
« les intéressés proportionnellement aux frais qu'eût
« exigés l'instruction isolée de chaque affaire. Il est
« procédé de la même manière pour les frais de sé-
« jour. Il n'est pas alloué de frais pour les déplace-
« ments qui n'excèdent pas les limites de la commune
« où résident les ingénieurs. »

489. Enfin, des honoraires sont dus aux ingénieurs
et agents placés sous leurs ordres, lorsqu'ils prennent
à certains travaux une part active, sans y être astreints
par les lois et règlements.

Art. 4. « Les ingénieurs des ponts et chaussées et
« les agents placés sous leurs ordres ont droit à l'al-
« location d'honoraires à la charge des intéressés, sans
« frais de voyage et de séjour ni vacations, lorsqu'ils
« prennent part, sur la demande des communes ou des
« associations territoriales, et avec l'autorisation de
« l'administration, à des travaux à l'égard desquels
« leur intervention n'est pas rendue obligatoire par
« les lois et règlements généraux, notamment, lors-
« qu'ils sont chargés de la rédaction des projets défi-
« nitifs et de l'exécution de travaux d'endiguement, de
« curage, de dessèchement, d'irrigation ou autres ou-

« vrages analogues qui s'exécutent aux frais de ces
« communes ou associations territoriales, avec ou sans
« subvention du gouvernement. »

490. En ce qui concerne le taux de la rémunération,
le décret du 7 fructidor an XII portait : « Les hono-
« raires seront déterminés par le temps qu'ils auront
« employé, soit à faire des plans et projets, soit à en
« suivre l'exécution, sans que la base puisse être établie
« sur l'étendue des dépenses. »

L'article 4 du décret de 1854 établit une règle contraire : « Ces honoraires sont calculés d'après le chiffre
« de la dépense effectuée sous leur direction, déduc-
« tion faite de la part contributive du Trésor public, et
« à raison de quatre pour cent pour les premiers qua-
« rante mille francs et de un pour cent pour le sur-
« plus. »

« Ils sont partagés entre les ingénieurs et les agents
« dans la proportion qui sera déterminée par un ar-
« rêté ministériel.

« Les salaires des surveillants spéciaux sont imputés
« séparément sur les fonds des travaux.

« Il n'est pas dû d'honoraires sur les fonds fournis
« par des tiers, pour concourir à des travaux d'intérêt
« général à la charge de l'Etat.

« Dans les cas où les ingénieurs et agents des ponts
« et chaussées, qui ont pris part à la rédaction des pro-
« jets définitifs, ne sont pas chargés de l'exécution des
« travaux, ils reçoivent seulement la moitié des hono-
« raires stipulés ci-dessus » (art. 4).

On verra plus loin que les honoraires ainsi réglés
conservent le caractère d'une indemnité et ne permettent pas d'assimiler les ingénieurs aux archi-

tectes. Ainsi, ces fonctionnaires ne sont pas ici soumis à la responsabilité décennale (V. *infrà*, n. 518).

Dans tous les cas prévus par les articles 1, 2, 4, les frais d'opération et d'épreuve sont supportés par les intéressés (art. 5).

491. Les formes du règlement et du recouvrement des frais de voyage et de séjour, comme des honoraires, sont déterminées par les articles 6 et 7 :

Art. 6. « Les frais de voyage et de séjour, dans les « cas prévus par l'article 2, font l'objet d'états énon- « çant la date du déplacement, la distance parcourue « et le temps employé hors de leur résidence par cha- « cun des ingénieurs et des agents placés sous leurs « ordres.

« Lorsqu'il y a lieu d'appliquer l'article 4 du pré- « sent règlement, les honoraires sont réglés par des « certificats constatant le degré d'avancement des tra- « vaux et le montant des dépenses faites. Les frais d'o- « pération ou d'épreuve sont justifiés dans les formes « prescrites pour la justification des dépenses en régie « dans le service des ponts et chaussées. Le tout est « soumis par l'ingénieur en chef à l'approbation du « préfet.

Article 7. « Après la vérification des pièces, le préfet « arrête l'état des frais ou honoraires. Cet état est no- « tifié aux parties, accompagné d'une expédition des « pièces justificatives. Le recouvrement s'opère confor- « mément aux dispositions de l'article 75 du décret du « 7 fructidor an XII. »

492. L'article 75 du décret du 7 fructidor an XII porte « qu'il sera procédé au recouvrement par voie de « contrainte, comme en matière d'administration. »

En conséquence, les agents de l'Administration de l'enregistrement et des domaines étaient chargés du recouvrement de ces frais. Mais les tribunaux civils ont seuls compétence pour connaître de l'opposition aux contraintes émanées de ces agents, tandis que la contestation relative au point de savoir par qui et dans quelle mesure doivent être supportées les conséquences de mesures ordonnées par l'autorité administrative, appartient par sa nature aux tribunaux administratifs. Il suit de là que le tribunal devait être saisi de l'opposition, puis surseoir à statuer jusqu'à ce que le Conseil de préfecture eût prononcé sur le fond (2 août 1848, *Syndicat des digues d'Allex*, 486 ; 1er décembre 1849, *Syndicat des digues de Balafray*, 675 ; 12 décembre 1851, *Crispon*, 748 ; Trib. confl. 20 novembre 1850, *Daube*, 840).

493. La règle a été simplifiée par un décret du 27 mai 1854, ainsi conçu : « Les mandats exécutoires « déclarés par les préfets pour frais et honoraires de « toute nature auxquels donnent lieu les travaux d'in- « térêt public exécutés d'office ou de gré à gré à la « charge des particuliers, seront recouvrés par les « percepteurs des contributions directes. »

Il est de règle que le recouvrement par les percepteurs des contributions directes entraîne attribution des contestations au Conseil de préfecture. Ces Conseils ont donc pleine compétence pour le jugement des oppositions dont il s'agit (4 mai 1854, *Rousselle*, 367 ; 17 mars 1857, *Séguin*, 204 ; 7 décembre 1877, *Min. trav. publ. c. Despagne*, 970 ; 28 mars 1879, *Min. trav. publ. c. Lemoyne*, 265.)

494. Les ingénieurs et autres agents de l'Etat peuvent

27

enfin, toujours avec l'autorisation de l'administration, se charger de la direction de travaux pour le compte des communes et établissements publics dans les mêmes conditions que les architectes (V. 12 novembre 1880, *Ramon*, 875).

En ce cas, ils sont absolument assimilés aux architectes. On verra plus loin qu'ils restent soumis à la responsabilité décennale (V. *infrà*, n. 519).

495. Les ingénieurs ont à réclamer des frais et honoraires, lorsqu'ils sont chargés de procéder à des expertises.

Il sera question plus loin des frais et honoraires d'expertise (V. *infrà*, n. 567).

496. L'architecte chargé d'un travail par un particulier a certainement le droit de rétention sur les pièces relatives à ce travail, jusqu'à son parfait payement. Car ce droit est reconnu à quiconque détient un objet à l'occasion du contrat d'où est née sa créance. Il appartient à tout mandataire (Rej. 10 août 1870, *Alazet*, D. 71, 1, 40).

Le droit de rétention ne peut être invoqué par l'architecte d'un département ou même d'une commune, quand il a été nommé en cette qualité : les pièces à lui confiées sont, en quelque sorte, une dépendance du service qu'il dirige, et possédées par lui au nom du département ou de la commune (Paris, 14 décembre 1869, *Sénèque*, Sir. 70, 2, 83).

Cette considération ne saurait être opposée à l'architecte lié, par un contrat spécial, à la direction d'une ou de plusieurs constructions.

497. Les contestations relatives aux honoraires réclamés par un architecte à l'administration, à l'occasion de travaux publics, sont de la compétence du Conseil de préfecture. Car ces honoraires sont réclamés à l'occasion d'un travail public :

« Attendu que l'action intentée par l'architecte Fauvelle contre la commune de Doullens avait pour objet « le payement d'honoraires de plans et devis dressés « par ordre de l'ancien maire pour la construction d'un « hôtel de ville ; attendu que cette action se rattachait « à des travaux publics d'utilité communale, et qu'elle « était ainsi de la compétence administrative » (Cass. civ., 28 juin 1853, *Vast*, D. 53, 1, 296 ; Trib. confl., 22 novembre 1851, *Lauvernay*, 685 ; C. d'Et., 1er mars 1860, *Bonnard*, 180 ; 20 novembre 1862, *Brunet*, 741 ; 22 janvier 1863, *Lenormand*, 67 ; 4 juin 1880, *Vigier*, 520).

Les Conseils de préfecture règlent encore les honoraires des travaux analogues à ceux d'un architecte, tels que ceux d'arpentage, bornage et levée de plans des chemins publics d'une commune (9 janvier 1849, *Molicart*, 22), ceux de levée de plans pour le curage d'une rivière non navigable (7 décembre 1854, *Bryon*, 941).

La compétence du Conseil de préfecture comprend encore les contestations entre une commune et l'ingénieur des ponts et chaussées qui s'est chargé d'un travail pour cette commune et a fait une convention avec elle. On prétendrait en vain que le règlement des honoraires doit, tout d'abord, être fait par le préfet, conformément au décret du 10 mai 1854 (V. *suprà*, n. 491). Ce décret est étranger au cas où il s'agit uniquement de déterminer le sens et la portée d'une convention, et où, par conséquent, les parties tombent sous la pleine application de l'article 4 de la loi du 28 pluviôse an VIII (26 décembre 1867, *Ville du Mans*, 961).

498. N'oublions pas que la loi de pluviôse est faite uniquement pour les travaux publics, et non pour ceux qui se rapportent au domaine privé de l'Etat, des communes, des établissements publics. Nous avons fait ressortir la différence qui, sous ce rapport, sépare les travaux publics et les travaux privés (V. *suprà*, n. 10). Plusieurs arrêts ont marqué cette distinction en matière d'honoraires.

« Considérant qu'il résulte de l'instruction que les « travaux d'arpentage, de levée de plans et d'estima- « tion, que le sieur La Florentie a exécutés pour le « compte de la commune de Montbéton, avaient prin- « cipalement pour objet de préparer la vente des ter- « rains que la commune se proposait d'aliéner ; que, « dès lors, les difficultés auxquelles peut donner lieu « l'exécution de ces travaux ne sauraient rentrer dans « celles dont l'article 4 de la loi du 28 pluviôse an VIII « a réservé la connaissance au Conseil de préfecture » (29 août 1865, *Comm. de Montbéton*, 886 ; Trib. confl., 8 novembre 1851, *Brun*, 654).

499. La compétence du Conseil de préfecture suppose que la rémunération est réclamée à l'occasion d'un travail public, et non pas seulement qu'elle se rattache, d'une manière indirecte, à l'exécution de travaux publics. Elle ne comprend donc pas la demande en indemnité formée par un agent voyer révoqué, à raison de la privation de son emploi.

« Considérant que le sieur Meister, nommé architecte « voyer de la ville de Constantine par arrêté du maire, « était un employé municipal, dans les attributions

« duquel rentraient l'exécution et la surveillance des
« travaux publics; que la demande en une indemnité
« de 6,000 francs est fondée exclusivement sur le dom-
« mage résultant de la privation de son emploi, et ne
« soulève aucune difficulté relative aux travaux publics
« exécutés sous ses ordres ; que, dès lors, cette demande
« ne rentre pas dans celles sur lesquelles il appartient
« au Conseil de préfecture de statuer » (28 février
1879, *Meister*, 176 ; V. dans le même ordre d'idées,
Trib. confl., 17 mai 1873, *Michallard*, 1873, 2ᵉ partie,
p. 102 ; 14 juin 1879, *Labrebis*, 504 ; V. *suprà*, n. 2).

Le Conseil d'Etat a cependant admis la compétence
administrative à l'occasion d'une demande d'indemnité
formée par l'ingénieur ordinaire de la ville de Toulouse contre cette ville. Le demandeur réclamait tout à
la fois la continuation de son traitement, jusqu'à l'achèvement d'une entreprise de fontaines publiques, et des
dommages-intérêts pour la rupture d'un marché relatif
à la distribution des eaux. Dans ces circonstances particulières, le traitement a paru pouvoir être considéré
comme l'honoraire d'un travail public déterminé (23 janvier 1874, *Hepp*, 841 ; V. Paris, 14 décembre 1869,
Sénèque, Sir. 70, 2, 83 .

CHAPITRE XII

RESPONSABILITÉ DÉCENNALE

500. A l'occasion de la réception provisoire et de
la réception définitive, nous nous sommes occupé du
délai de garantie, pendant lequel l'entrepreneur est responsable des travaux (V. *suprà*, n. 384).

La réception définitive met fin au délai de garantie
(V. *suprà*, n. 386).

Faut-il conclure de là qu'à dater de cette réception,
les accidents qui peuvent se produire dans l'ouvrage,

sa ruine même, ne puissent être la base d'aucune action contre l'entrepreneur ?

En droit civil, la question ne saurait se poser : le
Code civil établit en termes formels le principe de la
responsabilité des constructeurs dans les termes suivants :

« Si l'édifice construit à prix fait périt en tout ou
« partie par le vice de la construction, même par le
« vice du sol, les architectes ou entrepreneurs en sont
« responsables pendant dix ans » (art. 1792).

« Après dix ans, l'architecte et les entrepreneurs
« sont déchargés de la garantie des gros ouvrages qu'ils
« ont faits ou dirigés » (art. 2270).

Ces articles doivent être complétés par les articles
1382 et 1383, portant que chacun est responsable du
dommage causé par son fait ou sa négligence contraires
au droit, et par les articles 1142 et suivants, relatifs à
l'exécution des obligations.

Nous avons, dans un autre ouvrage, examiné dans le
plus grand détail toutes les questions auxquelles a
donné lieu l'application de ces articles (*Législation des
Bâtiments*, t. 1, nᵒˢ 78 à 164). Nous ne pouvons que
nous référer à ces développements.

501. En matière de travaux publics, y a-t-il lieu
d'appliquer les articles 1792 et 2270, et de déclarer
les constructeurs responsables après la réception?
On peut remarquer que les clauses et conditions générales des ponts et chaussées ne parlent pas de responsabilité décennale (V. les art. 46 et 47 ; *suprà*, n. 376
et 381). D'ailleurs, l'État n'est pas dans l'usage de
poursuivre, à l'occasion des travaux de ce service, la
réparation des vices de construction qui se manifestent

après la réception définitive. Enfin, il n'est pas possible de méconnaître les précautions particulières et la surveillance incessante dont ces travaux sont l'objet, comme aussi l'aptitude particulière des hommes qui, le plus souvent, sont chargés de les diriger. Aussi a-t-on soutenu qu'en matière de travaux publics et dans le silence du cahier des charges, la réception définitive mettait fin à toute garantie.

Ces considérations, qui n'ont rien de décisif, s'appliquent plus imparfaitement encore aux travaux des communes, c'est-à-dire précisément à ceux à l'égard desquels la responsabilité décennale est le plus fréquemment invoquée. Aussi ont-elles été repoussées par le Conseil d'Etat.

La règle est ainsi formulée par un arrêt du 21 juillet 1853 (*Bouillaut*, p. 752) : « Considérant qu'aux termes « des articles 1792 et 2270 du Code civil, l'entrepre- « neur est responsable pendant dix ans des vices de « construction des gros ouvrages qu'il a faits ; que les « délais spéciaux de garantie déterminés par l'article « 35 du cahier des clauses et conditions générales, et « dont excipe la dame veuve Bouillaut, ne sont établis « qu'au point de vue du payement des travaux et ne « peuvent avoir pour effet, en l'absence d'une clause « dérogatoire qui ne se rencontre pas dans l'espèce, « d'affranchir l'entrepreneur de la garantie de droit « commun ; que, dès lors, c'est avec raison que le « Conseil de préfecture a décidé que le principe de la « garantie décennale pouvait être appliqué dans l'es- « pèce et qu'il y avait lieu de prescrire les vérifications « qui lui ont paru nécessaires » (V. les arrêts cités sous les n.⁰ˢ suiv.).

502. La responsabilité décennale n'est pas faite seulement pour les édifices, mais pour tous les travaux constituant de gros ouvrages, comme ponts, terrassements, etc...

Elle s'applique aux travaux de réparation comme à ceux de construction. Il faut seulement qu'il s'agisse de grosses réparations, car l'article 2270 parle des *gros ouvrages* (Req. 10 février 1835, *Pochon*, Sir. 35, 1, 174; 19 mai 1851, *Milan*, Sir. 51, 1, 393).

La jurisprudence du Conseil d'Etat n'admet pas de responsabilité en ce qui concerne les simples malfaçons, non susceptibles de nuire à la solidité de l'édifice (V. le n. suiv.). Elle exige donc, comme condition de la responsabilité, un travail plus considérable qu'une réparation menue ou d'entretien.

503. L'article 1792 parle de l'édifice qui « périt en « tout ou partie ».

Aucun doute sur la responsabilité, au cas de chute ou d'écroulement des travaux (20 janvier 1853, *Département de la Moselle*, 142; 12 juillet 1855, *Léaune*, 518).

Mais l'article 2270 est plus général, et se rapporte, sans distinguer, à la *garantie des gros ouvrages*. Aussi l'on s'accorde à reconnaître qu'il prévoit tout ce qui peut nuire à la solidité de la construction ou produire d'autres conséquences graves (15 novembre 1851, *Hamelin*, 664; 26 juillet 1851, *Sainte-Marie*, 528; 30 juin 1853, *Comm. de Briatexte*, 660; 7 juillet 1853, *Monniot*, 680; 16 juillet 1857, *Tournesac*, 553; 29 juillet 1858, *Larcher*, 553; 12 mai 1859, *Département des Ardennes*, 352).

La responsabilité décennale ne s'étend pas aux simples malfaçons, comme les défectuosités dans la couverture, qui n'en affecteraient pas la solidité (14 avril 1864, *Boret*, 356 ; 4 mai 1870, *Massin*, 555); l'imperfection de la briqueterie et de la peinture (31 mai 1874, *Comm. de Passais-la-Conception*, 325); la mauvaise qualité de quelques pierres (23 janvier 1880, *Nau*, 109); la hauteur de 3 ^{m}, 67, donnée à un plafond au lieu de celle de quatre mètres (23 mai 1879, *Pourchot*, 415 ; **V.** encore 8 mars 1878, *Bernasse*, 286 ; 28 mai 1880, *Comm. de Bellegarde-Pourrieux*, 484). Ces malfaçons nécessiteraient certainement une réfection, si elles étaient signalées avant la réception définitive. Elles ne rentrent dans les prévisions ni de l'article 1792, qui parle de perte, ni de l'article 2270, qui parle de gros ouvrages. Ces articles n'ont eu en vue que ce qui peut, sinon causer la ruine absolue des ouvrages, au moins nuire à leur solidité et à leur durée.

504. En droit civil, l'architecte et l'entrepreneur sont responsables des vices de construction, lors même qu'ils ont été consentis par le propriétaire (*Op. cit.*, t. 1, n. 90 et suiv.). Leur responsabilité est d'ordre public, et celui qui a contracté avec eux ne peut les en dégager.

Cette règle n'est pas applicable en matière de travaux publics, au moins avec la rigueur que lui reconnaît la jurisprudence civile.

L'architecte et l'entrepreneur doivent avertir l'administration. Ils ne peuvent lui imposer les mesures nécessaires à l'intérêt public (30 octobre 1834, *Desgrandschamps*, 697 ; 30 juin 1853, *Comm. de Briatexte*, 660 ; 15 décembre 1855, *Comm. de Waldweistroff*, 731 ; 5 janvier 1860, *Buleux*, 14 ; 12 mars 1875, *Adam*, 260).

505. Il faut maintenant passer en revue les différents vices.

Ici, il est nécessaire de faire remarquer que la responsabilité décennale n'intéresse pas seulement l'entrepreneur, mais encore l'architecte. Nous nous occuperons successivement de l'un et de l'autre ; en premier lieu, de l'entrepreneur.

Quels sont donc les vices donnant lieu à la responsabilité de l'entrepreneur?

506. L'entrepreneur est responsable des vices du sol (art. 1792), car il doit examiner le sol avant d'y construire (*Législation des bâtiments*, t. 1, n. 126 et suiv.).

Ceci suppose que le terrain n'a pas été imposé ou livré tout préparé à l'entrepreneur, comme il arrive souvent en matière de travaux publics. En ce cas, il pourrait y avoir lieu, suivant les circonstances, à laisser la perte à la charge de l'administration ou de l'architecte, ou du moins à partager la responsabilité (13 décembre 1855, *Comm. de Waldweistroff*, 731 ; 25 juillet 1872, *Montjoye*, 474).

« Considérant, porte un arrêt, qu'il résulte de l'ins-
« truction que l'affaissement du sol, cause de la ruine
« du bâtiment, a été déterminé par la crue d'un puits
« que la municipalité désirait conserver, et dont les
« eaux, en s'infiltrant dans l'encaissement des fonda-
« tions, ont détrempé et ramolli le terrain sur lequel
« elles étaient assises; que si la municipalité des
« Bains-de-Rennes, en exprimant le désir de conserver
« ce puits, par raison d'économie, sur l'emplacement
« des fondations, aurait dû connaître et signaler les
« crues extraordinaires et périodiques auxquelles il

« était sujet, l'architecte et l'entrepreneur, de leur
« côté, n'auraient pas dû consentir à fonder le mur de
« façade sur ce point, sans recueillir par eux-mêmes
« ou par ouï dire toutes les informations propres à les
« éclairer sur la gravité réelle du danger que présentait
« une pareille disposition et sur les moyens de l'atté-
« nuer ; qu'ainsi, ils ont engagé, par leur négligence,
« leur propre responsabilité, et qu'il y a lieu de faire
« supporter à chacune des parties une part du dom-
« mage ; considérant que, dans ces circonstances, il
« sera fait une juste appréciation des diverses respon-
« sabilités en mettant la réparation des dommages pour
« moitié à la charge de la commune, pour un quart à
« la charge de l'entrepreneur et pour un quart à la
« charge de l'architecte » (6 mars 1872, *Comm. des
Bains-de-Rennes*, 134).

507. L'entrepreneur est responsable de la qualité
des matériaux (*Op. cit.*, t. 1, n. 134 et suiv. ; 26 juillet
1851, *Comm. de Sainte-Marie*, 528 ; 30 juin 1853,
Comm. de Briatexte, 660 ; 12 février 1875, *Comm. de la
Nouvelle*, 146). C'est lui qui les choisit, et qui est en
faute, s'il en choisit de mauvais. Sa responsabilité
cesse, si ces matériaux lui ont été imposés par le devis
et qu'il se soit ainsi, purement et simplement, conformé aux ordres qu'il devait suivre.

508. L'entrepreneur est responsable des vices de
construction proprement dits, c'est-à-dire des vices résultant de l'emploi des matériaux. Cet emploi est l'objet
principal de sa profession (*Op. cit.*, t. 1, n. 151).

509. Mais l'entrepreneur n'est pas responsable des
vices des plans. Les plans sont l'œuvre de l'ingénieur
ou de l'architecte, et le devoir de l'entrepreneur est de

les mettre à exécution (*Op. cit.*, t. 1, n. 120 et suiv.).
Ceci est surtout vrai en matière de travaux publics, où
l'œuvre de l'architecte est soumise à un examen administratif (30 octobre 1834, *Desgrandschamps*, 697 ;
23 novembre 1850, *Meynadier*, 854 ; 31 mai 1855,
Comm. d'Arc-sous-Cicon, 366 ; 13 décembre 1855,
Comm. de Waldweistroff, 731 ; 5 février 1857, *Gruel*,
100 ; 8 mai 1861, *Synd. du canal d'Isle*, 358 ; 14 juillet 1876, *Ville de Nogent-sur-Seine*, 692 ; V. les arrêts
cités sous le n° suivant).

510. Parlons maintenant de l'architecte.

L'architecte est responsable des vices des plans et
devis, d'abord quand ils sont son œuvre, mais aussi,
quoique d'une manière moins rigoureuse, lorsqu'il a
été seulement chargé d'en surveiller l'exécution (*Op.
cit.*, t. 1, n. 95 et suiv. ; 27 février 1862, *Verrolles*, 165 ;
30 avril 1868, *Comm. de Garons*, 511 ; 12 mai 1869,
Maurice, 455 ; 7 août 1875, *Martin*, 852 ; 16 juin 1876,
Colombier, 582 ; 30 juin 1876, *Hér. Servas*, 635 ; 23 mars
1877, *Barbou*, 319 ; V. aussi les arrêts cités sous le n°
précédent).

Sa responsabilité n'est pas dégagée par le fait que
ces plans ont été approuvés par l'administration ou par
le Conseil des bâtiments civils (5 avril 1851, *Oudet*,
239 ; V. Req. 19 mai 1851, *Milan*, Sir. 51, 1, 393) ;
ou même que la commission chargée de surveiller les
travaux lui a exprimé le désir de les voir exécuter
(28 juillet 1859, *Hartmann*, 544). Mais elle ne peut
subsister, s'il n'a fait exécuter un plan qu'après en avoir
fait connaître les inconvénients à l'administration et
avoir reçu l'ordre formel de le faire exécuter (V. *suprà*,
n. 504).

511. L'architecte est responsable des vices du sol (*Op. cit.*, t. 1, n. 117 et suiv.; 30 avril 1868, *Comm. de Garons*, 511 ; V. ce qui a été dit à l'égard de l'entrepreneur, *suprà*, n. 506).

On comprend que sa responsabilité doive, sous ce rapport, être appréciée plus sévèrement que celle de l'entrepreneur.

512. L'architecte est responsable des vices relatifs à la fourniture et à l'emploi des matériaux, lorsqu'ils sont la conséquence de la mauvaise direction donnée par lui aux travaux, ou d'un manque de surveillance imputable à sa négligence (*Op. cit.*, t. 1, n. 109 et suiv.; 18 février 1863, *Barre*, 148; 30 avril 1868, *Comm. de Garons*, 511 ; 12 mai 1869, *Maurice*, 455 ; 31 janvier 1873, *Comm. de Fouleix*, 118 ; 12 février 1875, *Comm. de la Nouvelle*, 146 ; 9 novembre 1877, *Manuel*, 866)..

Peu importe la clause du cahier des charges dans laquelle il est énoncé, par exemple, « que l'architecte « ne résidant pas sur les lieux et ne pouvant exercer « une surveillance continue, devra être prévenu par « l'entrepreneur toutes les fois que celui-ci rencontrera « quelque difficulté ou quelque doute dans le cours de « l'exécution des travaux ; cette disposition du cahier « des charges n'a eu pour but et pour effet que d'imposer « une obligation à l'entrepreneur, et non d'exonérer « entièrement l'architecte de la surveillance des « travaux » (18 février 1863, *Barre*, 148; V. encore 10 mars 1859, *Lebeuffe*, 187).

513. L'objet de l'obligation de l'entrepreneur ou de l'architecte, c'est la construction ou la réparation de l'ouvrage, et non le payement d'une somme d'argent. Aussi les arrêts les condamnent ordinairement à mettre

l'ouvrage en état (15 novembre 1851, *Hamelin*, 662;
12 juillet 1855, *Bouillaut*, 517; 3 décembre 1857,
Comm. de la Corneille, 757; 9 avril 1873, *Durand*, 338;
12 février 1875, *Comm. de la Nouvelle*, 146).

Il n'y a là, toutefois, qu'une règle générale. Dans
bien des cas, l'exécution précise de l'obligation est
impossible, ou sans rapport avec les convenances et
l'intérêt des parties. C'est alors une indemnité qui est
mise à la charge de l'architecte ou de l'entrepreneur
(9 avril 1873, *Durand*, 338; 12 février 1875, *Comm.
de la Nouvelle*, 146; 30 juin 1876, *Hér. Servas*, 635;
23 mars 1877, *Barbou*, 319).

514. Il n'est pas possible que la responsabilité de
l'architecte et de l'entrepreneur soit une cause de bénéfice pour l'administration : il suffit que le dommage soit
réparé et l'ouvrage payé à sa juste valeur. Dans une
affaire relative à la construction d'un marché couvert,
dont la toiture s'était affaissée par suite de la faiblesse
des arbalétriers, le Conseil de préfecture avait ordonné
la réfection de cette toiture avec des arbalétriers de plus
fortes dimensions, aux frais de l'architecte et de l'entrepreneur; il avait mis à la charge de la commune la
différence de prix de ces arbalétriers et de ceux qu'ils
remplaçaient. Cet arrêté a été confirmé : « Considérant
« que la commune profitera de l'accroissement de force
« des arbalétriers, et qu'ainsi, elle n'est pas fondée à
« soutenir que le Conseil de préfecture ait à tort décidé
« qu'elle supporterait la partie de la dépense qu'elle
« eût eu à payer si, dès l'origine, les pièces avaient reçu
« les dimensions nécessaires » (19 juillet 1871, *Comm.
de Vic-en-Bigorre*, 103).

C'est ainsi que les modifications ou perfectionnements non nécessités par la faute de l'architecte ou de l'entrepreneur restent à la charge de l'administration (9 juin 1849, *Mourguès*, 319 ; 6 mai 1853, *Courtieux*, 502 ; 12 juillet 1855, *Bouillaut*, 517 ; 9 avril 1873, *Durand*, 338).

515. On sait que le délai de garantie est un temps d'épreuve, pendant lequel l'entrepreneur est responsable des ouvrages et tenu de les entretenir. Tant que dure ce délai, les dégradations sont présumées causées par sa faute, et c'est à lui de démontrer qu'elles ont une autre cause (V. *suprà*, n. 377 et suiv.).

Après la réception définitive, la responsabilité de l'architecte et de l'entrepreneur a sa base dans les articles 1792 et 2270. En droit civil, de graves controverses se sont élevées sur l'application de ces articles. La Cour de cassation décide notamment que l'article 1792 met à la charge de l'entrepreneur et de l'architecte une présomption de faute, uniquement au cas de travaux à prix fait, et qu'en dehors de cette situation, leur responsabilité est régie par l'article 2270, laissant la preuve de la faute à celui qui a contracté avec eux (Req. 1er décembre 1868, *Barbaroux de Mégy*, D. 72, 1, 65 ; rej. civ. 24 novembre 1875, *Barbaroux de Mégy*, D. 77, 1, 30).

Le Conseil d'Etat n'admet aucune distinction de ce genre (V. Rec. des arrêts, 1859, p. 768). Les arrêts visent les articles 1792 et 2270, et déclarent l'entrepreneur ou l'architecte responsable ou non, suivant que sa faute est ou non établie par l'instruction.

516. Il est difficile de répartir la responsabilité qui incombe à l'entrepreneur et celle qui doit peser sur l'architecte.

D'une manière générale, nous avons émis l'idée que la solidarité devait être prononcée à raison de l'indivisibilité de l'obligation de l'entrepreneur et de celle de l'architecte (*Op. cit.*, n. 112).

Le Conseil d'Etat, en effet, a prononcé une condamnation solidaire, lorsque les mêmes faits lui ont paru directement imputables à ces deux personnes (30 mars 1854, *Comm. du Plessis-Brion*, 261 ; 2 mai 1861, *Dauvergne*, 329).

Le plus souvent, il a considéré l'obligation solidaire comme trop rigoureuse. En conséquence, il a distingué les faits constitutifs de la responsabilité de chacun, et réparti entre l'architecte et l'entrepreneur le travail à faire ou la somme à payer (19 juillet 1871, *Comm. de Vic-en-Bigorre*, 103 ; 6 mars 1872, *Comm. des Bains-de-Rennes*, 134 ; 31 janvier 1873, *Comm. de Fouleix*, 118 ; 12 février 1875, *Comm. de la Nouvelle*, 146 ; 9 novembre 1877, *Manuel*, 866 ; 23 avril 1880, *Beldent*, 400 ; 3 décembre 1880, *Giraud*, 972).

Enfin, et dans le cas où l'architecte n'avait à se reprocher qu'un défaut de surveillance ayant rendu possible un vice de construction, il a considéré la faute de l'entrepreneur comme faute principale, et condamné l'architecte subsidiairement, en cas d'insolvabilité de l'entrepreneur (12 juillet 1855, *Léaune*, 518 ; 18 février 1863, *Barre*, 148 ; 9 avril 1873, *Durand*, 338 ; V. Sourdat, *Responsabilité*, n. 674).

517. Ainsi qu'on l'a dit plus haut, l'Etat n'est pas dans l'usage d'invoquer la responsabilité décennale contre ses architectes, qu'il assimile, en fait, à des fonctionnaires. Aussi les arrêts cités dans ce chapitre ont-ils été tous rendus à l'occasion de travaux exécutés pour le

28

compte de départements, communes et établissements publics.

Le principe existe cependant et a été, notamment, proclamé à l'égard des travaux des palais nationaux par l'article 6 du décret du 16 avril 1852.

A plus forte raison la responsabilité décennale peut-elle être invoquée à l'encontre des architectes de département et d'arrondissement. Les raisons qui peuvent être considérées comme de nature à atténuer cette responsabilité ont été développées dans un avis du Conseil des bâtiments civils, inséré au Recueil des arrêts du Conseil d'Etat (V. 20 juin 1837, *Perrin*, 262).

518. La responsabilité décennale est inapplicable aux ingénieurs et agents de l'administration à l'occasion de la direction des travaux de l'Etat. Le blâme de leurs supérieurs et au besoin la révocation ont été considérés comme des garanties suffisantes.

Elle est pareillement inapplicable aux ingénieurs ou autres agents de l'Etat, désignés pour diriger des travaux communaux, conformément à l'article 13 du décret du 7 fructidor an XII. Il est vrai qu'en pareil cas, ces ingénieurs et agents reçoivent, outre le remboursement de leurs frais, des honoraires ordinairement déterminés par le temps qu'ils ont employé au travail (art. 75), quelquefois même proportionnés à la dépense (décret 10 mai 1854, art. 4 ; V. *suprà*, n. 489). Mais ces honoraires sont trop minimes pour ne pas conserver le caractère d'une indemnité. Ils ne suffisent pas à autoriser l'assimilation aux architectes de fonctionnaires agissant dans les conditions ordinaires de leurs fonctions (30 juillet 1863, *Comm. de Champlive*, 615 ; 20 février 1880, *Lebreton*, 202).

519. Au contraire, la responsabilité décennale est opposable à l'ingénieur ou conducteur des ponts et chaussées qui, autorisé par le préfet, a traité avec une commune, et s'est chargé de faire exécuter pour elle un travail moyennant une rémunération. Peu importe qu'il s'agisse d'un tant pour cent ou d'une somme fixe, stipulée à forfait. Le fonctionnaire s'est fait architecte, et la situation qu'il a acceptée est nécessairement régie par les articles 1792 et 2270 (22 mars 1851, *Dezairs*, 192; 23 janvier 1864, *Mary*, 53; 10 janvier 1867, *Comm. de Villeclaire*, 52).

« Considérant, porte l'arrêt du 23 janvier 1864, que
« le sieur Devanne a rédigé, de concert avec le sieur
« Mary, pour le compte de la ville de Bordeaux, le
« projet et les plans des travaux nécessaires pour ame-
« ner et distribuer dans la ville les eaux des sources
« du Taillan, et qu'il s'est chargé de diriger et sur-
« veiller l'exécution de ces travaux ; qu'il a cessé, pen-
« dant l'exécution des travaux, de remplir les fonctions
« de directeur des travaux publics de la ville de Bor-
« deaux, et qu'il lui a été alloué, à cette époque, une
« rémunération fixée à forfait et à raison des dépenses
« à faire pour la distribution d'eaux ; que, dès lors, il
« n'est pas fondé à se prévaloir, soit de la nature spé-
« ciale des travaux qu'il s'agissait d'exécuter, soit de
« l'approbation donnée par le Ministre de l'intérieur
« aux plans qu'il a contribué à diriger, pour soutenir
« qu'il ne peut être assujetti, par application des articles
« 1382, 1792 et 2270 du Code civ., à une responsa-
« bilité quelconque à l'occasion des vices de construc-
« tion des ouvrages exécutés sur ses plans et sous sa
« direction. »

520. La responsabilité décennale, son nom l'indique assez, a une durée de dix ans (art. 1792 et 2270, Code civ.; 2 août 1851, *Desfosseux*, 577; 21 juillet 1853, *Bouillaut*, 752).

Ce délai peut être prolongé par la convention des parties (3 janvier 1881, *Ville de La Fère*, 29) : « Considérant à la vérité que, pour échapper aux con- « séquences de la responsabilité acceptée par leur au- « teur, les héritiers du sieur Galant soutiennent que la « convention, par laquelle ledit sieur Galant a consenti « à prendre à sa charge pendant une période de vingt « années les grosses réparations provenant de vices de « construction, devait être considérée comme nulle, par « le motif que le délai de dix ans, à l'expiration duquel, « aux termes des articles 1792 et 2270 du Code civil, « les architectes et entrepreneurs sont déchargés de la « garantie des gros ouvrages qu'ils ont faits ou dirigés, « constituerait un véritable délai de prescription auquel, « par application des dispositions de l'article 2220 du « Code civil, il ne pourrait être dérogé par des stipula- « tions particulières ;

« Mais, considérant que le délai de dix ans fixé par « les articles précités ne constitue qu'un temps d'é- « preuve de la bonne exécution des travaux et de la « solidité des constructions, qui peut être augmenté au « gré des parties contractantes ; qu'ainsi le sieur Galand « a pu, sans violer aucune des dispositions sus-men- « tionnées, s'engager à supporter pendant vingt « années les conséquences des malfaçons dont il « s'agit ; qu'il suit de là que c'est à tort que le Con- « seil de préfecture a refusé de condamner les hé- « ritiers du sieur Galant à la réparation du pré-

« judice causé de ce chef à la ville de La Fère. »

521. Ce délai de dix ans ne commence pas seulement à courir du jour de la réception définitive. Son point de départ est la prise de possession des travaux, qui peut être antérieure à cette réception et même avoir lieu sans être suivie d'une telle réception (13 juillet 1850, *Dubois*, 759; 7 janvier 1858, *Tircuit*, 31).

Du reste, l'administration peut stipuler que la prise de possession ne fera pas courir le délai de dix ans : « Considérant qu'il ne résulte d'aucune des pièces pro-
« duites, ni d'aucune des circonstances de l'affaire, que
« les travaux dont il s'agit aient été définitivement
« reçus au nom du département; qu'il est établi, au
« contraire, par l'instruction, qu'après l'achèvement de
« tous les ouvrages, l'installation du tribunal dans les
« bâtiments du nouveau Palais de Justice n'a eu lieu,
« le 24 octobre 1839, qu'avec le consentement de l'en-
« trepreneur et sous la condition, acceptée par lui,
« que cette prise de possession n'était faite que sous la
« réserve des droits des parties relativement à la récep-
« tion des travaux; qu'à partir de 1839, l'administra-
« tion départementale, après avoir fait vérifier l'état
« des constructions, n'a cessé de réclamer et a pour-
« suivi depuis 1847, par la voie contentieuse, la réfec-
« tion et la réparation des ouvrages qu'elle prétendait
« avoir été mal exécutés ou contrairement soit aux con-
« ditions du devis, soit aux règles de l'art; que, dès
« lors, c'est avec raison que le Conseil de préfecture
« a décidé qu'aucune réception des travaux n'ayant été
« faite, il y avait lieu de statuer au fond » (24 juin 1858, *Laffont*, 456; V. 12 mai 1859, *Dép. des Ardennes*, 352).

522. Les dix ans expirés ont-ils pour effet d'éteindre; tout à la fois, la responsabilité et l'action en responsabilité, de sorte que l'action soit non recevable si elle n'est intentée dans les dix ans de la prise de possession ? Ou bien faut-il dire que l'action est ouverte par cela seul que le vice de construction se manifeste dans les dix ans, et que cette action peut être exercée pendant trente ans ?

En droit civil, cette dernière doctrine est consacrée par un récent arrêt de la Cour de cassation : « Vu les « articles 1792 et 2270, Code civ. ; attendu que ces « articles, en limitant à dix ans la durée de la respon- « sabilité des entrepreneurs ou architectes pour les « gros ouvrages qu'ils ont faits ou dirigés, ne se sont « pas exprimés sur la durée de l'action à laquelle cette « responsabilité donne lieu au profit du propriétaire ; « qu'aucune autre disposition de loi n'en règle la durée « d'une manière spéciale ; attendu que la prescription, « ne pouvant atteindre cette action avant qu'elle soit « née, ne peut commencer à courir contre elle qu'à la « manifestation du vice de construction ; d'où suit que « l'arrêt attaqué, en se fondant pour rejeter comme « prescrite l'action formée au principal par la dame de « Béarn contre Parent le 12 janvier 1875, sur ce que « la prescription avait commencé à courir contre cette « action du jour de l'exécution des travaux, a violé, « par fausse interprétation, les textes de loi ci-dessus « visés » (Cass. civ., 5 août 1879, *de Béarn*, D. 80, 1, 17; V. sur ce point, *Législation des bâtiments*, t. 1, n. 153).

Cette doctrine est contraire à celle de la Cour de Paris. Le Conseil d'Etat a pareillement décidé que l'action devait être intentée dans les dix ans (7 janvier 1858, *Tircuit*, 31). Il a vu dans le délai de dix ans une prescription en même temps qu'un délai de garantie (13 août 1850, *Dubois*, 759 ; V. aussi l'arrêt rapporté plus haut du 13 janvier 1881).

523. L'article 49 des Clauses et conditions générales du génie modifie ces principes :

« L'entrepreneur garantit, pendant dix ans, suivant
« les règles du droit commun, les gros ouvrages qu'il
« fait exécuter ; il garantit les autres pendant un an, à
« partir du jour de l'approbation, par le Ministre, des
« comptes de l'exercice.

« Toutefois, les dégradations ou les avaries dues,
« soit à la nature du sol, soit aux vices des plans et
« projets, soit à la qualité défectueuse des matériaux
« prescrits, ne sont pas au compte de l'entrepreneur,
« à moins qu'il ne soit prouvé qu'il s'est écarté, d'une
« façon préjudiciable, des ordres qu'il avait reçus. »

CHAPITRE XIII

COMPÉTENCE EN MATIÈRE DE MARCHÉS

528. Il n'est pas nécessaire que les travaux aient été autorisés par l'autorité compétente.
529. Il faut que les travaux aient été exécutés sur le territoire français.
530. Peu importe la forme du marché.
531. Le Conseil de préfecture est juge du fond.
532. Les actes du président de la République ne peuvent être interprétés que par le Conseil d'État.
    Exception.
533. Interprétation des arrêts du Conseil d'État.
534. Interprétation des actes administratifs.
535. Actes réservés à l'administration active.
536. Mise en régie.
537. Résiliation.
538. Réception, payement, etc.
539. Honoraires des architectes.
540. Responsabilité des entrepreneurs.
541. Responsabilité des architectes.
542. Travaux supplémentaires des communes.
543. *Autorité judiciaire.*
    Questions préjudicielles à résoudre par application des principes du droit civil.
544. Difficultés étrangères à l'interprétation et à l'exécution du marché.
545. Contestations avec les personnes qui n'ont pas traité avec l'administration.
546. Actions de nature à réfléchir contre l'administration.
547. Actions exercées au nom des entrepreneurs.
548. La compétence des conseils de préfecture est d'ordre public.
    Clauses et conditions générales des ponts et chaussées, art. 52.
549. Cette compétence est territoriale.
550. *Conseil d'État.*
    Appel des décisions des conseils de préfecture.
    Le recours est d'ordre public.
551. Recours pour excès de pouvoir.
552. Interprétation des actes du chef de l'État.
553. Interprétation des actes administratifs.
554. Réclamations par la voie gracieuse. Elles ne font pas obstacle au recours contentieux.
555. Pourvois prématurés.

524. Nous avons fait connaître, autant que possible, les règles de compétence en même temps que les règles du fond. Il reste à compléter, au moyen d'ur tableau d'ensemble, ce qui a été déjà dit à ce sujet.

En théorie, le jugement des contestations relatives aux marchés de travaux publics appartiendrait à l'autorité judiciaire : car ces marchés sont des contrats. Dans l'état actuel de la jurisprudence, les tribunaux sont reconnus compétents, en principe, à l'égard des contrats, même passés par l'Etat : la juridiction administrative est réservée aux réclamations nées à l'occasion des lois et règlements sur les services administratifs et des actes administratifs autres que contrats (Aucoc, *Conférences*, t. 1, n. 214 et 288; Trib. confl., 25 janvier 1873, *Damours*, 2, 88; 17 mai 1873, *Michallard*, 2, 103; 11 décembre 1880, *Grandin*, 1005; V. *suprà*, n. 4.)

Mais, depuis longtemps, la compétence administrative a été appliquée aux marchés de travaux publics, dans un but de célérité et d'économie et, plus encore, à raison de la nature spéciale des affaires. Les litiges en matière de travaux publics ont paru au législateur ne pouvoir être bien jugés que par des hommes ayant la connaissance des affaires administratives.

Sous l'ancien régime, les difficultés en matière de travaux publics étaient du ressort des intendants, sauf appel au Conseil d'Etat (Dareste, *Justice administrative*, p. 136).

La loi des 7-11 septembre 1790, article 3, a transporté cette compétence aux directoires de département. La loi du 28 pluviôse an VIII, article 4, a reproduit à peu près sa disposition en ces termes : « Le Conseil de « préfecture prononcera... sur les difficultés qui pour-

« raient s'élever entre les entrepreneurs et l'adminis-
« tration, concernant le sens et l'exécution des clauses
« de leurs marchés. »

525. Nous avons eu déjà l'occasion de dire que les travaux de l'Etat ne sont pas les seuls qui, en cas de contestation, donnent lieu à l'application de la loi du 28 pluviôse an VIII. La jurisprudence est arrivée insensiblement à assimiler, sous ce rapport, aux travaux de l'Etat, ceux des départements, des communes, et plus généralement, des établissements publics. La raison en est dans la destination de ces travaux, qui sont exécutés dans un but d'utilité publique, et méritent ainsi une surveillance et une protection spéciale (V. *suprà*, n. 12 et suiv.).

L'assimilation ne va pas plus loin. Il ne saurait être question de l'étendre aux concessionnaires de l'Etat, par exemple, aux Compagnies de chemins de fer. Les concessionnaires ne sont que des entrepreneurs d'une espèce particulière, substitués à l'Etat seulement à l'égard de certains droits limités. Si le Conseil de préfecture connaît des torts et dommages causés par eux aux particuliers, c'est uniquement parce qu'ils sont entrepreneurs et parce que la loi de pluviôse, article 4, § 4, rend à cet égard les entrepreneurs justiciables des Conseils de préfecture (V. *infrà*, n. 670 et 969). Les marchés consentis par les concessionnaires ne sont pas, pour cela, des marchés de travaux publics. (V. *infrà*, n. 620 et 630).

526. Il est nécessaire de préciser les travaux qui, par leur nature, donnent lieu à la compétence administrative.

A ce point de vue, et en ce qui concerne les personnes

morales autres que l'Etat, on s'accorde depuis longtemps à distinguer entre les travaux exécutés dans l'intérêt public et les travaux exécutés dans l'intérêt privé
de ces personnes morales, considérées comme propriétaires et agissant pour conserver et améliorer leurs propriétés. Les premiers sont des travaux publics, mais non
les seconds, dont la confection a bien pour but final de
concourir aux services publics, mais ne présente pas ce
caractère d'utilité publique immédiate et urgente qui,
seul, peut faire sortir le contrat de la catégorie des
louages du droit civil.

La question reste controversée, du moins en doctrine, à l'égard des travaux faits pour le compte de
l'Etat. M. Dufour repousse la distinction, comme contraire aux termes de la loi de pluviôse, qui sont généraux, et à la faveur due à tous les intérêts représentés
par l'Etat (t. 8, n. 236). La distinction est adoptée
par le Conseil d'Etat, et rationnellement fondée, croyons-
nous, sur cette idée, que la loi de pluviôse parle uniquement des travaux publics, et qu'un travail n'est pas
véritablement public, s'il n'est de ceux dont l'exécution
pourrait donner lieu à l'expropriation pour cause d'utilité publique. A ce point de vue, le Conseil s'attache,
non à la circonstance que le travail est fait sur un bien
dépendant ou non du domaine public, circonstance non
décisive et prêtant à la controverse, mais sur cette
autre, que le travail pourrait donner lieu à expropriation. Il refuse de considérer comme travail public
l'ouverture d'un chemin dans une forêt domaniale
(2 mai 1873, *Min. fin. c. Barliac,* 371). Il voit un travail public dans la reconstruction des bâtiments d'un
établissement d'eaux thermales (8 mars 1866, *Lafond,*

230; Concl. de M. le com. du gouv. Aucoc, Leb. p. 230; V. *suprà*, n. 10).

527. La compétence des Conseils de préfecture n'est pas uniquement subordonnée à la condition qu'il y ait travail exécuté dans un intérêt public. Avant tout, il faut que ce travail fasse l'objet d'un louage d'ouvrage analogue à ceux dont parle l'article 4 de la loi de pluviôse, et non d'un louage d'ouvrage quelconque, encore moins d'une vente ou d'un autre contrat. Dans ce dernier cas, il y aurait marché de fournitures et non de travaux publics. L'autorité chargée de statuer, sauf recours au Conseil d'Etat, ne serait plus le Conseil de préfecture, mais le Ministre, si la fourniture avait été faite à l'Etat, le tribunal, si elle avait été faite à une commune, un département ou un établissement public (V. *suprà*, n. 2).

528. Il n'est pas nécessaire que les travaux aient été autorisés régulièrement par le pouvoir compétent (Nancy, 7 mars 1868, *Bastien*, D. 68, 2, 213; 27 juillet 1877, *Sénard*, 741; 14 novembre 1879, *Bourgeois*, 696; 16 décembre 1881, *Comm. de Plaisance*, 1013; Trib. confl., 26 juin 1880, *Valette*, 613; V. *suprà*, n. 23).

529. Ajoutons une dernière condition.

La compétence des Conseils de préfecture ne suppose pas seulement un travail public, mais de plus un travail public exécuté sur le territoire français.

La compétence dont il s'agit est essentiellement territoriale, c'est-à-dire déterminée par la situation des lieux (V. *infrà*, n. 549). Il s'ensuit qu'à l'égard des travaux publics exécutés à l'étranger, aucun Conseil de préfecture n'est compétent. L'affaire appartient donc au juge administratif de droit commun, c'est-à-dire au Ministre.

Le Conseil d'Etat a consacré implicitement cette règle
en statuant sur le recours formé contre la décision du
Ministre des affaires étrangères par l'entrepreneur de la
construction du consulat de France à Shangaï (9 avril
1873, *Remi de Montigny*, 327). Plus récemment, il s'est
prononcé dans le même sens, et d'une manière explicite,
à l'occasion de la construction du Consulat général de
France à Smyrne (21 mai 1880, *Vitalis*, 476):

« Considérant qu'aucune disposition législative n'at-
« tribuait compétence au Conseil de préfecture du dé-
« partement de la Seine pour statuer sur la réclama-
« tion de la demoiselle Vitalis, tendant à obtenir le
« remboursement de la somme qui reste due sur les
« avances que son père, architecte à Smyrne, a faites
« pour la reconstruction de l'hôtel du Consulat ; que,
« dès lors, l'arrêté doit être annulé pour incompé-
« tence. »

530. Au point de vue dont nous nous occupons, il.
n'y a pas lieu de s'attacher à la forme du marché (V. *su-*
prà, n. 63 et suiv.) : adjudications et marchés de gré
à gré rentrent, au même titre, dans la compétence des.
Conseils de préfecture.

531. Entre l'Etat et l'entrepreneur, la compétence
du Conseil de préfecture reçoit la plus large application. Le Conseil a pleine juridiction ; il est juge du fond
même du procès, et non pas d'une simple question pré-
judicielle. Il y aurait donc atteinte au principe de la
séparation des pouvoirs dans le jugement par lequel le
tribunal civil, saisi de la demande de l'entrepreneur,
retiendrait le fond et se dessaisirait seulement des
difficultés relatives au sens ou à l'exécution du marché
(23 novembre 1854, *Audebert-Besnard*, 891) :

« Considérant que la demande, portée par le sieur
« Audebert-Besnard devant le tribunal civil de l'arron-
« dissement de Châteauroux, avait pour objet de faire
« condamner la commune d'Argy à lui payer une
« somme de 7,599 fr. 99 pour solde du prix des tra-
« vaux de construction de l'église de ladite commune,
« entrepris et exécutés par lui ;

« Considérant que, pour repousser cette demande,
« la commune se fondait sur ce que les travaux ne
« seraient pas terminés, qu'ils contenaient des mal-
« façons, et que, dans tous les cas, le prix réclamé par
« l'entrepreneur serait exagéré ; que, sur le déclina-
« toire proposé par le préfet du département de l'Indre,
« le tribunal a retenu la cause au fond, par le motif
« qu'il ne peut appartenir qu'à l'autorité judiciaire de
« délivrer à l'entrepreneur un titre à l'aide duquel il
« pourrait contraindre la commune à lui payer le prix
« de ses travaux, et, avant faire droit, a renvoyé les
« parties devant l'autorité administrative pour faire
« statuer sur les contestations élevées par la commune
« au sujet de l'exécution des travaux de l'église d'Argy,
« soit quant aux malfaçons prétendues, soit quant au
« défaut de réception définitive, et pour faire détermi-
« ner la somme due à l'entrepreneur;

« Considérant que l'article 4 de la loi du 28 plu-
« viôse an VIII, en chargeant les Conseils de préfecture
« de prononcer sur les difficultés qui s'élèvent entre les
« entrepreneurs de travaux publics et l'administration
« concernant le sens et l'exécution des clauses de leurs
« marchés, a attribué à ces conseils une pleine juridic-
« tion, et que leurs décisions ont par elles-mêmes force
« exécutoire ; que, dès lors, c'est à tort que le tribunal

« de Châteauroux, sur le déclinatoire du préfet, ne
« s'est pas dessaisi complètement du jugement de la
« contestation. »

Le Conseil de préfecture connaît aussi de l'exécution
de ses décisions (V. l'arrêt qui vient d'être cité). Cette
règle ne reçoit exception qu'à l'égard des moyens d'exécution du droit civil, tels que la saisie et autres sem-
blables.

532. Le Conseil de préfecture, en général, n'a pas
le pouvoir de donner l'interprétation des actes du Chef
de l'Etat.

L'interprétation de ces actes doit être demandée au
Conseil d'Etat, dont la compétence était fondée, jusqu'à ces derniers temps, sur la maxime : *Ejusdem est
interpretari, cujus condere.* Car ce Conseil n'avait pas de
juridiction propre, et ses décisions étaient des ordonnances ou des décrets, rendus par le chef de l'État, le
Conseil d'Etat entendu.

La loi du 24 mai 1872 dit, au contraire : « Le Con-
« seil d'Etat statue souverainement sur les recours
« en matière contentieuse administrative et sur les de-
« mandes d'annulation pour excès de pouvoir formées
« contre les actes des diverses autorités administra-
« tives. » Les décisions du Conseil n'émanent donc
plus du Chef de l'Etat. Mais la loi du 24 mai 1872 dit
encore, article 8 : « Il (le Conseil) exerce en outre,
« jusqu'à ce qu'il en soit autrement ordonné, toutes
« les attributions qui étaient conférées à l'ancien Con-
« seil d'Etat par les lois et règlements qui n'ont pas
« été abrogés. »

Le Conseil d'Etat a donc continué à interpréter les
actes du Chef de l'Etat. Dans une affaire où l'interpré-

tation d'un décret portant concession d'eau en Algérie
avait été donnée par le Conseil de préfecture, sur renvoi
de la Cour d'Alger, il a annulé l'arrêté interprétatif :
« Considérant qu'il n'appartient qu'au Conseil d'État
« d'interpréter, sur le renvoi de l'autorité judiciaire,
« les actes émanés du Chef de l'État ; que, dès lors, l'ar-
« rêté ci-dessus visé du Conseil de préfecture du dé-
« partement d'Alger doit être annulé pour incompé-
« tence » (14 mai 1880, *Soria*, 449 ; V. encore 4 août
1876, *Dupuis*, 772).

La règle reçoit exception à l'égard des concessions
de travaux publics. Ces actes sont interprétés par les
Conseils de préfecture, lors même qu'ils ont été rendus
par le Chef de l'État (V. *infrà*, n. 629).

533. En principe, il n'appartient pas au Conseil de
préfecture d'interpréter les décisions du Conseil d'État.
Cette règle avait même été d'abord posée d'une manière absolue, et sans excepter le cas où le Conseil de
préfecture actuellement saisi avait statué et où, son arrêté ayant été frappé d'appel, cet appel avait donné lieu
à la décision à interpréter (9 août 1851, *Benassy*,
592).

Postérieurement, on a reconnu au Conseil de préfecture, dont la décision a été ainsi confirmée ou in-
firmée par un arrêt du Conseil d'État, le droit d'interpréter cet arrêt (15 mars 1855, *Boulland*, 199 ; 31
janvier 1867, *Benoist*, 127 ; 9 février 1877, *Grelault*,
149).

534. L'interprétation des actes administratifs autres
que les décisions du Chef de l'État ne peut être donnée
par les Conseils de préfecture.

Elle est demandée aux fonctionnaires qui les ont rendus, sauf recours à leurs supérieurs hiérarchiques, et, en dernier lieu, au Conseil d'État (23 juillet 1868, *Comm. de Courcelles-sur-Aire*, 788 ; 9 mars 1877, *Brescon*, 246 ; 19 décembre 1879, *Javet*, 810).

535. Le pouvoir du Conseil de préfecture, comme celui du Conseil d'État en appel, s'arrête devant les actes qu'il appartient à l'administration active de faire à titre d'actes d'administration proprement dite, sauf règlement par la voie contentieuse de leurs conséquences pécuniaires.

Ainsi, le Conseil de préfecture ne peut ordonner des modifications aux projets de l'administration (30 juillet 1863, *Comm. de Saint-Cyr*, 608) :

« En ce qui touche la disposition de l'arrêté susvisé, « par laquelle le Conseil de préfecture a déclaré qu'il « ne lui appartenait pas d'ordonner la rétrocession de « parcelles de terrain qui auraient été expropriées sur « la commune et qui n'auraient pas reçu la destination « en vue de laquelle l'expropriation avait été prononcée; « considérant que, aux termes de la loi du 3 mai 1841, « toutes les questions qui se rattachent à l'expropria- « tion pour cause d'utilité publique sont de la compé- « tence des tribunaux civils ; que, dès lors, c'est avec « raison que le Conseil de préfecture s'est déclaré « incompétent pour connaître de la demande de la « commune tendant à obtenir la rétrocession desdites « parcelles. »

536. Le pouvoir du Conseil de préfecture s'arrête devant la mise en régie, qui est prononcée par le préfet sauf approbation du Ministre, en ce sens que le Conseil ne saurait en faire cesser les conséquences directes et replacer l'entrepreneur à la tête des travaux (23 février

29

1844, *Dufour*, 115 ; 3 juillet 1863, *Daumer*, 611 ; 7 janvier 1864, *Raoult*, 22 ; V. *suprà*, n. 288 et suiv.).

Mais rien ne s'oppose à ce que l'entrepreneur soutienne, devant le Conseil de préfecture, que la mise en régie a été prononcée à tort, et obtienne, en conséquence, une indemnité (11 janvier 1837, *Chanard*, 12 ; 12 août 1848, *Nobilet*, 526 ; 10 mars 1849, *Daussier*, 171 ; 29 mars 1855, *Gâté*, 246 ; 12 juillet 1855, *Lavagne*, 525 ; 14 février 1861, *Dupont*, 119 ; 30 juillet 1863, *Daumer*, 611 ; V. *eod.*).

Voici les termes de ce dernier arrêt : « Considérant « qu'aux termes de l'article 4 de la loi du 28 pluviôse « an VIII, c'est au Conseil de préfecture qu'il appartient « de statuer sur les difficultés qui s'élèvent entre les « entrepreneurs de travaux publics et l'administration « concernant le sens et l'exécution de leur marché ; que « l'arrêté par lequel le préfet a prescrit l'exécution en « régie des travaux de l'entreprise du sieur Daumer et « la décision par laquelle notre Ministre des finances a « prononcé la résiliation de cette entreprise sont des « actes d'administration, pris par le préfet et par notre « Ministre des finances dans la limite de leurs pou- « voirs ; que ces actes ne sont pas de nature à nous être « déférés par la voie contentieuse et ne font pas obs- « tacle à ce que le sieur Daumer porte, s'il s'y croit « fondé, devant le Conseil de préfecture, toutes ses « réclamations fondées sur des droits qu'il prétendrait « résulter de son marché. »

537. La distinction qui vient d'être indiquée s'applique à la résiliation, quand elle est prononcée dans l'intérêt de l'administration. Le Conseil de préfecture doit respecter l'acte qui déclare le marché résilié. Mais il peut accorder une indemnité à l'entrepreneur, si cet acte préjudicie à ses droits (V. *suprà*, n. 323, 324 et 373).

La résiliation dans l'intérêt de l'entrepreneur peut être prononcée par le Conseil de préfecture lorsqu'il y a eu, de la part de l'administration, inexécution des conditions du contrat. Le Conseil peut, de plus, accorder une indemnité à l'entrepreneur (V. *suprà*, n. 374).

La règle est la même lorsque la résiliation est demandée par l'entrepreneur à raison de la cessation ordonnée des travaux (29 juin 1869, *Fabre*, 656; 24 janvier 1872, *Coursant*, 45). Mais l'acte ordonnant cette cessation n'admet aucun recours contentieux (V. *suprà*, n. 327 et suiv., 374).

La résiliation de plein droit résulte de la loi elle-même. Le Conseil de préfecture ne peut que la reconnaître et en régler les conséquences (V. *suprà*, n. 372).

538. Le Conseil de préfecture statue sur les demandes formées à fin de réception des travaux (V. *suprà*, n. 375 et suiv.; 29 mars 1855, *Rembaux-Brielman*, 238; 15 décembre 1869, *Joret*, 967); sur les demandes en payement du prix (V. *suprà*, n. 414 et suiv.; 22 novembre 1855, *Lebrun*, 662); sur les réclamations formées à raison d'erreurs matérielles ou d'inexactitudes volontaires (Cass. civ., 12 juillet 1871, *Fabre*, D. 71, 1, 324), etc... Aucune distinction n'est à faire, sous ce rapport, entre les contestations élevées avant ou après la réception des travaux. La loi de pluviôse est applicable à celles-ci comme à celles-là.

539. La compétence des Conseils de préfecture embrasse encore les contestations relatives aux honoraires des architectes (V. *suprà*, n. 469 et suiv.), parce qu'elles se rattachent à l'exécution des travaux publics (22 novembre 1851, *Lauvernay*, 686 ; 21 décembre 1854, *Dubois* et *Pinchon*, 1001 ; 14 décembre 1859, *Lottero*, 720 ; 1er mars 1860, *Bonnard*, 182 ; 22 janvier 1863, *Lenormand*, 67 ; 24 juin 1874, *Chérel*, 622 et *suprà*, n. 497 ; V. cep. 10 mars 1853, *Ramée*, 323).

Peu importe, au surplus, que les devis ou projets aient été ou non suivis d'exécution (mêmes arrêts).

540. La compétence du Conseil de préfecture comprend l'action en responsabilité exercée contre l'entrepreneur après la réception (V. *suprà*, n. 500 et suiv.).

On a soutenu cependant que cette compétence était nécessairement civile, le contrat ayant pris fin par la réception, et l'action se fondant, non sur le cahier des charges, mais sur les articles 1792 et 2270, Cod. civ., c'est-à-dire sur le droit commun. Cette manière de voir a été, dans le principe, admise par le Conseil d'État (17 décembre 1827, *Costain*, 613 ; 3 juillet 1828, *Pambet*, 559). Elle a été, plus récemment, reproduite par un arrêt de Cour d'appel, annulé sur conflit (Bourges, 26 novembre 1856, *Rec. des arrêts du Conseil*, 1857, p. 190).

La réponse est facile. En matière de travaux publics, les articles du Code civil sont, après le cahier des charges, la loi du contrat. Lors donc que la loi de pluviôse charge les Conseils de préfecture de statuer sur le sens et l'exécution des clauses du marché, elle renvoie indistinctement aux dispositions du cahier des charges et aux dispositions légales auxquelles ce cahier se réfère. Il est bien évident, d'ailleurs, que le contrat ne prend fin qu'avec les obligations auxquelles il donne naissance, et que l'action en responsabilité se rapporte à ce contrat (18 juin 1852, *Chapot*, 246 ; 18 novembre 1852, *Département de la Haute-Garonne*, 463 ; 9 décembre 1852, *Legrand*, 582 ; 16 mars 1857, *Mathieu*, 192).

541. Cette jurisprudence s'applique, par identité de raisons, à la responsabilité des architectes.

L'action en responsabilité décennale, à leur égard comme à l'égard des entrepreneurs, est née d'un marché de travaux publics (18 juin 1852, *Chapot*, 246 ; 31 mars 1874, *Fivel*, 324 ; V. pour les ingénieurs de l'État, employés comme architectes pour la direction de travaux communaux, 30 juillet 1863, *Comm. de Champlive*, 617 ; 23 janvier 1864, *Mary*, 53 ; même date, *Davanne*, 60 ; V. *suprà*, n. 510 et suiv.).

542. La compétence des Conseils de préfecture comprend, comme se rattachant à l'exécution des travaux publics, l'action formée contre celui, — par exemple contre le maire, — qui, sans autorisation régulière, a ordonné un supplément de travaux (26 décembre 1879, *Mougenot*, 870 ; V. *suprà*, n. 262) :

« Considérant qu'aux termes de l'article 4 de la loi « du 28 pluviôse an VIII, les Conseils de préfecture pro- « noncent sur les difficultés qui peuvent s'élever entre « les entrepreneurs de travaux publics et l'administra- « tion concernant le sens et l'exécution des clauses de « leurs marchés ; que cette disposition est générale ; « qu'elle attribue compétence à la juridiction adminis- « trative à l'égard de toutes les contestations qui peu- « vent naître à l'occasion des marchés de travaux « publics ;

« Considérant que les travaux, dont le sieur Prévost

« s'est rendu adjudicataire le 23 mai 1875, et qui ont
« donné lieu à la réclamation formée par cet entre-
« preneur contre la commune de Pornoy, constituent
« des travaux publics; que, s'il a été allégué que, dans
« le cours de l'entreprise, il avait été fait des travaux
« qui n'avaient pas été régulièrement autorisés, et si,
« pour ce motif, des conclusions ont été prises contre
« le sieur Jacquet, ancien maire de la commune, qui
« aurait ordonné l'exécution de ces travaux, et contre
« le sieur Mougenot, qui avait eu, comme architecte,
« la direction de l'entreprise, le Conseil de préfecture,
« qui s'est reconnu avec raison compétent pour statuer
« sur l'instance engagée contre la commune de Pornoy
« par le sieur Prévost, l'était également pour connaître
« des conclusions dont s'agit. »

543. Le Conseil de préfecture est incompétent à
l'égard des questions préjudicielles de propriété et,
plus généralement, des contestations à résoudre par application exclusive des principes du droit civil.

Il ne saurait décider, par exemple, si l'administration peut retenir, à titre de privilège, la valeur du matériel appartenant à un entrepreneur mis en faillite,
matériel repris par le nouvel adjudicataire (15 avril
1858, *Sarrat*, 311).

Il ne lui appartient pas de statuer sur les réclamations
ayant pour objet la radiation d'inscriptions hypothé-
caires prises en vertu de décisions administratives (7
août 1875, *Chérel*, 852; V. *suprà*, n. 96).

Les questions relatives au privilège des ouvriers et
fournisseurs appartiennent également à la compétence
judiciaire (V. *suprà*, n. 468).

544. Le Conseil de préfecture est encore incompétent à l'égard de toutes difficultés étrangères à l'interprétation et à l'exécution du marché. Il ne peut donc statuer sur la demande de rémunération de services rendus à l'État par l'entrepreneur, mais ne rentrant pas dans les obligations de son marché (7 avril 1864, *Jean*, 331); ni sur l'indemnité qui peut lui être due pour le tort que, par leurs propos, les agents de l'administration auraient porté à son crédit (24 février 1853, *Vernay*, 278; V. encore 28 mars 1863, *Comm. de Dancevoir*, 295).

545. La loi de pluviôse, par son esprit et, par son texte, est étrangère aux personnes qui n'ont pas traité directement avec l'Etat. Restent donc, en principe, dans le domaine de l'autorité judiciaire, les contestations qui s'élèvent entre l'entrepreneur, d'une part, et d'autre part :

Ses sous-traitants (22 novembre 1863, *Zœppenfeld*, 770; 1er mars 1866, *Lamare*, 211; 5 décembre 1873, *Martin* et *Bourdillon*, 917; Cass. civ., 22 août 1864, *Denis*, D. 64, 1, 435; Req. 2 janvier 1867, *Fouilloux*, D. 67, 1, 109; Trib. confl., 23 novembre 1878, *Séblin*, 941);

Son associé ou cessionnaire (2 février 1854, *Révolte*, 71; 16 mai 1872, *Coiret*, 322);

Ses fournisseurs de matériaux (7 mai 1857, *Lépaulle*, 387);

Ceux qui lui ont fait des avances (19 janvier 1854, *Fœlder*, 39), fussent-ils ses agents salariés (17 mars 1859, *Barrier*, 217);

Sa caution (16 janvier 1822, *Martin*, 1, 65). Le Conseil de préfecture n'en connaît pas moins des difficultés qui s'élèvent entre cette caution et l'Etat. Car l'obliga-

tion de la caution garantit l'exécution d'un travail public (30 mars 1842, *Deschamps*, 157);

Les ouvriers auxquels il doit des salaires ou des indemnités pour accidents à eux survenus dans l'exécution
des travaux (4 février 1858, *Maugeant*, 124; 23 juillet
1868, *Nachon*, 808; V. *infrà*, n. 986 et suiv.).

546. La règle aux termes de laquelle l'autorité judiciaire conserve la connaissance des contestations auxquelles l'Etat n'est pas partie, n'est qu'une règle générale. Elle suppose, avant tout, que l'administration ne
puisse être atteinte par les conséquences de la décision à
intervenir.

Elle reçoit donc exception toutes les fois que l'action
est de nature à réfléchir contre l'Etat (15 août 1839,
Ruiz, 438); par exemple, à l'égard des contestations
soulevées entre l'entrepreneur sortant et l'entrepreneur
entrant, par la reprise du matériel. Il n'y a pas là un
simple débat d'intérêt privé (26 juin 1822, *Fourdinier*,
1, 596; 21 août 1845, *Girardeau*, 434). Cette règle est
admise par la Cour de cassation (Req., 19 mars 1873,
Durenne, D. 73, 1, 303) :

« Attendu que l'action dirigée contre le demandeur
« par les sieurs Lepont et Menut avait pour objet le règle-
« ment du prix des travaux par eux exécutés comme
« sous-traitants du sieur Durenne, et cela en dehors du
« décompte proposé par l'administration, qui ne pou-
« vait être admis comme faisant la règle entre eux et
« ce dernier; qu'elle n'intéressait ainsi, en aucune
« façon, l'administration municipale de la ville de
« Cherbourg, avec qui le sieur Durenne avait traité
« comme entrepreneur principal; que cette administra-
« tion n'était pas en cause et ne pouvait être atteinte

« par les conséquences de la décision à intervenir ;
« que, s'agissant ainsi d'un intérêt privé et non des
« intérêts que la loi a placés sous la protection de l'au-
« torité administrative, la contestation engagée rentrait
« sous l'empire du droit commun et de la compétence
« des tribunaux ordinaires ; qu'en le décidant ainsi,
« l'arrêt attaqué, loin de violer les principes invoqués,
« en a fait une juste application. »

547. Évidemment aussi, les personnes exerçant les droits des entrepreneurs, si elles ont action contre l'Etat, ne peuvent agir que devant le Conseil de préfecture.

On a vu plus haut que le droit d'action ne leur est pas reconnu en général (V. *suprà*, n. 138 et 410). Dans la mesure dans laquelle il leur appartient, il se rattache essentiellement à l'interprétation et à l'exécution d'un travail public, et ne saurait donc être exercé que dans les conditions prescrites par la loi de pluviôse (19 novembre 1852, *Remy*, 494 ; 15 avril 1857, *Vélut*, 277).

548. La compétence des Conseils de préfecture à l'égard des marchés de travaux publics est une compétence *ratione materiæ*. Comme tout ce qui touche à l'ordre des juridictions, elle est d'ordre public, et les parties n'y peuvent déroger (art. 6, Code civil).

Il faut donc considérer comme étant de nulle valeur toute clause modifiant l'attribution aux Conseils de préfecture des marchés de travaux publics ; par exemple, celle qui porterait que les règlements de compte seront arrêtés définitivement par l'architecte directeur des travaux (31 août 1849, *Comm. de Vicq*, 596), ou bien jugés par le tribunal civil (18 juin 1852, *Chapot*, 247), ou par le Ministre (7 février 1867, *Vidal*, 154).

Il résulte encore de là que cette compétence doit être appliquée, lors même qu'elle n'aurait pas été invoquée par les parties. Le juge doit l'appliquer d'office. Elle peut être invoquée en tout état de cause et même, pour la première fois, devant la Cour de cassation (Cass. civ., 27 août 1839, *Brame*, D. 39, 1, 346).

La même nullité frappe la clause dérogeant à la compétence d'appel du Conseil d'État, et stipulant que la décision rendue par le Conseil de préfecture sera en dernier ressort (23 juin 1853, *Nougaret*, 628 ; 21 juillet 1853, *Comm. de Gesté*, 750 ; V. *infrà*, n. 550).

L'article 52 des Clauses et conditions générales des ponts et chaussées stipule formellement la compétence du Conseil de préfecture :

« Conformément aux dispositions de la loi du 28 plu-
« viôse an VIII, toute difficulté entre l'administration et
« l'entrepreneur, concernant le sens ou l'exécution des
« clauses du marché, est portée devant le Conseil de
« préfecture, qui statue, sauf recours au Conseil
« d'État. »

En présence de ce qui vient d'être dit, on pourrait être tenté de considérer comme inutile cette clause qui, en effet, n'ajoute rien à la loi. L'administration a cru, non sans raison, qu'il était utile de fournir aux entrepreneurs une indication dont ils feraient leur profit.

549. La compétence des Conseils de préfecture est essentiellement territoriale et, par suite, le Conseil de préfecture compétent est celui du lieu où les travaux ont été exécutés (26 juin 1874, *Vavin*, 614 ; 8 mars 1878, *Ch. de fer de l'Est c. Stchelin*, 288 ; V. note sur 21 mai 1880, *Min. aff. étr. c. Vitalis*, 476).

Mais les conventions particulières ne sont pas sans

effet à l'égard de la compétence *ratione loci* comme à l'égard de la compétence *ratione materiæ*. S'il est interdit aux parties de déroger à la compétence des Conseils de préfecture en général, il leur est permis de choisir entre les Conseils de préfecture, et de prendre pour juge tel Conseil déterminé. Une telle stipulation ne trouble pas l'ordre des juridictions et n'a rien de contraire à l'ordre public (20 août 1847, *Labrillantais*, 586).

550. Le Conseil d'Etat connaît de l'appel des arrêtés des Conseils de préfecture.

A ce point de vue, sa compétence ne diffère pas de celle de ces Conseils. Il est juge comme eux et, pas plus qu'eux, il n'est en droit d'empiéter sur les pouvoirs réservés à l'administration active (**V.** *suprà*, n. 535 et suiv.).

Nous avons cependant vu que l'interprétation des actes du chef de l'Etat lui appartient d'une manière générale, tandis que les Conseils de préfecture ne peuvent la donner que par exception (**V.** *suprà*, n. 532 et suiv.).

Le recours au Conseil d'Etat est d'ordre public. Les parties n'y peuvent renoncer : « Considérant, que si le « sieur Nougaret excipe de la disposition de l'article 10 « du devis, aux termes de laquelle l'administration et « l'entrepreneur s'engageaient respectivement à accep- « ter sans appel les décisions du Conseil de préfecture « pour tous les règlements de compte relatifs aux re- « tards, cette clause, contraire à l'ordre public, ne pou- « vait faire obstacle au droit du Ministre des travaux « publics de se pourvoir contre lesdites décisions » (23 juin 1853, *Nougaret*, 628; V. 24 juillet 1853,

Comm. de Gesté, 750 ; 26 août 1863, *Maret-Besson*, 720 ; 26 novembre 1863, *Ville de Conches*, 786 ; V. *suprà*, n. 548).

551. La compétence du Conseil d'Etat, considéré comme juge d'appel, ne doit, sous aucun rapport, être confondue avec celle qu'il exerce en matière d'excès de pouvoir.

A ce second point de vue, le Conseil connaît directement des recours formés contre certains actes émanés de l'administration. Si le recours lui paraît fondé, il ne réforme pas l'acte vicieux en y substituant un acte conforme à la loi, il le met simplement à néant (28 juillet 1876, *Comm. de Giry*, 715 ; 13 juillet 1877, *Hospices de Gray*, 703).

Le recours devient donc inutile, et il n'y a pas lieu à statuer, lorsque l'acte a été rapporté (17 mai 1878, *Levaillant*, 477 ; 21 juin 1878, *Gorias*, 592).

Nous n'avons pas à faire ici la théorie des recours pour excès de pouvoir. Disons seulement que le droit, pour le Conseil d'Etat, d'annuler les actes de l'administration, a sa base dans l'article 3 de la loi des 7-14 octobre 1790, ainsi conçu : « Les réclamations d'in- « compétence à l'égard des corps administratifs ne « sont, en aucun cas, du ressort des tribunaux, et « doivent être portés au roi, chef de l'administra- « tion générale. » La jurisprudence du Conseil d'Etat lui a donné une large application et a été confirmée dans son idée générale par l'article 9 de la loi du 24 mai 1872, où il est dit : « Le Conseil d'Etat sta- « tue souverainement sur les recours en matière con- « tentieuse et sur les demandes d'annulation pour « excès de pouvoir formés par les autorités administra-

« tives » (V. sur cette matière, Laferrière, *Revue critique*, 1876).

Le Conseil d'Etat donne au mot excès de pouvoir un sens infiniment plus large que ne le fait la jurisprudence civile.

Cette dernière ne considère comme excès de pouvoir qu'une partie des cas d'incompétence.

Au contraire, le Conseil d'Etat considère comme excès de pouvoir :

1° L'incompétence ;

2° Le fait de statuer sans observer les formalités substantielles que le législateur a imposées à l'autorité administrative ;

3° L'usage de son pouvoir, fait par cette autorité, en dehors des cas et des motifs pour lesquels elle en a été investie ;

4° L'atteinte portée, par un acte administratif, au droit d'un particulier (V. Aucoc, *Conférences*, t. 1, n. 295 et suiv.).

Nous avons indiqué différentes circonstances dans lesquelles la question peut être posée (V. notamment au sujet de la déclaration d'utilité publique, *suprà*, n. 47 et suiv.; de l'approbation nécessaire à la validité des marchés de travaux publics, n. 97 et suiv.; des certificats de capacité, n. 86 et suiv.; de la forme des adjudications, n. 102 et suiv.; etc...)

On verra plus loin que ce recours est souvent considéré comme non recevable, lorsque la partie a d'autres moyens de faire respecter ses droits (V. *infrà*, titre X).

552. Ainsi qu'on l'a dit plus haut, c'est au Conseil d'Etat qu'il appartient, en général, de donner l'interprétation des décisions du Chef de l'Etat (V. *suprà*, n. 532).

Mais un particulier n'est pas reçu à demander cette interprétation, s'il ne justifie d'une décision judiciaire ou administrative la rendant nécessaire (17 mars 1876, *Roche*, 273 ; 24 novembre 1877, *Grange*, 939).

Cette fin de non-recevoir ne saurait être opposée aux Ministres qui, en saisissant le Conseil, attestent suffisamment la nécessité de l'interprétation (12 mars 1875, *Asile de Bailleul*, 234).

553. Nous avons déjà parlé de l'interprétation des actes administratifs (V. *suprà*, n. 534).

L'interprétation des actes des Ministres est demandée aux Ministres, sauf recours au Conseil d'Etat (23 décembre 1858, *Julienne*, 738 ; 29 décembre 1858, *Tulin*, 763).

L'interprétation des actes des préfets est demandée aux préfets, sauf recours aux Ministres et au Conseil d'État (9 février 1854, *Boutillot*, 101 ; 6 juillet 1865, *Ménard*, 706).

554. Les voies judiciaires ouvertes à l'entrepreneur ne font pas évidemment obstacle à la faculté, qui lui est toujours laissée, de porter d'abord sa réclamation devant l'administration active, par exemple, devant l'ingénieur, le préfet, le Ministre. On verra même que cette faculté est quelquefois une obligation (V. *infrà*, n. 558 et 559).

Il n'y a là qu'une demande, adressée par une partie à l'autre. Le refus du Ministre n'est donc pas une décision contentieuse, et l'entrepreneur reste maître de saisir le Conseil de préfecture (31 août 1830, *Darlas*, 399 ; 18 juillet 1844, *Canal de la Sambre à l'Oise*, 436 ;

29 mars 1855, *Rembaux-Brielman*, 238 ; 22 novembre 1855, *Lebrun*, 662 ; 10 janvier 1856, *Bellisson*, 40 ; 15 décembre 1869, *Joret*, 966).

555. Il faut conclure de ceci que la décision du Ministre est inutilement déférée au Conseil d'Etat. Ce Conseil ne peut que rejeter le recours et renvoyer les parties devant le Conseil de préfecture (17 septembre 1844, *Giraud*, 587 ; 6 décembre 1844, *Canal de la Sambre à l'Oise*, 617 ; 6 juillet 1877, *Rousset*, 672).

A plus forte raison ne saurait-il être question d'appliquer à la demande, formée par l'entrepreneur devant le Conseil de préfecture à la suite d'une décision du Ministre, le délai de trois mois à dater de la notification de la décision attaquée, prescrit pour le recours au Conseil d'Etat (V. *infrà*, n. 581). Ce délai est spécial aux recours devant le Conseil d'Etat, et, d'ailleurs, la décision du Ministre n'est pas attaquée devant le Conseil de préfecture (5 août 1868, *Vidal*, 857).

Les décisions des Ministres donnent souvent lieu à des pourvois prématurés. « On est cependant bien forcé, « parfois, dit M. Dufour, de conseiller le recours au « Conseil d'Etat contre les décisions des Ministres. « L'absence de formes de procédure ne permettant pas « de distinguer sûrement les décisions juridiques, le « réclamant peut craindre de se trouver exposé à en « voir attribuer les effets, après l'expiration des délais « du recours, à une décision provoquée par les récla- « mations d'un entrepreneur » (t. 8, n. 225). Nous ajouterons que l'inconvénient et la nécessité signalées ne sont pas spéciales aux marchés de travaux publics. Pour la plupart des contrats passés avec l'Etat, la loi est si insuffisante et la jurisprudence du Conseil d'Etat

— PROCÉDURE EN MATIÈRE DE MARCHÉS.

si peu explicite en ses motifs, qu'il y a souvent grand embarras à deviner si la décision du Ministre est un refus, une injonction, ou bien un jugement ou un autre acte sujet au recours direct devant le Conseil d'Etat.

CHAPITRE XIV

PROCÉDURE EN MATIÈRE DE MARCHÉS

556. La procédure en matière de travaux publics, devant les Conseils de préfecture et devant le Conseil d'Etat, est d'abord soumise aux principes généraux (V. Chauveau et Tambour, *Lois de la procédure administrative*).

Elle est de plus, sous certains rapports, soumise à des règles spéciales que nous devons faire connaître.

Parlons d'abord des Conseils de préfecture. Ensuite, nous nous occuperons du Conseil d'Etat. Il est bien entendu que, dans cet exposé, nous nous bornerons à rap-

30

peler les traits généraux de la procédure, pour insister seulement sur les règles spéciales aux marchés de travaux publics.

557. Les règles sur la procédure des Conseils de préfecture sont indiquées dans la loi du 21 juin 1865 et le décret du 12 juillet 1865.

Le Conseil de préfecture n'est pas saisi, comme un tribunal, par l'assignation qu'une partie signifie à l'autre, mais par une demande que le particulier ou l'administration adresse au Conseil ou dépose à son greffe. C'est la première application du principe qui, en matière administrative, confie la direction de la procédure au juge, au lieu de l'abandonner aux parties. En matière répressive seulement, une citation directe est donnée par le ministère public.

Le Conseil de préfecture, une fois saisi, ordonne la communication de la demande à l'adversaire. Si cet adversaire est l'administration, le dossier de l'affaire est transmis à ses agents. Si c'est un particulier, il est averti par une lettre que le greffier lui notifie administrativement, et invité à prendre connaissance du dossier au greffe et dans un délai déterminé.

Un autre principe de la procédure administrative, c'est que l'instruction écrite en est la base. Si le défendeur n'a pas pris de conclusions écrites, l'arrêté rendu contre lui n'est pas contradictoire, mais par défaut. Le décret du 12 juillet 1865 prescrit même de rapporter dans l'arrêté les conclusions des parties : mais cette prescription n'est pas à peine de nullité (23 janvier 1880, *Min. de l'int.* c. *Mesrine*, 84). Si des intérêts sont accordés à celui qui les a demandés seulement dans ses observations orales, l'arrêté doit être réformé de ce chef

(9 juin 1876, *Chem. de fer du Midi c. Bergonnier*, 551).

Les observations orales sont admises à titre de complément de l'instruction : la partie qui fait connaître son intention d'en présenter doit être, quatre jours d'avance, avertie du jour où il sera statué sur son affaire (décret 1865, art. 11). Si cet avertissement ne lui est donné, l'arrêté est annulé par le Conseil d'Etat (18 août 1866, *Boré*, 1043; 7 décembre 1870, *Varnier*, 1095). Au contraire, la partie ne peut se plaindre de n'avoir pas été avertie du jour de l'audience, quand elle n'a pas fait connaître son intention de présenter des observations orales (16 juin 1866, *Elections de Sainte-Catherine du Fraisse*, 680).

Les arrêtés des Conseils de préfecture doivent être motivés. Sont donc annulés ceux qui ne contiennent pas de motifs (7 février 1856, *Audouard*, 126; 6 juillet 1858, *Lavagne*, 499).

Le ministère public doit être entendu en ses conclusions (L. 21 juin 1865, art. 5; décret 1865, art. 13). Est donc annulé l'arrêté qui ne constate pas l'audition du commissaire du Gouvernement (16 juin 1866, *Elections de Vachères*, 684; 5 août 1868, *Prévost-Petit*, 844).

L'arrêté doit être rendu par trois membres au moins (arrêté 19 fructidor an IX, art. 12). Est donc annulé l'arrêté ne contenant pas la mention qu'il a été rendu par trois membres (9 mars 1859, *Bouveret*, 168; 14 janvier 1869, *Larbaud*, 45; 28 novembre 1873, *Rabourdin*, 872).

L'arrêté doit être rendu en audience publique (L. 21 juin 1865, art. 8; décret 1865, art. 13). Est donc annulé l'arrêté ne mentionnant pas qu'il a été rendu en audience publique (27 avril 1872, *Gatet*, 249 ; 14 février 1873, *Vignié*, 160).

Telles sont les règles principales de la procédure des Conseils de préfecture. Arrivons aux règles spéciales aux marchés de travaux publics.

558. Les clauses générales des ponts et chaussées exigent que la réclamation contentieuse de l'entrepreneur soit précédée d'une demande préalable devant l'administration :

« Si, dans le cours de l'entreprise, des difficultés « s'élèvent entre l'ingénieur ordinaire et l'entrepre-« neur, il en est référé à l'ingénieur en chef.

« Dans les cas prévus par l'article 22 (V. *suprà*, « n. 157), par le deuxième paragraphe de l'article 23 « (V. *suprà*, n. 160), et par le deuxième paragraphe « de l'article 27 (V. *suprà*, n. 164), si l'entrepreneur « conteste les faits, l'ingénieur ordinaire dresse procès-« verbal des circonstances de la contestation et le no-« tifie à l'entrepreneur, qui doit présenter ses obser-« vations dans un délai de vingt-quatre heures ; ce « procès-verbal est transmis par l'ingénieur ordinaire « à l'ingénieur en chef, pour qu'il y soit donné telle « suite que de droit » (art. 50).

« En cas de contestation avec les ingénieurs, l'en-« trepreneur doit adresser au préfet, pour être trans-« mis avec l'avis des ingénieurs à l'administration, un « mémoire où il indique les motifs et le montant de « ses réclamations.

« Si, dans le délai de trois mois, à partir de la remise « du mémoire au préfet, l'administration n'a pas fait « connaître sa réponse, l'entrepreneur peut, comme « dans le cas où ses réclamations ne seraient point

« admises, saisir desdites réclamations la juridiction
« contentieuse » (art. 51).

Les formalités indiquées par ces articles restent spéciales aux réclamations formées *dans le cours de l'entre-*
prise. Elles ne font donc pas obstacle à ce que, avant
tout commencement d'exécution, l'entrepreneur porte
directement devant le Conseil de préfecture une demande en résiliation de son entreprise pour cause
d'ajournement de plus d'une année (24 janvier 1872,
Coursant, 45; 3 décembre 1880, *Min. trav. publ. c.*
Villebessey, 970; **V.** le n. suivant).

559. L'article 70 des Clauses et conditions du génie
contient une règle analogue, suivie de prescriptions relatives à des questions déjà examinées :

« En cas de difficultés concernant soit l'exécution
« des travaux, soit l'application des prix du bordereau,
« soit l'observation des clauses et des conditions du
« marché, si l'entrepreneur n'accepte pas la solution
« donnée par le chef du génie, il en réfère au direc-
« teur.

« La décision de ce dernier est immédiatement exécu-
« toire par provision; mais l'entrepreneur est libre
« alors d'en appeler au Ministre de la guerre. Dans ce
« dernier cas, si la décision du directeur a pour effet
« de faire disparaître le point matériel de la difficulté,
« la situation de l'état des choses ou des lieux doit être
« préalablement constatée par un procès-verbal dressé
« par le sous-intendant militaire, de concert avec le
« maire et le chef du génie, l'entrepreneur présent ou
« dûment appelé.

« Enfin, ce n'est que dans le cas où sa réclamation
« n'est pas admise par le Ministre que l'entrepreneur

« peut déférer le litige, par la voie contentieuse, à la
« juridiction administrative. Il en est de même dans le
« cas où le Ministre n'aurait point répondu, dans un
« délai de trois mois, à la réclamation à lui adressée.

« Toutes réclamations relatives à des travaux ou à
« des dépenses de l'entreprise, autres que celles péri-
« mées dans les délais fixés par les articles 36 et 61
« ci-dessus, sont frappées de déchéance si elles n'ont
« point été présentées dans les six mois qui suivent la
« date de l'arrêté, par le chef du génie, du règlement
« définitif des travaux de l'exercice. Ces réclamations
« n'ont, d'ailleurs, de caractère officiel que quand elles
« sont écrites et signées » (V. *suprà*, n. 186,396, 444).

« Sont, en outre, prescrites et définitivement éteintes
« au profit de l'Etat, sans préjudice des autres dé-
« chéances consenties par le marché, toutes les créances
« produites par l'entrepreneur qui, n'ayant pas été
« acquittées avant la clôture de l'exercice auquel elles
« appartiennent, n'ont pas, à défaut de justification
« suffisante, été liquidées, ordonnancées et payées
« dans un délai de cinq années, à partir de l'ouverture
« de l'exercice, pour les créanciers domiciliés en Eu-
« rope, et de six années pour les créanciers résidant
« hors du territoire européen. Toutefois, cette dispo-
« sition n'est point applicable aux créances dont l'or-
« donnancement et le payement n'ont pu être effectués
« dans les délais déterminés, par le fait de l'adminis-
« tration, ou par suite des pourvois formés devant le
« Conseil d'Etat » (V. *suprà*, n. 426 et suiv.).

« Quant aux réclamations des fournisseurs, des
« sous-traitants autorisés et des autres préposés ou
« agents de l'entrepreneur, en payement de dépenses

« pour travaux, fournitures ou livraisons qu'ils ont
« faits pour le service de l'entreprise, le chef du génie
« n'intervient que comme arbitre, et le directeur ou le
« Ministre de la guerre que pour viser les pièces que
« les réclamants croient devoir présenter à l'effet de
« donner par là une date certaine à leurs réclamations
« et de s'assurer, pour le payement de leurs créances
« par l'entrepreneur, le privilège mentionné dans l'in-
« struction sur les cautionnements » (V. *suprà*, n. 95).

« Ce privilège ne peut, d'ailleurs, s'exercer en ce
« qui concerne le cautionnement proprement dit que
« dans la forme indiquée dans l'instruction précitée, et
« à l'égard des sommes que le département de la guerre
« peut devoir à l'entrepreneur, que par la production,
« devant les tribunaux, des pièces visées, et par oppo-
« sition signifiée et reçue au bureau des oppositions à
« Paris pour les payements qui s'effectuent à la caisse
« centrale, et aux caisses des payeurs pour les paye-
« ments à opérer dans les départements. Les opposi-
« tions faites à toute autre personne, notamment au
« Ministre de la guerre et aux agents militaires, sont
« considérées comme nulles et non avenues. »

La jurisprudence considère l'inobservation des trois
premiers paragraphes de cet article 70 et l'inobservation de l'article 52 des clauses et conditions générales des
ponts et chaussées, comme entraînant une véritable fin
de non-recevoir contre la demande adressée par l'entrepreneur au Conseil de préfecture (15 novembre 1878,
Min. de la guerre c. Renaud, 903 ; 9 août 1880, *Alber-
tolli*, 781 ; 6 août 1881, *Min. guerre c. Lapeyre* ; V. le
n. précédent).

560. Le Conseil de préfecture peut ordonner;

même d'office, les mesures d'instruction nécessaires, comme une enquête, une expertise, une visite de lieux.

Quelle que soit celle à laquelle il a recours, il doit observer les formalités substantielles de la matière. C'est ce qui a été décidé particulièrement en matière de visite de lieux (12 mai 1876, *Ville de Louviers*, 444 ; 21 janvier 1881, *Chemin de fer d'Orléans c. Portes*, 100) :

« Considérant, lisons-nous dans ce dernier arrêt, « que, par son arrêté du 15 février 1877, le Conseil de « préfecture du Tarn a ordonné qu'il serait, avant faire « droit, procédé, par ses membres, à une visite des « lieux, et a ordonné, en outre, qu'aucune des parties « ne serait appelée à y assister ; qu'en suite de cet « arrêté, il a été procédé à la visite des lieux en l'ab- « sence des parties, et qu'aucun procès-verbal n'en a « été dressé ni communiqué aux parties ; considérant « que, s'il appartient au Conseil de préfecture d'or- « donner avant faire droit une visite des lieux, il ne « pouvait y procéder sans suivre les formalités essen- « tielles de cette mesure d'instruction et notamment « sans lui donner le caractère d'une vérification contra- « dictoire ; que, dès lors, il y a lieu d'annuler, pour « vice de forme, tant l'arrêté du 15 juin 1877, que « l'arrêté du 29 juin suivant, par lequel le Conseil de « préfecture a statué sur le fond du débat, à la suite « d'une visite des lieux irrégulière. »

561. Ce principe s'applique à l'expertise.

Ce n'est pas que l'expertise soit obligatoire ici, comme elle l'est en matière de dommages résultant de travaux publics (V. *infrà*, n. 1017 et suiv.). L'article 56 de la loi du 16 septembre 1807 n'est pas applicable aux marchés de travaux publics, et aucune loi n'ordonne que la décision du Conseil de préfecture soit précédée d'une expertise (22 décembre 1859, *Comm. de Vézac*, 768 ; 10 avril 1860, *Pilot*, 293 ; 13 juin 1860, *Ville d'Auxonne*, 469). En fait, cependant, l'expertise est souvent le seul moyen d'éclairer les juges : s'il en est ainsi, et qu'elle n'ait pas été ordonnée, le Conseil d'État annule l'arrêté et renvoie les parties devant le Conseil de préfecture pour y être statué après expertise, à moins qu'il ne préfère ordonner lui-même cette expertise (13 août 1867, *Boccacio*, 762 ; 30 avril 1875, *Varangot*, 405 ; 30 juin 1876, *Dallemagne et Ouaché*, 639).

En présence des arrêts du Conseil d'Etat, il est difficile de dire au juste à quelles formes sont assujetties les expertises (V. sur les expertises en matière civile, *Législation des bâtiments*, t. 2, n. 914 et suiv.).

Il a d'abord été jugé « que le Conseil de préfecture « ne pouvait ordonner une expertise qu'en suivant les « règles établies pour la nomination des experts par les « articles 303, 304 et 305 du Code de procédure civile » (9 décembre 1852, *Legrand*, 582 ; 28 décembre 1854, *Ville de Périgueux*, 1030).

Des décisions postérieures portent, au contraire, « qu'aucune loi ne prescrit aux Conseils de préfecture, « lorsqu'ils jugent nécessaire de faire procéder à une « expertise, d'y faire procéder par trois experts nom- « més conformément aux articles 302 et suiv. du Code « de procédure civile » (13 juin 1860, *Ville d'Auxonne*, 470 ; V. encore 10 avril 1860, *Pilot*, 295 ; 13 août 1867, *Bernard*, 759).

Ces décisions ajoutent que « l'expertise n'est qu'un « acte d'instruction auquel les dispositions de l'ar-

« ticle 56 de la loi du 16 septembre 1807 ne sont pas
« applicables » (10 avril 1860, *Pilot*, 295, et autres
arrêts précités).

562. Il y aurait, cependant, exagération à dire que le
Code de procédure et l'article 56 de la loi de 1807 sont
inapplicables aux expertises en matière de marchés de
travaux publics, et à croire ces expertises affranchies de
toute condition de forme, bien que, dans l'occasion, le
Conseil n'ait pas annulé une expertise irrégulière, considérée par lui comme constituant plutôt une enquête
(18 novembre 1869, *Castex*, 901).

La doctrine du Conseil d'Etat se résume en cette
idée, que le Conseil de préfecture doit se conformer
aux formalités substantielles en matière d'expertise
(30 juillet 1875, *Ville de La Châtre*, 756 ; 21 janvier
1876, *Mercier*, 69 ; 27 décembre 1878, *Min. trav. pub.
c. Perchez*, 1106).

563. Ainsi, il ne peut procéder à la nomination des
experts qu'après avoir mis les parties en demeure de les
choisir ou de s'entendre pour le choix d'un expert
unique (mêmes arrêts ; 5 décembre 1860, *François*,
718 ; 10 avril 1867, *Mouchette*, 382 ; 11 mars 1881,
Ville de Paris c. Moisant, 288).

Ainsi encore, lorsque l'expert a été nommé d'office
et est décédé, la partie qui l'avait laissé choisir par le
Conseil de préfecture rentre dans la plénitude de son
droit de désignation (6 juillet 1864, *Spineux*, 631).

Mais cette partie n'est pas recevable à contester de ce
chef la régularité de l'expertise, quand elle y a concouru sans réserves (10 juin 1868, *Comm. de Champagne*,
647 ; 6 août 1875, *Comm. de Saint-Didier*, 793). Ce
dernier arrêt rejette la réclamation : « Considérant

« que le maire de la commune de Saint-Didier de
« Formans, en sa dite qualité, assisté de l'agent-
« voyer d'arrondissement, a concouru aux opérations
« faites par l'expert nommé par l'arrêté susvisé du
« 16 janvier 1874, et que la commune n'a pas contesté
« la régularité de ces opérations devant le Conseil de
« préfecture ; qu'elle s'est bornée à demander une ré-
« duction sur le montant de l'indemnité proposée par
« l'expert » (V. encore 17 avril 1856, *Demeure*, 313 ;
30 avril 1875, *Blanchard*, 381 ; 30 juillet 1880, *Tur-
quand*, 692).

L'expert nommé par une partie n'est pas son mandataire et ne peut être révoqué par elle (28 juillet 1864,
Mougey, 714).

564. La partie ne peut récuser un expert en invo-
quant simplement l'article 283, C. civ. (3 décembre
1857, *Caillaret*, 761 ; 14 janvier 1865, *Doré*, 61). « Ni
« la loi du 21 mai 1836, ni aucune autre loi spéciale,
« disait dans cette dernière affaire M. le commissaire
« du Gouvernement Aucoc, ne contiennent de règles
« relatives à l'incompatibilité entre certaines situations
« et les fonctions d'experts, ni même aux récusations des
« experts. On peut regretter cette lacune, et nous
« sommes de ceux qui la regrettent dans l'intérêt de la
« justice administrative ; mais il ne nous est pas permis
« d'y suppléer quand il s'agit de créer une nullité. Et
« il ne suffit pas d'invoquer les dispositions de l'ar-
« ticle 283 du Code de procédure civile. Car vous n'a-
« vez jamais admis qu'on dût appliquer de plein droit
« toutes les dispositions du Code de procédure civile
« relatives aux expertises. »

Dans les espèces qui viennent d'être citées, les experts

étaient des fonctionnaires publics qui avaient dirigé les travaux et qui ont paru sans doute, à raison de leur qualité, présenter des garanties d'impartialité particulières.

Du moins faut-il reconnaître que l'architecte qui a dirigé un travail ne peut être expert de la commune, dans sa contestation avec l'entrepreneur de ce travail (20 janvier 1865, *Moreau*, 81) : « Considérant qu'il « résulte de l'instruction que le sieur Lubac a dressé « les plans, rédigé les devis et réglé le décompte défi- « nitif des travaux exécutés à l'église de la commune « de Daugé par le sieur Moreau-Marié ; que, par suite « de la direction de ces travaux, il peut naître des « questions dont la solution aurait pour effet d'enga- « ger, soit la responsabilité personnelle de l'architecte « envers la commune, soit même sa responsabilité « envers l'entrepreneur ; que, dans ces circonstances, « le sieur Lubac ne peut être admis à procéder comme « expert pour la commune de Daugé dans les contesta- « tions survenues entre cette commune et le sieur Mo- « reau-Marié sur le décompte desdits travaux. »

565. Les experts doivent prêter serment (7 décembre 1850, *Soullié*, 922 ; 28 juin 1853, *Benoist*, 595).

Mais ils peuvent être dispensés de cette formalité par les parties (10 janvier 1873, *Colombier*, 44).

Le serment est reçu par le Conseil de préfecture, qui peut, à cet effet, déléguer ses pouvoirs au maire de la commune. Cette délégation ne fait pas obstacle à ce que le serment soit régulièrement prêté devant le Conseil de préfecture (12 avril 1878, *Delamarre*, 389).

566. Le désaccord des experts n'entraîne pas la nécessité d'une tierce-expertise. Le Conseil de préfecture peut donc se contenter des renseignements contenus dans les rapports des deux experts nommés par les parties, si ces documents lui paraissent suffisants pour éclairer sa religion (18 avril 1861, *Mingret*, 287 ; 10 juin 1868, *Comm. de Champagne*, 648 ; 11 août 1872, *Flasselière*, 224 ; 1ᵉʳ août 1873, *Quichaud*, 716 ; V. la règle différente suivie en matière de dommages, *infrà*, n. 1022).

En tout cas, l'ingénieur en chef n'est pas ici tiers-expert de droit (6 décembre 1872, *Lamotte*, 696 ; V. en matière de dommages, *infrà*, n. 1023).

567. Les frais d'expertise sont réglés d'après les éléments de la cause : « Considérant qu'aucune dispo- « sition de loi ou de règlement n'a rendu commun aux « réclamations portées devant le Conseil de préfecture « le tarif des dépens en matière civile contenu au dé- « cret du 16 février 1807 » (28 décembre 1877, *Piédoye*, 1055 ; V. aussi 4 décembre 1874, *Gagnebé*, 952 ; 31 mars 1876, *Piédoye*, 318 ; 16 mars 1877, *Mathelin*, 271).

Il n'en est pas autrement à l'égard des ingénieurs : « Dans le cas où les ingénieurs des ponts-et-chaussées « et les agents sous leurs ordres agissent en qualité « d'experts commis par les Cours et les tribunaux, il « n'est pas dérogé, à leur égard, aux règles qui éta- « blissent la rémunération des experts » (Décret 10 mai 1854, art. 9 ; V. comme application, 15 mai 1867, *Résal*, 492).

568. Le Conseil de préfecture, comme tout tribunal, n'est pas lié par l'expertise et conserve toute liberté d'en apprécier les résultats.

569. Le Conseil d'État ne considère pas comme une expertise le supplément d'instruction, confié à un ingénieur ou à un architecte après expertise et tierce expertise. Il n'y a là qu'une vérification, non soumise aux formalités des expertises (19 février 1868, *Beau,* 178; 17 décembre 1880, *Mayoux* et *Médal,* 1010; V. en matière de dommages, 16 novembre 1877, *Chemin de fer d'Orléans,* 881, et *infrà,* n. 1030). Au moins faut-il, croyons-nous, qu'il n'y ait pas là un examen nouveau et complet des questions soumises aux experts.

570. Dans le cas d'urgence, aucune loi n'autorise le président du tribunal civil à ordonner une expertise en référé (21 juillet 1858, *Bompois,* 536). La partie intéressée ne peut que s'adresser au préfet (22 janvier 1867, *Pajot,* 93; 18 novembre 1869, *Mohamed,* 897); ou demander au Conseil de préfecture d'ordonner une expertise d'urgence (6 décembre 1873, *Ville d'Alger,* 967).

Les arrêts qui viennent d'être cités ont été rendus en matière de dommages (V. *infrà,* n. 1033). Mais leurs motifs s'appliquent aussi bien aux marchés de travaux publics, et rien n'autorise à étendre ici les règles posées à l'égard de l'extraction des matériaux par le décret du 26 février 1868 (V. *infrà,* n. 1109). On n'en sent pas moins tout ce qu'il y a d'insuffisant dans les moyens laissés à la disposition d'une partie pour constater un état de choses que le temps ou d'autres circonstances pourront modifier.

571. Le Conseil d'État n'admet pas que, devant les Conseils de préfecture, la partie perdante soit condamnée à d'autres frais que ceux d'expertise : « Considérant que, en vertu de la loi du 21 juin 1865 et du décret du 12 juillet de la même année, la procédure est sans frais devant les Conseils de préfecture » (13 décembre 1878, *hér. Bossu,* 1035; V. aussi 15 décembre 1859, *Comm. d'Ennery,* 738).

Cependant la loi du 21 juin 1865 sur les Conseils de préfecture porte, article 14 : « Un règlement d'admi- « nistration publique déterminera provisoirement... « 3° Ce qui concerne les dépens. Il sera statué par « une loi dans un décret de cinq ans. » Bien qu'il ne soit intervenu ni loi ni décret, le principe admis par le législateur est évidemment qu'il y a ici lieu à dé- pens.

Dans une situation analogue, nous voulons dire en matière de recours pour excès de pouvoir devant le Conseil d'État, la partie perdante est condamnée à sup- porter les frais de timbre et d'enregistrement (V. *infrà*, n. 587).

572. Les attributions du Conseil de préfecture sont celles d'un juge ordinaire.

Il ne peut cependant accorder de délais à l'entre- preneur ; car la disposition de l'article 1244 est toute de faveur et ne saurait être étendue aux matières ad- ministratives.

Il ne peut, sous aucun rapport, du reste, s'immiscer dans les questions du domaine de l'administration (V. *suprà*, n. 535).

Ses décisions, aussi bien que celles des tribunaux judiciaires, ont force exécutoire et emportent hypo- thèque.

573. L'arrêté du Conseil de préfecture peut être attaqué par voie d'opposition devant le Conseil de pré- fecture lui-même, s'il a été rendu par défaut, ce qui comprend non seulement le cas ou la partie n'a pas comparu, mais celui où elle n'a présenté que des ob- servations orales, sans conclusions écrites (12 janvier 1877, *Guernet*, 60; 16 février 1878, *Lutz*, 185; V.

suprà, n. 557), et même celui où elle a déposé des conclusions écrites, mais étrangères au fond, comme celles qui tendent simplement à l'obtention d'un sursis (4 avril 1876, *Ghighini*, 743).

La comparution n'est pas ici le fait de se présenter à l'audience, mais le fait de produire des conclusions écrites. Le demandeur a donc comparu, par cela seul qu'il a déposé sa demande écrite (4 mars 1868, *Ayasse*, 242 ; 21 novembre 1873, *Comm. d'Auger-Saint-Vincent*, 850); le défendeur, par cela seul qu'il a présenté une défense écrite (31 mai 1866, *Commission syndicale de Carlesse*, 561 ; 26 août 1867, *Comm. de Saint-Elix*, 806), Dans l'un et l'autre cas, la décision est contradictoire (V. *suprà*, n. 557).

L'opposition est recevable tant qu'il n'y a pas eu exécution ou autre acte emportant acquiescement (art. 158 et 162, C. proc. civ.; 27 février 1866, *Petit*, 168 ; 13 mars 1867, *Piot*, 269).

574. Les arrêtés des Conseils de préfecture peuvent aussi être attaqués par la voie de la tierce-opposition, devant les Conseils qui les ont rendus.

Cette voie est ouverte à ceux à qui la décision porte grief, bien qu'ils n'aient été ni entendus ni appelés.

Comme l'opposition, elle est ouverte jusqu'à l'acquiescement (12 décembre 1866, *Comm. de Saint-Pierre-les-Bitry*, 1130).

575. La requête civile n'est pas ouverte contre les décisions des Conseils de préfecture, puisqu'elle n'est admissible qu'à l'égard des jugements en dernier ressort, et que les arrêtés dont il s'agit peuvent toujours être déférés au Conseil d'Etat.

L'omission de statuer ne peut donc être réparée par

le Conseil qui l'a commise. En rendant son arrêté, il a épuisé ses pouvoirs, et la partie ne peut que former un recours devant le Conseil d'Etat (4 avril 1873, *Comm. d'Agetman*, 317). Ce recours est ouvert en toutes matières.

576. Parlons de la procédure devant le Conseil d'Etat. Comme pour la procédure devant les Conseils de préfecture, nous n'avons qu'à indiquer les principes les plus importants et les règles particulières aux marchés de travaux publics.

577. Contrairement à la règle admise en matière civile, l'appel n'est pas suspensif, si ce n'est dans des cas exceptionnels dont nous n'avons pas à nous occuper ici (V. Rec. des arrêts du Conseil, 1873, p. 858, note). L'intérêt public, qui est présumé en jeu, fait considérer l'exécution comme urgente. Du reste, le Conseil de préfecture peut subordonner l'exécution de sa décision, pour le cas de recours, à la charge de donner caution ou de justifier d'une solvabilité suffisante (Loi 24 mai 1872, art. 24).

Le Conseil d'Etat peut ordonner le sursis, ce qu'il ne fait qu'exceptionnellement (28 novembre 1873, *Girard*, 858).

Au surplus, l'exécution est aux risques de la partie qui y fait procéder (11 janvier 1855, *Chemin de fer d'Avignon*, 43; 29 mars 1860, *Chemin de fer de l'Ouest*, 275). Ce dernier arrêt porte :

« Sur les conclusions de la Compagnie des chemins « de fer de l'Ouest, tendant à ce que, dans le cas où « l'arrêté attaqué serait annulé, les héritiers Mignon « soient condamnés à lui rembourser, avec les intérêts « de droit, les sommes qu'elle leur a payées sur l'in-

31

« jonction qui lui a été faite d'exécuter l'arrêté du
« Conseil de préfecture ;

« Considérant que l'exécution provisoire des arrêtés
« des Conseils de préfecture n'a lieu qu'aux dépens et
« périls de ceux qui poursuivent cette exécution, et
« que, la décision déjà exécutée étant annulée par le
« présent décret, il y a lieu, pour remettre les parties
« au même et semblable état qu'avant l'exécution, de
« condamner la partie qui succombe à rembourser les
« sommes indûment payées, en tenant compte des in-
« térêts de ces sommes à 5 p. 100 par an, à partir du
« jour de l'exécution » (V. encore 30 janvier 1874,
Montjoye, 108).

578. Le recours est-il recevable contre toutes décisions ?

Il faut d'abord exclure celles qui sont confirmatives
d'une décision précédente. Le cas se présente fréquemment à l'égard des décisions ministérielles, surtout en
matière de fournitures. Il se présentera plus rarement
pour les arrêtés des Conseils de préfecture.

Quoi qu'il en soit, il ne peut dépendre d'un plaideur,
qui a laissé passer les délais du recours, de les faire
revivre en renouvelant sa demande et en formant son
recours contre la décision qui a rejeté cette demande
(20 juin 1873, *Compagnie des Dombes*, 564 ; 23 janvier
1874, *Fauchet*, 80 ; 16 mars 1877, *de Bastard*, 285 ; 25 mai
1877, *Tillier*, 501 ; 8 mars 1878, *Chauveaux*, 281).

579. Le recours n'est pas recevable davantage contre les décisions par défaut. La réformation de ces décisions doit être demandée, d'abord, aux juges qui les
ont rendues (3 décembre 1867, *Administration des Forêts*,
901 ; 4 avril 1876, *Ghighini*, 742 ; 12 janvier 1877,

Guernet, 60 ; 16 février 1878, *Lutz*, 185). On a vu plus
haut en quels cas ces arrêtés sont contradictoires et en
quels cas ils sont par défaut (V. *suprà*, n. 557).

580. La distinction des arrêtés en préparatoires,
interlocutoires et définitifs, est également à considérer
ici.

Les arrêtés préparatoires ne peuvent faire l'objet
d'un recours au Conseil d'Etat. Ainsi en est-il, en la
matière dont nous nous occupons, des arrêtés ordonnant une mesure d'instruction. Ces arrêtés ne portent
aucun préjudice à la partie et ne font nul obstacle au
recours que, plus tard, elle pourra former contre la
décision rendue contrairement à ses prétentions (20
mars 1874, *Chemins de fer de Lyon c. Ville de Cannes*,
285 ; 3 juillet 1874, *Labbé*, 637 ; 12 novembre 1880,
Laurent, 874).

Au contraire, et bien que la question soit controversée, le Conseil d'Etat admet qu'un arrêté interlo-
cutoire ou préjugeant le fond peut, au gré de la partie
à laquelle il fait grief, être attaqué immédiatement, ou
seulement avec l'arrêté définitif et dans le délai ouvert
pour attaquer ce dernier arrêté (19 décembre 1868,
Comm. de Sèvres et Meudon, 1073 ; 22 novembre 1872,
Min. trav. publ. c. Dufour, 645).

581. Le délai du recours est de trois mois à partir
de la notification de la décision attaquée (Décret 22
juillet 1806, art. 11). Ce délai est prolongé au profit
des personnes habitant hors de la France continentale,
conformément à l'article 73, Code procédure civile
(même décret, art. 13). Il ne l'est pas cependant au
profit de celles qui habitent la Corse et l'Algérie (Loi du
11 juin 1859, art. 1).

Ce délai est réduit à deux mois pour les recours contre les décisions des Commissions départementales (loi 10 août 1871, art. 88), comme pour les recours contre les décisions du Conseil d'Etat lui-même (V. *infrà*, n. 598 et suiv.).

La déchéance peut être relevée d'office (9 juin 1849, *de Carbon*, 335).

Le délai se compte par mois, sans tenir compte du nombre de jours contenus dans le mois. Il est franc, et ne comprend ni le jour de la notification, ni le jour du terme. La notification datant du 1er janvier, le pourvoi est recevable le 2 avril (20 janvier 1859, *Chemin de fer du Midi*, 50 ; 22 janvier 1863, *Milon*, 62 ; 12 mars 1880, *Lemaire*, 280) :

« Considérant, porte l'arrêt du 22 janvier 1863. que
« notre décret attaqué n'a pas été inséré au *Bulletin*
« *des Lois* ; que le procureur impérial près le tribunal
« de Nice a fait notifier au sieur Milon, le 7 décembre
« 1861, la disposition de ce décret, qui prononce la
« suppression de son étude sans indemnité, et que le
« pourvoi du sieur Milon contre cette disposition a été
« formé le 8 mars suivant, dans les trois mois de la-
« dite notification ; qu'il n'est pas établi par l'instruc-
« tion que le sieur Milon eût reçu, antérieurement au
« 7 décembre 1861, une notification régulière de la
« disposition précitée de notre décret ; que, dès lors,
« son pourvoi doit être admis. »

582. La difficulté, très grande en présence des in-décisions et des revirements de la jurisprudence, est de savoir ce qui constitue une notification.

Sans doute, entre particuliers, il n'y a d'autre notification valable qu'une signification par huissier.

Quant à l'administration, il a toujours été admis qu'elle pouvait faire faire la notification par ses agents (décret 2 novembre 1864, art. 6), tels que maires (13 août 1863, *de Gromard*, 688), commissaires de police (10 mars 1865, *Millot*, 275), gardes champêtres (19 décembre 1873, *Chevaux*, 951). Le procès-verbal dressé par eux fait preuve de la notification adressée au nom de l'administration centrale ou locale.

Mais la jurisprudence a longtemps considéré comme équivalant à une notification la connaissance, même sommaire, de la décision, acquise par la partie (23 novembre 1854, *Comm. de Woustwiller*, 882 ; 22 novembre 1855, *Canal de Beaucaire*, 658).

Il est reconnu aujourd'hui qu'on ne saurait voir une notification dans l'acte prouvant simplement qu'il a été donné connaissance à la partie de la date et de l'objet de la décision (1er décembre 1852, *Ville de Mulhouse*, 558 ; 22 janvier 1863, *Milon*, 62 ; 3 décembre 1864, *Lemoine*, 956 ; 30 avril 1868, *Désauge*, 504 ; 11 décembre 1871, *Roussel*, 279 ; 9 mai 1873, *Garnot*, 419 ; 5 décembre 1873, *Martin* et *Bourdillon*, 919 ; 12 août 1879, *Hirsch*, 653 ; 12 mars 1880, *Vachier*, 304).

Les arrêts les plus récents posent même en principe la nécessité d'une notification (12 août 1879, *Hirsch*, 653 ; 12 mars 1880, *Vachier*, 304 ; 2 juillet 1880, *Durrieu*, 617 ; 16 juillet 1880, *Tarride*, 166 ; 26 novembre 1880, *Charlan*, 936 ; 13 avril 1881, *Boistelle*, 447).

Quelques-uns cependant considèrent comme équivalant à une notification de la part de l'Etat, la preuve que la partie a obtenu copie intégrale de la décision (28 décembre 1854, *Jollivet*, 1033 ; 23 décembre 1858,

Hatlegeau, 744; 13 novembre 1874, *Deschamps*, 854;
20 juillet 1877, *de Mattos*, 723; 17 décembre 1880,
Clert, 1033; V. 22 août 1868, *de Grammont*, 963).

Les administrations, d'ailleurs, ne peuvent invoquer
que la notification faite à leur requête (19 décembre
1873, *Chevaux*, 951; 2 février 1877, *Lefèvre-Deumier*, 123).

La mise à exécution d'une décision est considérée
comme emportant notification à la partie à laquelle elle
a été imposée (5 juin 1862, *d'Andigné*, 467; 26 août
1865, *Canal Alaric*, 858; 11 juin 1868, *Coppens*, 662).

Enfin, et quant aux actes qui ne sont pas susceptibles de notification individuelle, et qui sont portés à
la connaissance du public par une insertion au *Bulletin
des Lois* ou au *Journal officiel*, cette insertion vaut notification (24 janvier 1879, *Lemarois*, 49; 30 avril 1880,
Albrecht, 422).

583. Contre l'administration, le délai court pareillement à partir de la notification qui a pu en être
faite à ses représentants (18 mai 1870, *Département
de la Manche*, 603; 16 avril 1880, *Comm. de Capvern*,
376; 25 juin 1880, *Comm. de Millonfosse*, 609). Le représentant de la commune est le maire, comme le préfet
est celui de l'Etat et du département. Cependant les
deux arrêts précités de 1880 ne font partir le délai
contre la commune que du jour où la notification a été
communiquée au Conseil municipal.

Le délai court aussi, contre elle, du jour où son
représentant a fait notifier la décision à la partie ad-
verse (23 juin 1853, *Rabourdin*, 622; 20 juillet 1854,
Min. trav. publ. c. Dagieu, 677; 8 février 1855, *Matte*,
126; 31 mai 1855, *Baudson*, 379; 24 janvier 1856,

Vernaudon, 89; 16 avril 1863, *Guibert,* 376). Nous entendons parler du préfet : la remise de la décision par le greffier du Conseil de préfecture ne saurait produire un tel résultat, le greffier n'ayant pas qualité pour représenter l'Etat (9 janvier 1874, *Min. des finances* c. *mines de Blanzy,* 18).

584. Aucun délai n'est imposé à la partie qui veut former un recours incident, c'est-à-dire attaquer de son côté la décision déjà attaquée par son adversaire. Celui qui a accepté la décision dans ce qu'elle a de contraire à ses prétentions a nécessairement entendu en profiter en ce qu'elle a de favorable pour lui (16 mars 1850, *Trouin,* 258; 17 mars 1876, *Roche,* 273).

L'admissibilité du pourvoi incident n'étant que la conséquence de l'admissibilité du pourvoi principal, l'irrecevabilité de celui-ci entraîne l'irrecevabilité de celui-là (16 avril 1863, *Guibert,* 376 ; 12 janvier 1877, *Préfet de l'Aude,* 43; 16 avril 1880, *Comm. de Capvern,* 376).

Mais le désistement du demandeur principal ne fait pas tomber le recours incident, tant qu'il n'est pas accepté. Il ne dépend pas de lui seul de faire cesser les effets du recours de son adversaire (3 décembre 1880, *Min. fin.* c. *Comp. du gaz de Marseille,* 964; 25 mars 1881, *Min. trav. publ.* c. *Alette,* 348).

585. L'intervention est admissible et subordonnée seulement à une condition, l'intérêt de l'intervenant, qui est apprécié par le Conseil.

Comme le recours incident, l'intervention n'est recevable que si le recours principal est recevable lui-même (14 décembre 1850, *Comm. de Batignolles-Monceaux,* 942 ; 19 février 1868, *Portalupi,* 169).

586. Le recours doit· être formé par le ministère d'un avocat, sauf certaines exceptions. La seule qui se rapporte aux matières que nous avons examinées jusqu'ici est relative aux recours pour excès de pouvoir (Décret 2 novembre 1864, art. 2).

587. Ces recours ne sont soumis qu'aux frais de timbre et d'enregistrement (12 juillet 1878, *Bellocq*, 660 ; 22 novembre 1878, *de l'Hopital*, 927).

588. Quant aux surplus, ces recours sont astreints aux mêmes formes que les recours ordinaires. On s'était demandé notamment, à l'égard du pourvoi formé contre un arrêté préfectoral, s'il devait être formé dans les trois mois de la notification de la décision attaquée. La déchéance pour défaut d'observation de ce délai paraissait inutile, puisqu'il ne tient qu'à la partie de déférer l'arrêté au Ministre et d'attaquer la décision ministérielle dans les trois mois de la notification (9 février 1865, *d'Andigné*, 171 ; 2 février 1877, *Comm. de Sotteville-lès-Rouen*, 115). Le Conseil s'était d'abord prononcé en ce sens. La jurisprudence récente est contraire (5 juin 1862, *d'Andigné*, 467 ; 6 juillet 1863, *Lautel*, 516).

Le pourvoi est déposé au greffe du Conseil d'Etat, à part certaines exceptions dont nous n'avons pas à nous occuper ici.

Il doit, de plus, contenir l'exposé des moyens, à moins que cet exposé ne soit fourni en temps utile dans un mémoire postérieur (Décret, 22 juillet 1806, art. 1er). Le pourvoi non justifié à ce point de vue est rejeté sans examen.

Le pourvoi doit être accompagné d'une expédition en forme de la décision attaquée. L'inobservation de

cette formalité le fait déclarer non recevable (27 mai
1863, *Estienne*, 454; 28 novembre 1867, *Delalot*, 886).

589. L'accès du Conseil d'Etat semble donc impossible, lorsque l'excès de pouvoir résulte d'un acte non
écrit, par exemple, d'un refus verbal de statuer sur une
demande.

Le décret du 2 novembre 1864, art. 7, obvie en partie à cette difficulté. La partie peut former un recours
devant le Ministre, et déférer au Conseil d'Etat la décision du Ministre. S'il n'intervient aucune décision
dans les quatre mois, elle peut considérer sa réclamation comme rejetée et se pourvoir devant le Conseil
d'Etat. A cet effet, la partie qui présente une réclamation au Ministre est en droit d'en obtenir récépissé.

Mais l'article 7 précité parle des Ministres statuant
« sur des recours contre les décisions d'autorités qui
« leur sont subordonnées ». Aussi le Conseil d'Etat
refuse-t-il d'en faire application au cas où le Ministre est
saisi d'une réclamation sur laquelle il doit statuer directement, par exemple, en matière de fournitures et marchés, de la demande formée par un entrepreneur afin
d'obtenir le règlement de difficultés relatives à son service (20 avril 1877, *Wittersheim*, 347), ou le règlement
de son décompte (12 avril 1878, *Villain-Moisnel*, 403 ;
V. encore 21 mars 1879, *Mercier*, 238).

590. Le pourvoi n'est pas recevable de la part de
celui qui a acquiescé à la décision attaquée.

Il faut considérer comme tel l'entrepreneur qui a
reçu sans réserves le solde de son décompte définitif
(27 février 1874, *Hulin*, 205; 29 décembre 1876,
Héquet, 942 ; V. *suprà*, n. 404 et 405).

Mais la jurisprudence du Conseil d'État ne considère

pas comme ayant acquiescé celui qui a payé sans réserves
le montant des condamnations prononcées contre lui
(14 décembre 1853, *Simonet*, 1072 ; 7 mai 1875,
Fabrique de Pludual, 450) : « Considérant, porte ce der-
« nier arrêt, qu'aux termes de l'article 3 du décret du
« 22 juillet 1806, le recours devant le Conseil d'Etat
« n'est pas suspensif ; qu'en conséquence, le seul fait
« d'avoir acquitté sans réserves le montant d'une con-
« damnation prononcée par le Conseil de préfecture, ne
« saurait être considéré comme un acte d'exécution
« volontaire » (V. *suprà*, n. 405).

591. Devant le Conseil d'Etat comme devant le Conseil de préfecture, le défendeur n'est pas toute personne
qu'il plaît au demandeur d'appeler en cause.

En matière ordinaire, le président de la section du
contentieux rend une ordonnance de soit-communi-
qué, indiquant les personnes à qui elle doit être signifiée avec les recours et les mémoires produits. La signification doit avoir lieu dans les deux mois, à peine
de déchéance du pourvoi (Décret 2 novembre 1864,
art. 3 ; 27 février 1874, *Darme*, 209 ; 7 août 1874,
Comm. de Courcelles, 835 ; 16 janvier 1880, *Neyraguet*, 65).

Ce délai est franc comme celui du pourvoi (4 février
1858, *Grandidier*, 124 ; 20 janvier 1859, *Chemin de fer
du Midi*, 50 ; V. *suprà*, n. 581).

592. Dans les matières où le ministère d'avocat n'est
pas exigé, la communication se fait par voie administrative : les parties sont prévenues par le préfet d'avoir à
prendre connaissance du dossier.

La communication par voie administrative est également la règle, lorsque l'Etat est demandeur ou défendeur.

593. Le Conseil d'Etat, quand il statue comme tribunal d'appel, ne peut recevoir les chefs de réclamation non soumis aux premiers juges (23 mars 1854, *Cornudet*, 251 ; 1ᵉʳ septembre 1860, *Meslé*, 707).

Mais il n'en est pas des moyens présentés à l'appui des chefs de demande comme des chefs de demande eux-mêmes. Les moyens nouveaux sont recevables devant le Conseil d'Etat (16 novembre 1854, *Istria*, 861).

594. Le Conseil d'Etat trouve ordinairement les renseignements dont il a besoin dans les pièces produites.

Dans chaque affaire, le dossier est communiqué au Ministre, qui l'adresse au préfet et le renvoie avec son avis et les documents fournis par l'administration.

Il peut, au surplus, prendre les mesures d'instruction nécessaires, ordonner une expertise (20 juin 1874, *Chérel*, 618), une enquête (5 avril 1833, *Mauguin*, 196 ; 23 mai 1861, *Élections de Lille*, 408 ; 21 novembre 1871, *Élections de Saint-Nizier*, 252) ; déléguer un membre du Conseil pour vérifier un fait contesté (9 février 1877, *Violet*, 151), et même ordonner une visite des lieux par plusieurs membres du Conseil délégués à cet effet (22 juillet 1881, *Duval*, 737). L'emploi de ces mesures est exceptionnel. Il n'est cependant pas rare de voir le rapporteur chargé de visiter les lieux.

595. Les affaires sont jugées en audience publique devant le Conseil délibérant au contentieux, lorsqu'il y a eu constitution d'avocat, ou que le renvoi à cette audience a été demandé par un des conseillers composant la section du contentieux ou par le commissaire du gouvernement. Dans les autres cas, la section du contentieux juge seule.

596. Le Conseil d'Etat statue sur les dépens, par application des articles 130 et 131, Code procédure civile, pourvu qu'il y ait été conclu (9 mai 1873, *Baussan*, 421).

Pendant longtemps, les dépens n'ont pas été accordés contre l'Etat. Le décret du 2 novembre 1864, article 2, ordonne qu'il y soit statué « dans les contes- « tations où l'administration agit comme représentant « du domaine de l'Etat, et dans celles qui sont relatives « soit aux marchés de fournitures, soit à l'exécution « des travaux publics, aux cas prévus par l'article 4 de « la loi du 28 pluviôse an VIII).

Le Ministre ou le préfet ne peuvent être condamnés aux dépens lorsqu'ils se bornent à défendre un acte pris dans l'exercice de la puissance publique (13 août 1867, *Guillet*, 753; 27 juillet 1870, *Serrigny*, 947; 12 mai 1876, *Ville de Moulins*, 428).

Les dépens ne sont jamais accordés aux Ministres, qui ne sont pas tenus de constituer avocat et n'ont pas à exposer des dépens proprement dits (4 août 1866, *Dufils*, 938; 8 mai 1874, *Valéry*, 420; 28 juillet 1876, *Min. fin. c. Ch. de fer de Lyon*, 726).

Le Conseil d'Etat ne statue pas sur les dépens faits devant un tribunal incompétent. C'était à ce tribunal qu'il appartenait de prononcer une condamnation aux dépens (20 février 1874, *Rouvière*, 182; 30 avril 1875, *Ch. de fer du Nord c. Billuard*, 406; Trib. confl., 16 mai 1874, *Comm. de Saint-Enogat*, 466).

597. Les Ministres peuvent former devant le Conseil d'Etat des recours dans l'intérêt de la loi.

Ces recours ne doivent pas nuire aux parties : ils ne sont donc recevables que lorsque la décision déférée n'a pas été attaquée par les parties dans les délais, ou que cette décision est passée en force de chose jugée avant l'expiration de ces délais (11 mai 1872, *Coulanges*, 262; 14 janvier 1876, *Mignonneau*, 49; 13 décembre 1878, *Min. trav. publ. c. Renouf*, 1030).

La partie en faveur de laquelle a été rendue la décision n'est pas admise à intervenir (28 avril 1876, *Min. guerre c. Hallet*, 398).

598. Les décisions du Conseil d'Etat peuvent être rétractées par lui dans plusieurs cas.

La partie qui a été jugée par défaut peut former opposition dans les deux mois de la notification de l'arrêt (Décret 30 juillet 1806, art. 29; décret 2 novembre 1864, art. 4; V. comme exemple, 10 mai 1878, *Comm. de Cadeilhan*, 445).

599. La tierce-opposition est également recevable de la part de celui à qui un arrêt fait grief, sans qu'il ait été appelé ni entendu dans l'instance.

Elle est recevable tant qu'il ne s'est pas écoulé trois mois depuis la notification (Décret 1806, art. 37; 13 décembre 1872, *Département d'Ille-et-Vilaine*, 710).

600. Il y a lieu à requête civile lorsque la décision a été rendue sur pièces fausses, ou que la partie a été condamnée faute de représenter une pièce décisive retenue par son adversaire (Décret 1806, art. 32).

Le recours doit être formé dans les deux mois du faux ou de la découverte des pièces ou du faux (Décret 1806, art. 33; décret 2 novembre 1864, art. 3 et 4), et non du jour où le requérant a su que la pièce avait été retenue (21 janvier 1858, *Pramotton*, 86 ; 4 août 1876, *Goguelat*, 774).

601. Il y a lieu à revision au cas d'inobservation des articles 15 et 17 à 22 de la loi du 24 mai 1872, sur l'instruction devant le Conseil d'Etat (Loi 24 mai 1872, art. 23).

Le recours en revision est suivi dans les mêmes formes que la requête civile. Il est formé dans les mêmes délais (Loi 24 mai 1872, art. 23).

TITRE IV

RÉGIE ET TRAVAIL À LA JOURNÉE

602. Le second mode d'exécution des travaux publics est la régie.

Un travail est exécuté en régie lorsque l'administration traite directement avec les ouvriers et les fournisseurs de matériaux, au lieu de traiter avec un entrepreneur ou concessionnaire, qui traite lui-même avec ces ouvriers et fournisseurs de matériaux. On voit que la régie n'a que le nom de commun avec la situation résultant de la mise en régie d'une entreprise, dont il a été question *suprà*, n. 278 et suivants. Dans le cas de mise en régie, le travail se fait au compte de l'entrepreneur ; dans le cas de régie, au compte de l'administration.

La régie est un mode d'exécution dispendieux, auquel on n'a recours que dans des cas exceptionnels, par exemple, lorsque l'administration n'a pu trouver d'entrepreneur, ou bien encore, lorsque le travail doit être exécuté dans des conditions spéciales, exigeant l'intervention personnelle des agents de l'administration. Ainsi en est-il des travaux dans les forges, fonderies,

manufactures d'armes et de poudre. L'entretien des
routes empierrées s'exécute également en régie.

603. On appelle plus particulièrement régie le
mode d'exécution auquel l'administration fait procéder
sous la direction d'un régisseur.

A ce point de vue, on distingue la régie simple ou
par économie et la régie intéressée.

Il y a régie simple, lorsque les travaux sont confiés à
la direction d'un employé de l'Etat, ordinairement un
conducteur des ponts et chaussées.

Il y a régie intéressée, lorsque les travaux sont conduits par une personne qui n'est pas un employé de
l'administration, mais qui reçoit une rémunération
spéciale, par exemple, un tant pour cent sur les dépenses. La régie intéressée est d'un usage encore plus
rare que la régie simple.

604. Dans ces diverses situations, l'administration
peut employer des ouvriers à la journée ou à la tâche.

Les ouvriers qui travaillent à la tâche sont soumis
aux mêmes règles que les entrepreneurs. Ici s'applique
l'article 1799 du Code civil: « Les maçons, charpen-
« tiers, serruriers et autres ouvriers, qui font directe-
« ment des marchés à prix fait, sont astreints aux
« règles prescrites dans la présente section : ils sont
« entrepreneurs dans la partie qu'ils traitent. »

Leurs ouvriers et fournisseurs ont donc, vis-à-vis de
l'administration, les mêmes droits que les ouvriers et
fournisseurs d'un entrepreneur ordinaire (V. *suprà*,
n. 445 et suiv.).

605. Quant aux ouvriers à la journée, il faut suivre
les règles établies par les articles 1779 et suivants du
Code civil.

Aux termes de ce Code, « on ne peut engager ses « services qu'à temps et pour une entreprise déter- « minée » (art. 1780).

606. Quant à la compétence, celle du Conseil de préfecture embrasse sans nul doute les contestations avec l'ouvrier à la tâche, puisqu'il est entrepreneur.

Elle doit s'étendre à l'ouvrier à la journée : si le texte de la loi du 28 pluviôse an VIII ne parle que des difficultés avec les entrepreneurs, son esprit est général, et les raisons qui ont dicté la loi de pluviôse ne permettent pas d'établir à l'égard des ouvriers une distinction qui n'existe pas pour les concessionnaires (V. *suprà*, n. 524 et suiv.).

32

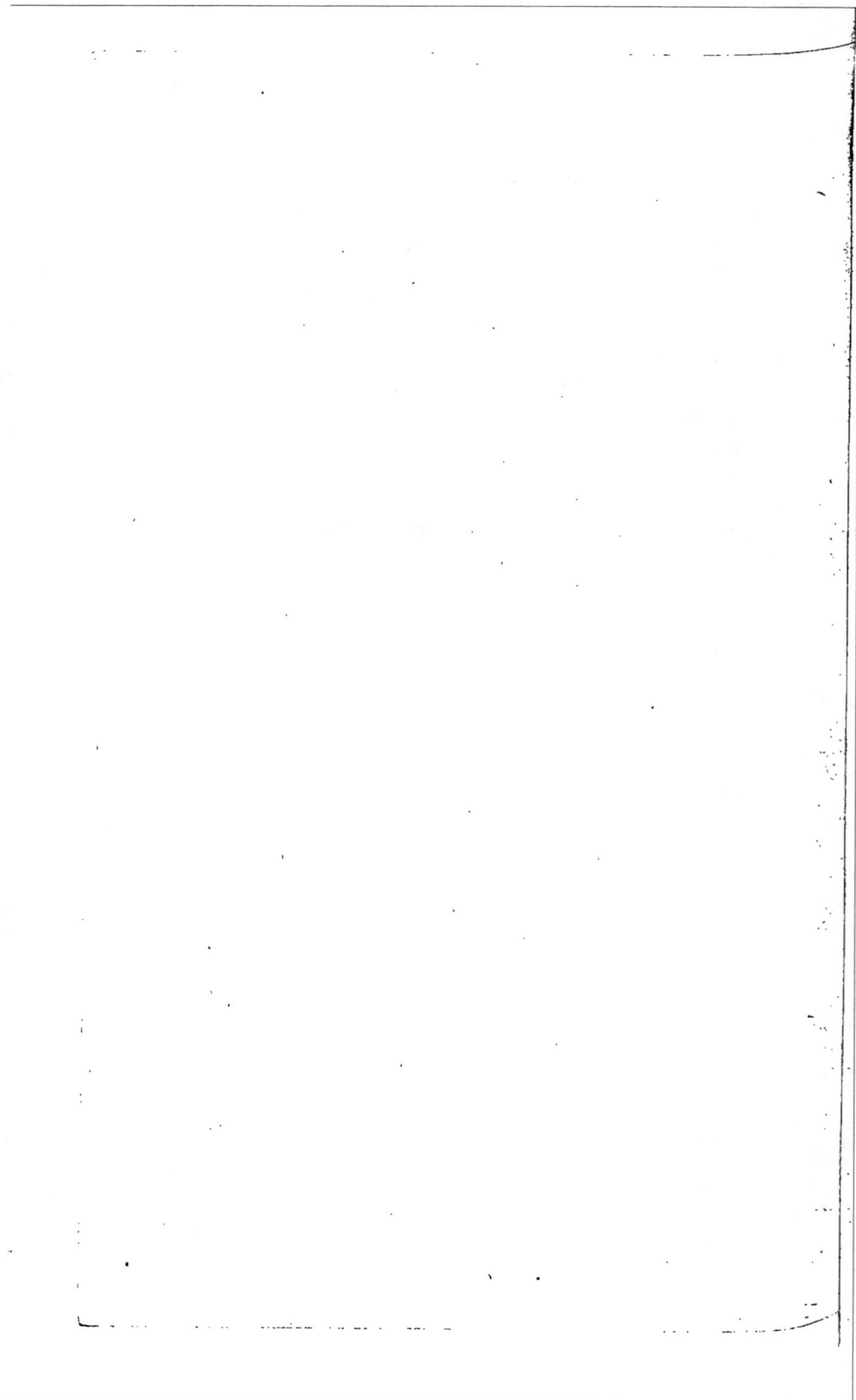

TABLE DES MATIÈRES

TITRE Ier

PRÉLIMINAIRES

TITRE II

MESURES PRÉALABLES A L'EXÉCUTION

TITRE III

MARCHÉS OU ENTREPRISES

CHAPITRE Ier

FORMATION DES MARCHÉS

CHAPITRE II

EFFETS GÉNÉRAUX DES MARCHÉS

CHAPITRE III

OBLIGATIONS DE L'ENTREPRENEUR

CHAPITRE IV

OBLIGATIONS DE L'ADMINISTRATION

CHAPITRE V

MISE EN RÉGIE

CHAPITRE VI

RÉSILIATION

33

CHAPITRE VII

RÉCEPTION DES TRAVAUX

CHAPITRE VIII

DÉCOMPTES

CHAPITRE IX

PAYEMENT

516TABLE DES MATIÈRES.

CHAPITRE X

PRIVILÈGE DES OUVRIERS ET FOURNISSEURS

CHAPITRE XI

HONORAIRES ET FRAIS DES INGÉNIEURS ET ARCHITECTES

CHAPITRE XII

RESPONSABILITÉ DÉCENNALE

CHAPITRE XIV

PROCÉDURE EN MATIÈRE DE MARCHÉS

TITRE IV

RÉGIE ET TRAVAIL A LA JOURNÉE

FIN DE LA TABLE DES MATIÈRES

www.ingramcontent.com/pod-product-compliance
Lightning Source LLC
Chambersburg PA
CBHW060910220326
41599CB00020B/2913